THE WOLF OF WALL STREET

華爾街之狼

時報出版

喬登・貝爾福 Jordan Belfort 著　王柏鴻 譯

目錄

推薦序　精采絕倫的投資銀行小說

楊應超

本書雖是作者個人經歷，我卻強烈建議讀者當成「小說」來看，純粹取其娛樂意味，因為這種經歷難得發生，也不宜向人推薦，而且作者終究為自己的錯誤付出代價，身繫囹圄，下場猶如著名電影《華爾街》（Wall Street）主角傑科（Gordon Gekko）、亦如二〇〇九年獲判一百五十年徒刑的馬多夫（Bernie Madoff），總之，惡有惡報。我想說的是，本書和本人都不鼓勵這種行為，作者也承認如此，因此出獄後已經變成好父親和好男人。

另一方面，本書是精采絕倫的投資銀行小說，描述一九九〇年代至二〇〇〇年代初期，投資銀行業瘋狂歲月的氛圍（拙作《沒有不可能》寫出若干類似故事，卻都不如本書情節瘋狂）。我任職法國巴黎銀行（BNP Paribas）、高盛（Goldman Sachs）、瑞士信貸（Credit Suisse）與花旗（Citi），九年期間，曾經聽美籍同事談過，書中基於文化差異、在美國而非在亞洲發生的一些故事，起因大都是多頭市場與工作環境造成。試想一下，三十歲不到、大都單身的男性，賺到超乎想像、多達千百萬美元的財富，精力充沛、時間充裕，又在高壓環境中工作，自以為是人中龍鳳、相信這種呼之即來的超額財富無盡無止時，表現如此瘋狂、積極行為自非不可能。

投資銀行業少數人達成目標後（如升為總經理或得到多年紅利獎金保證），錢來得太快、太容易，得了「大頭症」，根本無從抗拒這種誘惑，變成完全不同的人。我有一位同事本是高明的研究助理，後來變成傲慢的分析師，領到獎金當天，買了一輛法拉利，成為手下眼中的廢物。我也見過受到得來容易之財誘惑、「把靈魂賣給魔鬼」、違法犯紀的人，最後不是付出代價、鋃鐺入獄，就是逃避法律懲罰，不知所蹤，失去所有財富與價值觀。因為投資銀行業中錢來得太容易，所有大投資銀行都有嚴格內控與法律規範標準，預防可能的內線交易與利益衝突。恩龍（Enron）與世界通訊（MCI WorldCom）倒閉後，沙賓法（Sarbanes Oxley）與公平揭露法（Fair Disclosure）立法，目的也是希望，未來能夠禁止本書所述行為重演，呼之即來的財富誘惑力實在太大了。

科技泡沫期間，錢不是問題。投資銀行家購買私人飛機、遊艇、多棟豪宅、大筆土地、甚至買下酒莊和小島。投資銀行家用別人的錢下注，賺錢相當輕鬆、幾無風險，賭贏會賺到財富、賭輸就另尋高枝。我見過很多例子，幸好大部分人不但守法，也像巴菲特一樣捐錢行善、造福大眾。亞洲的瘋狂事例不多，大部分交易案和高成交量都在美國出現，地位相同的美國投資銀行家，賺到的錢比亞洲同業多多了。例如在美國承辦一件初次公開發行（IPO），投資銀行家可以拿到七％的費用，以一般一億五千萬美元的初次公開發行案為例，投資銀行會賺到一千零五十萬美元，何況美國投資銀行一年經常要承銷好多件案子，承銷的案子金額又大多了。

以規模五十億美元的一般避險基金而言，如果基金經理人在市場平均上漲五成的二〇〇六或二〇〇七年內，拿到二〇％的分紅績效獎金，就會得到五億美元的獎金（五〇億×五〇％×二〇％＝五億），假設這檔避險基金有十位合夥人，每人可以分到五千萬美元，何況，合夥人通常還沒有這麼多。此外，每年還要從管理資產中收取二％管理費（等於另外收到一億美元）。華爾街上有很多方法輕鬆賺錢，包括銷售垃圾債券、衍生性金融商品、次級房貸、抵押債權憑證和其他結構性商品，因此不管股市漲跌，投資銀行都能賺錢。當然超高報酬率造成超高風險，以致大家有時會不知道自己買賣的是什麼東西，因而引爆二〇〇八年的金融危機，造成雷曼兄弟（Lehman Brothers）、美林（Merrill Lynch）、貝爾斯登（Bear Stern）等大投資銀行從此消失，也造成我們現在知道的所有故事。今天，我們仍然受到這次危機造成的全球經濟衰退煎熬。

作者可能犯了很多錯，卻勇氣十足，跟大家分享他自己的故事，希望藉此警告未來的投資銀行家。我用「銀行家」這個通稱，但事實上，投資銀行業分成很多領域，包括投資銀行部、併購部、企業金融部、股票市場部、債券市場部、銷售交易部、股票／固定收益研究部、自營交易部、甚至包括私募基金部，如果市況配合，每個部門至少都可以賺到千百萬美元，甚至上億。我仍然記得一九九六年自己第一次踏進高盛紐約總部交易大廳，參加面試時，看到交易時間裡，人人高聲吶喊的景象相當令人難忘。

最後，我寧可注意這些故事的光明面，希望和讀者分享下述想法。首先是惡有惡報的觀念——本書和台灣二次金改中的所有暴發故事，最後總是有人鋃鐺入獄。第二、天下沒有白吃的午餐，作者雖然違法，仍然必須奮力工作，承受所有風險與壓力，犧牲健康與家庭，才能功成名就，只有後半部作者從事不法、迷失其中的部分例外。讀者可以學習投資銀行業的「大膽」精神，在工作崗位或任何追求中冒險，盡量享受其中的樂趣，但是切勿跨越法律與道德的紅線。此外，我還是希望你把這本書當成小說一樣好好欣賞，多少了解投資銀行天地中的趣事，知道其中什麼事情都可能發生。想模仿作者在書中的作為必然大錯特錯，會像作者一樣，很快就出問題。投資銀行業大部分都是非常專業的從業人員，勤奮工作，服務客戶，協助創造對世界所有企業至為重要的高效率全球資本市場。另一方面，如果你喜歡這本書，同時了解「天下沒有白吃的午餐」和「一分耕耘，一分收穫」的道理，那麼本書要人勿忘「君子愛財，取之有道」的目的就達到了。

（本文作者為前花旗集團董事總經理及首席分析師）

推薦序　金融交易的魔鬼生意

黃國華

什麼是金錢遊戲的核心價值？當紙醉金迷成為股票大師與投資銀行金童們的唯一目標，在金錢遊戲中又有什麼見不得人的勾當翻滾於其中？當金融市場的公平正義完全喪失之後，裡頭的玩家會玩出哪些不堪入目的勾當？

本書並不是一本純粹理財的書，也不是一本陳述風險與報酬的投資書籍，本書描述一位進入金融圈之後的年輕人，在華爾街這個散戶屠宰場中一步步地出賣自己的靈魂，並一步步地墮入抿滅人性的阿鼻地獄，也見識了easy money所帶來的迷失，會讓沒有強烈人生價值的金融業人士，深陷物慾、肉慾甚至於藥物的深淵而無法自拔。

書中的故事其實並非美國華爾街獨有，我個人服務台灣金融業十多年，看透了金錢遊戲下所造成的種種光怪陸離，我把這些紙醉金迷的墮落現象稱之為「貨幣中毒」，金融市場是整個經濟體甚至於全球資金的集散地，身處於金融業當中最核心的菁英專業人士又是這些漲跌遊戲的參與者與交易者，每天經手的資金與自己所能觸及的損益，都比一般的行業來得巨大，也就是說當一個人對金錢的衡量單位比常人多千百倍時，所產生的金錢虛幻或額外的壓力都不是一個人生閱歷不足的人所能承擔，特別是當行情處於泡沫的虛胖階段，金融業更是人人貨幣中毒而失去理性，有人養成一擲千金的奢靡，有人熱忠追求酒肉的放縱，只是一旦行情直轉急下之際，有人會耽於藥物的麻醉，有人染上精神惡疾，也有人從此步入金融犯罪的不歸路。

只是要金融業的相關從業人員都要細細閱讀這本書，尤其是年輕的一代，這本書給大家一些警惕，在面對快速金錢流動時，一定要先建立好正確的人生觀與金錢觀，否則很容易受到紙醉金迷的虛幻而墮入迷障當中，當身處於巨額的金融交易裡頭往往也會把自己的靈魂交換給魔鬼。

（本文作者為知名作家）

序曲　好騙的人

一九八七年五月一日

「你的地位很低，低到就像糞蛆，」我的新老闆一邊說，一邊領著我見識羅思奇公司的交易廳。「喬登，你對這點有問題嗎？」

「沒有，」我答道，「沒問題。」

「很好。」我的老闆話聲沉滯，腳下卻一刻不停留。

我們所在之處是曼哈頓著名的第五大道，一棟四十一層玻璃帷幕大廈的第二十三層，眼前是褐色紅木辦公桌和黑色電話線交織成的迷宮。交易廳很大，大概有五十乘七十呎，卻擺滿了辦公桌、電話、電腦螢幕，還有七十個討人厭的雅痞，給人沉重、壓抑的感覺。現在是早上九點二十分，他們脫掉了西裝上衣，靠在椅背上看《華爾街日報》，以身為年輕的投資大師自得。

投資大師看起來像是崇高的行業，我穿著廉價的藍西裝和鄉巴佬鞋經過這些大師時，突然很希望自己也是其中一員，但我的新老闆及時提醒我，說我不是他們。他看了看我廉價西裝翻領上的塑膠名牌說：「喬登．貝爾福，你的工作是聯絡員。那就是說，你一天要撥五百通電話，避開祕書的攔截。你別想銷售、推薦或創造什麼東西，只要逮到電話另一頭的公司老闆。」他停了片刻，又噴出更多毒水：「你撥通一位企業家的電話時，只需要說：『某某先生您好，史考特在線上要跟你說話，』然後把電話拿給我，再回去撥電話。你行嗎？還是這樣對你來說太複雜？」

「不複雜，我應付得來。」我信心滿滿地說，同時感到一波大海嘯般的恐慌淹沒了我。羅思奇的職訓期間長達半年，這幾個月不但會很操勞、很難熬，還要任憑王八蛋史考特之類的討厭鬼雅痞擺佈，這些人，個個都像剛從雅痞煉獄深處冒出地表。

我用眼角餘光偷看老闆，很快就得到史考特很像一隻金魚的結論。他的頭已經禿了，皮膚蒼白，殘存的少數髮絲呈現混濁的橘色；他才三十多歲，長了個尖腦袋，粉紅色的嘴唇有點浮腫，脖子上的領結看起來很滑稽，突出的褐色眼球上戴了一副金邊眼鏡，看起來就像金魚。

「好，」可惡的金魚說：「那麼，基本規定是沒有休息時間、不准打私人電話、不能請病假、不可以遲到，嚴禁打混，午餐三十分鐘；」為了加強語氣，他停了一下又說：「你最好準時回來，因為如果你搞砸了，還有五十個人等著坐你的位子。」

他說個不停，也走個不停，我在他身後亦步亦趨，兩眼卻看著灰色螢幕——上面不斷跑動的橘色發光二極體股票報價迷住我了。曼哈頓中城就在交易廳前方的一堵落地玻璃牆前，我可以看到前方的帝國大廈高高聳起、凌駕一切，好像直上雲霄、高接天際，壯觀的景色和投資大師的身分十分匹配，可是，這個目標好像離我愈來愈遠了。

「說實話，」史考特還在劈哩啪啦地說：「我認為你不適合這個工作。你一臉孩子相，華爾街可不是小孩子來的地方，華爾街屬於殺手和向錢看的人，所以你該慶幸，還好我不是這裡的人事負責人。」他發出挖苦的咯咯笑聲。

我咬緊嘴唇，一聲不吭。那時是一九八七年，像史考特這樣的王八蛋雅痞好像統治了世界。華爾街多頭市場正熱，新崛起的百萬富翁像雨後春筍般不停冒出來，錢不值錢。一個叫米爾肯的傢伙發明了叫垃圾債券的東西，改變了整個美國企業的運作方式；那是貪婪橫行、毫無節制的年代，是雅痞當家的時代。

走近史考特的辦公桌時，我的這位雅痞對手轉向我說：「喬登，我再說一次，你的地位低到極點。你連電訪員都算不上，你是聯絡員。」言語間流露侮辱的意味，「在你通過系列七考試前，你的世界就是不斷的聯絡，因此沒有什麼地位可言。你有意見嗎？」

「絕對沒有，」我回答說：「對我來說，這是完美的工作，因為我的地位比糞蛆還不如。」然後故作天真地聳聳肩。

我和史考特不同，我才不像金魚，所以他盯著我的臉看我是不是在諷刺他時，我覺得挺驕傲的。雖然我不很高，二十四歲的我卻還保有青少年柔軟、孩子氣的面貌，就是那種不拿出身分證明就進不了酒吧的臉孔。我有滿頭淺褐色的頭髮、平滑的橄欖色皮膚、和一對藍色的大眼睛，整體說來還不難看。

但是，唉！我對史考特說我覺得地位十分卑下卻不是假話，事實上真的是這樣。不久前，我的第一次事業投資才一敗塗地，自尊也遭到踐踏。我投資肉類與海鮮工業的構想很拙劣，投資完蛋時，很不幸的，我發現我有二十六部卡車的租約——全都由我個人作保，而且全都違約。銀行開始追著我跑，美國運通公司一位恰查某也追著我跑——聲音聽起來好像是體重三百磅的大鬍子——她威脅我說，如果我不付錢她就要親自踹我的屁股。我想過要換電話號碼，但我的電話帳單也欠太久了，所以連紐約電話公司NYNEX也在追著我要錢。

我們走到史考特的桌子前面，他讓我坐在他旁邊的位子上，還說了些溫和的話鼓勵我：「往好的一面想嘛，」他語帶嘲弄地說：「如果奇蹟出現，你沒有因為懶惰、愚蠢、無禮或遲鈍被炒魷魚，說不定哪天你真的能當上證券營業員咧。」他覺得自己很幽默，嘻嘻笑著，「順便告訴你，去年我賺進超過三十萬美元，你服務的另一個傢伙賺了一百多萬。」

一百多萬？我只能想像「另一個傢伙」是什麼樣的王八蛋，我的心往下沉，卻忍不住問：「另一個人是誰？」

「怎麼？」我的雅痞虐待狂問道：「是誰跟你有什麼關係？」

我的天啊！我真是好騙，看來這裡跟海軍陸戰隊差不多——不說話沒有人當你是啞巴！我很確定，這渾球最愛的電影一定是《軍官與紳士》（*An Officer And A Gentleman*），他現在幻想著對我扮演路易．葛塞提，自以為是海軍陸戰隊教育班長，專門負責訓練不合格的陸戰隊員。但我沒把這些說出來，只說：「噢，沒有，我只是有點好奇。」

「他叫馬克．韓納，你馬上就會看到他。」話聲一落就遞給我一疊三乘五吋的索引卡，每一張上面都有一位企業富豪的姓名和電話，命令我：「帶著微笑撥電話。還有，十二點以前不要把你的臭頭抬起來。」然後他坐到自己桌前，拿起《華爾街日報》，把他的黑色鱷魚皮鞋抬到桌上，開始看報。

我正要拿起電話筒時，感到一隻健壯的手放在我肩膀上，抬頭一看，就知道他是韓納。他身上自然散發的成功特質，讓他一看就像真正的投資大師。他長得人高馬大——大概有六呎一吋高、二百二十磅重，身上大部分都是肌肉，髮色烏黑油亮，黑眼珠子散發熱情，五官堅毅有力，臉上有零星的痘疤。他很英俊、都會型男式的英俊，洋溢格林威治村的時髦風味。我感受到了他的迷人魅力。

「喬登？」他的聲音柔和得出奇。

「是，我就是，」我用失敗者的語調回答：「第一流的糞蛆，為您服務！」

他熱情地呵呵大笑，身上兩千美元的灰色直條紋西裝墊肩跟著上下起伏。接著，他用大得沒必要的音量說：「是啊，我想你挨了那個鄉巴佬第一頓好罵了！」同時用頭比了比史考特的方向。

我非常輕微的點點頭，他對我眨眨眼。「別擔心，我是這裡的資深營業員，他只是沒用的膽小鬼，別理他說的話，以後說的話也都不用聽。」

雖然我極力克制，還是忍不住瞄了一下史考特，只聽他低聲咕噥：「去你的，韓納。」

韓納沒有生氣，只聳了聳肩膀，繞過我的桌子，讓他健壯的身體擋在我和史考特之間後，才又說：「別讓他煩你，我聽說你是一流的業務員，一年後，那個白癡就得親你的屁股了。」

我微笑著，又驕傲、又害羞地問：「誰告訴你我是優秀業務員？」

「史蒂芬．史瓦茲，僱用你的人。他說你面試時，對他極力推銷股票；」韓納呵呵笑著說：「他對你印象深刻，叫我小心你。」

「是啊，我很怕他不僱用我，排隊等面試的人足足有二十個，所以我想我最好做得極端一點——你知道嘛，讓人印象深刻。」我聳聳肩，「不過他告訴我音調要柔和些。」

韓納嘻嘻一笑：「對，但也別太柔和。做這行就是要施高壓，把大家不會買的股票賣給他們，千萬別忘了這點。」他停頓一下，好讓我消化他的建議。「總之，那位討厭鬼說對了一件事：打電話的差事爛透了。我以前做了七個月，天天都想死了算了，所以我告訴你一個小祕密——」他壓低聲音，好像在討論什麼陰謀，「你只要假裝在打電話就可以，放掉每個機會都沒關係。」他笑了笑，眨眨眼，又提高到正常音量：「別誤會我的意思，我要你接愈多電話給我愈好，因為我就是靠這些電話賺錢。但別因此自己割腕，我討厭看到血；」他又眨眨眼。「要多休息，想去洗手間打手槍就去，我以前就是這麼幹的，對我很有用。我想你也喜歡打手槍吧？」

這個問題嚇了我一跳，但後來我發現，你不能在華爾街交易廳裡用象徵性的幽默。狗屎、媽的、王八蛋、老二等字眼，就和是、不是、可能、請之類的字眼一樣普遍。我答道：「是啊，我，呃，喜歡打手槍。我是說，誰不喜歡？」

他點點頭，鬆了一口氣：「很好，真的太好了，打手槍是重點。我還強烈建議你使用藥物，尤其是古柯鹼，因為古柯鹼可以讓你電話撥得更快，這樣對我很有好處。」他停頓一下，大概是想找出更多智慧語絲，但顯然沒找到。「嗅，差不多就是這樣了，」他說：「現在我能傳授的都告訴你了，你能勝任的，菜鳥。有一天你會回頭看現在，哈哈大笑，這點我可以跟你保證。」他又衝我笑了笑，才在自己的電話前坐下。

片刻之後，警鈴聲響起，宣告開市。我看看我上星期花了十四美元在班尼百貨公司（J.C. Penney）買的天美時手表，九點三十分，絲毫不差。那天是一九八七年年五月四日，我在華爾街的第一天。

這時，擴音器中傳出羅思奇公司銷售經理史瓦茲的聲音：「好，各位先生，今天早上的期貨走勢看來很強，東京有龐大的買盤。」史瓦茲才三十八歲，去年卻賺了兩百多萬美元（又是一位投資大師）。「我們預期開盤會跳升十點，」然後他補充說：「咱們拿起電話搖滾吧！」

整個營業廳就像剛開始爆發一場大亂：腳都從桌子上飛下來；《華爾街日報》都疊到垃圾桶裡；襯衫長袖都捲到手肘上；營業員一個接一個拿起電話開始撥號，我也拿起電話開始撥號。

沒幾分鐘後，每個人都對著黑色話筒瘋狂叫嚷，另一隻手虛空比劃，形成一片驚人的聲浪。這是我第一次見識華爾街交易廳的嘈雜，就像暴民的鼓譟一樣，這種聲音我絕不會忘記；就是這種聲音——淹沒在貪婪和野心中的年輕人向全美富豪推銷自己心肝和靈魂時發出的聲音——永遠改變了我的人生。

「明尼斯科（Miniscribe）現在真是他媽的便宜，」一位圓臉雅痞對著話筒嘶吼，他二十八歲，超級熱愛古柯鹼，一年總所得六十萬美元，「你在西維吉尼亞的營業員說啥？我的天呀！他可能很會挑礦業股，但現在是八〇年代了好嗎？現在大家玩的叫高科技！」

「我手上有五萬口七月合約、五萬口！」離我兩張桌子外的營業員大叫。

「他們跌到價外了！」另一個人吼著。

「這筆交易，我可一點好處都沒有拿喔！」一位營業員對客戶發誓。

「你在開玩笑嗎？」史考特對著免持聽筒大喊：「我把手續費分給政府和公司後，還不夠替我家的狗買康多樂狗糧呢！」

經常會有營業員得意地掛上電話，然後填寫委買單，走到固定在柱子上的氣動輸送管道系統旁，把單子貼在玻璃筒裡，看著筒子吸進天花板裡，一路送往大樓另一邊的交易檯、紐約證券交易所。為了挪出空間設置管道系統，天花板因此改得比較低，低到都快壓到我的頭了。

才剛上午十點，韓納就已經去柱子三次了，馬上又要再去。他在電話中得心應手，讓我完全搞不懂——明明聽起來就像是在對客戶道歉，卻可以海削客戶。「先生，我這麼說吧，」韓納正在跟一家財星五百大企業的董事長講電話，「我以看得出這些股票的底部自豪，不只要帶您進入狀況，也要帶您出來。」他的語氣溫和、圓潤之至，簡直就是在催眠。「我願意成為您的長期資產，您事業——還有您家庭——的資產。」

兩分鐘後，韓納又站在管道系統前，拿著一張二十五萬美元的委買單，買進一檔叫微軟的股票。我從來沒有聽過微軟的名號，不過聽起來是一家相當正派的公司。總之，韓納這筆交易的佣金是三千美元，我也有七美元可以落袋。

十二點時，我頭都昏了，也餓得要命，事實上是又昏又餓再加上汗如雨下。最重要的是，我是被迷昏的，巨大的吼叫聲激盪著我的內臟，在我的每一根神經上激發共鳴。我知道這份工作我可以做得像韓納一樣，甚至做得比他好；我知道，我可以像絲一樣滑順。

我本來要搭電梯下大廳，花一半財產買兩個德國香腸堡和一杯可樂，但出乎意料的是，我現在和韓納一起搭電梯上頂樓，要去這棟商業大樓的四十一樓、一家叫六重天（Top of the Sixes）的五星級餐廳。投資大師都在這裡碰面吃飯，痛飲馬丁尼也交換戰果。

我們步入餐廳時，服務生領班路易斯急忙過來迎接韓納，邊和他大力握手邊說，能在這麼美好的星期一下午見到他有多美好。韓納悄悄塞給他一張五十元鈔票，看得我都快把舌頭吞下去。路易斯把我們帶到角落的一張桌子，那裡視野極好，可以看到整個曼哈頓上西城和華盛頓橋。

韓納對路易斯笑著說：「路易斯，給我們兩杯純馬丁尼，不攙水，然後，」——他看了看厚重的勞力士金錶——「七分半後再來兩杯，接著每五分鐘再上兩杯，直到我們有人醉倒。」

路易斯點點頭，「沒問題，韓納先生，這套策略棒極了。」我對韓納一笑，硬著頭皮說：「不好意思，可是我，呃，我不會喝酒。」說完我轉向路易斯：「你幫我拿可樂來就好了。」

路易斯和韓納交換一下眼神，好像我做錯了什麼事一樣，但韓納只說：「他第一天到華爾街，給他一點時間。」

路易斯抿著嘴唇看我，嚴肅地點點頭：「這點完全可以理解。別怕，不用多久你就會上癮了。」

韓納點頭表示同意：「說得好，路易斯，不過還是幫他拿一杯馬丁尼來吧，說不定他會改變心意，我可是沒救了，自己喝吧。」

「好極了，韓納先生。你和朋友今天要用餐嗎？還是喝酒就好？」

他在說什麼鬼話？現在是午餐時間，問這個問題不是很可笑嗎？但讓我詫異的是，韓納告訴路易斯他今天不吃，只有我要吃，因此路易斯遞給我一份餐單後，就去拿我們的飲料了。不一會兒，我就明白了韓納為什麼不吃；他伸手到西裝上衣裡，取出裝古柯鹼的玻璃瓶，轉開蓋子，拿一支很小的湯匙伸進去，挖出一撮自然界最強力的食慾抑制劑——也就是古柯鹼——先用右邊的鼻孔猛吸一下，又用左邊的鼻孔像真空吸塵器般吸了一下。

我嚇壞了，簡直不敢相信！就在餐廳裡吸毒！在所有投資大師面前吸毒！我用眼角瞥了一下周遭，看看有沒有人注意我們，但顯然沒有。事後回想，我敢說他們不把這種事當一回事，人人都忙著狂飲伏特加、蘇格蘭威士忌、琴酒、波旁酒和濫用禁藥，享受他們以用不完的鈔票換來的東西。

「給你，」韓納說著，遞給我古柯鹼玻璃瓶，「華爾街真正的入場券就是這玩意兒，還有妓女。」

妓女？聽起來很詭異，我是說，我從來沒找過妓女！而且我愛著一個女孩，想娶她為妻，她叫丹妮絲，真的很棒——兼具內在美和外在美，我背叛她的可能性低於零。古柯鹼嘛，嗯，我倒是在大學的派對上吸過，但這幾年來，除了大麻我什麼都不碰。「謝謝你，不用了，」這麼說讓我有點尷尬，「這東西和我不太合，會讓我……呃……發狂，比如說讓我睡不著或吃不下，而且我……呃……嗯，我會開始擔心每一件事。古柯鹼對我只有壞處，真的。」

「沒關係，」他說，又從玻璃瓶裡吸了一大口，「但我跟你保證，古柯鹼絕對可以幫你撐過這裡的每一天！」他搖搖頭、聳聳肩說：「股票營業員這行真他媽的爛。別誤會我的意思，我是說：錢很棒、很好用，但你沒有創造什麼、也沒有建立什麼，所以一陣子過後，你就會覺得日子有點單調。」他停了一下，好像在思索怎麼往下說，「事實上，我們不過是低級、庸俗的推銷員，我們都不了解什麼股票會漲，只是對著大盤丟飛鏢，然後炒作和加油添醋。總而言之，你很快就會懂的。」

接下來的幾分鐘裡，我們談了自己的背景。韓納在布魯克林的利吉灣（Bay Ridge）長大，就我所知，那裡是相當無法無天的地方。「反正，」他語帶譏諷地說：「別和利吉灣的女孩約會，她們全都是瘋婆子！」然後又聞了一下古柯鹼玻璃瓶，才補上一句：「上一個和我約會的利吉灣女孩，竟然趁我睡著時拿該死的鉛筆刺我！你想像得到嗎？」

這時，一位穿著晚禮服的服務生過來，把我們的飲料放在桌上。韓納端起二十美元的馬丁尼，我捧起一杯八美元的可樂，韓納說：「敬道瓊指數直升五千點！」我們互碰玻璃杯，「再敬你進入華爾街！」他補充說：「祝你在這行賺翻天，然後還能保留一點點靈魂！」我們都笑了，再次乾杯。

當時如果有人告訴我，短短幾年裡我就會擁有現在坐著的這家餐廳，韓納和羅思奇公司的半數營業員都會成為我的手下，我會說他瘋了。如果有人告訴我，我會在這家餐廳的吧台大吸特吸古柯鹼，同時有十幾個高級妓女用崇拜的眼光看著我，我會說他簡直就是失心瘋。

但這只是開始。那時別的地方發生了很多事、很多和我不相干的事——從鮮少有人知道的投資組合保險開始，這種電腦程式推動的股票避險安全策略，最後會終結狂熱的多頭市場，使道瓊指數一天之內慘跌五百零八點。然後一連串幾乎無法想像的事情會接踵而來，華爾街會暫時停市，投資銀行羅思奇公司會被迫倒閉，整個情勢陷入瘋狂狀態。

我現在要告訴你的，就是瘋狂之後的重建、具有諷刺意味的重建，最後創造了華爾街史上最瘋狂的多頭市場。我根據當時腦中浮現的聲音向你敘述，這個聲音尖酸刻薄、油滑自得、自私自利，經常十分卑鄙。就是這種聲音，讓我可以把妨礙我無拘無束享樂生活的東西合理化；就是這種聲音，讓我能說服別人墮落、進而控制他們，並把瘋狂和混亂帶給全美國的年輕人。

我在皇后區灣岸地方的中產階級家庭長大，黑鬼、老墨、義大利佬和老中已經是那裡最粗鄙的話，但無論如何都不能說出口。我們家不准有任何形式的偏見，因為那是低等人未開化的心理。不論是童年、少年、甚至置身混亂的高峰時，我也一直都是這麼覺得。然而，後來這些粗話卻從我舌尖自由自在地滑出來，尤其是我發瘋的時候；我當然也會把髒話合理化——告訴自己這是華爾街，華爾街沒有閒工夫使用象徵性的閒話、沒有時間講究優美的社交禮儀。

我為什麼要告訴你這些事？因為我要你知道我到底是什麼人，更重要的是，我其實什麼也不是。我會這樣說，是因為我自己也有兩個孩子，有一天我也得跟他們解釋個沒完。我必須向他們解釋，他們敬愛的爸爸，就是現在送他們去打美式足球、參加學校母姊會，星期五晚上待在家裡，湊合著幫他們做出凱撒沙拉的爸爸，以前是多麼卑劣。

但我也誠摯地希望我的人生能當作警惕，提醒富翁，也提醒窮人；提醒鼻子前放著湯匙、胃裡有一堆藥丸在溶解的人；或者提醒那些打算把天賦用錯地方的人；提醒走入黑暗、過著無拘無束享樂生活的人；也提醒所有認為以華爾街之狼成名很屌的人。

1 披著羊皮的狼

六年後

荒唐的世道，很快就席捲了一切。一九九三年冬天，實境電視秀還沒蔚為風尚前，我就有個怪異的感覺，相信自己可以在實境電視秀中擔綱演出。我的電視秀叫做《上流怪胎》，而且內容似乎一天比一天更怪。

我創立了一家叫史崔頓歐克蒙（Stratton Oakmont）的證券號子，如今，這家公司已是華爾街史上最大、最無法無天的號子。華爾街上傳說我和魔鬼交易，說我一定會在三十歲以前躺進棺材。我知道這些都是胡說八道，因為我已經三十一歲了，卻還活蹦亂跳。

此刻是十二月中的某個星期三早晨，我坐在我的雙引擎貝爾噴射直昇機控制台前，正從曼哈頓中城三十街的直昇機起降場，飛回我在長島老布魯克維爾區的豪宅。我的血液循環系統裡有一大堆禁藥在流動，多到足以讓整個瓜地馬拉都平靜下來。

現在是凌晨三點多，我們沿著長島的小頸灣西邊，以一百二十節的速度飛行。我還記得，我正為自己看到的每樣東西都變成兩個影像、卻還能夠直線飛行而沾沾自喜，但突然間我開始頭昏眼花，直昇機直線下墜，黑黝黝的海水迎面衝來。直昇機的主旋轉翼晃動得非常厲害，我還可以聽到耳機中傳來正駕駛驚慌的聲音，正瘋狂地喊著：「老天爺，老大！拉升！拉升！我們要墜機了！可惡！」

然後，直昇機就又恢復平飛了。

我最忠實可靠的正駕駛艾略特機長，穿著白制服坐在他的控制台前，但他受到嚴格約束，只有在我昏倒或即將墜機時才能接手。現在飛機由他駕駛，或許這樣最好。

艾略特機長有著典型的方下巴機長臉型，只要看他一眼，就能讓人產生信心。他不只下巴是方的，全身看起來也都像是由方塊構成，再一塊連一塊焊接起來。連他的黑色小鬍子也修成完美的長方形，落在他有力的上唇上，就像是一把工業級掃帚。

大約十分鐘前，我才從曼哈頓起飛，結束嚴重失控又漫長的星期二夜晚。昨天晚上一開始很單純——我和旗下一些年輕證券營業員，在時髦的公園大道上一家叫卡納斯特的餐廳共進晚餐。然而，最後我們還是到了韓斯禮宮殿大飯店的總統套房，找來價碼非常貴的妓女范妮絲，她有著豐挺的私處和翹嘟嘟的厚嘴唇，雖然她試著用蠟燭幫助我勃起，最後還是失敗了。這就是我遲歸的原因（說精確一點，是遲歸五個半小時），也就是說，我忠實、可愛又有打丈夫新思潮的第二任妻子娜婷要讓我大吃苦頭了。

你可能在電視上看過娜婷，她就是在《周一美式足球夜》節目中，向你推銷米勒牌淡啤酒的性感金髮美女，廣告裡的她拿著飛盤、牽狗走過公園，台詞不多，但似乎沒什麼人在意這件事。她以一雙美腿贏得演出機會，她的雙腿和豐臀，比波多黎各女人的還要圓潤，也緊實到可以讓掉在上面的硬幣彈跳起來。但無論如何，我很快就要感受她理所當然的盛怒了。

我深深的吸了一口氣，想辦法讓自己恢復正常。現在我覺得很好，所以我再次握住控制桿，讓海綿寶寶機長知道我準備好再次飛行了。他看起來有點緊張，所以我對他展現戰友般的熱情笑容，透過聲控麥克風說了一些鼓勵的話：「心底，嘔黑給李肥鮮熱鍋實習今天的！」我其實是想說：「兄弟，我會給你危險任務值勤津貼的！」

「喔，太好了，」艾略特機長一面回答，一面把飛機操控權交還給我。「記得提醒我拿錢，如果我還回得了家的話，」他無可奈何的搖了搖方頭，又補充說：「別忘了降落時閉上左眼，這樣可以減輕兩個影像的幻覺。」

真是精明又專業！這位方塊機長，事實上，剛好也是個派對動物。而且，他不但是駕駛艙裡唯一的合格飛行員，也正好是我那艘一百六十七呎長、用太太名字命名的娜婷號遊艇的船長。

我衷心的向機長豎起大拇指，然後從駕駛艙的窗戶往外看，想找回方向感。前方矗立著幾支紅白條紋煙囪的地方，是高級猶太人住的羅斯林社區，看得到這些煙囪，就表示我快要進入長島黃金海岸的中心，也就是老布魯克維爾所在的地方。黃金海岸非常適宜居住，對喜歡菁英白人和超貴好馬的人來說更是如此，這兩樣我個人都很討厭，最後卻還是擁有一群貴得離譜的馬，也和一群菁英白人交往，我想，他們都把我看成猶太馬戲團中的年輕要角。

我看了一下高度計，已經降到了三百呎。就像正要踏進拳擊場的職業拳擊手一樣，我轉了轉脖子，開始以三十度角再往下飛，經過布魯克維爾鄉村俱樂部起伏的高爾夫球道後，輕輕的把控制桿向右推，掠過海捷曼路兩旁蒼翠的樹梢，準備降落在我家後方的賽車場。

我踩著腳踏板，讓直昇機在離地二十呎高的地方盤旋，準備降落。左腳微調一下，右腳也微調一下，減少一點動力，操縱桿略微向後壓，突然間直昇機重重摔到地上，然後又開始上升。

「喔，溝屎！」上升的時候我咕噥了一聲。因為太驚慌了，我一下就把油門控制桿打到關閉，使直昇機像石頭一樣墜落，突然碰的一聲摔到地上。

我不敢置信地搖搖頭，太扯了，這次降落一點都不完美，但是管他的。我轉向可敬、可愛的機長，驕傲卻含糊不清地說：「噢，還不嗟吧，我還不嗟吧！」

艾略特機長的方頭轉到側面，長方形的眉毛挑得高高的，掛在方形的額頭上，好像是說：「你他媽瘋了嗎？」但他接著慢慢點頭，臉上現出挖苦的笑容：「你真的很棒，兄弟，我不得不承認。你有閉起左眼嗎？」

我點頭說：「這像護身符一樣有泳，」我含糊地說：「你整厲害！」

「很好，我很高興你這麼想，」他發出一連串咯咯笑聲。「好啦，我得逃離這地方，免得又生出什麼麻煩來。要不要我叫警衛室的人來載你？」

「不用，我好得很，兄底，很好，」我一邊說，一邊解開安全帶，給艾略特機長似像非像的敬禮，然後打開艙門爬出飛機。我轉身關上艙門時，還在窗戶上拍了兩下，好讓他知道我關上了門，多有責任感。在這種狀況之下還能清醒知道要關門，讓我很有滿足感。然後我轉身走向房子，直直走進娜婷颱風的颱風眼。

天色很美，天上數不盡的星星閃耀著微光；以十二月來說，天氣溫暖到不合季節，一絲風都沒有，空氣中充滿土地和樹木的味道，令人回憶起童年。我想起了一次在外過夜的夏令營，也想到我哥哥羅伯，他老婆威脅要告我的朋友性騷擾後，我就和他失去聯繫了，那次我還帶他出去吃晚餐，醉得昏昏沉沉，罵他老婆王八蛋。然而，那畢竟還是很棒的回憶，那時的我單純多了。

距離大房子大約還有兩百碼遠時，我深深吸了一口氣，品味著豪宅莊園裡的氣味。聞起來多美妙啊！百慕達草皮！松樹的辛辣芳香！還有很多令人寬心的聲響！蟋蟀唧唧復唧唧！神祕的貓頭鷹叫聲！從可笑的池塘和上面的瀑布系統傳來的水流衝擊聲！

我從紐約證券交易所董事長葛拉索手上買來這座豪宅，他長得非常像雞肉期貨業務員法蘭克．普度。然後我砸了幾百萬，改善一些地方——可笑的池塘和瀑布系統吞沒了大部分的錢，剩下的部分砸在最先進的警衛室和保全系統上。警衛室裡有兩個武裝保鑣二十四小時值班，兩個都叫洛克，還有幾排監視螢幕，接收大莊園中二十二個保全攝影機的影像，每架攝影機都配有動作感應裝置和聚光燈，使保全系統固若金湯。

這時我感到好大一陣狂風，所以我伸長了脖子，目送直昇機升入夜空。我發現自己一小步、一小步的倒退，腳步愈來愈大，然後……喔，可惡！我麻煩大了！我要跌倒了！我轉過身踏出兩大步，像展翅一樣平伸兩隻手臂，但還是像溜冰的人失去控制一樣，跌到東又撞到西，找不回身體的重心。突然間，一束強光！

「搞什麼飛機！」我把手放在眼睛上，避免眼睛受到聚光燈燒灼的痛。我剛觸發了動作感應裝置，成了自家保全系統的受害者。我的眼睛疼痛難忍，因為藥物已經讓我的瞳孔擴大得像個銀茶盤。

事情還沒完，我被自己整潔亮眼的鱷魚牌皮鞋絆倒，向後飛出，背部著地。幾秒鐘後，聚光燈熄滅了，我慢慢把手臂放在兩側，按著柔軟的草地。我還真會選擇倒的地方咧！我可是摔倒專家，知道怎麼摔才不會受傷——祕訣就是順其自然，就像好萊塢的特技演員一樣。更厲害的是，我選用的藥物白板，能把我的身體轉變成橡膠，進一步保護我不受傷。

我當然也不會承認，害我跌倒的根本就是白板；畢竟使用這種藥物有這麼多好處，能夠上癮就很幸運。我是說，還有多少種藥能給人白板一樣好的感覺，而且隔天不會昏昏沉沉？我這種地位的人——身負這麼多重大責任的人——絕不能昏昏沉沉，白板不會讓我昏昏沉沉！

至於太太……嗯，我猜她一定會跟我大吵大鬧，但話說回來，她真的有這麼多理由生氣嗎？我是說，她嫁給我時，她就知道後果如何了不是嗎？我的老天爺啊！她就像我的女主人一樣！光這樣說你就知道了，不是嗎？我今天晚上真的做錯了什麼事嗎？沒什麼大不了的吧，至少沒有做什麼她能證明的事！

我古怪的心靈不停地理性思考，為自己開罪、然後否認、繼續合理化，一直到我的腦袋恢復正常，建立起正直、憤慨的情緒。我相信一定是這樣，有錢人和老婆之間的事情可以遠遠追溯到山頂洞人時代，不然至少也可以追溯到范德堡和艾斯特的時代。有權有勢的人當然有一些自由、而且是掙來的自由！這種話我當然不會說給娜婷聽，她有肢體暴力傾向，而且她比我大隻，至少體型相當，這只是我怨恨她的另一個理由。

這時，我聽到電動高爾夫球車的呼呼聲，這要不是夜班洛克，就是日班洛克，看他們什麼時候換班而定；不管是哪一個，總之是洛克出來接我了。船到橋頭自然直，真的很奇妙。我跌倒時，總是會有人來接我；如果我酒醉或嗑藥後駕車，總是有些不正派的法官或貪污的警察替我調解；還有每次我在晚餐桌上昏倒，在今日特湯裡溺水時，就算我太太不在場，也會有一些好心的應召女郎用口對口人工呼吸救我。

我好像刀槍不入還是怎麼了，我玩弄了死神多少次？數都數不清了。但我真的想死嗎？我的罪惡感和痛悔是不是狠狠啃噬著我，以致我想自我了斷？我是說，現在一想起這種事就讓我心裡很困惑！我冒過一千次生命危險，最壞的結果卻只是擦破皮。我曾經酒醉駕駛、曾經嗑藥後昏昏沉沉地開飛機、走到大樓邊緣和潛水，在世界各地的賭場輸掉幾百萬，但我看起來好像還不滿二十一歲。

我有很多綽號：華爾街大亨傑科、教父唐．柯里昂、老大凱瑟．索思；甚至有人叫我國王。但我最愛的綽號是「華爾街之狼」，因為這最名副其實。在羊皮下的我根本是最兇狠的狼：我看起來像個孩子，舉止也像孩子，但我不是孩子。我已經三十一歲、馬上要變成六十歲了，像狗一樣過活，一年老七歲。但我很有錢有勢，還有美艷絕倫的太太和四個月大的女兒——她根本就是完美一詞活生生的體現。

就像大家說的一樣，一切都太好了，怎麼做都對。最後我總會有辦法，連我也不知道的辦法；最後我會蓋著一萬兩千美元的蠶絲被，躺在垂掛著足夠為一整連傘兵做絲質降落傘的蠶絲帳幔皇家臥床上。而且我太太……嗯，她會原諒我的，畢竟，她每次都原諒我。

2 利吉灣女王

一九九三年十二月十三日

隔天早上——嚴格說是幾小時後——我做了一個好夢，是每個年輕人希望和祈禱能夠做的夢，因此我決定繼續做夢下去。我一個人躺在床上，應召女郎范妮絲走到我旁邊，跪在我的豪華超級大床邊緣，剛好是我碰不到她的地方，好個小美女。我現在可以看清她了，栗棕色光澤的頭髮、臉上漂亮的五官、年輕而豐滿的胸部、不可思議的美臀，散發著貪婪和欲望。

「范妮絲，」我說：「過來，范妮絲，到我身邊來，范妮絲！」

范妮絲跪著向我走過來，她的皮膚又細又白，在絲光中顯得閃閃發亮……絲綢……到處都是絲綢，白色的大帳子吊在正上方，床的四個角落垂下很多白色的絲綢，太多白絲綢了……我淹沒在白絲綢當中。就在這一刻，我想到一個可笑的數字：絲綢一碼要二百五十美元，房間裡至少有二百碼絲綢，意思就是五萬美元這麼多的白絲綢。

不過這是我太太——立志當裝潢大師的小親親——的傑作，噢，等等，那是她上個月的志向，對吧？她現在不是想當廚藝大師嗎？還是想當造景大師？或是品酒大師、服裝設計師？誰記得她這麼多的志向？實在太煩了，跟未來的生活女王結婚太煩了。

就在這個時候，我覺得有水滴落在我臉上，我睜開眼睛，搞什麼鬼？烏雲密佈嗎？我的寢宮怎麼可能有烏雲？我太太哪裡去了？噢，狗屎！那片烏雲就是我太太！我太太變成了娜婷颱風！

唰的一聲，水潑了過來！

我醒過來，看到第二任妻子娜婷生氣卻又豔麗的臉龐。她右手拿著空了的中型水杯；左手握拳，點綴著一顆七克拉、鑲在白金座台上的淡黃色鑽石。她離我不到五呎遠，踮著腳尖，前後晃動，好像拳擊手一樣，我立刻提醒自己——注意她的戒指。

「媽的，你為什麼要這樣？」我有氣無力地叫嚷，邊用手背擦眼睛邊打量我的二號太太。天啊，我太太真的是尤物一個！連現在這種情況，我都不能對她生氣，她穿著超小的粉紅色小可愛，短到不行，前胸又開得極低，因此她看起來比什麼都不穿還裸露。還有她那兩條腿！天啊，看起來真是美呆了。不過這些都不是重點，我必須對她強硬一點，讓她知道誰才是老大。我咬牙切齒地說：「我向上帝發誓，娜婷，我要他媽的殺——」

「噢，我真是他媽的嚇壞了；」眼前這位金髮美女氣沖沖的打斷我的話，嫌惡地搖著頭，粉紅色的小乳頭從幾乎不存在的衣服中跳出來，我儘量不看那裡，卻覺得很難。「或許我應該跑去躲起來，」她嘲笑著說：「或許我根本就應該留在這裡，踢你的屁股！」最後這句話，聽起來根本就是尖叫。

唉，或許她才是老大，不管怎麼說，這場吵架她都贏定了；沒有什麼好否認的，利吉灣女王脾氣暴躁。她的確是女王，生下來是英國人，現在仍然拿英國護照，奇怪的是，她一直都提醒我這一點。但是這一切非常諷刺，因為其實她從來沒有在英國住過，事實上，她還是小嬰兒時就搬來布魯克林的利吉灣，在咬字不清不楚的美國土地上長大。在利吉灣土生土長的小孩得天獨厚，會像艾略特和惠特曼一樣，用詩一般的活力，脫口就說出他媽的、狗屎、王八蛋和老二之類的髒話。我可愛的英國、愛爾蘭、蘇格蘭、德國、挪威和義大利混血的娜婷女王，就是在這個地方，還在學習怎麼綁直排輪溜冰鞋帶時，就學會了把連串的髒話串在一起。

這個笑話有點討厭，我心想，好多年前韓納就警告過我，不要跟利吉灣出身的女孩約會。我還記得，他的女朋友趁著他睡覺時用鉛筆刺他，我的女王則喜歡潑水；這麼說來，我還領先一著。

總之，我的女王生氣時，髒話就像布魯克林下水道系統裡的臭氣一樣噴出來。沒有誰比我更能夠讓她生氣，她忠實而可靠的丈夫、華爾街之狼，不到五小時前還在韓斯里宮殿大飯店的總統套房裡，屁眼插著一支蠟燭。

「說，你這個小王八蛋，」女王厲聲說：「他媽的范妮絲是誰，啊？」她停了一下，惡狠狠地向前踏近一步，突然之間擺出戰鬥姿勢，翹起屁股，臉上堆滿傲慢，一條光滑的大腿轉到一邊，雙手抱胸，把乳頭全都推了出來。她說：「大概是什麼小妓女吧，啊？」她生氣的瞇著藍色的大眼睛。「你以為我不知道你想幹什麼嗎？啊，我應該砸碎你他媽的臉，你……你這個小……啊——！」她發出憤怒、痛苦的吼聲，一吼完就卸下原來的姿態，急速走過臥室，腳踩花了十二萬美元，向愛德華．菲爾茲訂製的米灰色相間地毯，像閃電一樣衝過去，一直衝向足足有三十呎外的主浴室，打開水龍頭，裝滿水杯，再關好水龍頭、衝回來，看起來比剛才還生氣兩倍，咬牙切齒，表現出十足的怒火，方形的模特兒下巴因此十分突出，看起來像是地獄來的女王。

同一時間我努力集中精神，但是她走得太快了，我還沒有時間思考，一定是該死的白板惹的禍！白板又害我說夢話了。噢，糟糕！我說了什麼話？我心裡想著各種可能性：大轎車……飯店……毒品……應召女郎范妮絲……拿著蠟燭的范妮絲——唉，天啊，該死的蠟燭！我把這種想法抛在腦後。

我抬起頭，看看床邊茶几上的數字鐘，時間是七點十六分。天啊！我什麼時候回到家的？我搖搖頭，用手指梳頭髮，想讓頭腦清楚一點——天啊，我濕透了！是我太太，她一定是把水直接潑在我頭上。她還罵我小、小王八蛋！她為什麼這樣罵我？我又不那麼小，對不對？我的女王有時候也會變得很殘忍。

她回來了，離我不到五呎遠，拿著水杯的手擺在身前，手肘向外翹，正是潑水的姿勢！她臉色鐵青，卻還是美極了！不只是一頭金髮美極了，還有發亮的藍眼珠、細緻的臉頰骨、小巧的嘴唇、完美無瑕的臉蛋、下巴上的櫻桃小嘴、健美而光滑的乳房都美極了；因為親自哺乳的關係，乳房變得不那麼美，卻可以用一萬美元和手術刀修好。還有那雙美腿……天啊，那雙修長、光滑的美腿簡直美到破表！這麼完美的雙腿，那麼優雅地斜斜收縮到大腿彎為止，但是膝蓋以上卻又如此豐潤；這雙腿和她豐美的臀部，絕對是她最好的資產。

事實上，我第一次看到女王也不過是三年前的事情，我一看就深受吸引，最後離開好心的第一任妻子丹尼絲，條件是先付給她一筆幾百萬美元的費用，加上稅務上不能抵減的每個月一萬五千美元贍養費，這樣她才願意悄悄離開，不要求全面清算我的婚外情。

現在的情況，又糟糕成什麼樣子！我到底做了什麼事？睡覺時說了幾句夢話嗎？這樣有什麼罪？我的女王確實反應過度了。事實上，這個時候的我太有理由可以生她的氣。或許我可以想辦法，把這一場架轉變成我認為最美妙的快速補救性愛。我深深的吸了一口氣，用絕對無辜的語調說：「你為什麼這麼氣我？我是說，你……你讓我有點搞不清楚狀況。」

女王的反應是把滿頭金髮斜斜的側向一邊，表情好像剛剛聽到完全不合邏輯的話一樣。「你搞不清楚狀況？」她生氣的說：「你他媽的搞不清楚狀況？啊？你這個……小……王八蛋！」又說我小！真是不可思議！「你要我從哪裡說起？就說你半夜三點才搭著你的蠢直昇機飛回這裡，連半通電話也不打，不告訴我你會晚歸，這是已婚男人正常的行為嗎？」

但是，「我——」

「何況你還是父親！你現在已經當爸爸了！但是你的行為就像嬰兒一樣！我剛剛才在那座可笑的高爾夫練習場上種滿百慕達草，你關心過嗎？你大概已經把它毀了！」她憤怒的搖搖頭，又繼續說：「但是你為什麼要在乎？你又沒有花時間研究整個事情，跟造景專家和高爾夫球場專家打交道。你知道我花了多少時間在你那個蠢計畫上嗎？你、你這個沒有良心的王八蛋？」

啊，原來她這個月想當造景大師！但是這個大師也太性感了吧！一定有什麼方法可以扭轉這一切，一定有什麼神奇的字眼。「蜜糖兒，拜託，我——」

她咬牙切齒地警告我：「不准叫我蜜糖兒！永遠不准你再叫我蜜糖兒！」

「但是，蜜糖兒——」

唰的一聲，水又潑了過來！

這次我看到水過來，來得及拉起一萬二千美元的絲被，蓋住我的頭——擋掉了她大部分的怒火。事實上，幾乎沒有一滴水碰到我，但是，哎呀，我的勝利很短暫，我放下被子時，她已經又衝回浴室裝水。現在她轉回來了，水杯裝滿了水，她的藍眼珠像死光槍一樣，美妙的模特兒臉蛋看起來有一米寬；她的大腿……天啊！我的眼光不能離開，然而，現在沒有時間管她的大腿，現在是我這隻狼強硬起來的時候，是我張開獠牙的時候了。

我從白絲被裡伸出手來，小心不讓手跟縫在絲被上的幾千顆小珍珠纏在一起，然後我叉著腰，像公雞伸展翅膀一樣，讓生氣的女王從上而下看到我強壯的二頭肌，然後雄壯威武地說：「你敢再潑我水看看，娜婷，我不是開玩笑！我可以讓你在生氣時潑我兩杯水，但是一潑再潑的話……呃噢，就像屍體已經躺在地板上的血泊中，還拿刀去刺一樣！這樣真他媽的讓人厭惡！」

這樣說似乎讓她慢了下來，卻也只讓她停了一秒鐘，就用嘲笑的語氣說：「請你不要擺出打架的樣子好嗎？媽的，你看起來真像蠢蛋！」

「我不是要打架，」說著，我放下雙手。「你實在很幸運，有一個身材這麼好的老公，對吧，甜心？」我儘量裝出最和善的笑容。「來，現在過來，親我一下！」話才說出口，我就知道自己錯了。

「親你一下？」女王氣急敗壞地說：「媽的，你開我玩笑嗎？」她的每一個字都充滿了怒火。「我差一點就要割下你的卵蛋，藏在我的鞋盒裡，讓你永遠找不到！」

上帝呀，她說對了！她的鞋帽間有德拉瓦州那麼大，要是我的卵蛋藏在那裡，我可真會永遠都找不到。所以，我改用最客氣的口吻說：「請你給我一個解釋的機會，蜜——我是說甜心，請你，我求求你！」

她的臉色立刻放輕鬆了。「我不能相信你會這樣！」她帶著一點鼻音說：「我做了什麼事情，你要這樣對待我？我是個好太太、漂亮的太太，但是我先生卻在半夜三更隨時回來，睡覺時還嚷嚷另一個女孩子的名字！」她開始用羞辱性的口氣哼唉叫著：「啊……范妮絲……來我身邊，范妮絲。」

老天爺！白板有時候真的會害死人；現在她開始哭了，情形糟糕之至。不過，還有什麼機會比趁著她哭的時候更適合把她騙到床上來？我現在必須改變節奏，想出新招。我像對著站在懸崖邊、威脅要跳下去的人說話一樣，「甜心，放下水杯，不要哭，求你啦，我真的可以解釋一切！」

她慢慢的、心不甘、情不願的把水杯放到腰部附近。「你說，」她的聲音裡充滿了懷疑。「讓我聽聽靠著說謊維生的人再說一次謊言。」

確實如此，我這匹狼靠著說謊維生，不過華爾街就是這樣，如果你想成為真正的權力掮客，你就得會說謊。人人都知道這一點，女王知道得更清楚，因此，她其實沒有什麼資格生這兩種事情的氣。不過我還是坦然接受她的嘲諷，暫停了片刻，讓自己能有多一點時間來編織狗屎般的故事，我說：「首先，你把整個事情弄反了，我昨天夜裡沒有打電話給你，唯一的原因是我到了快十一點時，才知道自己會這麼晚才回家，我知道你多麼重視睡美容覺，我想，反正你都睡了，打電話有什麼意義呢？」

我的女王狠狠的回答說：「噢，媽的，你好體貼，我還要感謝自己好運，有這麼體貼的先生。」嘲諷的意味像膿水一樣，從她的話語中流出。

我沒有理會她的譏刺，決定孤注一擲。「總之，你把整個范妮絲的事情完全搞錯了，我昨天晚上跟派克先生談到，要在加州的凡尼斯，開一家康納斯泰爾餐廳——」

唰的一聲，水又潑過來！

「你這個說謊的混球！」她尖叫著，從鋪了超貴白絲綢的椅背上，抓起同樣質料的絲綢浴袍。「你這個十足十說謊的混球！」

我發出明顯的歎息。「好了，娜婷，你早上已經玩夠了，現在到床上來，親我一下，雖然你把我潑濕了，我還是愛你。」

她惡毒的看著我！「你現在想搞我？」

我高高的抬起眉毛，熱切點頭，就像七歲的小男孩聽到媽媽問「你想吃甜筒嗎」那樣。

「好極了，」我的女王尖叫著說：「搞你自己吧！」

一說完，性感的利吉灣女王就打開了門，打開那七百磅重、十二呎高、厚實到足以抵抗一萬二千噸核子彈爆炸的紅木門，走出房間，輕輕地關上門。畢竟她也知道，用力關門會對我們那群怪異的僕人發出錯誤的信號。

說到那群怪異的僕人，我們一共有五位胖得很好看、說西班牙文的傭人，其中兩對是夫妻檔；還有一位說話不清不楚的奶媽，每個月都要花掉我一千美元電話費，打電話給牙買加的家人；一位從以色列來的水電工，像思春的哈巴狗一樣，在女王身邊跟來跟去；一位窮光蛋白人雜工，工作動機就像海洛因毒癮患者一樣強烈；我個人的女傭葛文，不管我的需要多麼怪異，她事先都想得到；還有兩位都叫洛克的武裝保鑣，負責防止想偷東西的老百姓，不過事實上，老布魯克維爾最近一次發生犯罪案件，已經是一六四三年的事情了，當時的白人移民，從馬丁尼克印第安人手中偷走他們的土地。我們還有五位專職的造景專家，其中三位最近才被我養的棕褐色拉布拉多犬莎莉咬傷，不管什麼人，只要膽敢進入嬰兒房一百呎範圍內，莎莉都會咬他，尤其是會咬膚色比牛皮紙袋深的人；最新增加的幫工是兩位專職的海洋生物學家，也是夫妻檔，一年領九萬美元，負責為我們噩夢一樣的池塘維持生態平衡。當然還有我的豪華轎車司機喬治·康保，他的皮膚像黑炭一樣黑，痛恨所有的白人，包括我在內。

不過，我的豪宅中雖然有這麼多傭人，卻不能改變我現在獨自一個人，全身濕透，被我金髮的、第二任的、發願要做所有專家的嬌妻搞得色心十足的事實。我看看四周，想找個什麼東西擦乾身體，然後從瀑布一樣的一大堆白絲綢當中抓起一塊來擦。天啊！一點用都沒有，顯然這些絲綢都經過防水處理，只能把水從一邊推向另一邊。我看看身後，總算有一個埃及棉做的枕頭套！很可能有三百萬條細線，一定花了我不少錢！我拉出裝了太多鵝絨的枕頭，用枕頭套開始擦自己。啊，埃及棉又軟又舒服，又這麼能夠吸水！我的精神恢復了。我在床上快速翻身，離開濕透了的地方到我太太那一邊，把被子拉上來，蓋住頭部，準備回到溫暖的美夢中去找范妮絲。但我才剛深吸一口氣……噢，媽的！到處都是女王的香味！忽然間，我覺得血液衝到下腹部，老天爺，她真是隻快樂的小野貓，光是體香就讓人衝動的女王！我別無選擇，只能自己玩了。不管怎麼說，情形沒有想像的那麼糟，女王對我的影響只從我腰部以下開始，也會在腰部以下結束。

我正要安慰自己一下，卻聽到有人敲門。「誰？」我的聲音大到足以穿透防彈門。

「是葛文啦。」葛文回答。

葛文，啊，一口好聽、讓人安心的南方腔調！事實上，葛文的一切都讓人安心，預先想到我每一種需要的能力和把我當小孩一樣寵愛的樣子都那麼讓人安心，我想她和先生威利永遠都想不到。我高興的回答：「進來。」

防彈門打開了一條縫。「早安、早安！」葛文說。她端著一個銀盤，上面有一杯用高腳杯盛裝的淡冰咖啡，還有一瓶拜耳的阿斯匹靈，左臂下夾了一條白色浴巾。

「早安，葛文，美妙的今天早上你還好嗎？」我裝出很正式的樣子問她。

「噢，好……我很好！噢，我看你就躺在太太那邊，讓我端冰咖啡過去給你好了。我也帶來一條又舒服、又柔軟的浴巾讓你擦身體，貝爾福太太告訴我，你在自己身上潑水。」

真是讓人難以相信！我的生活女王又一次準確命中我的需要！突然間，我發現自己的勃起把絲被撐得像馬戲團帳篷一樣——真糟糕！我像野兔一樣，迅速弓起膝蓋來。

葛文走過來，把銀盤放在我太太那邊的古董小茶几上。「來吧，我替你擦乾！」她說，彎下腰來開始用白浴巾擦我的額頭，好像我是嬰兒一樣。

老天爺，我的這棟豪宅多麼像馬戲團！我的意思是，我平躺在床上，勃起得非常厲害，五十五歲、肥肥胖胖的黑人女傭卻像走錯時空的人一樣，彎下腰來，下垂的乳房離我的臉只有三寸遠，用一條五百美元、繡了姓名縮寫的義大利普拉德西牌浴巾替我擦臉。光看外表，葛文其實一點黑人的樣子都沒有。沒錯！對我的豪宅來說，黑人女傭太正式了，事實上，葛文甚至比我還白。我心想，大約一百五十年前，南方還是南方的時候，她的某一代祖先、比如她的高高高高曾祖母，或許曾經是喬治亞州南方某一位富有農場主人的祕密愛奴。

不管是不是這樣，至少這麼貼近葛文下垂的乳房很快就讓我的血液從下腹部流走，回到該去的地方，也就是回到我的肝臟和淋巴系統，消除其中的毒素。不過，光是看著她這樣辛苦彎腰都讓我難以承受，因此我親切地跟她解釋，說我自己會擦額頭。

她聽了似乎有點傷心，卻只說：「好，你需要幾顆阿斯匹靈嗎？」

我搖搖頭，「不要，我很好，葛文，但還是謝謝你。」

「好，噢，要吃幾顆白藥丸，治療你的背痛嗎？」她有口無心地問：「要我替你拿幾顆白藥丸嗎？」

天啊！才早上七點半，女傭就要替我拿白板，我怎麼還能夠保持清醒？不管我到哪裡，都有禁藥在後面追著我跑，叫我的名字。最糟糕的地方就在我開的券商公司裡，我手下那些年輕股票營業員的口袋中，幾乎都有你所能想像得到的每一種禁藥。

但是我的背真的很痛，從我剛剛認識女王、在一次怪異的事件中背部受傷後，就一直都很痛。害我受傷的是她的狗，那隻白色王八蛋小馬爾濟斯犬洛基，只會吠個不停，除了騷擾牠碰到的每一個人之外，一點用處都沒有。當時我們剛結束在安普頓海灘避暑的日子，我想把這隻王八蛋狗叫回來，但是這隻小王八蛋不肯聽我的話。我過去抓牠的時候，牠就繞著我跑，逼得我不斷跳躍，有點像洛基在電影《洛基》第二集裡，追著狡猾的小鬼比拳，然後再跟拳王阿波羅．柯里德比賽一樣；但是我跟出拳有如閃電、最後終於擊敗拳王的洛基不同——我撞裂了椎盤，在床上躺了兩星期，後來動了兩次背部手術，都只讓疼痛變得更厲害。

白板多少可以鎮痛，即使不能，疼痛也是讓我可以繼續吃的好藉口。

我不是唯一討厭這隻小王八狗的人，每個人都討厭牠，只有我的女王例外；她不但是牠唯一的保護者，還讓這雜種睡在我們的床角，啃她的內褲，讓我沒來由的嫉妒。然而，在可預見的將來，洛基還會跟我們在一起，除非我想出把牠搞死、女王又不會怪罪我的方法。

總之，我跟葛文道謝，但是謝絕了白板。她似乎又因此有一點難過，畢竟她沒有預料到我的每一種需要，但是她只說：「好吧，我已經替你定好三溫暖的時間了，因此你隨時可以去。昨天你半夜穿的衣服也準備好了——灰色細條紋西裝和上面有好多條小魚的領帶，可以嗎？」

天啊，這才是服務！我的女王為什麼不能夠更像她一點？不錯，我一年發給葛文七萬美元，是行情的兩倍多，但是話說回來……看我得到了什麼回報：滿面笑容的服務！可是我太太一個月就至少花我七萬美元！事實上，加上她所有他媽的志向，很可能花掉的是這筆錢的兩倍。這樣我也不在乎，但是其中至少要有某種交換嘛。我的意思是說，如果我偶爾需要出去一下，在這裡胡搞一個女人，到那裡瞎混一下，那麼她至少應該稍稍放我一馬不是嗎？當然應該，事實上絕對應該；我開始點起頭來，同意自己的想法。

葛文顯然把我的點頭當成同意，就說：「好，我先去把寶貝千樂打扮得漂漂亮亮、乾乾淨淨。你好好沖個涼吧！」愉快、愉快、愉快之至！

葛文說完就離開房間。我心想，至少她消除了我的勃起，因此我的情況比剛才好多了。至於我太太，不妨晚一點再做打算，畢竟她是笨蛋，而笨蛋一向以願意原諒別人聞名。

事情想清楚後，我喝光冰咖啡，吞下六顆阿斯匹靈，然後下床走到三溫暖室，準備把前一天晚上吃的五顆白板、兩公克古柯鹼和三毫克的蝴蝶片烤出體外，就我的忍受能力來說，這些禁藥的量算是相當少了。

我們的主臥室全都用白絲綢裝飾，主浴室則不同，用的是義大利灰色大理石，只有義大利那些王八蛋才知道怎麼拼成精美的圖案，所以他們大著膽子狠狠敲了我一筆。不過，付錢給這些賊義大利人一點也不難，反正這就是二十一世紀資本主義的特質——大家騙來騙去，最會騙的人最後一定是贏家；從這一點來說，我可是所向無敵的世界冠軍。

我對著鏡子凝視自己，天啊，我太瘦了！我的肌肉很結實，但還是……我得在蓮蓬頭下亂轉才能沖濕！是毒品的影響嗎？我心裡想，大概是吧……但鏡裡的我還是人模人樣。我只有五呎七吋，有一位很聰明的人說過，世界上沒有太有錢或太瘦這回事。我打開藥櫃，拿出一瓶超強美景眼藥水，歪著脖子，在每隻眼睛裡滴了六滴，是建議用量的三倍。

就在那一刻，我心裡冒出了一個奇怪的想法：什麼樣的人會濫用美景眼藥水？還有，我為什麼要吃六顆阿斯匹靈？沒有道理嘛。眼藥水和阿斯匹靈畢竟跟白板、古柯鹼和蝴蝶片不同，增加禁藥用量的好處非常明顯，眼藥水和阿斯匹靈超過建議用量卻絕對沒有什麼道理。

不過諷刺的是，這種情形正是我生活的寫照，我做的一切全都超過限制，全都跨越禁止線，全都是你認為自己絕對不會做的事情；但你會跟比你還瘋狂的人交往，因為那會讓你覺得自己過的日子正常得多。

突然間，我覺得自己很沮喪。我要怎麼應付太太？天啊，這次我是不是真的太過火了？今天早上她似乎很生氣呢！我忽然很想知道，她現在正在幹什麼。我猜她很可能正拿著電話，跟朋友、徒弟或什麼人閒聊。她一定在樓下的什麼地方，跟沒有她完美的朋友說著完美的智慧雋語，這些朋友真心希望經過她的一點啟發後，能夠變得像她一樣完美。啊，沒錯，我太太利吉灣女王就是這樣！女王所有忠心耿耿的子民、史崔頓公司員工的年輕妻子們拚命拍她馬屁，好像她是伊莉莎白女王一樣，實在令人噁心之至。

但是我也要替她說幾句好話。女王得扮演某種角色，她也扮演得很好。她了解，每一位跟史崔頓公司有關的人都有一種扭曲的忠心，而且她跟重要員工的妻子都建立關係，讓所有事情都變得牢靠得多。不錯，我的女王的確很精明。

早上我準備開始工作時，她通常會來交易廳。沒有要我去死的時候，她經常談笑風生，很會說話。但是通常我都是自己找罵挨，因此即使她要我去死我其實並不怪她。事實上，我的任何狀況也真的都不能怪她。雖然她喜歡搞美好生活中的所有花招，卻還是非常好的太太，每天至少說「我愛你」一百次，隨著一天的時間漸漸過去，她還會加強語氣，說出讓人窩心的話：「我愛你愛透了！我無條件的愛你！」當然還有我最喜歡聽的話：「我愛你愛到發瘋！」這句話，我覺得最恰當不過了。

雖然她說過這麼多好話，我仍然不敢肯定是否能夠信任她；畢竟她是我的第二任太太，而且好話也不值幾文錢。她真的會不顧一切，跟我不離不棄嗎？表面上，她表現出真心愛我的行為，不斷的親我，每次我們到公眾場合去，她都會牽著我的手或攬著我的腰，不然就是用手指整理我的頭髮。

這一切都讓人很困擾。我跟前妻丹尼絲在一起時從來不必擔心，因為她嫁給我時我什麼都沒有，所以她的忠心毫無問題；但是我賺到第一個百萬美元後，她一定有一種不好的預感，曾經問我：為什麼我不能靠正常的工作一年賺一百萬美元？當時這個問題似乎很荒謬，不過話說回來，那一天我們兩個都沒有想到，之後不到一年，我一星期就能夠賺到一百萬美元。我們兩個也想不到，不到兩年的時光，米勒淡啤酒的代言女郎娜婷．柯利迪會在七月四日國慶日的那個週末，開著香蕉黃的法拉利跑車，穿著短得離譜的短裙，腳踩迷死人的白色低跟便鞋，走進我在西安普敦的海濱度假別墅。

我從來沒有想到要傷害丹尼絲，事實上，我連想都沒有想過。但是娜婷讓我神魂顛倒，我也讓她神魂顛倒。愛是沒有選擇的，對吧？戀愛時你不會選擇愛上哪一個人。一旦你掉進愛河，感受那種無盡無止、鋪天蓋地、兩個人連片刻分離都不能忍受的情感時，你怎麼可能讓這種情感溜走？

我深深的吸了一口氣，再慢慢的吐出來，想要把丹尼絲拋在腦後。罪惡感和懊悔畢竟沒有價值，對吧？其實我知道不是這樣，但是我沒有時間去想這種事。不斷前進才重要——儘量快步奔跑，而且不要回頭看。至於我太太嘛……我總會搞定她的。

不到五分鐘，我第二次想通一切，勉強對自己的想法笑了一笑，然後走向三溫暖室，準備把惡靈蒸發出去，開始新的一天。

3 春光畢露

開始晨間解毒的半小時後，我精神煥發的走出主臥室，穿著葛文替我準備好的灰色條紋西裝，左手戴著一萬八千美元、輕薄而低調的寶格麗表。早年女王出道前，我戴的是厚重結實的勞力士金表，但是自封為品味、優雅和教養專家的女王立刻丟掉這隻表，告訴我那隻表很低俗；我到現在還想不通她怎麼知道這種事情，因為在布魯克林長大的她，戴過最好的表大概是有迪士尼卡通人物的表。不過她似乎天生了解這種事情，因此我通常都聽她的。

不過那沒關係，我仍然擁有一樣可以保持男性尊嚴的東西：一雙好到不行的手工黑鱷魚皮牛仔馬靴。每隻靴子用的皮，都是從同一隻鱷魚身上切下來的，因此絕對沒有縫線，雖然花了我二千四百美元，但我愛死了這雙靴子。女王當然討厭這雙靴子，所以今天我十分自豪的穿這雙靴子，就是希望對我太太發出清楚的信號——剛才她雖然對我頤指氣使，但我可不是讓人隨便擺佈的人。

我走向寶貝女兒千樂的臥室，希望像每天早上一樣，表示一點點我的父愛；這段時間，是我一天裡最喜歡的時刻。千樂是我生活中唯一完全純潔的東西，每次我抱著她時，就好像所有的混亂和瘋狂都消失了。

我走向她的房間，覺得精神昂揚，她快五個月大了，絕對是完美無瑕的寶貝。但是，當我打開小女兒的房門時卻大大吃了一驚！不只小女兒在，媽媽也在！她一直躲在寶貝女兒的房間裡，等著我進來！

她們兩個就在房間正中央，坐在你所能想像得到最柔軟、最漂亮的粉紅色地毯上，地毯是媽媽——先前希望成為裝潢大師的媽媽——另一個貴得離譜的大手筆……天啊，媽媽真是太美了。寶貝女兒坐在媽媽略為張開的兩條腿中間，小小的背部靠著媽媽平坦的小腹，媽媽兩隻手扶著她的腰，讓她坐得更安穩。兩個人看起來真是太美麗了。寶貝女兒是媽媽的翻版，繼承了媽媽明亮的藍眼珠和漂亮的臉頰骨。

我深深的吸了一口氣，把我女兒房間的香味全都吸了進去。啊，嬰兒爽身粉、嬰兒洗髮精、嬰兒柔濕巾多麼香啊！接著我再深深的吸了一口氣，把媽媽的香味也全都吸了進來。啊，她一瓶四百美元、不知道從哪裡買來的洗髮精和潤髮乳真好聞！她向契爾氏訂購的低過敏潤膚乳液；她有意無意塗的一點點可可香水，聞起來真是香！我感覺到，一股讓人愉快的麻癢、興奮感覺從整個中樞神經系統發出來，流向我的腰脊。

這個房間完美之至，好比粉紅色的小樂園，無數填充玩具經過刻意擺放，零散地放在每一個地方。右邊是是經過殺價後，還花了六萬美元才向麥迪遜大道的貝里尼公司訂製的（媽咪再度出擊囉！）白色嬰兒床和搖籃，上面吊著一套粉紅色、雪白相間、會演奏十二首迪士尼歌曲的活動雕塑，逼真的迪士尼角色，會像旋轉木馬一樣繞圈子。這是我親愛的未來裝潢大師訂製的另一個傑作，只花了九千美元（活動雕塑要這麼多錢？）。但是誰在乎呢？這是我們寶貝女兒千樂的房間，整個豪宅裡大家最喜歡的房間。

我看了太太和女兒一下子，突然間心裡浮起「目瞪口呆」這個詞兒——女兒像藍鳥一樣，全身赤裸，橄欖色的皮膚看來像奶油一樣光滑，一點瑕疵都沒有。

媽媽的打扮，則不但像是要害死人一樣，也像要勾引我。她穿著鮭魚紅的低胸無袖迷你洋裝，乳溝顯得特別深！漂亮的金髮在朝陽下閃閃發光，洋裝短到超過她的臀部，我可以從下往上，一直看到她的細腰，其中好像少了什麼東西……但是到底少了什麼？似乎是我無法想像的東西，因此我放棄往下想，繼續直直瞪著她看。她的膝蓋微彎，我可以看清她的整條小腿，她的鞋子和衣服搭配得完美之至，連色彩和色調都十分搭配，鞋子是曼諾羅布拉尼出品的名鞋，一雙大概要一千美元，但如果你知道我當時想的是什麼，就會覺得每一分錢都很值得。

同時在我腦海裡掠過的想法，多到讓我分不清，我從來沒有像現在這麼想抱住太太，但是我女兒也在那裡……不過她太小了，在場其實也沒有關係！至於我的女王呢？她是否已經原諒我了？我希望說幾句話，卻半句也說不出來，我愛我太太……我愛我太太……我愛我女兒！我不想失去她們，因此我當下做了決定：我要痛改前非。不錯！我不再找妓女！不再半夜開著直昇機飛來飛去！不再吸毒——至少不再吸那麼多。

我正打算開口，懇求她原諒我，卻沒有機會說話。我的寶貝女兒千樂先開口了，我的心肝寶貝、天才寶寶！她高興的笑著，用幼細的聲音說：「爹、爹、爹、爹……」

「早安，爹地！」媽咪用小嬰兒的聲音接著說。真甜！真是性感極了！「你要親我，跟我說早安嗎，爹地？我真的、真的好想你親我！」

啊？真的這麼輕鬆就放過我了嗎？我在胸前畫十字，誠心誠意地懇求上帝。「同時親媽媽和寶貝嗎？」我嘟著嘴唇，對媽媽做出最巴結的哈巴狗表情，同時在心裡向上帝祈禱。

「哦哦，當然不行！」媽咪打破了爹地的美夢。「爹地要有很長、很長一段時間不能親媽咪了，但是他的寶貝女兒好想要爸爸親親，對不對，寶貝？」

天啊，她真是不公平！

媽咪繼續裝出嬰兒的聲音說：「來，寶貝，爬到爹地這裡來。爹地，你蹲下來，讓寶貝爬到你懷裡，好嗎？」

我前進了一步……

「夠近了，」媽咪舉起右手，警告我說：「現在聽媽咪說，蹲下來。」

我乖乖的蹲下來，嗯，我是什麼人，怎麼能夠跟美貌的女王爭執呢？

媽咪非常、非常溫柔的把女兒放在地上爬，還慈愛地推了她一下；女兒開始慢慢向我爬過來，嘴裡還說著：「爹、爹、爹……」

啊，太幸福了！這才是人生！我一定是世界上最幸運的人。「爬過來，」我對女兒說：「寶貝，爬到爹地這裡來。」我抬頭看看媽咪，慢慢往下看……明明有什麼古怪……「天啊，媽媽，你……你搞什麼鬼！你瘋——」

「怎麼了，爹地？我希望你沒有看到你想要的東西，因為你再也要不到了。」媽咪說。好一個狐狸精，她光潔的雙腿大開，裙子縮到腰部，裡面根本沒有穿內褲，迷人的粉紅色私處進入我的眼簾，發出淫靡的氣息，只有一小撮柔軟的金黃色細毛稀疏地蓋著那裡。

我只能像任何有理性的丈夫一樣，像狗一樣哀求：「求求你，蜜糖，你知道我對昨天晚上的事情抱歉極了，我發誓，我再也——」

「嗯，留到明年再說吧，」說著，媽咪的手背揮了一揮。「媽咪知道，你要爆炸時最喜歡發這個誓、發那個誓、什麼誓都敢發。但是爹地，別浪費時間了，因為媽咪才剛剛開始要對付你。從現在起，我在屋裡只穿超短、超短的裙子！就是這樣，告訴你！只穿超短、超短的裙子，不穿內褲，還有這樣……」說著，性感的媽咪十分自豪地在背後交叉手掌，拚命向後仰，然後用曼諾羅布拉尼名牌高跟鞋設計師根本想像不到的方式，踮起腳來，把鞋尖當成撩人的工具，再把光潔迷人的大腿張得大大的，然後又合攏，打開、合攏，然後放鬆下來，讓大腿開到膝蓋幾乎碰到豪華的粉紅色地毯，還說：「怎麼了，爹地？你好像不太舒服的樣子。」

噢，我從來沒有看過她這樣做。事實上，媽咪不是第一次撩撥我，她在電梯裡、網球場、公共停車場上，甚至在白宮裡，都這樣勾引過我，媽咪幾乎沒有什麼地方不敢這樣做。我覺得自己就像根本沒有看到快拳打過來，就被狠狠打倒在地上，再也站不起來的拳擊手一樣！

更糟糕的是，寶貝女兒爬到一半時決定停下來，好好看看豪華的粉紅色地毯。她拉著地毯的毛，好像發現真正奇妙的東西一樣，完全沒有注意周遭發生的一切。

我想再次向她道歉，但是媽咪的回答是把右手食指塞進嘴巴裡，開始吸吮，讓我完全說不出話來。她似乎知道自己剛才已經把我徹底擊倒了，因此慢慢把手指從嘴巴裡拿出來，再發出更甜美的嬰兒聲音說：「哦，爹地好可憐、好可憐，褲子裡快要爆炸了，好想說自己太不像話了，對吧，爹地？」

我不敢置信地瞪著她，心想別的夫妻會不會這樣。

「噢，爹地，現在道歉已經太晚了。」她噘著性感的紅唇，慢慢的點頭，就像覺得自己剛剛讓你了解了什麼重大的人生真理一樣。「爹地喜歡在不知道做了什麼壞事後，駕著直昇機半夜三更到處亂飛，實在太不像話了，因為媽咪太愛、太愛爹地了，一心一意只想跟爹地抱抱一整天！媽咪心裡只想爹地親他最愛親的地方，親他正在看的地方。」

媽咪現在再度噘噘嘴唇，假裝要嘟起嘴巴。「但是，噢……可憐的爹地！現在他沒有機會這樣做了，即使爹地是地球上最後一個男人也一樣。事實上，媽咪已經決定像聯合國一樣，推動著名的做愛禁令。爹地在除夕夜之前，不能再跟媽咪做愛；」——啊？為什麼，真不像話！——「而且從現在到除夕夜之間，他還要乖乖的才能這樣做。要是爹地再犯一次錯，就要等到土撥鼠節了！」啊，什麼話嘛？媽咪簡直瘋了！

我正準備說出最悲悽的哀求時，忽然想到一件事。哦，天啊！我該告訴她嗎？算了，這場秀實在太好看了！

媽咪繼續裝出嬰兒的聲音說：「現在我想到了，爹地，我想到媽咪應該拿出短到大腿上面的絲襪，開始在屋裡穿了，我們都知道爹地多愛媽咪的絲襪，對吧爹地？」

我拚命點頭。

媽咪又說：「對啊，我們都好喜歡！而且媽咪太討厭穿內褲了……！事實上，她決定把內褲統統丟掉！爹地，你好好看一看，」——該阻止她了嗎？不，還不到時候！——「因為好一陣子裡，你在屋裡都會看到這個樣子！當然，根據禁令，絕對不准你碰，你也不能自己玩，爹地，除非媽咪准許，否則你的兩隻手要放在兩側，懂了嗎，爹地？」

我的信心恢復了：「但是你呢，媽咪？你打算怎麼辦？」

「哦，媽咪知道怎麼讓自己快樂。啊……啊……啊，」時裝模特兒出身的媽媽呻吟著。「事實上，光是想到這件事，就讓媽咪興奮極了！你現在討厭直昇機了吧，爹地？」

我壓低聲音說：「我不知道，媽咪，我覺得你只會說、不會做，你要讓你自己快樂？我不相信你會這樣做。」

媽咪緊閉著性感的紅唇，慢慢的搖搖頭，然後說：「噢，我想爹地應該學第一個教訓了；」——啊，戲愈來愈好看了！寶貝女兒還在看地毯，什麼都不知道——「媽咪希望爹地盯著媽咪的手，注意看，不然的話，爹地還來不及說『小鳥好酸』，土撥鼠節就延到復活節了！你現在知道誰是老大了吧，爹地？」

我配合她演出，準備好要丟炸彈了。「知道了，媽咪，但是你的手要幹什麼？」

「噓！」說著，媽咪再度把手指塞進嘴巴裡，努力吸吮，手指上沾滿口水，在早晨的陽光下閃閃發光，然後慢慢地、優美地、性感地把手指往下移，經過低胸洋裝的開口，經過乳溝，經過肚臍眼，一直往下移到她的——

「等等！」我舉起右手說：「如果我是你的話，就不會這樣做！」

媽咪深感震撼，也氣極了！她顯然像我一樣，期待這個美妙的時刻。但是戲已經演得夠久了，我應該對她丟炸彈了。但是我還來不及說話，媽咪就開始罵我：「好極了！你完了！七月四日以前，都不准親吻、不准做愛！」

「但是，媽咪，你要怎麼面對兩位洛克先生？」

媽咪嚇呆了。「什麼？」

我彎下腰，從豪華地毯上抱起女兒，摟在胸前，熱情的在她臉頰上親了一下。確定她不會受到傷害後，才開口說：「爹地想告訴媽咪一個故事，如果爹地說完故事，媽咪很高興爹地在她出醜之前阻止她，那麼她必須原諒他所做的一切，好不好？」

她沒有反應。於是我說：「好吧，這個故事跟長島老布魯克維爾一間粉紅色的小小臥室有關，媽咪想聽嗎？」

媽咪點點頭，完美無瑕的名模小臉上一片茫然。

「媽媽答不答應爸爸說故事時，把兩隻腳張得很開？」

她緩緩點頭，好像在做夢一樣。

「那好，因為這是爹地最喜歡的樣子，這個樣子讓爹地想到現在要說的故事。噢，在長島最精華、最高級的地段上，有一棟用石頭裝飾的豪宅，二樓有一間粉紅色的小臥房，住在那裡的人有很多、很多錢；但是，媽咪，這一點對這個故事很重要，他們所有的財產、所有的東西當中，有一樣東西比所有東西加起來的價值還高多了，那就是他們的小女兒。

「故事裡的爹地有很多、很多人替他工作，大部分人都非常、非常年輕，沒有什麼好家教，因此媽咪和爹地決定在他們的豪宅四周蓋圍牆、造大鐵門，阻止這些年輕人不請自來。但是，媽咪，信不信由你，這些年輕人還是照樣跑過來！」我停了一下，看看媽咪慢慢變白的臉孔，然後說：「總之，過了一陣子後，媽咪和爹地飽受騷擾，實在厭煩透了，就去請了兩位全職的保鑣。好笑的是，媽咪，兩個人正好都叫做洛克！」我又停了一下，看著媽咪漂亮的臉孔，現在，她的臉像鬼一樣蒼白。

我接著說：「總之，兩位洛克整天都留在故事裡豪宅後院舒服的小警衛室裡。因為故事裡的媽咪總是希望把事情做到最好，所以她到外面研究最好的監視設備，最後買了最新、最好的電視攝影機，可以照出最清楚、最明亮、最細緻的影像。媽咪，最好的地方是，所有的影像都是現場彩色影像！真的！」

媽咪的兩條腿仍然張得大大的，漂亮極了，接著我說：「總之，大約兩個月後，在某一個下雨的星期天早上，媽咪和爹地躺在床上，媽咪告訴爹地，說她最近看的一篇文章說，有些保姆和管家會虐待他們照顧的嬰兒。爹地震驚極了，因此跟媽咪建議說，他們應該在故事裡的粉紅色臥房裡，裝兩台隱藏式攝影機，和一個聲控啟動的麥克風！」

「其中一台隱藏式攝影機，就在爹地的肩膀正上方；」我指著牆壁高處小小的針孔，「而且幸運的是，媽咪，攝影機正好正對著你性感的身體最漂亮的地方；」——她的雙腿立刻合攏，緊閉得好像銀行的保險箱一樣——「而且因為我們太愛寶貝女兒了，他們就在警衛室的中央，用三十二吋的大型螢幕看著這個房間！

「因此，媽咪，請微笑！現在錄影中！」

那一剎那間，媽咪動也不動，然後就像有人剛剛在豪華地毯上接通一萬伏特的電一樣，跳了起來，尖叫著：「狗屎！他媽的狗屎！天啊，我不敢相信！」

她衝到窗戶旁邊，看了一眼底下的警衛室，然後轉身跑回來，砰的一聲，性感又美麗的鞋子滑了一下，媽咪摔倒了。

但是，媽咪一倒下去就立刻像世界級摔跤好手一樣，迅速、靈敏翻身，手腳著地，馬上站了起來。我還來不及反應，她就已經打開門跑了出去，砰的一聲關門，跑得無影無蹤，完全不管那一群奇怪的僕人對這場鬧劇作何感想。

我對寶貝女兒說：「真正的生活女王絕對不會贊成像這樣子關門，對吧，心肝寶貝？」然後我悄悄向上帝禱告，請祂——其實是懇求祂，絕對不要讓我的寶貝將來嫁給像我這樣的人，連跟這樣的人約會都不要。我畢竟不是年度理想丈夫的材料。然後我抱她下樓，交給喋喋不休的牙買加籍保姆馬希，再直接走到警衛室，不希望媽咪剛才的錄影帶流到好萊塢，成為《上流怪胎》影集的內容。

4 白人天堂

為了找媽咪，我像熱鍋上的螞蟻一樣找遍了屋裡的二十四間房間。事實上，我找遍了這棟六英畝豪宅的每一個角落、每一條縫隙，最後才終於心不甘、情不願、十分難過的放棄了。現在已經快九點了，我得去上班，既然想不出我心愛的狐狸精躲到哪裡去，也只能放棄做愛的念頭。

剛剛過九點，我就坐在午夜藍的林肯大轎車後座，讓痛恨白鬼的司機康保替我開車，離開我的老布魯克維爾豪宅。康保當我司機的四年來只說過十幾個字，有時候，我覺得他不開金口的德性讓我相當困擾，但是今天早上他一聲不出卻很好。事實上，剛剛跟性感的女王吵過架後，悄然無聲、平靜安祥實在太舒服了。

然而，平日早上我都會像例行公事一樣，用十分熱情的語調跟康保打招呼，希望他能夠有一些反應，什麼反應都好。因此我想，今天我應該換一個方式，只是為了有點變化、為了讓他哈哈大笑。

我說：「嗨，康保，今天好嗎？」

康保精確地把頭右轉四度半，讓我勉強可以看到他亮白眼珠子裡的眼白，然後點一下頭，就只點那麼一下。

媽的，屢試不爽，這傢伙總是一言不發。

其實也不都是這樣。大約半年前，康保問我是否能夠借給他（意思當然是送給他）五千美元，讓他換一套新的假牙。我很高興的答應了，但是答應前整整逼問了他十五分鐘，要他把一切告訴我——假牙有多白、有多少顆、可以用多久，還有他的牙齒當時有什麼毛病。等到康保說完時，他木炭一般漆黑的額頭上已經流滿汗水，讓我為了居然這樣拷問他而深感抱歉。

今天的康保一如往常，穿著海軍藍的西裝，面無表情，嚴肅到一年領六萬美元高薪應有的程度。我毫不懷疑康保痛恨我，至少可以確定他討厭我，就像他痛恨和討厭所有白鬼一樣，唯一的例外是我太太，他很崇拜萬人迷娜婷。

我的大轎車是超級加長型的大禮車，裡頭有一個什麼東西都有的酒吧、一部電視兼錄影機、一台冰箱、一套最好的音響系統，還有一個只要按一下鈕就會變成雙人床的後座。這張床是額外的設計，可以減輕我的背痛，卻也在無意間把我的大轎車變成價值九萬六千美元的行動妓院。今天早上我的目的地當然是長島的成功湖，史崔頓公司就設在這個原本靜悄悄的中產階級小鎮上。

近來這裡就像亞歷桑納州的墓碑鎮，也就是厄普家族定居前的墓碑鎮，興起各式各樣、奇奇怪怪的小型產業，滿足我手下邪惡、年輕營業員的需要和欲望。這裡有妓院、非法賭場、開到深夜的夜店和各式各樣的娛樂場所。比較底層的停車場裡，甚至有一個小小的應召站，打一炮要價兩百美元。

早先幾年，當地商人都討厭我手下那幫看來像是出身蠻荒、粗魯又快樂的證券營業員，但是不久以後他們就發現，史崔頓公司的營業員買東西時根本不看價格，因此紛紛抬高價格，於是大家就像早年的美國西部一樣，和睦相處。

轎車現在往西開，走在雞谷路上。這條路是黃金海岸上最漂亮的路，我搖下車窗，讓新鮮空氣吹進來，看著布魯克維爾鄉村俱樂部青翠的高爾夫球道——今天凌晨，我在毒品助興下曾經駕著直昇機闖進這裡。這座鄉村俱樂部離我的豪宅很近，事實上，近到如果我從前院草坪上用七號鐵桿認真的打，就可以把高爾夫球打到第七洞的球道上。但是我當然沒有去申請加入這個俱樂部，以我低等猶太人的身分，最好不要這麼大膽的侵入白人的天堂。

也不只布魯克維爾鄉村俱樂部會限制猶太人，當然不是！附近的俱樂部全都限制猶太人，而且限制所有不是血統純正新教徒白人的雜種（布魯克維爾鄉村俱樂部反而還肯接受天主教徒，沒有其他俱樂部那麼糟糕）。我剛剛和太太從曼哈頓搬來這裡時，這種就像祕密俱樂部或地下幫派的白人心態讓我很困擾，但是不久之後，我就發現白人心態已經是明日黃花，跟度度鳥和斑點貓頭鷹一樣，都是嚴重瀕臨滅絕的物種。雖然他們仍然擁有自己的高爾夫俱樂部和打獵小屋，做為對抗入侵野種的最後堡壘，卻只不過是二十世紀的小巨角野羊，遲早都會被像我這樣的殘忍猶太人壓倒。猶太人在華爾街上大大發財，為了住在過去白人大亨住的地方，花多少錢都願意。

大轎車緩緩左轉，開上赫吉曼巷，左前方是黃金海岸馬廄，但那裡的老闆喜歡說是「黃金海岸騎士中心」，因為這樣聽起來菁英白人的味道濃厚多了。

經過那裡時，我可以看到漆上綠白條紋的馬廄；我的女王，就把馬兒養在這裡。從上到下，整個騎士中心都已經變成極為可怕的噩夢，首先是吃白板上癮、肚子大大的野蠻猶太人馬房老闆，他整天展現一千度的友善笑容，人生的祕密目標是希望別人把他看成菁英白人。他和頭髮染成金色的假白人太太，在一哩開外就看到我太太和我上門，決定把他們所有的劣馬加價三倍才賣給我們。而且，就像這樣還不夠讓人難過一樣，我們剛一買下，這些馬就感染了奇怪的疾病，除了要付獸醫醫藥費和飼料費用之外，我們還要出錢請馬場的人替我們騎馬，讓馬保持健康。這些馬兒，於是乎變成大得驚人的金錢黑洞。

不過我性感的女王、女獵人兼馬術新秀每天都去那裡，餵她心愛的馬兒吃方糖和胡蘿蔔，也上馬術課程，但是她對馬兒的過敏極為嚴重，每次回家時都又喘又咳，全身發癢，還猛打噴嚏。但是你住在菁英白人的天堂裡時，就要跟菁英白人一樣，假裝你也喜歡馬。

大轎車穿過北方大道時，我覺得後腰開始痛了起來。是時候了，昨天晚上雜七雜八吃的快樂藥丸已經離開我的中樞神經系統，進入肝臟和淋巴腺，也就是說，疼痛現在應該回來了，就像憤怒、野蠻、噴火的龍一樣，疼痛慢慢醒來，先從我左側的上腰部開始，快速流竄到臀部和左腳，就像有人拿著火紅的烙鐵在我大腿後方烙印，痛苦極了，如果我想按摩一下以減輕痛苦，疼痛就會轉移到別的地方。

我深深的吸了一口氣，抗拒拿出三顆白板乾吞下去的衝動。畢竟這還是大家完全無法接受的行為，我正要去上班，雖然我是老闆，卻不能像胡說八道的白痴一樣，跌跌撞撞地走進辦公室，只有晚上大家才會接受這種事情。於是我在心裡快速祈禱，祈禱晴天發出霹靂，電死我太太的狗。

北方大道這邊的租金低多了，換句話說，平均房價大概只略微超過一百二十萬美元。說來相當諷刺，出身窮苦家庭的我居然也會變得對驚人的財富麻木不仁，到了百萬美元豪宅似乎就像違章建築的程度；不過，這樣也不壞對吧？

就在這個時候，我看到長島快速道路交流道入口上方的綠底白字牌子，很快的，我就會走進史崔頓公司的辦公室——我的另外一個家。在美國最瘋狂的這個交易廳裡，喧鬧聲會把所有不正常的東西，變得彷彿再正常也不過。

5 超強力毒品

史崔頓投資銀行設在一棟四層黑色玻璃帷牆大型辦公大樓的一樓，大樓位在長島一個舊泥塘的泥濘池子中。真實的情形沒有聽起來這麼差，舊池塘大部分早在一九八〇年代初期就已經填成平地，後來才蓋了這棟一流的辦公大樓，旁邊有巨大的室外停車場，地下三層也都是停車場，下午兩、三點的咖啡休息時間，史崔頓的營業員會跑來這裡，讓妓女組成的快樂突擊隊服務。

大轎車像平常一樣開到大樓前時，我內心裡無比驕傲，像鏡子般的黑色玻璃帷幕在朝陽下閃閃發光，讓我想起過去五年來自己的成就有多大。連我自己都很難想像，當年我窩在一家二手車商的電氣室裡創立的史崔頓，現在竟搬進了這棟大樓！

大樓西側有一個非常宏偉的入口，走過的人都會驚歎不已。但是史崔頓的人從來不走那裡，實在太遠了，畢竟時間就是金錢，包括我在內，每一個人都走大樓南邊的水泥車道，從那裡可以直接進入交易廳。

我從大轎車後座下來，跟康保說再見（他點點頭，沒有說話），然後我走上水泥步道，穿過鋼門，就聽到大聲吵鬧形成的低沉迴音；這個有如暴民鬧事的聲響，我聽起來卻像美妙的音樂，讓我興奮地愈走愈快。

再走十幾步後，轉一個彎，眼前就是史崔頓的交易廳了。交易廳很大，比美式足球場還長，寬度則接近半個球場，完全是開放空間，沒有隔間，天花板很低。楓木色的桌子緊緊排在一起，有如教室，無數穿著筆挺白襯衫的人在大廳中奔走；營業員脫下西裝外套，對著黑色的電話大吼大叫，交織成鬧哄哄的聲音——誠懇的年輕人用邏輯和理性，遊說全美各地的企業主拿出儲蓄、透過史崔頓投資的聲音：

「天啊，老畢，打起精神，拿出勇氣，趕快做決定！」二十二歲的胖小子柯克叫著，他是愛爾蘭後裔，只有高中文憑，染有嚴重的古柯鹼毒癮，實質年所得一百二十萬美元。他正在罵一位名叫畢爾、住在美國心臟地帶的富有企業主。每張桌上都有一台灰色的電腦，綠色的數字和文字在螢幕上跑動，讓史崔頓人知道即時的股票報價。但是幾乎沒有人看螢幕，大家都忙著對黑色的電話大吼大罵，電話就像從他們耳朵長出來的大茄子一樣。

「我要你決定，畢爾！立刻決定！」柯克叫著：「梅登是華爾街上最熱門的新股，沒有什麼好考慮的！到今天下午，梅登就會變成恐龍了。」柯克兩星期前才從海斯登戒毒中心出來，卻已經又在吸食古柯鹼。他的眼睛似乎要從胖胖的腦袋中跳出來一樣，你幾乎可以感覺得到，白粉結晶正從他的汗腺中流瀉出來。現在，是早上九點半。

一位年紀輕輕、頭髮往後梳、下巴方方正正、脖子像羅德島一樣粗的史崔頓人彎著腰，向客戶解釋把太太納入決策過程的優缺點。「跟你太太商量？什麼話，你瘋了不成？」他根本不知道自己的紐約腔濃得化不開。「我是說，你希望太太正要出門買新鞋的時候跟你談話？」

在他後面三排，有個留著棕色捲髮、滿臉青春痘的年輕史崔頓人站得筆直，黑色的電話夾在臉頰和鎖骨之間。兩手像飛機翅膀一樣伸開，腋下濕了好大一塊。他對著話筒吼叫時，公司的特約裁縫師傅吉伯特替他丈量尺碼，準備做西裝。這一整天裡，吉伯特會到每張桌子前丈量年輕營業員的身材，替他們縫製一套二千美元的西裝。此時此刻，這位營業員的頭拚命往後仰，雙手大大的張開，好像要從十公尺高台跳水一樣，語氣就像你不知道該怎麼辦時一樣：「老天爺，你幫自己一個忙好嗎，紀先生？買個一萬股吧？求求你，你要把我害死了……害死我了。你真的要我飛到德州，拉斷你的手臂嗎？因為如果有必要的話，我會飛過去！」

這麼認真！我心裡想著。這位滿臉青春痘的小傢伙，甚至在量身時都拚命推銷股票！我的辦公室遠在交易廳的另一邊，穿過人潮滾滾的大廳，讓我覺得自己像是穿著牛仔馬靴的摩西。營業員紛紛讓出一條路來，我經過時，每個營業員都對我眨眨眼或笑一笑，好像都在表示，他們感謝我在這個地方替他們創造了一個小小的天堂。沒錯，這些人都是我的手下，他們帶著希望投奔我，想要得到關愛、建議和指引；我比他們瘋狂十倍，但是我們有一點相同，就是愛死了這種鬧哄哄的聲音。事實上，再多鬧哄哄的聲音，我們也都覺得還不夠：

「接電話，你！」一位年輕的金髮業務助理尖叫著。

「你接！媽的，接電話是你的事情。」

「我只求你搞這麼一票！」

「八塊半買兩萬股——」

「買十萬股！」

「這檔股票要漲上天了！」

「老天爺，華爾街上最熱門的就是梅登！」

「去他媽的美林！我們早把那幫廢物當成早餐吞下去了。」

「你們那裡的營業員？去他的吧！他忙著看昨天的《華爾街日報》！」

「我有兩萬股的B權證，四塊——」

「去他的，他們是狗屎！」

「對，去你的，你開的車子是狗屁！」

去他的、去你的！這是狗屎、那是狗屁！這就是華爾街最得人愛的言語，哄鬧聲的基本元素，感染一切，讓你迷醉、讓你上癮！讓你解放！幫助你達成根本想像不到的目標！迷死所有人，尤其是迷死我。

交易廳裡的上千人當中，很少有人超過三十歲；大部分都才二十出頭，幾乎都是俊男美女，個性浮誇、性欲勃發到你幾乎用鼻子就聞得出來。男性——男孩才對！——的服裝規定是手工西裝、白襯衫、真絲領帶和純金手錶。女性——只佔十分之一——的服裝是超短裙、魔術胸罩、高跟鞋，鞋跟愈高愈好。史崔頓人資手冊中嚴格禁止這種服裝，但是經營者（在下）卻大加鼓勵。

大家的情欲完全失控，嚴重到讓年輕的史崔頓人到處做愛，從辦公桌下、廁所隔間、衣帽間到地下停車場，當然還有大樓玻璃電梯裡，都有人在做愛。最後，為了維持一點規矩樣，我們發出通告，宣布整棟大樓從早上八點到下午七點之間都是禁止炮擊區；通告的上面寫著「禁止炮擊區」，下面用簡單的線條，畫出兩個分毫不差的人形用狗爬式做愛的樣子。人形四周加上很粗的紅色圓圈，中間畫了一個大叉，形成禁止亂搞的標誌（一定是華爾街上第一個這樣的標誌）。但是天啊，根本沒人理會。

不過這一切都非常好，都非常有道理。人人都是俊男美女，都在把握當下。把握當下正是公司的信念，上千位年輕史崔頓人的心坎裡、剛剛度過青春期的腦海中過動的快樂中樞裡，都洋溢著這種信念。

這樣的成就誰敢質疑？他們賺的錢多得驚人，新手營業員第一年應當賺到二十五萬美元，低於這個水準就會被大家懷疑不是塊料。第二年你得想辦法賺進五十萬美元，不然的話，別人會認為你是一文不值的蠢材。做到第三年的你如果賺不到一百萬美元，就會變成笑死人的大笑話。而且，這些數字還只是最低標準而已，高手要賺三倍的錢。

財富從上面向下流動，業務助理——其實只是美貌的祕書——一年可以賺進超過十萬美元，連坐在門口、只接電話的總機小姐，一年都能賺到八萬美元。這種情形跟早年的淘金潮沒有兩樣，成功湖變成了繁榮的金礦城。還是小孩的年輕史崔頓人，開始把這個地方叫做「營業員的樂園」，每個人都知道，要是被人趕出這個樂園，就再也賺不到這麼多錢了。因此每一個年輕史崔頓人的腦海裡，最大的恐懼就是：萬一丟掉這份工作我怎麼辦？你在史崔頓工作時，大家都要你儘量享受生活，開最名貴的車子，上最熱門的餐廳，給最高額的小費，穿最精美的服飾，住在長島黃金海岸精華區的豪宅裡。即使你才剛剛開始工作，帳戶裡都還沒有半毛錢，你也會跟瘋狂到願意馬上借錢給你的銀行借錢，不管利率高低，開始盡情享受生活，完全不管你會不會真的成功。

這種情形完全失去了控制，連還在冒青春痘、最近才學會用刮鬍刀的小孩，都到處去買豪宅。有些人的年紀實在太小，仍然覺得跟父母一起住在家裡比較安心，所以買了也沒有搬進去住。夏天時，他們會租下安普頓海岸的豪華別墅，享受裡面的溫水游泳池和大西洋壯麗的景色。一到周末，大家就舉辦瘋狂的舞會，毫無節制地放浪形骸，最後一定是員警上門取締。要不是樂隊現場伴奏，就是找來DJ放唱片；年輕的史崔頓女郎公然大跳上空豔舞；貴賓是脫衣舞女郎和應召女郎；舞會進行一陣子後，年輕的史崔頓人一定脫個精光，就像養在穀倉旁邊的動物一樣，在眾目睽睽之下做起愛來，現場觀眾愈多，上演活春宮的人就愈亢奮。

但是，這樣又有什麼不對呢？在貪婪的刺激下，大家暢飲青春、飛得比風箏還高。一天一天過去，財富列車愈拉愈長，愈來愈多人賺到大錢，賺到年輕史崔頓人盡情享受生活的重要元素。不動產經紀人會向他們推銷豪宅；房貸經紀人會替他們找錢；室內裝潢設計師會為豪宅買來高價家具；造景師會替他們照顧四周的空地（要是被人看見自己除草，史崔頓人會被石頭砸到死）；名車經銷商會賣他們保時捷、賓士、法拉利和林寶堅尼（如果你開檔次比這些差的車，就會變成十足的笑話）；到最熱門的餐廳吃飯時，服務生領班會在旁邊侍候；黃牛會替你找來前座的位置，讓你看一票難求的職業球賽、音樂會和百老匯戲碼。珠寶商、表商、裁縫師傅、製鞋師傅、花店老闆，餐飲大廚、理髮師、寵物店老闆、按摩師、整脊師、汽車美容師和所有提供特殊服務的人（尤其是妓女和毒品盤商），都會來到交易廳，在年輕史崔頓人的腳下提供服務，讓他們在忙碌的一天裡，連半秒鐘都不必浪費，講白一點，就是讓他們不必從事任何業外——不能直接強化他們撥電話能力——的活動。而所謂業內的工作，也就只需要會撥電話，從進辦公室那一刻到離開辦公室為止，都只要笑著撥電話、講電話。如果你沒有足夠的決心做這種事，或是不能忍受全美五十州祕書大軍的不斷拒絕，每天在你耳邊掛你電話三百次，那麼，在你後面還有十個非常樂意做這種事的人在排隊，等著你永遠出局。

史崔頓到底發現了什麼祕密公式，讓這麼年輕的小孩賺得到這麼多錢？這個公式，大致上是根據兩個簡單的事實：第一、美國最富有的前百分之一富豪，私底下大部分都是墮落的賭徒，受不了一賭再賭的誘惑，即使他們明知道自己賭運不佳，也會照賭不誤；第二、跟過去的假設相反的是，年輕男女只要懂禮貌到像一群沉迷做愛的水牛，智商有阿甘那種水準，再一次吞下三顆迷幻藥，就可以學會華爾街奇才的能說善道——只要你替他們寫好全套劇本，每天要他們不斷背誦，一天練習兩個回合，連續練習一年。

跟這個小祕密有關的消息開始在長島流傳，大家說，成功湖那裡有一家瘋狂的公司，你只要上門、聽話、對老闆宣誓永遠效忠，他就會讓你發大財；於是青年男女開始不請自來，來到我的交易廳，起初是陸陸續續的跑來，沒多久就成群結隊。最先來的，都是皇后區和長島中產階級郊區出身的青少年，接著消息迅速傳開，紐約市所有五個區的青少年都跑了過來。我還沒有想到有那個可能時，全美各地的青少年已經蜂擁而至，哀求我聘用他們。十幾歲的小孩子走過半個美國，來到史崔頓公司的交易廳，向號稱「華爾街之狼」的我宣誓永遠效忠。就像他們說的一樣，華爾街的其他事情都變成了陳年舊事。

我最最忠誠的個人助理珍妮，像平常一樣坐在桌子後面，焦急地等著我，一看到我，她的右手食指就開始在桌上敲打，一邊搖著頭，好像是說：「為什麼我整天的公事，都要看老闆高興什麼時候上班才能決定？」或許這只是我的想像，也或許她只是厭煩了；不管是哪一種情形，她都還是會像保護四分衛的前衛一樣，端坐在我辦公室的門前。剛好坐在門口不是巧合，她有很多職責，其中一項就是擔任我的守門人。如果你想見我，或是想跟我說話，首先就要先過珍妮這一關，那可不容易，她會像母獅子保護幼獅一樣保護我，要是有人想突破我的層層防衛網，她絕對會毫不遲疑地爆發應有的怒火。

一看到我，珍妮就露出熱情的笑容，我也對她點頭示意，她才剛年近三十，但是看起來比實際年齡大了好幾歲，留著一頭濃密的暗褐色頭髮，皮膚白淨，小小的身體長得很勻稱，藍色的眼珠很漂亮，只是其中卻有一點哀傷的意味，好像這麼年輕就看過太多傷心事一樣。她每天上班都穿得像個死神，說不定她就是死神，所以總是從頭到腳一身黑，今天也不例外。

「早安，」珍妮露出開朗的笑容，口氣裡卻有一點點不滿。「你為什麼這麼晚？」

我給最最忠誠的助理一個熱情的笑，事實上，雖然珍妮的穿著像是要去弔喪，而且始終有一股難以抑制的衝動，想知道跟我個人傳言有關的所有細枝末節，我卻發現，看到她還是令人愉快之至。她在辦公室裡扮演葛文的角色，不論是替我繳交帳單，管理我的證券帳戶，記錄我的行程，安排我的出差，付錢給妓女，跟我的毒品盤商打交道，還是對我的現任妻子撒謊，沒有一件事情大到或小到她不願意排除萬難、快樂的完成。她極為能幹，從來沒有犯錯過。

珍妮也在灣岸長大，但是父母在她很小的時候就雙雙過世。她媽媽是淑女，爸爸卻是十足的討厭鬼，曾經虐待過她。我盡最大的力量，讓她感受到我的愛心和我對她的需要，也像她保護我一樣保護她。

珍妮上個月出嫁時，我替她辦了一場完美的婚禮，十分驕傲的陪著她走向聖壇。她那天穿著王薇薇設計的新娘白紗——錢是我出的，白紗是我太太挑選的。我太太也花了兩小時替珍妮化妝（沒錯，我太太也是新秀彩妝大師），讓那一天的珍妮看起來真是美極了。

「早，」我滿面笑容的回答，「這裡今天還好吧？」

她用單調的語氣回答：「這裡總是很好，但是你還沒有回答我的問題——你為什麼這麼晚來？」愛管閒事的小姑娘，也實在太囉嗦了。我深深的嘆了一口氣說：「娜婷有沒有打電話來？」

「沒有，為什麼？出了什麼事？」問題像連珠炮一樣，她顯然覺得其中有什麼刺激性的文章。

「沒什麼事，我回家晚了，娜婷很生氣，拿水潑我，就是這樣而已；雖然這回她潑了我三杯水，但是誰會去算呢？簡單說就是這樣，其他的事情嘛就太奇怪了，三言兩語說不清，總之就是我現在必須送花給她，不然的話，今天還沒有過完我可能就要找第三任太太了。」

「要送多少？」她拿起記事本和萬寶龍筆。

「我不知道，三、四千塊吧。只要告訴花店送一卡車的花去，而且要他們多送一點百合花，她喜歡百合。」

珍妮瞇著眼睛，噘著嘴唇，好像是說：「你違反了我們的祕密默契，也就是我身為你的個人助理，有權知道所有怪異——不管多怪異——的細節！」但是，很專業又很有責任感的她只說：「好，晚一點再告訴我。」

我不怎麼認真的點點頭說：「大概會吧，有空再說。換你告訴我今天有什麼事情了。」

「噢，梅登的公司今天要掛牌上市，他似乎有點緊張；我認為，他今天的表現不會很好。」

我的神經立刻緊繃起來。梅登！難怪今天早上這麼吵鬧，這麼不正常。確實很諷刺，我居然忘了梅登鞋業今天要上市——事實上，今天結束前我應該會賺到二千萬美元左右，還真不壞！梅登要站在我的交易廳前面，發表一段短短的演講，來一場所謂的上市秀。嗯，還真有意思！我不知道梅登看著年輕史崔頓人瘋狂、熱切的眼神時，會不會完全說不出話來。

不過，上市秀已經是華爾街的傳統了：新股開始交易前，公司執行長總要站在友善的營業員前面，發表一段制式的演講，強調自己的公司前途多麼光明。這是雙方之間友善的接觸，互相安慰的意味很濃厚，也有互相鼓勵的虛情假意。

然後還有我們公司自己的問題。事情可能變得相當難看，問題並不是史崔頓的營業員對梅登的公司毫無興趣，而在於他們只希望推銷股票賺錢。因此，如果演講的賓客一開始說話時就罩不住他們，他們很快就會覺得厭煩，先是群起鼓噪，再來就是開罵。最後，他們會對演講的貴賓丟東西，一開始先丟紙團，很快的就會改丟食物，像爛番茄、吃到一半的雞腿和蘋果。

我不能讓梅登碰到這麼倒楣的事情。最重要的原因是：他是和我的副手丹尼．波路西一起長大的朋友；第二、我個人擁有梅登公司超過一半的股權，因此基本上，我等於是把自己的公司公開上市。大約十六個月前，我交給梅登五十萬美元做為創業資本，因此我是公司最大的股東，擁有八五%的股權。幾個月後，我賣掉三五%的股權，得到五十多萬美元，收回原始投資之後，還擁有五十%零成本的股權！你敢說還有更好的交易嗎？

事實上，史崔頓公司本來就已經是印鈔機了，如今加上買進未上市公司的股權，再賣掉原始投資的一部分，這個收回本錢的過程，又讓史崔頓更像個印鈔機。我利用交易廳的力量，把自己的公司公開上市，財產飛躍增加。在華爾街上，這種過程叫做「商人銀行」，但是對我來說，這種過程就像每四個星期就中一次大樂透。

我對珍妮說：「他應該還好吧，但是如果他不行，我會上去解救他。總之，還有什麼別的事情？」

珍妮聳聳肩說：「令尊找你，他似乎非常生氣。」

「哦，狗屎！」我跟自己嘀咕。家父是史崔頓實際上的財務長，也是自封的蓋世太保頭子，每天早上，他都會準時拿著塑膠保溫杯，裡面裝著首都牌伏特加，抽著他今天的第二十支菸，在交易廳巡邏。他的轎車裡放著一根四十二盎司重的棒球棒，上面還有米奇、曼陀的親筆簽名，因此要是有那個營業員神經不正常，膽敢佔住他至為尊貴的停車位，他就會把對方的車窗砸碎。「他有說想要什麼東西嗎？」

「沒有！」珍妮說：「我問過他，但他只像狗一樣對我咆哮，他確實在生什麼氣，如果你要我猜，我會說是十一月美國運通公司的帳單。」

我苦笑著說：「你猜？」突然間，五十萬美元的數字不請自來，在我腦海裡浮現。

珍妮點點頭說：「他手裡拿著的帳單大約有這麼厚。」她的食指和拇指之間，距離足足有三吋。

「唔……」我努力回想了一下美國運通的帳單，但是遠處有什麼東西飄來飄去，吸引了我的注意力。到底是什麼東西？我瞇著眼睛看去，天啊，竟然有人帶了一個紅白藍相間的塑膠海灘球到辦公室來！好像把史崔頓公司總部當成體育館，交易大廳當成表演區，滾石合唱團要在這裡辦一場演唱會一樣。

「最糟糕的是，他在清理該死的金魚缸！」珍妮說：「真是讓人難以相信！」

我只聽到珍妮說的最後幾個字，因此我喃喃的說：「對，我知道你的意思——」

「你一個字都沒有聽進去，」她發牢騷說：「因此，別假裝你聽到了。」

天啊，除了我老爸之外，誰還敢像這樣跟我說話！哦，我太太大概也會這樣，但如果是她，我通常都罪有應得。不過雖然珍妮是個毒舌派，我還是非常喜歡她。「很好笑，現在你告訴我你說了什麼。」

「我說的是，我不敢相信那邊那個小孩，」她指著大約二十碼外的一張桌子——「他叫什麼名字，羅伯還是什麼來著，居然在這種時候，清理他的金魚缸，我的意思是，今天是新股上市的日子！你不覺得那樣做很怪異嗎？」

我往嫌犯那個方向看去，是一個年輕的史崔頓人——不對，絕對不是史崔頓人，而是個不適應環境的年輕人，頭上一團捲曲的棕髮，脖子上打著蝴蝶結。至於他桌上有個金魚缸這件事，倒不那麼讓人驚訝；史崔頓公司容許員工在辦公室裡養寵物，包括鬣蜥蜴、雪貂、沙鼠、鸚哥、烏龜、毒蜘蛛、蛇、貓鼬，以及這些年輕瘋子用超高薪水所能買到的任何寵物。事實上，辦公室裡甚至有一隻會說五十多個英文單字的金剛鸚鵡，這隻鸚鵡如果不是忙著模仿史崔頓人推銷股票，就是叫你去死。員工養寵物我只干涉過一次——一位員工帶來一隻腳踩滑溜板、身上穿著尿褲的黑猩猩。

「去找波路西，」我生氣地說：「我希望他好好修理這個小王八蛋。」

珍妮點點頭就跑去找波路西了，我卻還非常震驚地站在那裡。這個打蝴蝶結的小混球，怎麼能夠做這麼可惡的事情？完全悖離了史崔頓公司交易廳追求的目標！根本是褻瀆！不，不是褻瀆神靈，當然是褻瀆我們追求的人生目標！極度違反公司的倫理道德規範，一定得好好處罰。至於應該怎麼處罰這傢伙，我會讓我的副手波路西去決定，他特別善於——應該說是樂於——教訓違規的員工。

沒多久，我就看到波路西向我走來，珍妮走在他後面兩步。波路西看來非常生氣，表示打蝴蝶結的那位營業員要倒大楣了。波路西走近時，我一如往常跟他打了個招呼，卻忍不住偷笑，不知道他今天為什麼看來這麼正常。事實上，他今天的穿著打扮真的很有反諷意味——灰色細條紋的西裝、筆挺的白襯衫，鮮紅的絲領帶。你絕對想像不到，他已經快要完成自己公開宣布的目標：搞過交易廳裡的每一位業務助理。

波路西是最最殘忍的猶太人，身高和體重跟一般人差不多，大約五尺九吋、一百七十磅，長相也並不特別突出，看不出來是猶太人，連發出冰冷寒芒的深藍色眼珠都沒有一點猶太人的樣子。

這樣很好，至少波路西覺得這樣很好。他畢竟跟很多猶太人祖先一樣，心裡有一個祕密的期望，極度希望被人當成白人，而且盡了最大的力量裝出十足白人的樣子。首先是他白得不可思議的牙齒，經過漂白和矯正後，看起來非常大、非常白，幾乎像是會反光一樣；還有，他戴著沒有度數的棕色玳瑁眼鏡（他兩眼的視力都是二．〇），一直到他腳下的黑皮鞋，鞋背和鞋尖亮得像鏡子，都是典型的白人風格。

以他已經三十四歲的年齡來說，這副德行實在是天大的笑話，為不正常心理帶來了新的意義。或許六年前我就應該懷疑他了，當時我剛剛認識他，還沒有創設史崔頓，還在當股票營業員，他在我手下當培訓人員。大概是春天裡的某一天，我請他載我一程，到曼哈頓見我的會計師。到了曼哈頓時，他說服我跟他到哈林區一個毒品交易據點小坐勾留，告訴我他這一生的故事。他說他前兩次經營事業，一個是簡訊服務，另一個是小型救護車服務，全都經營不善。然後他告訴我，他怎麼跟漂亮的堂妹結婚；那時我問他，難道他不擔心近親繁殖的問題嗎？他輕鬆回答說，如果他們生了一個智障的小孩，他會把小孩丟在孤兒院門口，就這麼簡單。

當時我就知道，像他這樣的人可能會為我帶來最可怕的噩運，應該立刻列入拒絕往來戶，結果我卻借給他一筆錢，協助他重新站定腳跟，然後訓練他變成股票營業員。一年後我創設史崔頓，更讓波路西慢慢買下公司的股權，成為我的合夥人。過去五年來，波路西證明自己非常驍勇善戰，排擠掉擋在路上的每一個人，成為史崔頓的二號人物。儘管如此，儘管他很不正常，卻不能否認他極為精明、像狐狸一樣狡猾、像匈奴人一樣無情，最重要的是，像狗一樣忠心耿耿。事實上，我最近幾乎把所有骯髒事都交給他做，他有多樂在其中更超乎你的想像。

波路西用黑手黨的方式跟我打招呼，熱情的擁抱完之後，還親了我的雙頰，代表忠心耿耿和尊敬；在史崔頓的交易廳裡，大家很欣賞這種姿態。不過我從眼角看到天性存疑的珍妮眼睛亂轉，透露出見怪不怪的神情，好像是在嘲笑波路西用這種方式表現忠心和熱忱。

波路西雙手放開我，低聲說道，「我要宰了那個混小子，我跟上帝發誓！」

「這樣做很惡劣，尤其是今天。」我聳聳肩說：「我認為你應該告訴他，今天結束前如果他不把金魚缸搬走，那麼金魚缸可以留下來，他得走路。不過怎麼做由你決定，你愛怎麼做就怎麼做。」

珍妮還火上加油：「天啊，他還打蝴蝶結！真是難以想像。」

「那個該死的臭王八蛋！」波路西的語氣，好像是說那小子才剛剛先姦後殺了一位修女。「我要用我的方式，徹底解決這個臭小子！」波路西殺氣騰騰地走到這位營業員的桌子前面，開始跟他說話。

幾秒鐘後，這位營業員開始搖頭，雙方又多說了幾句話，營業員又搖頭。現在換波路西開始搖頭，表現出不耐煩的樣子。

聰明的珍妮說：「真想知道他們談些什麼！我真希望自己像『富有女金剛』一樣，有一雙生物電子耳朵，你知道我的意思吧？」

我不高興的搖搖頭。「珍妮，就算我能回答，也不會覺得榮幸。不過我倒可以告訴你，沒有什麼『富有女金剛』的電影，是《無敵女金剛》啦。」

這時波路西把手伸出去，一直伸到拿著漁網的營業員左手前，開始向自己比著手指，好像是說：「把那個爛漁網交給我！」那位營業員的反應，卻是把手放下來，讓波路西碰不到漁網。

「你猜他會怎麼對付那支漁網？」珍妮說。

我想了好幾個可能性，「我不太清楚，哎呀，狗屎，我知道了……」

波路西突然用快得不可思議的速度，脫下西裝，丟在地板上，再解開襯衫袖子的鈕扣，把袖子往上拉到手肘上，手伸進魚缸裡，整隻前臂沉在水裡，到處撩撥，想要抓住那隻毫無警覺的金魚，他的臉孔僵硬，表情就像著了魔。

看到波路西死命想抓那條無辜的金魚，十幾位坐在附近的年輕業務助理跳了起來，嚇得縮成一團。

「哦，天啊，」珍妮說：「他會殺死那條魚。」

這時的波路西眼睛圓睜，嘴巴大張到足足有三吋那麼開，臉上的表情好像是在說：「抓到你了！」片刻之後，他手伸出來，緊緊抓著金魚。

珍妮叫著說：「他抓到了！」小手掩著嘴巴。

「對，但是最重要的問題是，他準備怎麼處理金魚？」我停了片刻，然後說：「但是我願意跟你賭一賠一百，賭一千塊錢，說他會把魚吃掉，要賭嗎？」

她立刻回答：「一賠一百嗎？賭了！他絕對不會這樣做，這樣太野蠻了。我是說——」

珍妮話才說到一半就停了下來，眼看著波路西爬到一張桌上，雙手平伸，好像釘十字架的耶穌一樣，大吼著說：「你要是在股票掛牌的日子裡，拿你的寵物胡搞瞎搞，下場就是這樣！」他想了一想又說：「交易廳裡不准打狗屎蝴蝶結！太不像話了！」

珍妮想都不想就說：「我希望立刻取消打賭！」

「對不起，太晚了！」

「少來了，這樣不公平！」

「人生本來就不公平啊，珍妮。」我裝出單純的樣子，聳聳肩說：「你應該知道這一點的。」就在這個時候，波路西果然張開嘴巴，把金魚塞進了他的喉嚨裡。

上百位業務助理齊聲驚叫，上千位營業員開始叫好，向無情的海洋生物殺手波路西致敬；從來不願意錯過表演機會的波路西立刻抓住機會，有如站在百老匯的舞台上一樣，向大家深深一鞠躬，然後縱身一躍，跳進眾多崇拜者的手臂上。

我嘿嘿笑著，對珍妮說：「你不必擔心怎麼付錢給我，我就從你薪水裡扣。」

「你敢！」她氣呼呼的說。

「好吧，那就算你欠我的囉！」我一面微笑，一面對她眨眨眼睛。「現在請你去訂花，也弄點咖啡給我，我得開工了。」我踏著輕鬆的腳步，帶著笑容走進我的辦公室，關起門來，準備面對任何問題。

6 冷凍調查員

不到五分鐘後，我坐在自己辦公室裡像王座一樣大的椅子上，前面是一張適合獨裁者用的桌子。我轉頭問辦公室裡的另兩個人：「呃，我想搞清楚這件事：你們是想找個侏儒來，在交易廳裡把他丟來丟去嗎？」

他們一起點頭。

坐在我對面那張深紅色蓬鬆真皮扶手椅上的不是別人，正是波路西。他剛才活吞金魚的表演似乎沒有什麼後遺症，正在努力向我推銷他最新想到的妙計，也就是花五千美元請一位侏儒到交易廳來，由營業員丟來丟去，創造長島歷史上的「第一屆侏儒拋擲大賽」紀錄。整個事情聽起來相當怪異，我卻忍不住有點興趣。

波路西聳聳肩說：「其實沒有聽起來那麼瘋狂，我們不會把侏儒抬起來亂丟，只打算在交易廳前擺些摔角用的墊子，讓推銷梅登鞋業股票成績最好的五位營業員都有拋擲兩次的機會。我們會在其中一張墊子畫上紅心，然後綁上一些粘扣帶，讓侏儒可以粘上去，再挑選幾個業務助理辣妹，負責舉牌——就像她們是跳水比賽的裁判一樣，根據投擲方式、距離、困難度和各種狗屁標準評分。」

我不敢相信的搖搖頭說：「在這麼短的時間裡，你到哪裡找侏儒？」我看著辦公室裡的第三個人葛林。「你對這件事有什麼意見？你是公司法務部門主管，一定有什麼話要說……啊，沒有？」

葛林慎重點頭，好像是在考慮什麼樣的回答比較合法。他是我信任的老朋友，最近才晉升上來，擔任公司企業金融部門主管。他負責篩選每天送到公司的幾十個業務計畫，決定哪些案子值得轉送給我。基本上，企業金融部門好比生產工廠，製造初次公開發行的股票和權證，也就是華爾街所說的新股。

葛林穿著公司標準的制服，包括筆挺的吉伯特手工西裝、白襯衫、絲領帶、以及這一行裡最糟糕的假髮。眼前的這頂假髮，看來就像有人把乾癟的驢子尾巴放在他蛋形的猶太人腦袋上，倒上膠水，粘上一個碗，再放上一個重二十磅、由耗盡能量的鈾金屬做成的盤子，因為這樣，他在辦公室裡的綽號就叫做「假髮佬」。

葛林說：「就這件事情的保險問題來說，如果我們能夠拿到侏儒簽的免責文件，加上一些不能對抗公司的協議，那麼我認為，就算侏儒摔斷脖子我們也不會有任何責任。但是根據法律的規定，我們還是必須採取所有合理的預防措施……」

天啊，我一點也不想知道拋擲侏儒的全盤法律分析，只想知道葛林是否認為，這樣做對提高營業員的士氣真有幫助！因此我轉回頭來，一隻眼睛看著辦公桌兩側電腦螢幕上閃動的綠色數字和文字，另一隻眼睛看著面對交易廳的落地大玻璃窗。

葛林和我從小就認識，當時他長了一頭你所見過最漂亮、細得像玉米鬚的金髮。但是還不到十七歲，他那一頭漂亮的金髮就變成了歷史，稀疏到只比全禿好一點。

才念高中，葛林就碰到會變成像禿鷹一樣禿的噩運，因此他決定把自己鎖在家裡的地下室，抽五千隻廉價墨西哥大麻紙煙，玩電動玩具，三餐都吃冷凍披薩，等待老天爺的殘酷玩笑惡夢成真。

三年後，他從地下室走出來，變成了好像五十歲的老醜猶太人，頭上只剩下幾小撮頭髮，肚子圓滾滾的，個性也變了樣，變得單調乏味，卻又擔心天會垮下來。隨後葛林在大學聯招時作弊失手，被迫流浪到紐約上州、連夏天都會凍死學生的福利多尼亞小鎮，念福利多尼亞州立大學。為了通過這所好學校嚴格的學業要求，他花了五年半時間才畢業，但是一點也沒有變得比較聰明，反而更讓人覺得乏味。然後他靠著欺騙，進入南加州的「米老鼠」法學院，拿到的法學文憑，法學意味還沒有魔術餅乾盒多。

但是在史崔頓投資銀行裡，這樣的小事當然不很重要，重要的是個人關係和忠心耿耿。因此，外號假髮佬的葛林聽說兒時的朋友大大發跡後，便像我小時候的其他朋友一樣跑來找我，向我宣誓效忠，搭上了賺錢列車。才來了不過一年多，他就像史崔頓最常見的貨色，詆毀、算計、操縱、欺騙和排擠擋在他前面的人，印證彼得定律的說法，一直爬到史崔頓食物鏈的最頂端。

他對史崔頓典型企業金融的高深技巧沒有經驗，不知怎地認為我的新秀成長公司迫切需要資金，早在我決定資助之前，就把一大筆股權賣給他們，因此我還在訓練他。但是，只因為他有一張我甚至不願拿來擦女兒柔軟小屁股的法律文憑，我還是給了他五十萬美元的起薪。

「……你覺得這樣做有道理嗎？」葛林問。

突然間，我發現他在問我，但是除了知道問題跟拋擲侏儒有關之外，我根本沒聽到先前他說了什麼。因此我沒有理他，轉頭問波路西：「你要到哪裡找侏儒？」

他聳聳肩。「我不太清楚，但是如果你核准，我第一個電話會打到凌霖兄弟馬戲團。」

葛林補了一句：「或是打去世界摔角聯盟。」

天啊，我心想，這些瘋子的瘋話快要把我淹沒了！我深深吸了一口氣說：「聽著，兄弟，跟侏儒搞在一起不是笑話，稱斤論兩來算的話，他們比大灰熊還強而有力，如果你們想聽真話，我告訴你們，侏儒反而會嚇到我。因此在我批准投擲侏儒遊戲前，你們必須替我找來一位馴獸師，好在小東西勃然大怒時控制得住場面。另外，我們還需要麻醉槍、手銬、催淚彈。」

假髮佬附和說：「以及一件緊身衣。」

波路西補充說：「還有趕牛用的電擊棒。」

我呵呵笑著說：「原則上，我們還要弄來幾瓶硝石，畢竟這些王八蛋可能會突然發情，追逐業務助理；這些小傢伙很好色，可能像野兔一樣亂搞。」

最後這句話，讓我們都哈哈大笑。我說：「不過，說正經的，如果這件事洩露到新聞界去，我們就要付出很高的代價。」

波路西聳聳肩說：「也許吧，但我認為，我們可以從正面的角度看這件事情。我的意思是說，我們可以想一想：侏儒有多少工作機會？這樣做，就像我們捐助比較不幸的人一樣。」他又聳聳肩說：「不管怎麼說，沒有人會在乎的。」

噢，這一點他說對了。事實上，我們再也不在乎新聞報導怎麼說了。每篇報導總是從負面的角度，說史崔頓人是瘋狂的不法之徒，由早熟的年輕金融家——在下我——領導，在長島創立了一個自給自足的天地，正常行為規範都不適用。在新聞界的眼裡，史崔頓和我已經變得牢不可分，就像泰國連體嬰一樣，即使我捐錢給受虐兒童基金會，他們也會想辦法雞蛋裡挑骨頭，只用一段文字寫我很慷慨，然後再寫三、四頁其他的問題。

新聞界的凶狠攻擊，是從一九九一年開始的，當時《富比世雜誌》傲慢無禮的記者柯樂芙替我編了一個名號，說我是「怪異的羅賓漢」，搶劫富人，救助自己和手下營業員構成的享樂幫。她的聰明當然可以拿甲上，也當然讓我有點吃驚，至少一開始很吃驚，但後來我得到另一種結論，認為這篇文章其實是讚美。畢竟，到底有多少位二十八歲青年的平生事蹟能夠刊在《富比世雜誌》上？而且不容否認的是，這種羅賓漢式的做法凸顯我天性慷慨！這篇文章刊出後，我辦公室外面立刻出現新一波的求職人潮。

真是諷刺的很，新聞界雖然說我惡貫滿盈，只差沒有綁架林白的小孩而已，但我手下的史崔頓人卻覺得再光榮不過了。他們在交易廳裡邊跑邊叫：「我們是享樂幫！我們是享樂幫！」這些員工當中，有人穿著緊身衣進辦公室，有人歪戴著花俏的貝雷帽，有人提出天才的想法——找個處女來開苞，因為這樣做很有老式幫派的意味。但是大家辛苦尋找後，卻發現找不到處女，至少在交易廳裡找不到半個處女。

因此，波路西說對了，沒有人在乎新聞報導，但是拋擲侏儒的遊戲該怎麼處理？我現在沒有時間考慮這件事，得先解決梅登鞋業掛牌上市的重大問題，還要應付我老爸——他正在附近出沒，一隻手上拿著五十萬美元的美國運通帳單，另一隻手不用說，當然握著一杯冰過的首都牌伏特加。

我對假髮佬說：「你為什麼不去找梅登？說不定你應該鼓勵他一下，或者說點好話，告訴他演講要儘量短，要儘量好聽，不要拚命說他多崇拜女鞋，他們可能會為了這一點拷問他。」

「我一定辦到，」假髮佬說，馬上從椅子上站了起來，「就是不准鞋廠老闆談鞋子。」

他還沒有走出門，波路西就罵起葛林的假髮：「怎麼處理他那一頭廉價的爛頭髮？他的頭髮，看起來真像死松鼠毛。」

我聳聳肩說：「我想他是到男士理髮部理的特價頭，以前他就這樣了，也可能他的頭髮需要送去乾洗。總之，我們還有更重要的事情，更麻煩的問題——梅登鞋業上市的案子。而且，眼看我們就沒有時間了。」

「我記得那斯達克說他們會讓這家公司上市，沒錯吧？」波路西問。

我搖搖頭說：「他們是會讓它上市，卻只准我們保留五％的股票，就這麼一點點，其他的股份，都必須在交易開始前賣給梅登，表示我們現在就必須簽約，今天早上！這也表示，我們必須相信梅登在股票上市後會做該做的事情。」我咬咬嘴唇，忍不住輕輕搖頭。「我不知道怎麼辦，波路西，我覺得他會跟我們搞花招。我不知道碰到重要時刻時，他會不會做該做的事情。」

「老大，你可以信任他，這傢伙百分之百忠誠；我認識他太久了，相信我，他跟任何人一樣，非常清楚該有的規矩。」波路西把拇指和食指放在嘴邊扭來扭去，好像是說：「他會把嘴巴閉得緊緊的！」這正是黑手黨義氣的表示：不發一語。然後他說：「總而言之，你幫他這麼大的忙後，他不會背叛你，他不是傻瓜，他當我的老鼠洞就賺這麼多錢，不會冒險去破壞。」

「老鼠洞」正是史崔頓公司術語裡說的人頭，帳面上擁有股票，卻只是人頭而已。只要繳該繳的稅，人頭本質上沒有不合法的地方，而且人頭的安排也不違反證券法。事實上，華爾街盛行用人頭，大作手用人頭建立一家公司的股票部位，以免驚動其他投資人。只要你買下的同一家公司股權沒超過五％，用不用人頭都合法，但假使超過五％，你就必須向證管會申報你持有的股權和持有的意圖。

但是我們利用人頭，祕密買進大筆史崔頓承銷上市的新股，卻違反了很多條證券法，因此證管會希望制定新法規來阻止我們。問題是，現有的法律漏洞比瑞士乳酪上的洞還多，我們也當然不是華爾街上唯一這樣做的公司，事實上每個人都這樣做，只是我們做得囂張了一點，也大膽了一點。

我跟波路西說：「我知道他是你的老鼠洞，但是用錢控制人不像表面上看起來這麼容易，相信我這句話，我這樣做的時間比你久；這種事跟掌握人頭未來的期望比較有關係，跟你過去替他賺多少錢比較沒有關係。昨天的利潤是昨天的舊聞，要是出了什麼差錯，昨天的利潤會反過來咬你一口。大家不會覺得欠誰的情，尤其是好朋友之間。因此，過一陣子之後，你的人頭會開始痛恨你，我已經因為這樣失去了不少朋友，你也一定會，只是時間還沒有到而已。總之，我想說的是，用錢買的友誼不會長久，用錢買的忠心也一樣。這就是像假髮佬這樣的老朋友在我們這裡會這麼寶貴的原因，鈔票買不到這樣的忠心——你知道我的意思吧？」

波路西點點頭說：「知道，我對梅登也有這種感覺。」

我難過的點點頭。「別搞錯了，我不是要破壞你跟梅登的關係，我們現在說的至少是八百萬美元，也可能是八千萬，就看股價會漲到哪裡。」我聳聳肩又說：「誰真的知道會漲到哪裡？我口袋裡沒有水晶球，倒是有六片白板，收盤後，我很樂意跟你平分！」我快速的揚了三次眉頭。

波路西笑了起來，對我豎起大拇指，表示贊同。「樂意之至！」

我點點頭。「總之，我不是在說笑。我要告訴你，我對這家公司有很好的預感，認為這檔股票有機會狂飆。要是真的狂飆，我們有兩百萬股，兄弟，你自己算算，每股漲到一百美元的話就是二億美元，這麼多的錢會讓每一個人都做出奇怪的事情，就算比梅登更可靠的人也一樣。」

波路西點點頭說：「我了解你的意思，毫無疑問的，你是這種事情的高手，但是我要你相信我，梅登忠心耿耿，唯一的問題只是怎麼把錢從他那裡拿回來，他付款一向很慢。」

這就是證據。人頭的問題之一，就是想出辦法把錢拿回來，卻不讓對方心生警覺。這種事情說起來輕鬆，做起來卻很難，尤其是金額高達幾百萬美元時。但我還是信心十足地說：「總是有辦法的，我們可以簽訂某種顧問合約，把事情搞定，但是如果金額上千萬，就必須考慮動用自己的瑞士戶頭，但我希望儘量保密。總之，照事情的發展來看，我們還有比梅登鞋業更大的問題，比如像梅登一樣等著上市的另外十五家公司。如果我連梅登都不能信任，其他人我就更不敢說了。」

波路西說：「你只要告訴我，你希望怎麼處理梅登的事情，我就會搞定。但我還是要告訴你，你不需要擔心他，沒有人像他這麼稱讚你。」

我很清楚梅登怎麼稱讚我，或許就是因為太清楚了才會擔心。我投資他的公司，拿到百分之八十五的股權，從這個角度來看，他對我到底有什麼虧欠？事實上，除非他是聖雄甘地再生，他反而應該恨我、至少有點恨我拿走他這麼多財產才對。

除此之外，梅登還有其他讓我擔心，而且還不能告訴波路西的事——梅登曾經巧妙地向我暗示，他寧可跟我直接打交道，也不願意讓波路西經手。我雖然不懷疑梅登只是想巴結我，但是他的策略再明白也不過，不但證明他很精明、善於駕馭別人，更重要的是，他一直在騎驢找馬。如果以後他找到了比我更有用的人，那就萬事皆休了。

目前梅登需要我，但是這件事跟史崔頓公司替他募到七百萬美元資金沒有什麼關係，更跟波路西利用他當人頭、讓他多賺三百萬美元沒有關係。這些都是昨天的舊聞了，將來我能不能控制梅登，要看他的公司上市後，我有沒有能力控制他公司股票的價格而定。既然史崔頓是梅登公司最主要的造市者，幾乎所有的買賣應該都會在史崔頓的交易廳進行，這樣一來，就讓我有機會隨心所欲的拉抬或打壓這檔股票。因此，如果梅登不照規矩辦事，我幾乎可以把他的股票打壓到只剩下幾分錢。

事實上，這把大刀就加在所有史崔頓投資銀行客戶的脖子上。我以這把大刀來確保客戶對史崔頓忠心耿耿——也就是用低於行情的價格賣新股給我，再用公司交易廳的力量把股票逢高出脫，賺到驚人的利潤。

這種聰明的財務騙局，當然不是我想出來的，事實上，大多數著名的華爾街券商，包括美林、摩根添惠、所羅門兄弟和幾十家券商經常都這樣做，要是公司不配合他們，他們就會把身價十億美元的公司打趴在地上，一點也不會有愧疚感。

我心裡想，真是夠諷刺的了，美國最高明、理當最守法的金融機構居然壞事做盡：所羅門兄弟公司炒作國庫券；美林公司搞垮加州橘郡的財政；保德信巴琪公司騙了老公公、老婆婆三億美元。但是在菁英白人的保護傘下，這些公司不但仍然繼續經營，而且還生意興隆。

但是在經營微型投資銀行業務——新聞界喜歡說成「雞蛋水餃股」——的史崔頓公司裡，我們卻沒有這種保護網。事實上，所有的新股訂價都在四美元到十美元之間，根本不是雞蛋水餃股，但主管機關完全沒有注意到這種差別，只知道擔心害怕，因此證管會的小丑——尤其是派駐在我們公司會議室的那兩位小丑——總是搞不清楚他們為什麼要控告我，要罰我二千二百萬美元。事實上，證管會把我的公司當成承銷雞蛋水餃股公司一樣控告，但是事實很簡單，史崔頓公司一點也不像經營雞蛋水餃股的公司。

承銷雞蛋水餃股的公司極為分散，在全國各地有幾十家小小的分公司。但是史崔頓只有一個營業場所，因此在證管會提出控告後，比較容易在業務人員之間控制負面的消息。通常光是這種消息，就足以迫使經營雞蛋水餃股的公司倒閉；而且，銷售雞蛋水餃股的公司都以沒有什麼財產、沒有什麼知識的散戶為目標，頂多只能說服他們拿出幾千美元來投機，史崔頓卻鎖定美國最富有的投資人，說服他們拿出百萬、千萬美元來投機。因此，證管會不能一視同仁，宣稱史崔頓的顧客不適於拿錢出來買賣投機股。

證管會提出控訴前，史崔頓公司就根本沒有這種情形了，但證管會還是誤以為，光是放出壞消息就足以把史崔頓逼倒。他們忘了，史崔頓只需要管理一個營業場所，很容易維持員工士氣，因此沒有半個人離職。更別說，證管會是在提出告訴後，回頭調閱史崔頓公司新開戶顧客的表格時，才發現我們的客戶都是百萬富翁。

我的經營方針是找到相當灰色的中間地帶，也就是賣一股五美元的股票給美國最富有的百分之一富豪，而不是向另外百分之九十九、幾乎沒有什麼財產的美國人推銷市價低於一美元的雞蛋水餃股。二十多年前，華爾街上有一家叫做布雷爾的公司，就打著這樣的旗號經營，實際上卻從來沒有找到適當的顧客，即便如此，這家公司殘忍無情的猶太裔老闆戴維斯還是賺到驚人的財富，變成華爾街的傳奇人物。

但是我找到了適當的客戶，而且完全是因為時來運轉，碰到了最好的時機。股市剛剛開始從十月大崩盤中復原，狂亂的資本主義仍然主導一切，那斯達克股市逐漸成熟，不再被人認為是紐約證券交易所的敗家子。運算速度超快的電腦在每張辦公桌上出現，把零與一的數字像光速一樣發送到全國各地，消除了必須在華爾街設立實際營業場所的需要。這正是變化的時代、動盪的時代，那斯達克股市成交量飛躍增加時，我碰巧正好為史崔頓公司的年輕員工開了一個每天三小時的密集訓練計畫。史崔頓投資銀行就在大崩盤的灰燼中崛起，主管機關都還沒有搞清楚狀況，我們公司就以原子彈爆炸一般的力量，橫掃全美。

這時我的腦袋忽然冒出一個有意思的想法，就問波路西：「證管會那兩個白痴今天說了什麼話？」

「其實沒有說什麼，」他聳聳肩回答說：「他們相當安靜，談的大部分是停車場上又有什麼新車，就像平常一樣，都是廢話。告訴你，這兩個傢伙完全搞不清楚狀況！看來他們甚至不知道我們今天推大案子，還在研究一九九一年的記錄。」

「嗯。」我摸著下巴想了一想，對波路西的回答一點也不訝異。畢竟一個多月前，我就在會議室裡裝了竊聽器，每天針對證管會官員搜集反情報資料。我對證管會官員最先的了解是：除了完全沒有個性之外，他們連自己在幹什麼都不知道。華府的證管會小丑批准了梅登公司的股票上市案，紐約的證管會小丑卻坐在我們公司的會議室裡，完全不知道有什麼事情即將發生。

「那裡的溫度多少？」我很感興趣的問。

波路西聳聳肩說：「攝氏十三、四度吧，他們已經穿上西裝了。」

「天啊，波路西！為什麼把那裡搞得這麼熱？我告訴過你，我要把這兩個王八蛋凍到滾回曼哈頓！難道我得叫電工來才能辦好事情嗎？波路西，我真的希望他們鼻孔裡冒出冰柱來！你難道不懂我的意思嗎？」

波路西微笑著說：「老大，我們不能用冷凍或燒烤的方式趕他們走。我當然也可以在天花板上裝一台暖氣機，把房間弄得非常熱，讓他們必須喝鹽水才能活下去，但是如果我們把那裡弄得太不舒服，也真的讓他們離開，就再也不能偷聽他們說話了。」

我深深的吸了一口氣，再慢慢的吐出來。波路西說得對，我笑了起來，說：「對啊，媽的！我們要讓這些王八蛋壽終正寢。但是今天我希望辦好梅登的事情，我希望他簽一張文件，答應不管股價漲到多高，也不管公開說明書裡說些什麼，那批股票仍然是我們的。我也希望梅登把這批股票信託讓與，這樣我們才能控制這些股票，我們要讓假髮佬擔任信託讓與代理人，而且除了幾個講義氣的朋友，都不讓別人知道這件事，這麼一來，除非梅登想騙我們，否則這批股票會安如泰山。」

波路西點點頭說：「我會把事情辦好，但是我覺得這樣做對我們沒有什麼幫助——如果我們違反約定，碰到的麻煩會跟他一樣多。我的意思是，會有一萬七千種不同的——」雖然這間辦公室剛剛進行過反監聽偵測，波路西還是只用嘴唇做出「違法」兩個字的嘴形，實際上卻沒有說出聲音來。波路西的意思是：如果讓梅登當這麼多股票的人頭，我們違反的法條會多到數不清。

我舉起手，堆起笑容說：「哎呀，安啦！首先我要告訴你，半小時前我才對這間辦公室做過反監聽偵測，要是這裡又遭到監聽，被他們抓到小辮子，我們也是活該倒楣。而且這件事我們違反的法條也不只一萬七，說不定有三、四百萬、或甚至五百萬條，但是不管有多大條，都沒有人會知道這件事。」我聳聳肩，然後裝出不敢置信的聲音說：「總而言之，波路西，你讓我很驚訝！即使我們用不到，合約對我們也有很大的幫助——萬一他想來個黑吃黑，合約會有很大的嚇阻力量。」

這時珍妮的聲音從對講機裡傳來：「你老爸走過來了。」

我立刻罵道：「告訴他我在開會，真他媽的！」

珍妮立刻回罵：「去你的，你自己告訴他！我才不說！」

哇，這麼無禮！這麼大膽！沉默了片刻之後，我發牢騷說：「唉，別這樣子，珍妮！你難道不能告訴他，我正在開重要的會議或電話會議或什麼的，拜託？」

「不行就是不行。」她冷冷地說。

「謝謝你啊，你真是最好的助理！我說啊，兩個禮拜後的今天，要算年終獎金的時候，別忘了提醒我今天的事情，好嗎？」我停了片刻等著聽珍妮的反應，她卻根本不理我，電話裡毫無聲音。真是讓人難以相信！我只好再問：「他離這裡有多遠？」

「大約五十碼，而且正在快速接近。從這麼遠的地方，我都可以看到他額頭上冒出來的青筋，他至少正在猛抽一根——可能同時抽兩根——香菸，看起來就像噴火龍一樣。」

「謝謝你的鼓勵，珍妮，難道你不能至少讓他分心一下嗎？或許你可以拉火警警報還是什麼的？我……」這時的波路西忽然站起來，好像打算離開辦公室。我舉起手，大聲喊他：「兄弟，你要去哪裡，啊？」我用食指指著他的扶手椅，「坐回去，休息一會兒。」然後再把頭轉向黑色的聽筒擴音器。「珍妮，等一會兒，別走開——」然後又轉頭對波路西說：「兄弟，我告訴你，美國運通的帳單裡，至少有五、六萬美元是你的，因此你也得準備挨罵。此外，你也得和我一起感受一下那個總數的力量。」再轉回頭對聽筒說：「珍妮，叫笨蛋葛林立刻滾到我的辦公室來，他也必須面對這個問題。另外還要請你把我辦公室的門打開，我需要一些吵鬧聲。」

笨蛋葛林是我另一位合夥人，跟波路西截然不同，事實上，兩個人的差異真是大到不能再大。波路西很精明，表面上看來好像比較不可信賴，卻絕對比較有修養；但是葛林比較積極，對他完全缺乏的知識和智慧，有一股永遠不能滿足的興趣。葛林的確是傻瓜，這件事雖然讓人難過，卻是事實，而且他有驚人的才能，會在業務會議上說出最愚蠢的話，更幾乎在每個重要的會議中都會說，因此我禁止他再參加會議。波路西對這件事情滿意極了，只要一有機會，他幾乎都會再提醒我一次葛林有多少缺點。總之我手下有兩個葛林，一個是笨蛋葛林，還有一個假髮佬葛林，兩個人沒有親戚關係，不過我卻似乎被姓葛林的人包圍住了。

這時門忽然打開，率先衝擠進來的，是無數貪婪吼叫形成的噪音，我喜歡極了，這麼有力的吼鬧聲是最有藥效的毒品，比我太太的怒火還厲害，比我的背痛還厲害，也比在會議室裡挨寒受凍的小丑證管會官員還厲害。

這種吼鬧，甚至比我老爸的瘋狂還有力；也就在此時此刻，他正準備對我大吼大鬧。

7 有錢真好

瘋狂老爸怒氣沖沖，發亮的藍眼珠好像卡通人物一樣就要爆出來，大聲說著：「你們三個小王八蛋要是不收起沾沾自喜的表情，我向他媽的上帝發誓，要讓你們三個顏面無光！」

說著，他開始緩慢又刻意地踱步，臉孔因為氣急敗壞，已經變形。右手夾著的那根還在冒煙的香菸，大概是他今天的第二十支菸；左手拿著的白色塑膠保溫杯裡，裝滿了首都牌伏特加，我很希望那是他今天的第一杯，但比較可能是第二杯。

突然間，他停住腳步，轉身看著波路西，像檢察官一樣問：「你有什麼話要說，波路西？你比我想像的還白痴多了，居然在交易廳中吃金魚！媽的，你到底有什麼問題？」

波路西站起來笑著說：「少來了，老爸！沒有那麼難看啦，那個小孩應該——」

「坐下、閉嘴、波路西！他媽的，你真丟臉，不只是丟自己的臉，也把你全家的臉都丟光了！」瘋狂老爸停了片刻，又說：「不准再笑，他媽的，你那口白牙刺痛了我的眼睛！我可沒戴著太陽眼鏡！」

波路西坐下來，乖乖的緊閉嘴巴，和我交換了一下眼神。我發現自己有點抑制不了想要笑的病態衝動，但總算忍了下來，知道笑出來只會壞事。我看看笨蛋葛林，他坐在我對面、假髮佬剛剛坐的那張長椅上，但是我們的眼光沒有接觸，他正忙著看一向髒得需要擦亮的鞋子。他的穿著跟華爾街常見的情況一樣，捲起袖子，露出厚重的勞力士金表。那隻表是總統型的金表，事實上就是我的那隻舊表——我太太說太俗氣，要我丟掉的那隻表。不過，葛林看來既不粗俗也不精明，新剪的平頭讓傻頭傻腦的他看來更傻了。

房間裡突然陷入一片難堪的沉默時，就表示我該出面，徹底結束這種瘋狂狀態了，因此我身體向前傾，拚命思索最好聽的字眼，希望找出我所知道的、我老爸應該會尊重的字眼，然後用帶著掌控全局的聲音說：「好了，老爸，鬧夠了！你為什麼不安靜片刻！這是我的公司，如果我有合法的業務支出，那麼我——」

但是我還沒有說出我的看法，瘋狂老爸就打斷我的話。「你要我安靜下來，看著你們三個白痴像小孩進了糖果店一樣辦事嗎？你們以為，好日子永遠不會結束嗎？對你們三個傻瓜來說，這一切只是一場盛大的宴會，往後也不會有難過的日子對吧？那我告訴你們一件事：你們所有的過度享受、把自己的花費算在公司帳上的做法讓我痛恨、讓我厭煩！」

然後他停頓了一下，狠狠的瞪著我們，瞪著他自己的兒子在下我。這種時候，我猜他一定在想，我到底是不是他生的。他轉身把眼睛從我身上移開時，正好給了我一個好好看他一眼的角度，我這才發現，他今天怎麼穿得這麼清爽！我的瘋狂老爸今天竟然穿得很有品味：包括他很喜歡的海軍藍西裝、英國式八字領襯衫、深藍色的領帶、黃褐色嘎別丁的長褲，全都是手工縫製，也全都由他光顧了三十年的同一家華人洗衣店漿燙得幾近完美。我老爸，天生是習慣的動物。

我們坐在那裡，像乖巧的小學生一樣耐心等待他下一回合的辱罵。我知道，他吸菸前不會再罵我們；果然，經過整整十秒鐘後，他深深吸了一口美力低焦油超淡香菸，把強健的胸部擴張到正常大小的兩倍，好像想要嚇退敵人的河豚，再慢慢吐出煙霧，讓胸部恢復正常大小。不過，他寬闊的肩膀可一點也沒縮小，往前坐的姿勢和稀疏灰白的頭髮，讓人覺得就像一頭五呎六吋高、正在發火的公牛。

然後他轉回頭來，像喝礦泉水一樣大大吞下一口烈酒，開始搖頭晃腦。「這麼辛苦賺到的錢，你們三個蠢蛋卻像沒有明天一樣拿來當柴燒，讓人看了就好笑。你們三個是怎麼想我的？你們以為我是隨便讓人指使，只會躺在地上裝死，看著你們這些傢伙毀掉這家公司的人嗎？你們三個，知不知道有多少人靠這個地方過日子？知不知道其中的風險，曝露在⋯⋯」

瘋狂老爸像平常一樣，罵了又罵，但是我已經跳脫了以往的思維。事實上，我發現自己正在欣賞他的這種能力——幾乎想都不用想，就能把這麼多辱罵串在一起，但每句話仍然這麼有詩意；他罵人的樣子的確很有美感，就像莎士比亞在我面前發飆！在我們公司裡，大家都認為罵人是高級藝術，說一個人知道怎麼把罵人的話串在一起是最崇高的讚美；但是瘋狂老爸卻把罵人藝術提升到完全不同的境界，如此這般發火、滔滔不絕的咒罵，我聽起來幾乎就像悅耳的鈴聲。

瘋狂老爸又氣又搖頭，大概也難以置信吧？很可能是兩種心情混在一起。不管他有什麼感覺，反正他就是邊搖頭邊向我們三個智障、白痴解釋，說十一月的美國運通帳單總共是四十七萬美元，照他的計算，只有兩萬美元是合法的業務支出，其他都是個人性質、也就是如他所說的，是個人胡來亂搞的支出。然後他用最不吉利的語氣說：「我現在告訴你們一件事：你們三個瘋子會被官員逮個正著！你們記住我的話——國稅局的王八蛋早晚會衝進這裡，徹底查帳；除非你們三個智障當中，有人不再做這種瘋狂的事情，要不一定大難臨頭。這個，就是我為了這堆帳單要敲你們三個人的頭的原因。」他點點頭，好像覺得自己說得很對，又說：「我不是要管這家公司，不，我連一毛錢都不想管，這就是我最後的聲明！我要從你們超高的薪水中，扣下四十五萬美元，你們想都別想攔阻我！」

哇，真大膽！只可惜我必須用他的話，告訴他一些事情。「老爸，暫停一下，你說的全都是廢話，信不信由你，其中很多都是合法的業務支出。你只要暫停一秒鐘，不再大吼大叫，我就會告訴你什麼支出是什麼——」

但是他再度打斷我的話，把矛頭對準我：「還有你，所謂的『華爾街之狼』、瘋狂又年輕的野狼，我自己的兒子！從我胯下生出來的兒子！你怎麼可能會變成這樣？你是最、最糟糕的一個！你他媽的為什麼一次買兩件相同的皮大衣，每件八萬美元？沒錯，我打過電話了，打去那家亞歷山大什麼的皮衣之家，因為我以為其中一定有什麼地方不對！但是沒有，沒有哪裡不對。你知道，那裡的那個希臘王八蛋告訴我什麼嗎？」

我迎合他的話，回答說：「不知道，老爸，他到底告訴你什麼事？」

「他告訴我，你買兩件同樣的貂皮大衣——同樣的顏色、同樣的款式，同樣的不管什麼東西！」說到這裡，瘋狂老爸轉頭過來，下巴靠在肩胛骨上，兩眼圓睜瞪著我看，又說：「不像話，一件大衣不夠你太太穿嗎？嗯，我猜你是為一個妓女買第二件大衣，對吧？」然後他停下來用力吸了一口香菸。「我受夠了你們說的每一句滑稽的笑話，你們總不會以為，我不知道『一級招待』是什麼吧？」他眯起眼睛，帶著責備的神色。「你們三個瘋子，居然用公司的信用卡付嫖妓的費用！什麼樣的妓女會接受信用卡，啊？」

我們三個交換了一下眼神，卻都沒有說話。有什麼好說的呢？妓女確實接受信用卡，至少我們找的妓女接受，事實上，妓女跟史崔頓的次文化關係深厚，因此我們把她們像公開上市的股票一樣，分成幾類：績優股是最高級的妓女、是精華中的精華，通常是努力向上爬的年輕模特兒，或是特別漂亮、迫切需要學費或想買設計師服飾的女大學生，花個幾千美元，你所有想像得到的事情她們就幾乎都願意做，不管是為你服務，還是互相玩樂供你欣賞。其次是那斯達克股票，她們比績優股低一級，價碼在三千到五千美元之間，會要你戴保險套——除非你像我一樣，給她們大筆小費。接下來是店頭股票妓女，層級最低，通常是阻街女郎，或是你半夜情急，照著色情雜誌或電話簿上的號碼，打一通電話就找得到的女孩。她們的價碼通常不到一百美元，如果你不戴保險套，隔天最好去打一針盤尼西林，祈禱你的老二不會斷掉。

總之，績優股接受信用卡，因此拿她們報帳抵稅有什麼不對？國稅局反正也都知道這種事情，不是嗎？事實上，早年的黃金時代裡，大家都嘛同意，吃中飯時狂歡一下是正常的企業行為，國稅局還把這種支出叫做「三杯馬丁尼的中餐」！甚至定出會計項目，稱之為出差娛樂。我只是略為變通，得到合理的結論，把出差娛樂改成「出精」娛樂！

撇開這件事，我老爸自己的問題，可比拿公司的信用卡刷一些可疑的費用嚴重多了。簡單說，他是世界上最吝嗇的人，而我呢，在處理金錢方面跟他截然不同；我認為，在賭桌上輸個五十萬美元，再丟五千美元的籌碼給美豔的藍籌股級妓女根本不是什麼大不了的事。

總之，說明白一點，在我們公司裡，瘋狂老爸就像離水的魚，說不定應該說是外星來的魚。他六十五歲了，比史崔頓的一般員工足足大了四十歲，受過高等教育，是個會計師，智商超高；史崔頓的一般員工都沒受過什麼教育，智商和石頭差不多。他在艱困的時代和地方——經濟大蕭條灰燼中的布朗克斯舊猶太人社區——長大，經常不知道晚餐桌上有沒有東西可以吃，而且他像千百萬在三〇年代長大的人一樣，仍然有著大蕭條時代的心態，因此喜歡規避風險，抗拒任何形式的改變，對跟金融有關的東西充滿懷疑。現在他坐在這裡，想要好好管理這家公司的財務，但是這家公司的業務完全以價格的瞬息變化為基礎，公司的主要股東正好是他兒子，一個天生的冒險家。

我深深的吸了一口氣，從椅子上站起來，繞到桌子前面，坐在桌角上，然後兩手抱胸，用困惑的的表情和語氣說：「聽我說，老爸，我認為這裡的確有些你不了解的事情，但是事情很簡單，我是用我的錢做我想做的事情；事實上，除非你能證明我的花費妨礙了現金流量，要不然，我只想建議你閉上你的鳥嘴，把錢付清。」

「你知道我愛你，光是看你為了愚蠢的信用卡帳單這麼生氣，就讓我很痛心。但是老爸，事情就是這麼簡單，只是一筆帳單而已！你也知道，反正最後你會去繳款，因此這麼生氣有什麼意義？今天結束前我們會賺進兩千萬美元，誰在乎五十萬美元？」

笨蛋葛林卻附和我老爸：「對呀，老爸，我那部分帳單根本不算什麼，因此我的看法跟你一樣。」

我在心裡偷笑，因為這個蠢蛋剛剛犯了重大的錯誤。跟我老爸打交道時有兩個重要的原則：第一、千萬、千萬別想推諉責任！第二、千萬別想用任何方式指責他心愛的兒子，他的兒子只有他有權打罵。果然，我老爸馬上轉頭對葛林說：「葛林，在我看來，你花的每一塊錢都是浪費，你這個臭傢伙！至少在這個地方，錢都是我兒子賺來的！你他媽的會做什麼？你只會跟大奶子業務助理瞎搞，被人告性騷擾，脫身不得——對了，她叫什麼名字？」他生氣地搖著頭。「你為什麼不閉上你的狗嘴，感謝老天照顧你，要我兒子這麼好心，讓你這種臭傢伙當上這個地方的合夥人。」

我對老爸咧開嘴，開玩笑說：「老爸、老爸、老爸！安靜一會兒吧，免得心臟病發。我知道你怎麼想，但是葛林並沒有想要暗示什麼。你知道我們都敬愛你、尊敬你、仰賴你理智的指導，所以呢，我覺得我們應該全都各退一步……」

就我記憶所及，我爸爸一直在打一場只有一方參戰的戰爭，敵人就是他自己；每一天，他都在跟看不見的敵人和沒有生命的東西作戰。第一次注意到這一點時，我才五歲，當時他似乎把自己的汽車當成活生生的東西——一九六三年份的綠色道奇達特，他把這部車叫做「她」。問題是，她的儀表板下會傳來可怕的響聲，卻聽不出是哪兒傳來的；他說一定是道奇工廠裡的王八蛋故意把車子搞成這樣，故意整他。更糟的是，這種響聲別人都聽不到，只有我媽媽假裝聽到了，以免我爸爸大發雷霆。

而且，這只不過是許多類似的事情之一，連他去開個冰箱，都可能很危險；他習慣直接對著罐口喝鮮奶，問題是，要是有一滴鮮奶流到他下巴，他絕對會暴跳如雷，拍著鮮奶罐，大聲抱怨：「該死的鮮奶罐！那些蠢蛋就不能把鮮奶罐設計得好一點，不讓鮮奶滴到下巴嗎？」

千錯萬錯，當然都是儀表板、鮮奶罐的錯！因此他形成了一套怪異的儀式，而且堅定不移地奉行，以對抗儀表板老是亂響、鮮奶罐設計不理想，處處都是問題、既殘酷又無法預測的世界。每天早上起床後，他要先抽三支肯特牌香菸、洗澡半小時；用剃刀花很長的時間刮鬍子時，嘴裡叼著一支點著的香菸，洗手台上也點了一支。他總是先穿白內褲，再穿上及膝的黑襪子、套上漆皮皮鞋，卻不穿上長褲，就這樣在公寓裡走來走去。然後他會吃早飯，又抽幾支菸，一離開餐桌就去上世界級的大號。上完大號就輪到整理頭髮，而且要整理到幾近完美才會穿上襯衫，仔細扣扣子，再翻起領子慢慢打領帶，翻下衣領，穿上西裝。臨到出門前，才終於穿上長褲。我一直想不通，為什麼他要到最後才穿長褲，但是從小就看他這樣做，一定讓我心裡相當害怕。

更奇怪的是，老爸非常、非常討厭突然響起的電話鈴聲，他真的痛恨電話鈴聲，覺得那種聲音特別刺耳。問題是，他工作的地方大約有一千支電話，而且每天都從他早上九點整（他當然從來不遲到）踏進辦公室開始，直到他認為很滿意了、應該下班時，電話鈴聲始終響個不停。

因此，在我們住的皇后區兩房小公寓裡，氣氛有時候會變得相當瘋狂，尤其是電話響過又發現來電者是要找他的時候，更是如此。別說他不理鈴聲，就算他想自己接電話也從來別想接得到，因為只要電話開始響起，我媽媽就會化身為世界級的短跑明星，發瘋似的衝向電話；她知道，每減少一波響鈴，事後要讓我老爸安靜下來就會容易幾分。

某些讓人難過的時候，媽媽會被迫說出可怕的話，「爸爸，電話找你。」然後，爸爸會慢慢的從起居室舒服的椅子上站起來，身上只穿著他白色的內褲，踩著重重的步子，一邊走向廚房，一邊嘴裡罵個不停：「他媽的王八蛋、臭雞蛋電話！哪個王八羔子王八蛋居然敢在他媽的星期天他媽的下午，打這個混球王八羔子臭雞蛋的電話……」

但是，等他走到電話旁後，最奇怪的事情發生了——他會神奇地變成另一個人，一個彬彬有禮、紳士一般的爸爸爵士，客氣到讓別人無法挑剔，聲音裡還透著英國貴族的語氣。我常想，這真是奇哉怪也，因為我爸爸在南布朗克斯髒亂的街頭出生、長大，從來沒有去過英國。

反正，爸爸爵士會先對著話筒說：「哈囉？有什麼需要我效勞的地方？」等到對方回話後，他會噘起嘴唇，略為收縮兩頰，用帶有貴族意味的語氣說：「哦，沒有問題，這樣很好！對極了！」掛上電話後，他才又會恢復瘋狂老爸的樣子。「去他媽的渾蛋王八羔子朋友，居然敢他媽的混球王八蛋打電話到這個該死的家裡來……」

雖然瘋狂老爸這麼神經，但在我打少棒隊時，他卻是滿臉笑容的教練；每個星期天早上，他總會是那個最早起床、下樓跟自己的孩子練習投球的爸爸。他會在我後面，扶著我騎的腳踏車後座，推著我在我們家公寓門前的水泥人行道上騎車，放手後還會跟在我後面奔跑。到了夜裡，他會到我的房間來，跟我躺在一起，用手指梳我的頭髮，希望能減輕我的夜驚症。他從來沒有錯過學校的表演、親子教育日演奏會或任何其他活動，只要能讓他表現出喜歡自己的小孩、讓我們知道他愛我們的活動，他也都會參加。

他是很複雜的人，擁有非常好的頭腦，也很積極追求成功，卻受到自己情緒問題的限制，落得平平凡凡。畢竟，像他這樣的人要怎麼在企業界過日子？誰會容忍他的那些舉動？他因為這樣丟掉多少工作？錯過多少次升級的機會？因為他的瘋狂個性，有多少機會之窗因此砰的一聲關了起來？

但是，在我創立史崔頓公司後，這一切都改變了——世上還有什麼地方能夠讓瘋狂老爸這樣大發雷霆，卻不會受到處罰？事實上，對史崔頓的員工來說，還有什麼方式能比被我的瘋狂老爸打罵更能表現耿耿忠心？為了更好的目標，也就是更好過日子，還有什麼方式比巴結他還好？因此，對年輕的史崔頓公司員工來說，要是他拿球棒砸你的車窗，或是大聲辱罵你，就好像為你舉行成人禮，你應該戴上榮譽勳章，慶祝一番。

因此，當老爸的瘋狂面展現時，我最好設法把他的貴族面找出來。第一個想法是用一對一的方法，所以我看著葛林和波路西說：「你們為什麼不給我幾分鐘的時間，讓我跟我老爸單獨談談？」

兩個人毫無異議就飛快起身離開，快得我老爸和我都還沒有走到十呎外的長沙發，門就砰的一聲關了起來。我老爸才一坐下來，就又點起一根香菸，深深的吸了一口，我坐在他右邊，身體往後一靠，把兩隻腳擺在前面的茶几上。

我難過地笑著說：「老爸，我發誓，我的背部痛極了，你不知道，那種痛苦從背部一直往下到左腳，痛到讓人發瘋。」

老爸的臉色立刻軟化下來，我放的第一號試探氣球顯然發揮了作用。「醫生怎麼說？」

嗯……他這句話裡沒有什麼英國腔；不過，我的背是真的很痛很痛，也的確略為消除了他的怒火。「醫生？他們懂得屁啊？上次手術只讓我的背更痛，只會給我傷胃的藥丸，一點也不能消除痛苦。」我說，搖了搖頭。「總之就是，老爸，我不希望讓你擔心，我只是生氣而已。」我放下茶几上的雙腳，身體往後靠，張開雙手擺在沙發椅背上，柔和的說：「我知道，你很難理解這個地方的這些亂七八糟事情，但是相信我，我的亂七八糟當中自有道理，尤其是跟花錢有關的時候。讓這些傢伙追逐美夢很重要，讓他們變成窮光蛋更重要。」我比了一下落地窗外，「你看他們，這些人雖然賺這麼多錢，但每個都還是窮光蛋！為了模仿我的生活形態，他們把賺到的每一分錢都花光光，但是因為他們賺的錢不夠多，因此就算把百萬美元年薪全部花得一乾二淨也趕不上我。從你成長的環境來看，這種事情很難想像，不過實情就是這樣。」

「總之，讓他們變成窮光蛋，就會比較好控制。你想一想，這裡的幾乎每個人借錢都借到極限，汽車、房子、遊艇和雜七雜八的貸款，只要少領一次薪水就會走投無路，好像全都戴著黃金手銬。我的意思是說，我可以付給他們更高的薪水，但那一來他們就不會這麼需要我了。反過來說，如果我給他們的薪水太少，他們就會痛恨我。因此我只發給剛剛好夠他們亂花的薪水，讓他們愛我卻又需要我，而只要他們還需要我，就一直都會怕我。」

老爸緊盯著我，傾聽我說的每一個字。我抬起下巴，往落地窗外抬了抬，「總有一天，這一切全部都會消失，所謂的忠心耿耿也一樣會消失；那一天來臨時，我不希望你知道這裡發生了什麼事情，這就是我偶爾對你閃閃爍爍的原因。不是我不信任你，也不是我不尊敬你或不重視你的意見。正好相反，老爸，我不讓你知道這些事情，是因為我愛你，我崇拜你，我希望保護你，讓你在所有這一切開始土崩瓦解時不會受到影響。」

貴族老爸用關切的語氣說：「你為什麼這樣說？為什麼這一切會土崩瓦解？你推動上市的那些公司全都合法吧？」

「當然合法，事情跟這些公司沒有關係；事實上，我們做的事情跟別人完全沒有兩樣，只是做得更大、更好，因此就變成了別人的眼中釘。總之你不必擔心，我只是有點傷感。一切都會很順利的，老爸。」

這時，珍妮的聲音從對講機中傳來：「對不起，打岔一下，但是你要跟索金和其他律師開電話會議，他們已經上線，費用開始計算了，你要他們等你，還是要我另外安排時間？」

電話會議？我根本沒有什麼電話會議呀！然後我想到了，珍妮要救我！我看看老爸，聳聳肩，好像是說：「我能怎麼辦？我得開這次電話會議。」

我們迅速互相擁抱、互相道歉，然後我保證將來會設法少花一點錢，但是我們兩個都知道，這句話完全是鬼話。不過我老爸進來時好像獅子，出去時卻像綿羊。就在門關起來的時候，我提醒自己要多給珍妮一點耶誕節的禮物；雖然今天早上她對我說了那麼多鬼話，但她還是很厲害，真的很厲害。

8 新鞋上市

大約一小時後，梅登應該要踩著穩健的步子走到交易廳前方。我心想，他應該能夠完全控制自己，下定決心來一場第一流的表演。但事實是，他走到交易廳前方時臉上那種神色真是糟糕透了！

另外，他的穿著也真是可笑，看起來就像過氣的職業高爾夫球好手，為了兩杯麥芽酒就把球桿給人。從他穿著世界上最不流行的服裝來看，說他從事時尚業還真是諷刺。

這麼重要的時刻，他卻在瘦弱的骨架套上一件發皺的條紋夾克，看起來就像遊艇上的廉價帆布。其他部分也好不到哪裡去：已經出現裂縫的灰色T恤，褲管裡看來空蕩蕩的白色牛仔褲，全身上下都一眼就看得到髒污。

但這一切都沒有他的鞋子可恥。畢竟，任何想要打響正統鞋子設計師名號的人，在自己的公司公開上市的那天都會有共同的體認——把鞋子擦亮。梅登卻不是這樣，他穿著一雙幾毛錢就買得到的便宜褐色便鞋，皮面好像從那頭小牛被宰殺之後就從來沒有擦過。他當然也還戴著註冊商標的深藍色棒球帽，蓋住幾束殘存下來的金黃色頭髮，以典型的都會風格往後梳成馬尾，再用橡皮筋綁起來。

楓木色的講台上，梅登有點遲疑地拿起麥克風，迅速嗯、呃了幾聲，發出明顯的信號，說他準備開講了。史崔頓的員工慢慢的——事實上是非常緩慢的——掛上電話，往後坐在椅子上。

突然間，我覺得身體左側激烈震動，幾乎就像碰上了小型地震，轉頭看看，天啊，是胖子蓋豪威！四百磅重的他，走起路來好像覺得他自己只有一兩重！

「嘿，小貝，」胖子豪威說：「我需要你幫一個真正的大忙，幫我再搞一萬單位的梅登公司——你應該可以幫豪威叔叔這個忙吧？」他笑得很開心，然後把頭轉向一側，手臂圍上我的肩膀，好像是說：「沒問題吧，我們不是兄弟嗎？」

噢，雖然他實在胖了點，但我還是有點喜歡豪威。就算我不喜歡他，他多要一些股權單位也是理所當然的事情，畢竟一單位的史崔頓新股比黃金還貴重，你只要算一算就知道了。一單位由一股普通股和甲乙兩種權證構成，每一單位權證，都讓你有權以略高於成交價的價位額外增購一股，在這種情況下，如果承銷價是四美元一股，權證甲的執行價格就是四．五美元，權證乙的執行價格則為五美元；股價上漲時，權證的價值也會跟著上漲，因此其中的財務槓桿很驚人。

史崔頓推動上市的新股通常包含二百萬單位，每單位承銷價為四美元，看起來並沒有多驚人，但是史崔頓的年輕營業員可以塞滿一個美式足球場，每個人都笑著撥電話，勾起大家極為濃厚的興趣，因此需求遠遠超過供應，新股一開始交易，就會飛漲到二十美元以上。因此，撥給客戶一萬單位的大筆股權，就跟送他六位數的禮物差不多，難怪客戶都希望進場。通常來說，如果客戶用承銷價拿到股權，在股票公開交易後，都還會再買進十倍的股票。

「沒問題，」我低聲說：「你會有另外一萬單位，因為我愛你，也知道你很忠心，不過你趕快去減肥，免得心臟病發。」

豪威笑得可開心了，高興的說：「我崇拜你，小貝，我崇拜你！」他盡最大的力量彎腰鞠躬。「你是華爾街之王、華爾街之狼、你是一切的化身！你說的話我都——」

我打斷他的話，「滾出去吧，豪威，注意別讓你那個部門的小夥子噓梅登，或是向他丟東西，我是說真的，好嗎？」

豪威開始小步後退，兩手伸在前面不斷打躬作揖，就像晉見國王之後退出王宮一樣。

我心想，真是個死胖子，但我也心知肚明，他是非常高明的業務員，像絲一樣圓滑，是我最早的員工之一，才十九歲就來當我的手下，第一年賺了二十五萬美元，今年大概會賺到一百五十萬美元，不過他還是跟爸爸媽媽住在一起。

這時麥克風傳出響聲：「噢，各位，對不起，如果你還不認識我，我叫梅登，是——」

他的第一句話還沒有說完，史崔頓的營業員就印上了他：

「我們都知道你是誰！」

「爛棒球帽很棒嗎？」

「時間就是金錢！有屁快放！」

接著，大家一陣鼓噪，噓聲、口哨聲、怪叫聲和歡呼聲此起彼落，好一會才慢慢平靜下來。

梅登看看我，嘴巴微微張開，棕色的眼睛圓睜；我伸出雙手，手掌向著他，上下揮動了幾次，意思是說：「安下心來，別緊張！」

梅登點點頭，深深的吸了一口氣。「我想先告訴你們一點我自己的事情，和我在製鞋業的背景，再討論一下我為自己的公司前途規劃的光明計畫。我十六歲時，先在一家鞋店工作，負責擦儲藏室的地板。當我的朋友們都在市區裡追女孩子的時候，我卻在學習跟女鞋有關的事情，就像邦迪，屁股上擦著一支鞋拔子——」

有人打岔說：「麥克風離你的嘴巴太遠了，我們聽不到你說什麼！把麥克風移近一點。」

梅登動了一下麥克風。「噢，對不起。呃，我是說，從我有記憶開始，我就在製鞋業中工作了，我的第一個工作，是在賽達赫斯特一家叫做吉多的小鞋店裡，先在儲藏室裡工作，然後變成業務員。當時——噢——當時——我還是個小孩就愛上了女鞋。你們都知道，我可以誠實的說……」

就這樣，他開始十分詳細的說明他從十幾歲起就已經愛上女鞋，而到了某一個時間，他忘了是什麼時候，他迷上了女鞋設計的無限可能，包括不同形態的鞋跟、鞋帶、鞋舌和扣環，他可以運用各式各樣不同的布料，黏上各種裝飾……；然後，他開始解釋他有多喜歡用手指慢慢滑過鞋背，撫摸一隻鞋子。

這時，我偷看了一下交易廳裡的人，有些員工的臉上已經出現很困惑的表情；連通常會維持一點禮貌的業務助理，也都斜歪著頭，露出不敢相信的神色，有些人的眼睛開始亂轉。

突然之間，有人發動攻擊了：「真他媽的同性戀！」

「噁心啊，老兄！」

「你這個怪胎！說點有意思的東西！」

接著是更多的鼓噪聲、噓聲、口哨聲和怪叫聲，還有人開始用力跺腳，顯然進入了欺負主講人的第二階段。

波路西走了過來，搖著頭喃喃的說：「真是讓我難堪死了。」

我點點頭。「噢，至少他同意把我們的股票變成委託讓與的狀態，只可惜我們今天不能把文件準備好；不過，世界上的事情本來就不完美。總而言之，他不能再說這些廢話了，否則他們會把他生吞活剝。」我搖搖頭。「不過我也真是搞不懂，幾分鐘前，我要他別說這些廢話時，他好像都聽進去了。其實他的公司很優異，只需要說出事實就好了。我的意思是，他是你的朋友，你知道他的一切，但怪胎就是怪胎！」

波路西只淡淡地說：「他總是這樣，從小學起就這樣了。」

我聳聳肩說：「不管怎麼樣，我只能再給他一分鐘左右，然後我就要走上去了。」

梅登望向我們，汗水從他身上湧出來，胸口已經濕了一圈像地瓜那麼大的地方。我向他揮手，猛畫小圈圈，要他「說快點！」再用嘴形無聲地說：「談談你為公司訂的計畫！」

他點點頭。「好，我要告訴大家梅登鞋業怎麼創業，然後談談我們光明的前途！」

最後幾個字讓一些人眼睛亂轉，也有一些人搖起頭來，但是，謝天謝地，交易廳總算安靜下來。

梅登慢慢的說：「我用一千美元和一雙鞋起家，創立公司，這雙鞋叫做瑪麗羅，」——老天爺啊！——「這種鞋有點像西部人穿的木底鞋，非常漂亮——不是最好的鞋款，卻很漂亮。總而言之，我借錢做了五百雙，然後開著車子到處亂跑，推銷給願意賣這種鞋的鞋店。我要怎麼跟你們形容這種鞋子呢？我想想看……這種鞋子的鞋底很厚，前面露出腳趾，但是鞋背是……鞋背其實不很重要，重點是我設法做出了真正有鄉土味的鞋子，這就是梅登鞋業的註冊商標：我們很有鄉土味。

「總而言之，這款鞋確實打響了瑪麗羅鞋業公司的名號，這款鞋……呃，這款鞋真的很特別！」老天爺啊！真是該死的同性戀！「這款鞋遙遙領先時代——遙遙領先！」梅登忽然揮了揮手，好像是說「別管它了」，卻又立刻說：「總而言之，我告訴你們，因為這雙鞋很重要，呃，這雙鞋是用黑色漆皮做的傳統瑪麗珍鞋款的變化款，腳踝的鞋帶相當薄，重點是拇趾的地方高起來。你們的當中一定有一些女生知道我說的是什麼，對吧？我的意思是，這雙鞋真的很辣！」他停了一下，顯然希望從業務助理那裡得到一些肯定的回饋，但是沒有人理他，只有更多人搖頭。那種怪異又可怕的沉默，是龍捲風侵襲堪薩斯州小鎮前才有的那種沉默。

我從眼角看到，有一架紙飛機在交易廳上方漫無目標地飛著，至少他們還沒有直接對他丟東西！但也快了。我對波路西說：「那些老百姓開始不安了，我應該上去了嗎？」

「如果你不上去，我也會上去，這個傢伙太讓人噁心了！」

「好，我上去。」我說，向梅登筆直走過去。

我走到他身邊，伸手去抓麥克風時，他還在談瑪麗羅他媽，「這雙鞋是完美的舞會鞋，價格合理，永遠穿不壞。」

我從他手裡搶下麥克風的那一刻，他還不知道怎麼回事；我這才發現，因為沉迷自己設計鞋子的光榮史，他已經不流汗了。事實上，他現在看來十分安然自在，完全不知道大家馬上就要凌遲他。

他低聲對我說：「你幹什麼？他們愛死我了！你不用上來，我已經掌握全局！」

我瞇著眼睛低聲說：「媽的，滾開，梅登！他們馬上就要對你丟番茄了，你瞎了嗎？這些人根本不甩他媽的什麼瑪麗羅！他們只想賣你的股票賺錢。現在到波路西那裡，休息一會，免得他們衝上來，撕破你的棒球帽，拔掉你最後七根頭髮！」

梅登終於屈服，離開舞台中央，我舉起右手請大家稍安毋躁，交易廳裡馬上安靜下來，我拿著麥克風，用嘲笑的語氣說：「好了，各位，我們為梅登和他非常特別的鞋子好好鼓掌一下。剛剛聽了小瑪麗的故事，使我想拿起電話，打給我所有的客戶。因此我希望你們每一位，包括業務助理在內，為他性感的小瑪麗羅鞋子鼓掌！」我把麥克風夾在腋下，開始拍手。

就這樣，交易廳響起如雷的掌聲！每一個史崔頓人都控制不住自己，拍手、跺腳、大吼大叫、大聲歡呼。我把麥克風再度舉起來，請大家安靜，但是這次他們不聽我的，他們只想掌握這一刻。

最後，交易廳裡總算安靜下來。我說：「好了，如果你們已經忘了剛剛他說過什麼，我希望你們記住，梅登這麼傑出不是沒有原因的。換句話說，他的瘋狂當中有一種秩序。事實很簡單，他是有創意的天才，根據天才的定義，梅登一定有一點瘋狂，這點對他的形象也有必要。」

我點頭肯定自己的說法，心裡卻在想，我剛才說的這些話到底有沒有一點點道理。「但是你們聽我說，每個人都仔細聽，梅登的這種能力、這種天分，超越了能夠看出一些最熱門鞋子的趨勢，梅登真正的力量，是他實際上能夠創造趨勢，這一點，讓他有別於美國每一位鞋子設計師。」

「你們知道這有多稀罕嗎？知道要找到一個確實能夠確定流行趨勢，又能推動趨勢的人有多稀罕嗎？像梅登這樣的人，每十年才有一個！他們推動趨勢，讓自己變成家喻戶曉的人物，就像香奈兒、聖羅蘭、凡賽斯、亞曼尼、唐納凱倫或少數另外幾個人。」

我向交易廳走了幾步，像牧師一樣降低聲音，把事情說清楚。「有像梅登這樣的人在掌舵，正是這家公司會漲翻天的原因。你們記住我的話！這家公司是我們從創業以來一直在等待的公司，是能夠把我們公司提升到新境界的公司，是我們……」

我愈說愈覺得熱，一面說心裡還一面開始計算，估計我會賺到多少錢。腦海裡清楚浮現的，是二千萬美元的數字；我心想，這個估計相當正確，算法也很簡單。我們承銷的二百萬單位中，有一百萬會流入我的人頭帳戶裡，我會用五、六美元的價格，向人頭買回這些單位，放在公司的自營交易帳戶裡。然後我會動用交易廳的力量，以這次上市秀創造的龐大買盤把單位價格拉抬到二十美元，三兩下就可以鎖定一千四百萬到一千五百萬美元的帳面利潤。不過，我甚至不必把單位價格推升到二十美元；華爾街的其他券商，自然會替我拉抬。只要其他券商和交易公司知道我樂意用最高價買回這些單位，他們就會把價格拉抬到我希望的高價！我只要放出風聲，給少數幾位作手就行（我已經這樣做了）。華爾街上傳說，史崔頓會一直買到二十美元一單位，因此幸運輪已經開始轉動！真是不可思議！賺這麼多錢卻不犯什麼罪！利用人頭的確不是什麼好事，不過別人卻不可能證實你利用人頭。啊，不受限制的資本主義真好！

「就像太空船一樣，不斷上升，誰知道這檔股票會漲得多高？二十多美元還是三十多美元？即使我的猜測只有一半正確，這兩個數字都低得可笑！沒有什麼東西能夠跟這家公司上漲的動能相比。一眨眼間，這檔股票可能就漲到五十多美元，甚至漲到六十多美元！我說的還不是很久之後，而是現在，我正在說話的這個時候。」

「你們大家聽我說，梅登鞋業是整個女鞋產業中最熱門的公司，訂單多得不得了，美國每一家百貨公司，像梅西、布倫明黛、諾思壯和狄勒之類的連鎖百貨公司裡，梅登的鞋子連庫存都沒有，熱門到幾乎像飛一樣的賣掉！」

「我希望你們都了解，身為營業員，你們對自己的顧客有義務，可以說有一種受託責任，要在我說完話的那一刻就立刻用電話聯絡他們。盡你所能——即使這表示你們的眼珠子會爆出來——也要叫他們儘量多買梅登鞋業。我誠摯的希望你們了解這一點，因為如果你們不了解，那麼在這件事情結束後，你們和我之間就會有嚴重的問題。」

「你們在場的人都有義務！對你的客戶有義務！對這家公司有義務！對你自己有義務！你最好把這檔股票塞進客戶的喉嚨裡，讓他們噎住，一直到他們說『替我買二萬股』，因為你們客戶投資的每一塊錢，都會回到他們身上。」

「梅登鞋業的前途有多光明？我可以一直說下去，包括所有的基本面，新開店數字，我們怎麼用最有成本效益的方法做鞋子，做出來的鞋子又有多風行，甚至不必打廣告，大零售商就樂意付給我們權利金，以便得到我們的設計……；但是到了最後，這些都不重要，重要的是你們的所有客戶都知道這檔股票會上漲。」

我稍稍停了一下，再用緩慢一點的聲調說：「各位，聽著，我雖然很想自己來，卻不能拿起電話，把股票賣給你們的客戶。只有你們能夠拿起電話、採取行動，最後、最重要的就是採取行動。不行動的話，世界上最好的願望也頂多是願望而已。」

我深深吸了一口氣，繼續說：「現在我希望你們每一個人往下看。」我張開手臂，比著眼前的桌子。「看看你前面這個小小的黑盒子，看到了沒？這個奇妙的小小發明叫做電話，電——話。各位知道嗎？電話不會自己撥號。不錯，除非你們採取行動，電話頂多只是一塊沒有價值的塑膠，就像裝了子彈的M16步槍，卻沒有訓練有素的陸戰隊扣扳機。只有受過嚴格訓練的陸戰隊、受過訓練的殺手，才能把M16變成致命武器。說到電話，就要靠你們採取行動，靠你們這批受過嚴格訓練的史崔頓公司殺手；你們絕不接受客戶的拒絕，除非客戶同意買股票或突然掛掉，否則你們不會掛上電話。你們比誰都明白，每打一通電話都會把東西賣出去，問題只是誰賣給誰而已。你們難道不是負責把東西賣出去的人嗎？你們不是能征善戰、積極主動、勇氣十足，可以掌控談話內容、完成交易的人嗎？還是你的客戶反過來想把東西賣給你，說他現在之所以不能投資是因為時機不對，還是他要先問太太、事業夥伴、耶誕老人或牙仙子？」

我拉下臉來，轉動眼珠、搖搖頭說：「因此，你們別忘了，你們桌上的電話是致命武器，在積極主動的史崔頓員工手裡，電話是印鈔票的執照，是追求平等最重要的工具！」我停了一下，讓這句話在交易廳裡迴響，然後繼續說：「你們只要拿起電話，說出我告訴你們的話，你們就可以變成美國最有權勢的企業執行長，我不管你是哈佛畢業生，還是在無法無天的街道上長大，有了一具電話，你就可以創造無限可能。」

「那具電話等於金錢。我不管你現在有多少問題，因為每一個問題都可以用鈔票來幫忙解決；沒錯，鈔票是解決問題最好的東西，要是有人說不對、，說是廢話，事實上，我敢說這樣說的人絕對是身無分文！」我舉起手，擺出童子軍宣誓要誠實的姿態，精神十足地說：「這些人總是最先說出毫無價值的建議，總是窮光蛋，總是亂說一些荒謬的鬼話，說什麼金錢是萬惡之源，金錢會讓人腐化。我說真的！完全都是鬼話，有錢真好！你一定要有錢！」

「大家聽我說：貧窮一點也不高貴，我有錢過，也窮過，每一次缺錢時我總是希望變得有錢。如果我有錢，碰到問題時就可以坐在加長型大轎車後座、穿一套二千美元的西裝、戴二萬美元的金表來面對！你們最好相信我，以這種方式現身會讓問題容易解決得多。」

我聳聳肩，希望加強我說話的效果。「總之，這裡要是有人認為我是瘋子，或是想法跟我不同，現在就應該滾出去！沒錯，滾出我的交易廳，到麥當勞找煎漢堡的工作，因為那裡才是你該去的地方。如果麥當勞不缺人，總是還有漢堡王可去！」

「但是，在你離開坐滿贏家的交易廳前，我希望你好好看看坐在你旁邊的人，因為不久之後，你開著破爛的福特老爺車等紅燈時，現在坐你旁邊的人會開著嶄新的保時捷跑車，載著他年輕貌美的嬌妻。坐在你車上的是誰？毫無疑問的，一定是醜小娘，身上的毛三天沒刮，穿著無袖的夏威夷長裝或家居服，你們很可能載了滿滿一車廉價的日用品，正要從大賣場開回家！」

這時，我看到一位年輕員工臉上出現驚慌的表情，我直直瞪著他的眼睛，斬釘截鐵的說：「什麼？你以為我騙你嗎？你知不知道，情形只會愈來愈壞？如果你希望老得有尊嚴，如果你希望老了以後還能維持自尊，那麼你最好現在就變成有錢人。替《財星》五百大公司工作、領養老金退休的日子早就成了歷史！如果你以為社會福利制度能夠提供你安全保障，那麼你最好再想一想，以目前的通貨膨脹率來說，等他們把你丟到又髒又臭的養老院時，這些錢只夠你買紙尿褲，讓三百磅重、嘴上有毛的牙買加婦女服侍你，用吸管喂你喝湯，脾氣不好時，還會狠狠打你幾巴掌。」

因此你們聽我說，好好聽著：

「你現在的問題是信用卡帳單遲繳嗎？很好，那麼請你拿起電話，開始撥號。」

「你的房東威脅要把你趕走嗎？你的問題是這個嗎？很好，請你拿起電話，開始撥號。」

「還是你的愛情生活有問題，女朋友希望離開你，因為她認為你是輸家？很好，請你拿起電話，開始撥號！」

「我希望你能賺大錢，解決所有的問題，我希望你們正面處理自己的問題！我希望你們走出這裡時，就能立刻開始花大錢；我希望你們借更多錢，希望你們退回困境裡，讓你們別無選擇，只能追求成功，我但願失敗的結果變得很可怕，很難想像，這樣你們才會別無選擇，只能做追求成功該做的事情。」

「這就是為什麼，我會說你們要像有錢人一樣行動！行動時，你要想像自己已經是有錢人，已經發大財，那麼你就一定會變得有錢；行動時要有如你擁有無比的信心，那麼大家一定會對你有信心；行動時要好像你擁有無比的經驗，那麼大家就會聽你的建議；行動時要像你已經非常成功了，像我現在站在這裡一樣信心十足，那麼你就會成功！」

「這檔股票不到一小時就要上市了，所以你要立刻拿起電話，把客戶名單裡的號碼全部撥一遍，一個也不放過。要大膽勇猛！像鬥牛場裡的公牛一樣！像電話恐怖分子一樣！照我的話去做，相信我，幾小時後你每一位客戶都賺錢時，你會感謝我一千遍。」

說完後，我從舞台中央走下，接受上千個史崔頓員工的歡呼。他們已經拿起電話，照著我說的話，要把客戶趕盡殺絕。

9 合理否認

下午一點，主管那斯達克股市的天才開放梅登鞋業股票的交易，代碼是SHOO，意思就是鞋子，多麼好聽、多麼恰當！

他們遵循長久以來的習慣做法，把決定第一筆交易價格的榮耀保留給我。這是那斯達克一大堆差勁交易政策中的一種，這種做法極為荒謬，只是確保在那斯達克上市的每一檔新股都可以人為炒作，不管承銷商是不是我的公司。

為什麼那斯達克要創造對顧客這麼不利的競技場，是我經常在思考的事情，我的結論是，因為那斯達克是自律機構，由每一家券商會員公司擁有（事實上，史崔頓公司也是會員公司）。

基本上，那斯達克真正的目標只是表面上顯得跟顧客站在一起，實際上卻完全不是那回事。他們其實不曾努力這樣做，純粹只做些粉飾門面的事，程度則剛好足以避免上級主管機關證管會的不滿。

因此，他們沒有讓買賣雙方的自然平衡來決定第一筆交易的價格，而是把這麼寶貴的權利，保留給主辦承銷商。在梅登鞋業上市案中，我就是主辦承銷商，所以我可以不管價格多麼沒有根據、多麼任性，就決定我認為適當的任何價格。因此我決定更隨心所欲，甚至更任性，把每單位的價格定為五·五美元，讓我有非常高的機會，從人頭手中買回我的一百萬單位。我當然知道，人頭會希望抱著這些股票單位稍微久一點，但是他們別無選擇。總之，買回的做法事先已經安排好了（絕對違反主管機關的規定），人頭大約只能賺每單位一·五美元的利潤，但是他們什麼事都不用做，也不用冒險，連交易手續費都不必付；如果他們希望我的下一個案子裡繼續找他們當人頭，就最好守規矩一點，也就是閉上鳥嘴，只說聲「謝謝你，喬登！」就好。如果聯邦或州證券主管機關質疑他們，問他們為什麼這麼便宜就賣掉，他們也只要負責說謊就好了。

不管是哪一種方式，你都不能質疑我這樣做的邏輯。到下午一點三分，也就是我從人頭手中，用五．五美元一單位買回所有的股權後，整個華爾街已經把價格炒到了十八美元。這就表示，我已經掌握了一千二百五十萬美元的利潤，三分鐘賺一千二百五十萬美元！此外，我大約還會賺一百萬美元的承銷費用，幾天內，我再買回另外一部分也放在人頭手中，當初用過渡性貸款買到的股權後，還會再賺個三、四百萬。嗯，人頭的概念實在太妙了！梅登本人就是我最大的人頭，替我抱著一百二十萬股，也就是那斯達克強迫我賣掉的股份。以目前每單位十八美元的價格計算（一單位包括一股普通股和兩股認購權），實際的股價只有八美元，這點表示，梅登替我抱著的股票現在價值逼近一千萬美元！華爾街之狼再度出擊了！

接下來，就要靠我忠心耿耿的員工，把所有價格炒高後的股票賣給他們的顧客。所有這些經過炒作的股票——不只是我的員工在初次公開發行中賣給客戶的一百萬股，也包括我原來放在人頭手上，現在放在公司交易帳戶裡的一百萬股，加上幾天後我要買回來的三十萬股過渡性貸款代表的單位，以及從所有幫我把股價炒到十八美元的券商手中買回的一些股票——他們會慢慢的把手中的持股賣回給史崔頓公司，確保利潤。總而言之，今天收盤時我需要手下員工募集大約三千萬美元，光用這些錢來支付所有費用就綽綽有餘，還可以留下不少在公司的交易帳戶裡，拿來對抗虎視眈眈的空頭賣壓。對我手下追求快樂的營業員來說，三千萬美元不是問題，尤其是在今天早上我把他們的士氣提高到空前高峰的情況下，顯然更不是問題。

這時的我，站在公司交易室裡我的首席交易員桑德斯後面，一隻眼睛看著桑德斯面前的一排電腦螢幕，另一隻眼睛留意面對交易大廳的落地玻璃窗。眼前的步調絕對混亂之至，營業員像預告死亡的妖精一樣，對著電話吼叫，每隔幾秒鐘，滿頭金髮、露出乳溝的年輕業務助理就會跑到落地玻璃窗前，乳房壓著玻璃，從底下小小的窗孔遞來一堆買單，讓四位接單員中的一位接下，輸入電腦網路，呈現在桑德斯面前的自營交易電腦螢幕上，由他根據行情進行交易。

我看著桑德斯電腦螢幕上跳動的橘紅色數字，想到證管會那兩位白痴正坐在會議室裡尋找歷史記錄，想找一些不利於我的證據，我卻在他們眼前大大的搞鬼，不由得有一種異樣的快感。但是我聽得到他們說的每一個字，看起來，他們正忙著對抗冷得要死的房間。

五十多家券商都在瘋狂搶購，不過他們有一個共同的目標，就是一心一意要在收盤前，用最高的價格把所有的股票通通賣還給史崔頓。也就因為其他券商都在搶購，證管會怎麼也不能指控我把股價炒到十八美元。事情很簡單：如果我只是炒作股票的券商之一，我怎麼可能有錯？事實上，我還一路站在賣方，賣給其他券商夠多的股票，讓他們將來可以繼續炒作我推動上市的新股，卻又不會炒得太高，以免交易結束、我必須買回股票時，變成我的重大負擔。我們必須小心取得平衡，但是事實很簡單，在其他券商把梅登鞋業的股票炒高後，我就可以名正言順否認證管會的指控。一個月後，證管會就會發出傳票，調閱我的交易記錄，但當他們重建最初幾小時的交易狀況時，卻只會看到全美各地的券商炒高梅登鞋業股價，如此而已。

離開交易室前，我對桑德斯發出最後一個指令：無論如何都不能讓價格跌破十八美元。總而言之，華爾街的其他券商好心替我炒作我的股票後，我不能讓他們上當吃虧。

10 邪惡老中

到了下午四點，梅登鞋業已經創造了不少紀錄。收盤時，梅登鞋業是當天美國交易最熱絡的股票，消息透過道瓊社的電訊傳播到全世界，讓每一個人都看得到。全世界！真是膽大妄為！真是大膽之至！

沒錯，史崔頓就是有這種力量。事實上，史崔頓就是這種力量的化身；身為史崔頓的老闆，我也跟這種力量合而為一，坐在成功的頂峰上。我覺得心裡一陣激動，五臟六腑都跟著激動起來。當天梅登鞋業的成交量超過八百萬股，收盤價略低於十九美元，一天之內上漲了將近三〇〇％，變成那斯達克股市、紐約證券交易所、美國證券交易所和世界上任何其他股市漲幅最大的股票。沒錯，是全世界股市，從北方天寒地凍的挪威奧斯陸證券交易所，一直到地球下邊、袋鼠樂園的澳洲雪梨證券交易所。

我站在交易廳裡，輕鬆地靠著我辦公室裡的落地玻璃窗，兩手抱胸；偉大的戰士作戰結束後，都是這種姿勢。交易廳驚人的吼聲仍然很巨大，但是味道不同了，沒有那麼急迫，變得比較低調。

差不多是慶祝的時候了。我把右手伸進褲袋裡，快速的檢查一下，確定六顆白板沒有掉出去，也沒有化成青煙。白板有時候會消失，不過通常都是你的「朋友」把你拿走，或是你精神恍惚到自己吃了下去卻不記得。這種情形，是吃白板駭到第四階段——非常危險的失憶階段——的徵象。第一階段是麻癢階段，接著是模糊階段，然後是胡言亂語階段，最後當然就是失憶階段。

總而言之，毒品之神對我很仁慈，白板沒有消失，我用指尖撥弄了一會兒白板，感覺到一種不理性的快感，然後才開始盤算吃白板適當的時間。我想四點半左右比較好，離現在還有二十五分鐘，這樣我就有十五分鐘的時間主持下午的會議，也還有足夠的時間觀賞今天下午的墮落劇場——把一個女孩的頭髮剃光光。

有一位年輕的業務助理因為缺錢，同意穿上巴西式的比基尼，坐在交易廳前面的木頭圓凳上，讓我們把她的頭剃光光。她有一頭閃閃發亮、十分漂亮的金髮，也有一對最近才「加大」到D罩杯的豪乳。她的獎金應該是一萬美元現金，讓她可以償還用一二%利率借來的隆乳費用，因此對每一個人來說，這種情形都是雙贏——六個月內，她的頭髮就會長回來，D罩杯豪乳也不會負債。

這讓我忍不住又想起波路西要找侏儒到辦公室來的事。這樣做到底有什麼不好的地方？乍聽之下似乎有點怪異，但是我現在既沒有時間好好考慮，看起來這樣做也應該不是太糟糕。

事實上，這件事的重點是：把一個侏儒來丟來丟去，其實只是偉大戰士的另一種權利，也可以說是戰利品。否則的話，如果不能實現青少年時期的幻想——不管是多麼怪異的幻想——那麼還有什麼別的方法，可以衡量一個人是否成功？這樣做的確有道理。如果少年得志會導致有問題的行為，那麼，穩重的年輕人就應該把每一種不適當的行為列入「道德資產負債表」的負債欄裡，等到將來年紀比較大、比較聰明和比較平靜時，再用仁慈或慷慨的行為沖銷負債。

但從另一個角度來看，我們也可能只是墮落的瘋子，屬於完全失去控制、自以為是的社會。史崔頓的員工之所以能欣欣向榮，靠的就是墮落的行為；我真正的意思是，我們需要這種行為才能繼續生存下去！

因此，主控權力的我一旦清除對基本墮落行為的疑慮，覺得確有必要，就該讓史崔頓的員工組成非正式的隊伍，由波路西擔任驕傲的領隊，大家一起填補這種空虛。這個隊伍的所作所為，要像扭曲版的聖堂武士；傳說中，聖堂武士始終持續不懈地尋找聖杯，但是史崔頓公司的武士和聖堂武士不同，要把時間花在世界各地，尋找愈來愈墮落的行為，好讓其他同事能夠繼續行動。我們跟吸食海洛因上癮的人不同，也跟類似的俗人不同，我們完全是吸食腎上腺素上癮，需要愈來愈高的懸崖好向下俯衝，需要愈來愈淺的水池讓我們一躍而下。

這種過程從一九八九年十月正式展開，當時二十一歲、史崔頓公司最初八位員工之一的賈雷塔，為這棟建築物的玻璃電梯舉行啟用儀式，儀式是由一位十七歲的業務助理在電梯裡先幫他快速吹簫，再讓他從後面更快進入這位業務助理肉感的腰部。總之，她是史崔頓的第一位業務助理，也是金髮美女，非常喜歡濫交。

起初我很震驚，甚至考慮要開除賈雷塔。但是這位年輕小姐卻證明自己確實具有團隊精神，在一星期內就替史崔頓所有八位男員工吹簫，大部分都是在玻璃電梯裡吹，只有我是在我的辦公桌底下。而且她的吹簫技術很奇特，已在史崔頓員工當中蔚為傳奇，我們稱之為吹拉扭——雙手並用，舌頭快速旋轉。大約一個月後，波路西只稍稍鼓動就說服我，如果我們兩個同時搞她一定會很棒，因此在某一個星期六下午，我們便趁著太太上街購買耶誕節女裝時上了她。諷刺的是，在她不知道跟多少史崔頓人上過床的三年後，她竟然跟其中一位男士結婚了。她丈夫是史崔頓最初八位男性員工中的一個，看過她搞過無數次卻不在乎，或許是迷上了她吹拉扭的功夫吧！無論如何，他來上班時才只有十六歲，為了加入史崔頓公司從高中輟學，希望享受人生。但是婚後不久他就得了憂鬱症，然後自殺，是史崔頓員工中第一個自殺的人，卻不是最後一個。

在交易廳裡，大家認為正常行為代表沒有品味，不是要掃大家的興，就是要破壞別人的樂趣，不過，墮落難道不是相對的觀念嗎？羅馬人從來不認為自己是墮落的瘋子，對吧？事實上，我敢打賭，他們看著比較不幸的奴隸喪身獅口，看著比較幸運的奴隸喂他們吃葡萄時，一定都覺得很正常。

這時，我看到笨蛋葛林向我走來，嘴巴張開，眉毛高聳，下巴微微抬起，一副等了半輩子只為了問一個問題的熱切表情。因為來的人是笨蛋，我一點也不懷疑他的問題要不是笨到極點，就是毫無價值。總之，我也抬起下巴跟他打招呼，看了他一下子。雖然他是長島最笨的人，其實人長得相當好看；臉孔像小男孩一樣圓潤，體格相當標準，身高和體重都很適中，就他媽媽驚人的體格來說，這很讓人驚訝。

他媽媽葛林太太是高大的女性。

身上沒有一個地方不大。

從頭到腳都很大，滿頭鳳梨黃的金髮蓋著寬闊的頭顱，厚度足足有六吋，穿十二號女鞋的大腳上長著厚厚的老繭，脖子像加州紅木一樣長，肩膀像美式足球後衛一樣寬，心肝也很大，上面卻沒有一絲肥油，就像俄羅斯舉重選手一樣，雙手好比巨靈掌。

她上次真正大發雷霆，是在大聯邦長島大賣場排隊結帳時，一位長著典型猶太人大鼻子、不知死活的女結帳員犯了嚴重錯誤，說她買的東西超過了快速結帳台的最高限制，而且還說得理直氣壯。她的反應是轉向這位結帳員，全力揮出右勾拳，而且在這位結帳員還昏迷不醒的時候，就已經鎮定結帳，快速離開，心跳一直都沒有超過每分鐘七十二次。

因此，你根本不必花什麼頭腦，就可以想出為什麼笨蛋葛林只比波路西略為正常一點。不過，葛林的蠢笨卻情有可原，在他才十二歲時，他的父親就因為癌症病逝，生前經營的香菸分銷業務管理十分不善，去世後，她媽媽才知道欠了幾十萬美元的稅，發現自己陷入絕望的狀態，成為財務瀕臨崩潰的單親媽媽。

她怎麼辦，一倒了之嗎？申請社會福利嗎？哼，門都沒有！她憑著強烈的母性直覺，要兒子從事不見天日又容易受到攻擊的香菸走私業務，教他少有人知的技巧，重新包裝一箱又一箱的萬寶路香菸和好彩香菸，貼上偽造的完稅憑證，再從紐約走私到紐澤西州，賺取兩地之間的價差。母子倆福星高照，走私計畫十分成功，經濟狀況也因此轉危為安。

但那才只是開始而已，葛林十五歲時，媽媽發現他和朋友開始吸另一種菸，也就是大麻菸。她有沒有勃然大怒呢？一點也沒有！而是毫不遲疑地支持正在發育的笨蛋經銷大麻，提供他資金、鼓勵和安全的避風港，讓他全力推展業務，當然也提供她特別擅長的保護。

葛林的朋友都聽過她的故事，當然都很清楚葛林太太的厲害，但是她從來沒有下流到需要動用暴力。我的意思是，一個十六歲的小孩怎麼也不會希望，某天會有個二百五十磅重的猶太人媽媽上門，向他們的父母索討毒品的債務——更別說，她一定會穿著紫色的化纖褲裝、十二號的紫色便鞋，戴著像輪圈蓋一樣大的粉紅色塑膠框眼鏡？

就算這樣，葛林太太也還只在熱身階段。總之，不管你喜歡或討厭大麻，你都必須看得起大麻，因為大麻是市場上最可靠的入門毒品，尤其是青少年，因此葛林和媽媽很快就了解，長島青少年毒品市場中，還有其他需要填補的經濟真空地帶。事實是，古柯鹼的利潤率實在太高了，高到像葛林太太和笨蛋這樣衷心擁護資本主義的人都難以抗拒。不過這次他們找了另一位合夥人，也就是笨蛋小時候的朋友王維特。

王維特這人很有意思，因為他是世界上長得最魁梧的華人，腦袋瓜像大貓熊一樣大，胸膛像萬里長城一樣寬，卻長著一對瞇瞇眼。事實上，他就像〇〇七電影《金手指》中的職業殺手歐哲一樣，善於飛花摘葉、取人性命，也像歐哲一樣，可以在兩百步外飛出藏著鋼邊的圓頂禮帽，把你的頭砍下來。

維特在傑利科與修賽特兩個小城市長大，都是長島最殘忍無情猶太人聚居的城市，因此維特雖然是華人，骨子裡卻和猶太人一摸一樣。我開的史崔頓公司最初一百位員工中，大部分人都出身這兩個中上階層猶太人社區，過去也大多向葛林和維特買過毒品。

維特像長島其他藐視教育、卻志向遠大的青年一樣，也是我的員工，卻不在史崔頓公司服務；他擔任公開上市公司朱迪凱特公司的執行長，這家公司是我的關係企業，設在史崔頓樓下，距離眾多那斯達克級娼妓聚集的地方只有幾十步遠。朱迪凱特經營「另類」糾紛解決業務，這種業務名義上好聽，實際上是利用退休法官，在保險公司和原告律師之間仲裁民事糾紛。

這家公司，到現在損益都還沒辦法平衡，是另一個帳面上非常好看、實際情況卻大相逕庭的典型企業，華爾街上有很多這種概念公司。令人難過的是，我手下一位從事所謂小企業創投基金業務的人，似乎把所有的這種公司都找到了。

朱迪凱特公司的緩步衰頹雖然不是維特的錯，卻成為他真正的痛腳。這家公司的事業基本上就有問題，沒有人能夠經營成功，或者至少不能經營到多成功。但是維特是華人，像大部分的華人一樣，如果能夠在丟臉或「把卵蛋割下來、吃下去」之間選擇，他都會高興地拿出剪刀，自己動手。但是這樣做不是解決之道，維特事實上已經丟光了臉，變成不解決不行的問題，笨蛋不斷為維特的事情懇求我，已經變成我揮之不去的麻煩。

因此，我聽到笨蛋開口說「今天晚一點的時候，我們能不能跟維特談談，想辦法把問題解決」時，我一點也不訝異。

我裝作不知道，回答說：「解決什麼？」

「少來了，」他說：「我們需要跟維特談一談怎麼拓展他們公司的業務，他希望得到你的幫忙。為了這件事，他已經快把我逼瘋了！」

「他要我幫忙還是要我的錢？是哪一個？」

「兩個都要，」笨蛋說。想想不大對，又補充說：「都需要。」

「嗯，」我用毫不在乎的聲音回答說：「要是我不給他，會怎麼樣？」

笨蛋笨笨的長嘆了一口氣。「你對維特有什麼不滿？他向你宣誓效忠一千次以上了，現在，他還會在我們三個人之前，再一次向你宣誓效忠。我要告訴你，除了你之外，維特是我認識的人當中最精明的，我敢發誓，我們可以靠他賺大錢！他已經找到一家經紀商，幾乎可以不花一文錢，就可以買下來，這家公司叫做杜克證券，我認為你應該給他錢，他只需要五十萬美元而已。」

我不高興的搖搖頭，「葛林，等到你真正需要時再來求我。總之，現在不是討論杜克證券前途的時候，我認為這件事還比較重要一點，對吧？」我比了比交易廳前方，一群業務助理正在那裡架設臨時理髮廳。

葛林側著頭，看著理髮廳，一臉茫然卻沒有說話。

我深深的吸了一口氣，再慢慢吐出來。「你聽我說，維特有一些事情讓我困擾，這件事對你應該不是新聞——除非過去五年來，你都把頭埋在屁股裡！」我哈哈笑了起來，「葛林，你似乎還不了解，真的不了解，看不出維特的所有計畫只是會把自己搞死。他為了挽回面子所做的一切傻事——我發誓，我沒有時間，也不打算去處理！」

「總之，你好好記住我的話：維特絕對不會忠心耿耿，不管是對你、對我、還是對他自己，永遠都不會忠心耿耿。他為了洩憤，為了贏得想像中『沒有敵人、敵人就是我自己』的戰爭，反而會害了他自己。你懂了嗎？」我嘿嘿嘿的笑了出來，笑聲中帶著懷疑。

我停了一下，改用比較柔和的聲音說：「總之，你好好的聽我說：你知道我多麼愛你，也知道我多麼尊敬你。」說完最後這句話時，我不得不停頓一會，壓下發笑的衝動。「因為這兩點，我會跟維特坐下來討論，設法安慰他。但是我這樣做不是因為他媽的王維特，我討厭他。我這樣做是因為你、葛林。換句話說，他根本還不能放棄朱迪凱特公司，一走了之，至少現在不能，在我做完該做的事情之前，我要靠你確保他繼續做下去。」

笨蛋葛林點點頭，高興的說：「沒有問題，維特會聽我的話，我的意思是說，要是你知道如何……」葛林開始說一些沒有意義的傻話，所以我立刻把頭轉開。事實上，我可以從他眼睛裡的神色，看出他根本沒有聽懂我的話。事實上，我如果讓朱迪凱特公司倒閉，損失最多的人是我，不是維特；我才是最大的股東，擁有三百多萬股，維特只持有認股權，以目前二美元的股價來說，他的認股權毫無價值。身為大股東的我持股價值看來是六百萬美元，不過二美元的股價會造成誤導，因為公司的表現太差，如果你真的要把股票賣光，一定會把股價摜壓到剩下幾十美分。

除非你像我一樣，手下有一大堆賣股票的好手。

這種脫身方法只有一個問題——我的持股目前還不能出售。我是根據證管會一四四號規則，直接向朱迪凱特公司買進股票的，那就表示我必須持有兩年才能合法轉售，現在離兩年期限只剩一個月，因此我只需要維特再繼續維持經營一陣子。這件事看來簡單，實際上卻比我想像的難多了，公司像摔倒在玫瑰樹叢裡的血友病患一樣失血，現金不斷流失。

事實上，維特的認股權現在一文不值，他唯一的酬勞是十萬美元年薪，跟他在樓上同事賺的錢相比，這種年薪少得可憐。他跟葛林不同，不是傻瓜，很清楚只要我能夠合法賣掉股票，我就會立刻動用交易廳的力量拋售持股，他也知道，我的持股一旦賣掉後，他就變得什麼都不是，只會是一家毫無價值的公開上市公司董事長。

他從國中開始就把葛林當傀儡一樣利用，最近則利用葛林向我暗示他的憂慮，我曾經不只一次對他解釋說，我無意把他甩掉，無論如何我都會讓他賺大錢，即使只是讓他當我的人頭，我也會讓他賺錢。

但是這位邪惡老中不肯相信我的話，即使相信，每次也只相信幾小時，就像我的話是耳邊風一樣。事情很簡單，他是個有妄想症的王八蛋，在殘忍無情的猶太人社區長大，長得十分魁梧，因此他有很嚴重的自卑感。他現在痛恨所有殘忍無情的猶太人，尤其痛恨我這位最殘忍的猶太人，到現在為止，我的智謀、手段都勝過他。

事實上，維特就是因為自尊自大，當初才沒有成為史崔頓人，後來他之所以選擇朱迪凱特公司，不但是他打入內部人圈子的方法，也是他挽回面子，補救一九八八年時沒有跟其他朋友一起做出正確決定，向我宣誓效忠，成為第一批史崔頓人的方法。他心裡一定以為，朱迪凱特只是轉車的小站，讓他可以迂迴加入等車的隊伍，希望總有那麼一天，我會拍著他的肩膀說：「維特，我希望你開自己的證券號子，這些錢和人你拿去用。」

每一個史崔頓人都夢想著這件事，所以每次開會時我都會提起這件事——只要你繼續努力工作，繼續對我忠心耿耿，總有一天，我會拍拍你的肩膀，讓你創業。

然後你就會大發特發。

到目前為止，我只提拔了兩個人，一個是我認識最久、最信任的朋友李普斯基，他現在擁有門羅公園證券公司，第二位是另一位長期好友羅文斯坦，他現在掌管畢爾摩證券公司。羅文斯坦是當年跟我一起賣冰的合夥人，每到夏天，我們兩個就會到當地的海灘，在一張毯子、一張毯子之間前進，兜售義大利式冰棒，賺一些錢。我們會背著四十磅重的隔熱箱子，努力叫賣，碰到警察追逐我們時，就趕緊逃走，我們的朋友不是遊手好閒，就是做低下的工作，每小時賺三塊半美元，我們卻可以一天賺進四百美元。每年夏天，我們兩個都能各自存下二萬美元，可以在冬天拿來繳交大學學費，完成大學教育。

總之，畢爾摩和門羅公園兩家公司的業績都非常好，一年賺幾千萬美元，他們每年也都暗中塞給我五百萬美元的權利金，感謝我協助他們創業。

五百萬美元是不少錢沒錯，但事實上，這筆錢跟我協助他們創業沒有什麼關係，他們拿錢給我，純粹是出於忠心耿耿和尊敬。最重要的是，把我們緊緊拉在一起的是他們認為自己是史崔頓人，我也是這樣想。

葛林還在哇啦啦說著維特會多麼的忠誠，我卻知道不是這回事。維特內心深處討厭所有的殘忍猶太人，怎麼可能對號稱華爾街之狼的我一直忠心耿耿？這個人心懷怨恨，看不起每一個史崔頓人。

事情很清楚，我沒有什麼支持邪惡維特的好理由，但這件事帶來了另一個問題：我也沒有什麼能夠阻止他的好辦法，只剩下一個拖字訣，但如果我拖得太久，就有讓他不理我、不用我幫助就自行創業的危險，這一來，就會為其他的史崔頓人立下危險的前例，要是他還創業成功，會讓我更頭大。

這種情形讓我不舒服，也很有諷刺意味，我知道，我的力量只不過是思考，如果我不再能搶先別人想出前十步，我的力量很快就會消失。我別無選擇，只能費盡心力，做出每個決定，解讀每一個人動機中無數的細節。我覺得自己像是怪異的賽局理論家，每天的大部分時間都在思考，考慮所有的步驟、反擊和結果，非常耗費精神、耗費我的生命，過了五年這種日子後，我似乎已經打了敗仗。事實上，現在的我只有在服了毒品，好像風箏一樣飛得很高，或是進入性感女王性感的身體裡面時，心神才能安寧。

然而，我不能忽視邪惡的維特。要創設一家證券號子，最低資本額可能需要五十萬美元之多，但跟公司最初幾個月可以賺到的錢相比，這點錢根本不算什麼，如果笨蛋葛林願意，他會替維特出錢，雖然這樣就等於公開向我宣戰，然而即便如此，我也很難證明這一點。

事實上，維特之所以不敢放手前進，唯一的原因是他沒有信心，也就是他根本不願意拿他高傲的自尊和小小的卵蛋去冒險。他希望能夠得到保證、指引和精神上的支持，幫他對抗空頭，最重要的是，他希望拿到華爾街上最熱門、由史崔頓承銷的大筆新股。

在他想出自己的路子之前，這一切他都需要。

然後他就什麼都不需要了。

我判斷，只要大概過個六個月，他就會轉頭對付我，把我給他的所有股票賣回來，讓史崔頓人被迫買進，增加不必要的壓力。最後，他的賣壓還會殺低股價，造成顧客不滿，最重要的是，會使整個交易廳的史崔頓人不高興。然後他會利用史崔頓人的不滿，設法挖走我的員工。他挖角時會提出虛幻的承諾，說在杜克證券工作比較好，沒錯，我知道小券商比較靈活，我會很難對抗這種攻擊；我的公司像巨人一樣步履蹣跚，外圍尤其脆弱。

因此我的對策是從優勢地位對付維特，我的公司很大，雖然外圍容易受到攻擊，核心卻像鐵釘一樣堅強。因此我要從核心出擊，同意支持維特，引誘他產生錯誤的安全感，然後在他最意想不到的時候，再以極為猛烈的力量對他發動第一擊，讓他變得一無所有。

最重要的事情要先辦，我打算要求維特等待三個月，讓我有足夠的時間出脫手中的朱迪凱特股票。維特會了解這一點，毫不懷疑，同時我會找來笨蛋葛林，要他略為讓步，畢竟他是史崔頓的大股東，持有二〇%的股權，妨礙了其他希望分一杯羹的史崔頓人。

我幫助維特創業後，會讓他的事業變得相當賺錢，卻又不會賺太多錢。然後我會建議他，用非常難以看出風險的方式進行交易，這種方式只有最高明的交易員才能識破，維特一定看不出來。我要利用他高傲的華人自尊，建議他在自己的交易帳戶中維持龐大的部位，然後在他最意想不到、最脆弱的時刻，對他發動全力攻擊，讓他立刻倒閉。我會從他聽都沒有聽過的地方，用他聽都沒有聽過的人頭拋售股票，他絕對無法從這些人頭查到我身上，也一定會摸不著頭腦。我會發動超級快速、猛烈的連續拋售，在他還搞不清楚狀況前就讓他倒閉，然後永遠擺脫他。

在這種過程中，笨蛋葛林當然會虧損一些錢，但是最後他還是有錢人，我會把這些虧損當成附帶損失。

所以我對笨蛋笑著說：「就像我說的一樣，我願意跟維特見面，完全是出於對你的尊敬，但是我要到下週才能跟他見面。我們就在大西洋城見面好了，我要去那裡跟人頭戶結帳，我想，維特會去吧？」

笨蛋點點頭說：「你要他去哪裡，他都會去。」

我點點頭。「見面之前，你最好讓維特了解，在我沒有做好完全準備前，我不會因為受到壓力就這樣做，也就是說，我要在出脫朱迪凱特之後才會幫他忙，你懂嗎？」

他驕傲的點點頭說：「只要他知道你支持他，你要他等多久，他都會等。」

只要我支持他？笨蛋多笨啊！到底是我胡思亂想，還是他再度證明了自己有多麼無知？他這麼說，更證實了我已經知道的事情——維特的忠心是有條件的。

今天的笨蛋還是忠心耿耿，徹頭徹尾都是史崔頓人，但是沒有一個人能夠長期服侍兩個老闆，當然更不可能永遠服侍兩個老闆。邪惡的維特就是他的另一個老闆，守在一旁等著利用笨蛋的笨頭笨腦，從我的小股合夥人笨蛋身上開始，在我的員工中種下不滿的種子。

戰爭的陰影正在醞釀，現在還遠在天邊，但沒過多久就會來到我門前。這場戰爭，我一定會贏。

11 人頭國度

一九九三年八月（四個月前）

媽的，我在什麼地方？

我一醒來，最先就想到這個問題。毫無疑問的，吵醒我的是機輪從珍寶型客機龐大機腹降下來的吱吱聲。我慢慢恢復意識，看著前座椅背上的紅藍標誌，想搞清楚這一切。

這架飛機，顯然是波音七四七；我坐在頭等艙靠窗的二A座位上，眼睛雖然已經睜開，下巴卻還半睡半醒、垂在胸前，腦袋瓜好像被人下了藥，沉重得要命。

是宿醉嗎？是白板造成的影響嗎？沒有道理啊！昏昏沉沉中，我伸長脖子從左邊小小的橢圓形機窗望出去，希望搞清楚方向。太陽剛剛爬上地平線，是早晨！這點很重要。我的精神恢復了，側過頭往窗外看，發現連綿不斷的青山當中有個閃閃發亮的小城市，一座新月形狀的藍綠色大湖，還有一道噴發直上幾百呎高空的巨大水柱，真是壯觀！

但是……且慢，我為什麼會坐在民航機上？民航機太俗氣了！我的灣流型私家飛機哪裡去了？我睡了多久？吃了多少顆白板？不對，我吃了多少顆雷斯多力安眠藥？

腦海裡，緊跟著湧起一股絕望的感覺。我沒有理會醫師的警告，混著吃雷斯多力和白板兩種互相衝突的安眠藥，這兩種藥分開吃時效果都可以預測，大約各讓人安睡六到八小時，混著吃的結果是——到底會有什麼結果？

我深吸一口氣，努力忘掉不好的事情，然後忽然想起來，這架飛機正準備在瑞士降落，一切都會變得很好！瑞士是友善、中立、充滿瑞士風格的國家！可口的牛奶巧克力、下台的獨裁者、精美的手表、納粹藏在這裡的黃金、用數字代替名字的銀行帳戶、洗錢、銀行保密法、瑞士法郎、瑞士白板，一切都是瑞士特有的東西。多麼漂亮的小國！從空中看下去多麼壯麗！沒有摩天大樓，只有幾千、幾萬座小房子點綴著鄉間，好像童話故事書上的插畫，還有，那座噴泉真是讓人難以置信！這就是瑞士！他們甚至有瑞士品牌的白板，如果我沒有記錯，應該叫做美沙西迪，我立刻提醒自己，要跟旅館櫃檯職員打聽這種藥。

總之，雖然瑞士有一半法國佬、一半德國佬，你還是會愛上瑞士，這是好幾個世紀的戰爭和政治陰謀造成的結果。實際上，這個國家分成兩個：日內瓦是法國佬的中心，大家只說法文；蘇黎世是德國佬的中心，大家只說德文。

從我這個小小猶太人的觀點來看，要做生意應該在法國佬聚居的日內瓦做。日內瓦跟德國佬聚居的蘇黎世很不一樣，蘇黎世人閒著沒事就扯著嗓門說難聽的德文，痛飲溫啤酒，吃維也納炸牛排，吃到肚子鼓脹起來，像剛剛分娩完的母袋鼠一樣。而且你不用花什麼腦筋，就知道他們當中還有很多納粹王八蛋，靠著用毒氣毒死我的祖先時、從他們口中拔下來的金牙過日子！

總之，在說法文的日內瓦做生意還有額外的好處，就是那裡的女性。真的！蘇黎世的一般德裔女性都長得虎背熊腰，壯得像美式足球員似的。漫步在日內瓦街頭，提著購物袋、帶著小狗的一般法裔女性卻都苗條豔麗，只是沒剃腋毛。想到這裡，我忍不住笑了起來，畢竟我的目的地正是日內瓦。

我把頭從窗口轉回來，往右邊看。波路西還在睡，嘴巴張得老大，足以讓蒼蠅飛進去，嘴巴裡的大白牙在晨曦中閃閃發亮。左手腕上那隻厚厚的勞力士金表，上面的鑽石多到可以推動工業用雷射機；黃金閃閃發光，鑽石閃爍不定，嘴裡的白牙卻比超級新星還亮，一點都不搭調。他戴著可笑的牛角鏡框眼鏡，配上沒有度數的鏡片，就連搭乘國際線班機時，都沒忘記自己還是那個一心想變成白人的猶太後裔，真是讓人難以相信！

坐在他右邊的，是安排這次旅行的柯明斯基。他是公開上市公司美元時代集團的財務長，自封為瑞士銀行業專家，我則是那家公司的最大股東。柯明斯基和波路西一樣，也在睡覺，頭戴可笑的花白色假髮，鬢角卻黑得發亮，完全不搭，顯然是出自染髮師的另類幽默感。出於病態的好奇心和習慣，我認真研究了一下他難看的假髮，如果要我猜，我想很可能是史柏林男士美髮俱樂部的特價品。

就在這個時候，空中小姐走了過來，噢，是瑞士小辣妹傅蘭佳！看看她那個得意洋洋的樣子！她長得明豔照人，金髮垂落在乳白色高領襯衫上的樣子尤其性感，卻是極為低調的性感！左胸上的金色機翼別針，也很有增添性感的作用。空中小姐都是美女，這位更是美女中的美女！她走過我身旁的走道時，紅色窄裙和黑色絲襪發出的悉悉索索聲穿透飛機放下機輪的聲音和其他噪音，好聽極了！

事實上，我醒來前記得的最後一件事，就是我們還在紐約甘迺迪機場時我跟傅蘭佳聊得很愉快。她喜歡我，或許我還有機會有個美妙的今夜。美麗的瑞士！傅蘭佳和我！在這個祕密至上的國度裡，我怎麼可能被人抓到呢？我開心地笑著用大得足以穿透飛機引擎巨響的聲音說：「傅蘭佳，小美女！過來，我可以跟你談談嗎？」

傅蘭佳轉身站定，雙手環抱在胸前，肩膀往後縮，背部微微拱起，翹起臀部，一副對我很不屑的樣子，就連看著我的那個眼神也是！瞇起眼睛，皺著鼻子，咬牙切齒，絕對是惡毒之至的表情！

這倒讓我意想不到，為什麼——

我還沒有想清楚，可愛的傅蘭佳就轉身走開了。

瑞士人的待客之道哪裡去了？不是說，每一個瑞士女性都是蕩婦嗎——還是瑞典女性？嗯，對了，我想起來了，別人說的是「瑞典女性都是蕩婦」。然而，就算是這樣，傅蘭佳也不應該不理我！我是花錢買票搭瑞士航空的顧客，我要大聲抗議：我的機票一定花了不少錢，但是我得到什麼回報？比較寬的位置和比較好吃的東西嗎？我卻睡著了，錯過了媽的這一餐！

突然間，我覺得尿急到難以控制，但抬頭一看繫緊安全帶的燈號，媽的！已經亮了起來，我卻忍不住了。我的膀胱特別小，讓我太太抓狂也就罷了，而且剛剛一定足足睡了有七小時。管他的！如果我站起來，他們能夠怎麼樣？為了我要上廁所逮捕我嗎？但我試著要起身時，卻站不起來。

我低下頭，看到的竟不是一條安全帶，天啊！我身上有四條安全帶——有人把我綁起來了！啊……有人跟我開玩笑！我轉頭對著右邊大吼：「波路西，起來，幫我解開，你這個蠢蛋！」

他沒有反應，只是坐在那裡，頭往後仰，嘴巴張開，口水在晨曦中閃閃發亮。

我只好用更大的聲音叫他：「起來，波路西！他媽的！起來啊，波路西！你這個王八蛋，過來幫我解開！」

他還是沒有反應。我深深的吸了一口氣，慢慢的把頭往後靠，然後出力往前衝，拿頭去撞他的肩膀。片刻之後，波路西終於睜開眼睛，閉起嘴巴，卻搖搖頭，從沒有度數的可笑眼鏡後面看著我。「怎麼回事？你怎麼啦？」

「你說什麼——我怎麼啦？解開我，你這個笨蛋，不然我就要把這副爛眼鏡從你的笨頭上扯下來！」

他微微一笑說：「解開也沒有用，他們會再綁住你！」

「什麼？你說什麼？誰要綁住我？」

波路西猛吸一口氣，壓低聲音說：「你聽著，我們有麻煩了，你追著傅蘭佳跑；」他用下巴比了一下那位金髮美女空姐的方向——「大概在大西洋上空的某一個地方，他們差一點要把飛機開回去，但是我說服他們把你綁起來就好，我還保證不會讓你再起來。但是，瑞士警察可能會在海關等著，我想他們打算逮捕你。」

我想了一下，卻什麼都想不起來，心頭不禁一沉，但還是開口說：「我根本不知道你在說什麼，我什麼都不記得了。我到底做了什麼事？」

波路西聳聳肩。「你抓著她的胸部，想把你的的舌頭塞進她的喉嚨裡。如果我們不是在飛機上，這種事情就沒有這麼可怕了；但是在天空中，呃，規矩跟辦公室裡不同。最可惜的是，我認為她真的喜歡你！」他搖搖頭，抿起嘴唇，好像是說：「你糟蹋了這個小美女！」然後才又說：「不過，你接著想掀她的小紅裙，這就讓她很受不了。」

我不敢相信地搖搖頭。「你為什麼不阻止我？」

「我試過，但是你馬上對我大發雷霆。你到底吃了什麼？」

「噢，我也不清楚；」我喃喃說著：「我想大概是……呃，大概是吃了三、四顆白板，然後好像，又吃了三顆小小的藍色雷斯多力吧……呃……嗯，很難說，搞不好也吃了一、兩顆蝴蝶片，還有，大概也吃了一點嗎啡，減輕我的背痛，但嗎啡和雷斯多力是醫師開給我的藥，因此實際上不是我的錯。」我儘量把希望寄託在這一點上，為了讓自己慢慢進入狀況，我躺回舒服的頭等艙座位，希望從中得到一點力量。然後我突然驚慌起來：「哦，糟了，我太太！要是她發現了，我怎麼辦？這下真的糟了，我要怎麼跟她說？要是這件事上了報——哎呀，天啊，她會把我釘在十字架上，再怎麼道歉都沒用——」我不敢想下去，但停了片刻又驚慌起來。「哎呀，老天爺，還有政府！搭民航機完全是為了掩人耳目，現在卻在外國被捕！老天爺！我要殺了艾德森醫師，這傢伙，居然開給我這些藥！他知道我常吃白板——」絕望之餘，我只想找個代罪羔羊——「卻還是開給我安眠藥！天啊，天啊，要是我求他，他會連海洛因都開給我！真是糟糕透頂！還有比在世界洗錢聖地的瑞士被捕更糟糕的事情嗎？我們甚至都還沒有洗半毛錢，就已經捅了大婁子！」我難過地搖搖頭說：「波路西，這不是好預兆。」

「把我解開，」我說：「我不會起來。」突然間，我靈光一閃：「或許我應該向傅蘭佳道歉，把她擺平？你身上有多少現金？」

波路西開始替我解安全帶。「我有兩萬美元，但是我認為，你再跟她說話只會把事情搞得更糟。我很肯定你把手伸進她的內褲裡了，來，讓我聞聞你的手指！」

「閉上你的臭嘴，波路西，別再開玩笑，趕快幫我解開。」

波路西微笑著說：「總之，把你剩下的白板都拿給我，我替你帶過海關。」

我點點頭，心中祈禱瑞士政府不希望讓任何不利的消息破壞他們慎重辦事的名聲。飛機慢慢的在日內瓦降落時，我像好不容易才搶到一根骨頭的狗一樣，把命運寄託在這種想法上。

我手裡拿著帽子，坐在灰色的鋼製椅子上，對坐在前面的三位海關官員說：「聽我說，我什麼都不記得了；我坐飛機時會非常焦慮，所以才會吃這些藥丸。」說完後，我指了指灰色金屬桌上的兩罐藥瓶。謝天謝地，兩個瓶子上的標籤都有我的名字，在目前這種情況下，藥瓶似乎是最重要的東西。至於我的白板，現在都安全地藏在波路西的某個結腸裡，我猜已經通過了海關。

三位瑞士海關官員開始用冷僻的法語方言交談，聽起來好像嘴巴裡塞滿了發臭的瑞士乳酪。真是令人驚奇，雖然他們說話的速度接近光速，卻能夠像小鼓一樣緊緊閉著，上下顎動也不動。

我開始打量房間。我是在監牢裡嗎？瑞士人的臉孔毫無表情，就像沒有頭腦的機器人照著精準的瑞士時鐘一樣行動，根本讓人無法判斷。整個房間彷彿在對我厲聲尖叫：「你已經進入陰陽魔界！」沒有窗戶、沒有掛圖、沒有時鐘、沒有電話、沒有鉛筆、沒有原子筆、沒有紙張、沒有燈、沒有電腦。什麼都沒有，只有四張灰色的鋼製椅子，一張同色的鋼製桌子，還有一叢在花瓶裡奄奄一息、已經枯萎的天竺葵。天啊！我應該要求跟美國大使館聯絡嗎？不行，笨蛋！我很可能名列某種監視清單上，不能引起注意。這一趟，我的原則就是隱姓埋名。

三位海關官員還在用法語交談，其中一位拿著雷斯多力的藥瓶，另一位拿著我的護照，最後一位抓著瘦削的下巴，好像很難決定我的命運——還是他的下巴很癢？

最後，抓癢的這位瑞士人開口說：「也許你應該再說一遍是怎麼回事。」

也許你應該？為什麼一直說「應該」這種蠢話？為什麼這幾個愚蠢的法國佬堅持要用奇怪的假設口吻？說來說去，不是希望、應該，就是可能、也許和大概，為什麼他們不乾脆「要求」我再說一遍？卻

「希望」我能夠再說一遍？我深吸了一口氣，但還沒有開口，門打開了，第四位法國佬走了進來，我發現，他肩上掛著機長的肩章。

不到一分鐘，原來的三位官員就跟進來時一樣毫無表情的離開了，留下我單獨面對這位機長。他對我微微一笑，然後拿出一包瑞士香菸，點了一支，先是自顧自、若無其事的吐煙圈，再玩起神奇的吸菸遊戲——嘴裡吐出濃煙，然後立刻化成兩道細線，吸進鼻子裡。哇！雖然我現在處境艱困，還是覺得這套把戲很好看。我的意思是說，我甚至從來沒有看過我爸爸這樣吸菸，他還寫了一本探討吸菸技巧的書呢！如果我能夠活著離開這個房間，一定會追問他這件事。

機長又吐了幾個煙圈，多吸了好幾條線，才開口說：「噢，貝爾福先生，很抱歉讓你碰到這麼不幸的誤會，空服員已經同意不提出告訴，因此你可以離開了；你的朋友會在外面等你，希望你跟著我走。」

啥？可能這麼簡單嗎？是那些瑞士銀行家保我出去嗎？一切都只是我的胡思亂想？華爾街之狼再度證明自己刀槍不入！

我放下心來，不再驚慌，也立刻想到傅蘭佳，開口就笑著對著這位瑞士新朋友說：「因為你們一直都用希望和期望的口氣說話，因此我也只能說我期望你能想辦法，讓我跟飛機上那位空中小姐聯絡上。」我裝出十分純真、實際上卻不懷好意的笑容。

機長的臉色一變。

糟了！我舉起雙手，手掌面對著他說：「當然了，我的目的只是要向這位年輕的金髮美女正式道歉，我想你懂我的意思——我但想向這位年輕的小姐道歉，也希望能給她一點財務上的補償。」我儘量壓下想偷笑的衝動。

這位法國佬頭一歪，瞪著我看了好一會，好像是說：「你這個瘋子王八蛋！」但是他只說：「我們希望你在瑞士時不要跟這位空中小姐聯絡，她顯然……你們用英文怎麼說呢……她很……」

「心理受創嗎？」我說。

「啊，對了，心理受創，我們就是這個意思，希望你無論如何都不要跟她聯絡，如果你的目的是我們想的那樣，我毫不懷疑你在瑞士會找到很多可愛的女性──尤其是，你顯然有一些有地位的朋友。」說完後，機長就親自帶著我走出海關，甚至沒有在我的護照上蓋章。

我坐進大轎車，一路平靜無波，跟搭飛機大不相同，這樣正好，畢竟，經過今天早上的亂局後，我最希望平靜安祥地休息一下。我的目的地是著名的里奇蒙大飯店──大概是瑞士最好的飯店，事實上，根據我瑞士銀行家朋友的說法，里奇蒙是最高雅、最精美的飯店。

但是我一到飯店，就發現瑞士人嘴裡的精美和高雅，代表的卻是醜陋和破舊。一走進大廳，我就發現到處都是古董法式家具，門房驕傲的告訴我，這些都是路易十四時代，也就是十八世紀中期的家具。但是以我敏銳的眼光來看，路易王應該把他的室內設計師送上斷頭台。老舊的地毯，以旋轉方式織成的花朵圖案，好像是瞎眼的猴子靈感突發畫成的。我覺得配色也不常見──狗屎黃配上令人反胃的粉紅色。我敢說，負責的法國佬一定在這些垃圾上花了很多錢，但對於像我這樣的猶太暴發戶來說，這些東西正好是垃圾！我要的是嶄新、明亮和令人愉快的東西！

即便如此，我還是大踏步走了進去。畢竟我欠那些瑞士銀行家朋友的情，因此我認為，我大可以裝出欣賞他們所選擇的旅館的樣子。而且住一晚就要一萬六千瑞士法郎，等於四千美元，這麼貴的旅館還能夠壞到哪裡去？

旅館經理是一位高高瘦瘦的法國佬，不但替我辦好入住手續，還驕傲地給我一張住過這家飯店的名人清單，裡面包括麥克．傑克遜。好極了！我心想，現在我真的討厭這個地方了。

幾分鐘後，我來到了總統套房，由經理陪著我參觀。他很親切，尤其是我給了他第一劑華爾街之狼補品，也就是二千瑞士法郎的小費，感謝他讓我住進來卻沒有驚動國際警察。他離開時向我保證，只要打個電話，就可以叫來最高級的瑞士妓女。

我打開法國式陽台門，走上陽台俯瞰日內瓦湖，驚歎地看著噴泉，說不出話來，噴泉一定往上噴了有三百、四百，不對，至少五百呎！他們為什麼要興建這樣的東西？我是說，噴泉很漂亮，但是為什麼瑞士人要建造世界最高的噴泉？

這時，電話響了，鈴聲很奇怪：三次短短的嗶聲後，馬上安靜下來，然後又是三聲短短的嗶聲。該死的法國佬！連他們的電話都讓人心煩！天啊，我多麼想念美國！多麼想念淋上番茄醬的起士堡和香甜玉米片！我也想念烤雞！我不敢看房間服務的餐單，比起美國，為什麼世界其他國家這麼落後？為什麼他們還說我們是醜陋的美國人？

我走回房裡接電話，老天爺！多麼糟糕的電話，一定是某種電話的原始模型，泛白的顏色看起來就像摩登原始人家裡的東西。

但我還是伸手拿起那個老舊的電話。「什麼事，波路西？」

「波路西？」我太太的聲音有點不高興。

「哦，親愛的！嗨，甜心！你還好嗎，我的最愛？我以為是波路西打電話來。」

「不是，是你的另一個太太。搭飛機還好嗎？」

天啊！她是不是已經知道了？不可能！有可能嗎？雖然她對這些事情有一種第六感，但是這麼快就知道也太離譜了！是有報導刊出來了嗎？不可能，從我的出糗到下一版的《紐約郵報》出刊之間，根本沒有足夠的時間寫新聞稿。想到這裡我大大放心，但只放心了一剎那，就又有了另一個可怕的想法：有線電視新聞網！ＣＮＮ！我在波斯灣戰爭期間看過這種事。王八蛋透納有某種神奇的系統，可以現場即時播報新聞！或許那位空中小姐已經上電視了！

「喂！」我的金髮美女檢察官催促我：「你還沒回答我的問題呢！」

「哦，平安無事，就像平常一樣，你知道我的意思吧？」

她停頓了好久。

天啊！我太太在考驗我，等著我在她沉默的壓力下崩潰！我太太真是魔鬼！我心想，或許我應該把責任歸咎到波路西身上。

但是她說話了，「哦，很好，甜心，頭等艙的服務怎麼樣？你在飛機上時，有沒有碰到可愛的空中小姐？沒關係，你可以告訴我，我不會吃醋的。」她呵呵笑著。

真是讓人不敢相信，我娶的難道是超心靈感應神探嗎？「沒有，沒有啦，」我回答說：「她們沒有什麼特別，我想都是德國人，其中有一位壯得能夠把我一腳踢翻，總之，我大部分的時間都在睡覺，甚至錯過了餐點。」

我太太似乎突然覺得難過起來，「哦，太糟糕了，寶貝，你一定餓壞了！通關有沒有問題呀？」

天啊！我得立刻結束談話！「大致上都很順利，只問幾個問題，但都是平常的問題。總之，他們甚至沒有在我的護照上蓋章。」接著我策略性的轉變話題：「但是最重要的是，小千樂怎麼樣？」

「哦，她很好，但是保姆快把我逼瘋了！整天都不放下蠢電話，我想大概是打回牙買加。總之，我找了兩個專職的海洋生物學家，他們說可以在池塘底下放一些細菌，把裡頭的綠藻全部清除，你覺得怎麼樣？」

「要多少錢？」我其實並不急著想聽到答案。

「一年九萬美元，兩個一起算，他們是夫妻檔，人似乎很好。」

「好，聽起來很合理，你到哪裡找到——」就在這個時候，門上響起敲門聲。「等一下，甜心，一定是房間服務，我馬上回來。」我把電話放在床上，走過去開了門。老天爺啊！我不但得抬起頭，還得一直往上抬，哇！一位身高六呎和黑皮膚的女人站在我門口！光看外表，我判斷她是衣索匹亞人。我的心開始怦怦跳，她的皮膚這麼光滑、這麼細緻！這麼熱情、這麼曖昧的笑容！那雙腿真美！有一哩那麼長！我真的太矮了嗎？嗯，總而言之，她是個豔麗的女人，而且她穿在身上的黑色迷你洋裝，長度只跟裹腰布一樣。「有什麼事？」我問。

她只說：「哈囉。」

我的懷疑證實了——她是直接從衣索匹亞來的黑人妓女，只會說哈囉和再見！正是我的最愛！我用手勢請她進房，帶她到床邊，等她坐下來後，我就坐在她身旁，身體慢慢往後靠，右手肘擺在床上，舉起手掌撐著臉頰——哦，媽的！我太太！糟了！我很快的把食指放在嘴唇上，祈禱這位女孩了解所有妓女都知道的國際手語，在這種情況下，意思是：「閉緊嘴巴，我太太在電話上！如果她聽到房間裡有女性的聲音，不但我會有大麻煩，你也一毛錢都拿不到！」

謝天謝地，她點了點頭。

然後我拿起電話，跟太太說，世界上最難吃的東西就是冷掉的火腿蛋三明治。她很同情，告訴我她無條件的愛我；我深深感受了這句話的所有價值後，告訴她我也愛她、想念她，沒有她我就活不下去。

這種時候，我總是非常傷感。我怎麼能對太太有這種感覺，卻仍然做我所做的一切事情？我有什麼毛病？這不是任何男人的正常行為，即使是有權有勢的男人——不對，有權有勢的人更不應該這樣！婚姻生活中偶爾出軌是一回事，大家本來也預期會這樣，但是其中一定有一個界線，我……呃，我決定不要再想下去。

我深深的吸了一口氣，設法排除這種難過的感覺，卻覺得很難。我愛太太，雖然她破壞了我的第一次婚姻，卻是個好女孩，而且，第一次婚姻的失敗我也很有責任。

我覺得，我是受到什麼東西的驅策在做這些事情；並不是因為我真的想做，而是因為大家期望我這樣做。我的日常生活好像是個舞台，讓我以華爾街之狼的身分表演給一些想像中的觀眾看，他們判斷我的每一個行動，注意聽我的每一句話。

了解我個性中的每一種失常狀況很重要，我的意思是說，我真的在乎傅蘭佳嗎？她連替我太太捧蠟燭都不夠格，更別說她那種法國腔了——我希望每天都聽得到太太的布魯克林腔！但是我甚至在昏迷中醒來後，仍然要求海關官員告訴我她的電話，為什麼？因為我認為，這是華爾街之狼應該做的事情，多麼怪異，多麼令人傷感。

掛上電話後，我看著坐在我旁邊的女郎，忍不住想：她有什麼病嗎？應該沒有，她看起來相當健康，這麼健康不可能帶有愛滋病毒，對吧？不過話說回來，她是非洲人……不會，不可能！愛滋病是老式的疾病，你必須把小鳥塞進不該塞進去的洞裡，才會得到這種病。此外，我似乎從來沒有得過什麼病，為什麼這次會有不同？

她對我微笑，我也對她微笑，她坐在床沿，大腿交叉，這麼放蕩！這麼性感！真是讓人難以置信，那條裹腰布幾乎縮到了臀部上方。這次一定是我最後一次了！放過這位巧克力膚色、高大的地獄烈火，一定是暴殄天物——一定！

想到這裡，我把心裡所有難過的垃圾通通排除掉，當下決定，只要我一在她嘴裡狠狠的射了，我就會把剩下的白板沖進馬桶，開始新生活。

我也的確這樣做了，順序絲毫不差。

12 壞預兆

幾小時後，瑞士法語區時間中午十二點半，波路西和我面對面坐在一輛藍色勞斯萊斯大轎車後座，這部車比拖網漁船還寬，比靈車還長，讓我有一種奇異的感覺，好像我是要去參加自己的葬禮。這是今天的第一個壞預兆。

我們正要前往聯邦私人銀行，跟可能幫助我們的瑞士銀行家第一次見面。我從後車窗望出去，看著到現在還讓我驚歎的高大水柱，這時波路西很難過的說：「我還是不知道，為什麼要把白板沖進馬桶裡，我真的搞不懂。只不過是幾小時前，我才剛把這些白板硬塞進屁眼裡！那樣很痛啊，你不知道嗎？」

我看著波路西，微微一笑，表示他說得有理。過去我也曾經把毒品塞進自己的屁眼裡，從這個國家到那個國家，這樣做可不是為了好玩。我曾經聽說，如果你把毒品放在瓶子裡，然後塗上厚厚的一層凡士林，塞起來會容易一點；但是，光想到事前做這麼多準備只是為了走私毒品，就讓我放棄採用凡士林的策略。畢竟，只有毒癮非常嚴重的人才會考慮這種做法。

雖然我還是敬佩波路西，他總是隨時都在我身邊照顧我，保護他的金雞母。但是真正的問題是，如果金雞母不再下金蛋了，他還會繼續保護金雞母多久？這個問題很有道理，但還不是認真看待的時候。我現在很發，錢滾進來的速度從來沒有這麼快過。我說：「對，相當痛；我不否認。但是別以為我不感謝你這樣做，尤其是你沒有潤滑乳膏或別的東西，就那樣硬塞進去——但是吃白板昏醉的時間已經過去了，至少在未來幾天裡，我希望你保持最佳狀況，也希望你用最好的狀況注意我的事情，好嗎？」

波路西往椅背上一靠，翹起腿，漫不經心的說：「好。這件事我沒有問題，也可以暫時停藥，我只是不喜歡東西塞在屁股裡。」

「我們也得少找妓女了，波路西，這種事情已經變得相當討厭。」我搖搖頭，想把話說清楚。「我的意思是，最後這位女郎相當辣，你應該看看她，我想她有六呎一吋高，甚至可能更高！我覺得我像吸著媽媽乳房的新生嬰兒一樣——這樣確實會讓人有點興奮。」我不舒服的換了一下位置，減輕左腿承受的壓力。「黑人女郎的味道跟白人女郎有點不同，對吧，尤其是她們的那個地方，嚐起來，嗯，好像牙買加的甘蔗！真的，黑女孩的那裡很甜！好像，呃，像什麼其實並不重要。波路西，你聽我說，我不能要你把小鳥放到哪裡，那是你自己的事情，但是我暫時不碰妓女了，我是說真的。」

波路西聳聳肩說：「如果我太太長得像你太太一樣，說不定我也會少碰一點妓女。但是南茜真的讓人難過極了！那個女的剛才把我老命都吸掉了！你知道我的意思吧？」

我忍住談論血統的衝動，給他一個同情的笑容：「或許你們兩個應該離婚，別人似乎都在離婚，因此這件事沒有什麼大不了。」我聳聳肩又說：「總之，我沒有看輕你們夫妻問題的重要性，但是現在必須討論業務了，我們幾分鐘之內就會到銀行，到達銀行前我有幾件事情要跟你討論：首先，你知道要讓我負責談吧？」

他點點頭。「你在想什麼，你以為我是笨蛋葛林嗎？」

我笑著說：「不是，你不但沒有那麼笨，還很聰明。但是你認真的聽我說，重要的是，你要坐在那裡觀察，設法判斷這些法國佬在想什麼；我沒辦法從他們的身體語言中看出什麼東西，甚至有點覺得他們根本沒有身體語言。總而言之，不管今天早上的會議順不順利，不管整件事情變得有多好，會議結束時都要說我們沒有興趣。波路西，我們一定要這樣說：『這種事跟我們在美國做的事情不對盤，我們認為我們不適合這樣做。』等他們多告訴我一些相關的法律問題後，我會說出一些有道理的理由，好嗎？」

「沒有問題，但是為什麼？」他說。

「因為柯明斯基，」我說：「第一次會議時他會在場，我一點也不相信這個戴假髮的王八蛋。我告訴你，我其實反對所有跟瑞士有關的安排，因為某種原因，我有不好的預感。即使我們真的決定這樣做，也絕對不能讓柯明斯基知道，因為那會破壞整個作業。如果最後我們決定進行計畫，或許會利用不同的銀行，但也可能仍然利用這家銀行——我知道，他們並不忠於柯明斯基。

「總之，最重要的事情是美國不能有人知道這件事。我不管你吃了多少顆白板，還是吸了多少白粉，所以有多迷糊，這件事情就是絕對不能洩露出去，不能告訴梅登、不能告訴你爸爸，尤其是不能告訴你太太，知道嗎？」

波路西點點頭說：「我知道什麼叫義氣，兄弟，徹頭徹尾的知道。」

我笑著點點頭，然後看著窗外，不再開口。對波路西來說，這就表示我已經沒有心情再說話，聰明的波路西立刻了解。剩下的時間裡，我便靜靜坐在大轎車內，看著窗外一塵不染的日內瓦街道，想著為什麼人行道上沒有什麼垃圾，牆上沒有多少塗鴉；很快的，我就開始胡思亂想，懷疑自己為什麼要做這件事——這樣做似乎不對、似乎很冒險、似乎很莽撞。我最早的恩師艾步蘭，曾經警告我別搞境外金融，他說這樣做是自找麻煩，會引起太多的注意。他說，你絕對不能信任瑞士，如果美國政府對他們施加真正的壓力，他們還是會把你出賣到一乾二淨。他解釋說，所有瑞士銀行在美國都有分行，因此很容易受到政府壓力。艾步蘭所有的說法都很正確，是我所見過最謹慎的人，他的辦公室裡還保存了很多舊的鋼筆，都有十或十五年的歷史，讓他必須在文件上倒填日期時，墨水的歷史經得起聯邦調查局氣相層析儀的檢驗，你見過這麼謹慎小心的罪犯嗎？

早年我剛剛入行時，艾步蘭和我會在塞維爾餐廳見面吃早餐，那裡離史崔頓當時在馬卡斯大道二〇〇一號的總部大約有一哩遠，但離目前的所在地很近。他會請我喝咖啡、吃果仁蛋糕，同時分析美國證券法的歷史和演變。他會解釋說，事情之所以會變成現在這種樣子，是因為過去的人犯了什麼錯誤，目前的證券法，又為什麼大都是根據過去犯罪行為的結果而制定的。他的話我全都聽了進去——沒有做筆記，有關他的一切都不准記錄。艾步蘭做生意完全靠握手決定，他的話就是保證，絕對不會背棄諾言。不錯，有時候雙方還是必須交換文件，但就算是在絕對必要時，交換的也是由艾步蘭非常細心選擇的鋼筆所小心擬定的文件；當然了，每份文件也都包含隨時可以全盤否認的伏筆。

艾步蘭教過我的很多事情裡，最重要的是：每一筆交易，包括證券交易和電匯，無論是由銀行或券商經手，都會留下文件、記錄，除非文件、記錄能夠讓你脫罪，或是能夠支持一些其他的解釋，保證能夠讓你合情合理的否認，否則聯邦政府早晚都會起訴你。

因此我一直都很小心，從早年創立史崔頓公司開始，我完成的每一筆交易、請珍妮替我辦理的每一筆電匯，以及我參與的每一件可疑的企業金融案件，全都經過刻意美化，也就是華爾街上所說的「包裝」，都附有各種文件和代表時間的戳記，甚至附有存證信函；這些東西加在一起，產生了可以讓我脫罪的另一種解釋。我不會讓人當成罪犯一樣拍照，也不會成為檢察單位的注意目標，艾步蘭把我教得很好。

但是，現在艾步蘭已經在監獄裡等待審判，罪名居然是洗錢。像他這麼謹慎的人，居然會忽略一條法律規定：即使只是連續分次從銀行帳戶中提領一萬美元以下的現金，累計超過規定還是要向國稅局申報。這條法律的制定目的，是要讓毒品經銷商和黑手黨不方便洗錢，但是仍然適用所有美國公民。艾步蘭教我的另一件事情，是如果我接到商場夥伴的電話——不管是現在或過去的夥伴，包括他在內——想要和你討論過去的交易，那麼，對方有九〇%的機率是跟檢方合作。因此，當我接到艾步蘭的電話，聽他用奇怪而高亢的聲音，說出可怕的話：「還記得上一次……」我就知道他有麻煩了。不久之後，我接到艾步蘭一位律師的電話，告訴我艾步蘭遭到起訴，而且還說，要是我能夠買下他在我倆共同私人投資中的所有持股，他會感激不盡，因為他的資產已經遭到凍結，短缺現金。我不但毫不遲疑，還用高於行情價五倍的價格買下他的所有投資。然後我開始祈禱，祈禱他不會出賣我，祈禱他經得起訊問；雖然他跟警方合作，我還是照樣祈禱，認為他會出賣所有的人，就是不會出賣我。但是我請教紐約一位最高明的刑事律師時，才知道沒有所謂「部分合作」這回事：你要不是跟檢方合作對付每一個人，就是根本不合作。這個答案，讓我的心沉到了胃裡。

如果艾步蘭跟檢方合作對付我，我該怎麼辦？先前他從銀行提領的現金，大部分都進入了我的口袋。他曾經告訴我，他在紐約珠寶商聚集的地區有一些人頭，他用新股替他們賺錢，他們再把大量的獲利交還給他。我從來沒有想到他會從銀行提款，他太精明了，不該會這樣做不是嗎？他是世界上最小心的人，卻只犯了一個錯誤就落到這個下場。

我會碰到同樣的命運嗎？瑞士之行會是類似的愚蠢行為嗎？五年來我都非常小心，絕對不讓聯邦調查局有偵訊我的機會。我從來不談過去，家裡和辦公室都經常進行掃描，防止竊聽；我做的每一筆交易都親自準備文件，留下將來可以合情合理否認的條文；我從來不到銀行提領小額現金，事實上，我會從不同的銀行帳戶提領一百萬美元以上的現金，但每次提領都超過二十五萬美元，完全就是為了如果有人抓到我擁有大量現金，我提得出合情合理的否認。事實上，聯邦調查局要是問我，我可以簡單的說：「去查我的銀行帳戶，你們就會發現我所有的提領都合法申報。」

不錯，我一直很小心，但是我的好朋友、第一位恩師、我十分尊敬的艾步蘭也一樣，要是他們都能夠抓到他，那麼情勢對我確實很不利。

這是我當天看到的第二個警訊，但是那時我根本不知道，它並不是最後一個警訊。

13 洗錢入門

聯邦私人銀行設在一棟閃閃發亮的黑色玻璃帷幕大樓裡，樓高十層，位在法國佬聚居的日內瓦市中心，門前是隆河大道，正是日內瓦高價購物區的核心，離我喜歡的噴泉很近。

這家銀行和美國的銀行很不一樣，走進大門後，看不到躲在防彈玻璃後面對你微笑的出納，銀行的大廳裡只看得到一位年輕的小姐，四周圍繞著大約四十噸的義大利灰色大理石，坐在實木紅木桌後；那張桌子，大到足以停我的直昇機。她穿著淺灰色的褲裝、高領白色罩衫、面無表情，一頭金髮緊緊的在腦後紮了一個髻，皮膚完美無瑕，沒有一絲皺紋或一個斑點。我心想，又是一個瑞士機器人。

波路西和我向她的桌子走去，她帶著懷疑的眼光看著我們，她知道，對吧！她當然知道，我們的臉上清楚寫著：我們是年輕的美國罪犯，希望好好洗一洗犯罪得來的錢！我們，就像是把毒品賣給學童賺錢的毒販！

我深深的吸了一口氣，壓下衝動，沒有對她解釋我們只是常見、普通的股票騙子，只是有毒癮；老天在上，我們也真的不賣毒品。

還好，她沒有說出自己的想法，也沒有問我們犯了什麼罪，只是說：「容許我幫忙你們嗎？」

天啊，又是容許！更多的不確定詞兒！「是的，我來這裡要見索瑞爾吧？我的名字是貝爾福？」媽的，為什麼我每句話都說成疑問句？我被這些瑞士王八蛋附身了。

我等著這位陽剛的女性回答，但是她沒有回答，只是瞪著我看，然後轉向波路西，從上到下把我們看了個夠，才像要改正我的發音一樣，回答說：「哦，你是說『索海爾』先生！」他的發音多麼好聽！「沒錯，貝爾福先生，他們全都在五樓等你們。」她比了一下電梯。

波路西和我走進鑲著紅木板的電梯時，裡面有一個負責操作電梯的年輕人，穿得好像是個十九世紀的瑞士陸軍元帥。我低聲對波路西說：「記住我告訴你的話，不管情勢怎麼發展，我們離開時都要說我們沒有興趣，好嗎？」

波路西點點頭。

出了電梯後，我們走在鑲著紅木板、貴氣逼人的長廊上；這個地方，安靜到讓我覺得自己好像是在珠寶盒裡，但是我壓抑下這種結論的衝動，而是做了個深呼吸，直直向著走廊盡頭那位高瘦的人走去。

「啊，貝爾福先生！波路西先生！你們兩位早！」索海爾熱情的說。我們握握手，然後他盯著我看，臉上展現幽默的笑容，又說：「機場那件麻煩事結束後，我相信你的心情一定好多了；待會喝咖啡時，你一定要告訴我你跟那位空中小姐之間發生的奇聞！」

他對我眨眨眼。

好傢伙！我心想。他不是一般的瑞士法國佬，一定不是；絕對是歐洲佬，然而，他這麼……文雅，絕不可能是瑞士人。他有著橄欖色的皮膚，暗褐色的頭髮光潔發亮，密密往後梳，像真正的華爾街人士一樣，臉孔細長，五官也一樣，但是一切都搭配得很好看；穿著一塵不染、有著淺灰色細條紋的海軍藍精紡毛料西裝，白襯衫搭配法國式袖口，藍色的絲質領帶看起來很高級。整套衣服在他身上顯得十分完美，只有歐洲王八蛋才穿得出這種樣子。

我們在走廊上隨便談了一下，果然發現索海爾不是瑞士人，而是法國人，由這家銀行的巴黎分行借調來這裡，這就說得通了。然後他說，柯明斯基參加這次會議讓他很不安，但是因為柯明斯基是介紹人，不能不讓他參加，這番話讓我對他刮目相看；他建議我們只稍微談談，然後在今天晚上或明天私下見面。我告訴他，因為同樣的原因，我已經決定以反對的方式結束這次會議。他緊閉著嘴唇，點頭表示同意，好像是說：「不賴嘛！」我甚至沒有看波路西，就知道他對這種發展一定也很嘆服。

索海爾陪著我們，走進好像男士吸菸俱樂部的會議室，長形的玻璃會議桌上坐著六位瑞士法國佬，每個人都穿著傳統的西裝，手上不是拿著一支香菸，就是面前的菸灰缸上點著一支菸，從屋頂到地面，整個房間充滿了濃厚的煙霧。

柯明斯基也坐在法國佬當中，可怕的假髮像死去的野獸一樣貼在腦殼上，肥胖的圓臉展現吃屎般的笑容，讓我很想揍他。在那一刻，我先是考慮請他離開會議室，但後來我決定不這樣做，讓他親眼看到會議的進行，親耳聽到我決定不跟瑞士人打交道應該會比較好。

閒談幾分鐘之後，我說：「我對你們的銀行保密法很好奇。我從美國的律師那裡聽到很多互相衝突的說法——在什麼情況下，你們會跟美國政府合作？」

柯明斯基回答說：「這是在這裡和銀行打交道最好的地方——」

我打斷他的話。「老柯，如果我在這件事情上對你的意見有興趣，我會他媽的——」我閉住嘴，知道這些瑞士機器人很可能不欣賞我開口閉口就說他媽的。然後我客氣的說，「對不起，各位——老柯，我們在紐約時，我就應該問過你的意見了。」

這些法國佬微笑著點頭，其中不言可喻的意思是：「沒錯，這位柯明斯基就跟他的外表一樣，是個大傻瓜。」但是我腦海裡已經想到更後面：為什麼他這麼急著消除我的疑慮？顯然如果我決定跟這家銀行打交道，柯明斯基會得到某種介紹費。當初我認為柯明斯基只是另一個笨蛋、只是想表現他有多了解少有人知的問題；華爾街上有很多這樣的人，大家都叫他們半瓶醋，但是現在我相信柯明斯基的動機跟錢有關，如果我果然在這家銀行開戶，他一定會收到介紹費。光是他知道這件事，就是問題。

索海爾好像看透我的心裡一樣，說：「柯明斯基總是急著在這種問題上提意見，我覺得這樣有點奇怪，因為不管你做什麼決定，他都不會得到利益或損失，因為把你帶來這裡，他已經得到一筆小小的介紹費，不管你決定是不是跟聯邦銀行打交道，對柯明斯基的口袋都不會有任何影響。」

我點點頭，表示了解。有趣的是，我發現索海爾沒有用期望的方式說話，而且精通英文，包括習慣用語和各種說法。

索海爾繼續說：「但是為了回答你的問題，我要說，瑞士政府唯一可能跟美國政府合作的情形是：如果美國政府指控的罪行在瑞士也是犯罪行為。比如說，瑞士沒有跟避稅有關的法律，因此如果我們收到美國政府的要求跟避稅有關，我們就不會跟他們合作。」

「索海爾說得完全正確，」這家銀行的副總裁說，他是身材細瘦的法國佬，戴著眼鏡，名字叫做皮耶什麼的，「我們不太喜歡貴國政府，這點請你不要生氣，但是實際的情形還是：除非指控的罪行是刑事犯罪，或是雙方都認定的重罪，否則我們不會合作。」

第二位皮耶在這時插嘴說話，雖然這個皮耶比較年輕，頭上卻禿得像撞球桌上的白色母球一樣。他說：「你一定會發現瑞士刑法遠比貴國寬鬆多了，你們的很多重罪，在瑞士根本不認為是重罪。」

天啊！光是重罪的這個字眼，就足以使我的背脊發冷。事實上，事情已經很明顯了，我先前打算利用瑞士當人頭的想法有極大的問題，除非……當然……呃……人頭在瑞士可能是合法的嗎？我在心裡考慮這種可能性。不可能，我強烈懷疑這一點，但是等我跟索海爾私下見面時，一定要問個清楚。我微笑著說：「噢，我其實不關心這種事情，因為我絕對無意違反美國的任何法律。」當然我是公然說謊，但是我喜歡這樣說的好處。有誰會管我的話是不是一派胡言？我就是因為某種無法說明的原因，覺得把錢存在瑞士比較安心，這樣不行嗎？我繼續說：「我為我自己，也代表波路西說話。我們希望把錢存在瑞士，唯一的原因是為了保護資產，我最關切的是，我的工作遭到起訴——應該說遭到錯誤起訴——的可能性很大。但是無論如何，我想要知道的是——或是用率直一點的話來說，對我最重要的是——無論如何，你們都不會把我的錢交給美國公民，或者交給世界上任何一個用民事判決對付我的人。」

索海爾笑著說：「我們不但不會這樣做，而且甚至不承認你所說的任何民事判決。即使我們收到貴國證管會的傳票，也會因為它是民事主管機關，任何情況下我們都不會合作。」接著他好像是為了補充說明，又說：「即使根據瑞士法律，涉嫌的罪名是重罪，」他點點頭，好像要強調他的說法。「即使是這樣，我們仍然不會合作！」他微笑著，好像他是我的同謀。

我高興的點點頭，然後看看周遭；好像除了我以外，每個人都對當下的情形很滿意。我很生氣，因為索海爾的最後幾句話敲到了我的痛腳，使我不得不拚命思考。簡單的事實是，如果瑞士政府拒絕配合證管會的調查，證管會就會別無選擇，只能把他們的請求送交美國司法部，進行刑事調查，這樣一來，我豈不是自取滅亡！

我開始在心裡設想各種可能的情境。證管會的所有案子中，九〇％都在民事階段和解，只有在證管會覺得案情過度惡劣時，才會把案子交給聯邦調查局，進行犯罪調查。但是如果證管會碰到瑞士人的阻礙，調查不下去了，他們怎麼決定案情是否惡性？實際上，我所做的事情大都沒有這麼惡劣，不是嗎？

我深深的吸了一口氣說：「嗯，這些聽起來都很合理，但是我不知道美國政府怎麼知道從哪裡開始查起，怎麼知道應該把傳票發給哪家瑞士銀行？帳戶不是都沒有名字、只有數字嗎？因此，除非有人向他們告密——」我壓下望向柯明斯基的衝動，「說出你們把錢藏在哪裡，或者是除非你們非常粗心，留下某種文件痕跡，否則他們甚至不知道要從哪裡開始查起不是嗎？他們難道猜得出你們的帳戶號碼？瑞士一定有一千家銀行，每家銀行很可能都有幾十萬個帳戶，加起來就是幾億個帳戶，所有的帳戶號碼都不同，這樣查就像大海撈針一樣，應該不可能查得出來。」我瞪著索海爾暗褐色的眼睛。

索海爾沉默了片刻之後，才回答我：「這是另一個非常好的問題，為了回答你，我請你多給我一點時間，讓我稍稍說明一下瑞士銀行的發展史。」

情形變得愈來愈好了：了解過去的影響很重要，這點正是過去我跟艾步蘭早餐會談時，他一再交代過我的事情。我點點頭說：「請說。其實我對歷史很感興趣，尤其是跟這種情況——考慮在不熟悉的國家做生意——有關時，更是如此。」

索海爾微笑著說：「數字帳戶的完整觀念，如今已經有點被誤導了。所有瑞士銀行的確都提供客戶這種選擇，以便維持客戶的隱祕性，但每個帳戶也都得跟姓名結合，記在銀行的記錄上。」

這番話，使我的心往下沉。索海爾繼續說：「很多年前，也就是二次世界大戰前，事情並不是這樣的，當時瑞士銀行的標準做法是開立不含名字的帳戶，一切都是靠個人關係和握手來決定。很多帳戶都以公司的名義開立，但是這些公司跟美國的公司不同，是無記名公司，一樣沒有包括人名。換句話說，誰真正持有公司的股票憑證就是合法的所有人。」

「但是，希特勒和卑鄙的納粹接著崛起。這是我們歷史中可悲的一章，我們盡了最大的力量幫助很多猶太客戶，但是最後我要說，我們並不特別覺得光榮，因為我們做得還不夠多。貝爾福先生，你也知道我是法國人，但是我想，我說『我們做得還不夠多』時，我代表房間裡的每一個人說話。」說到這裡，他停下來，自顧自嚴肅的點點頭。

房間裡的每個人，包括也是猶太人的小丑柯明斯基，都深有同感的點點頭。我猜每個人都知道波路西和我都是猶太人，但我忍不住想到，索海爾到底是故意說這些話給我們聽，還是真正發自內心？無論如何，他開始說話前，我已經想到了下十步，非常清楚他下一步要走到哪裡。事實很簡單，在希特勒橫掃歐洲、把六百萬猶太人送進集中營，在毒氣室裡屠殺前，很多人都能夠把錢送到瑞士，這些人在三〇年代初期、納粹開始掌權時就看出警訊，但是，把錢偷偷送出去還是比溜之大吉容易得多。除了丹麥之外，歐洲每一個國家幾乎都拒絕提供幾百萬絕望的猶太人安全的庇護所。大部分國家都跟希特勒達成祕密協定，同意只要希特勒答應不發動攻擊，他們就會交出國內的猶太人。只不過，希特勒把所有的猶太人牢牢關進集中營後，很快的就背棄了這些協議，一個接一個國家落入納粹手中，猶太人無處躲藏。瑞士輕鬆接受猶太人的資金卻不願意接受猶太人，真是諷刺得很。

納粹終於敗亡後，很多倖存的猶太人子女來到瑞士，尋找家人的祕密銀行帳戶，但是他們完全沒有辦法對這些帳戶主張任何所有權，畢竟帳戶沒有名字，只有數字，除非倖存的小孩十分清楚父母親把錢存在哪家銀行，也完全知道父母親跟哪位銀行家打交道，否則他們不可能主張這些錢的所有權。一直到今天，都還有數百億美元的儲金沒有人認領。

這時我想到的，是更黑暗的一面：這些瑞士王八蛋當中，有多少人確實知道這些倖存的猶太子女是什麼人，卻決定不把他們找出來？更糟糕的是，有多少猶太人全家遭到屠殺，只剩自己還存活，但找到正確的瑞士銀行、瑞士銀行家時，卻遭到對方欺騙呢？天啊！多麼可怕的悲劇！只有最高貴的瑞士銀行家具有足夠的誠信，讓合法的繼承人得到先人留給他們的每一分錢。在到處都是他媽的德國佬的蘇黎世，你很難找到幾個喜歡猶太人的人；或許法國人聚居的日內瓦情況會好一點，但是也只是好一點點。人性就是人性，許多猶太人的錢就永遠消失了，被瑞士銀行體系吸收進去了，使這個小小的國家富有到令人難以想像的程度，這一點，很可能就是瑞士街頭沒有乞丐的原因。

「因此，你可以看出來，」索海爾說：「為什麼現在瑞士每一個帳戶都要有受益人，沒有例外。」

我看看波路西，他微微點頭，其中的意思不言可喻：「真是他媽的噩夢。」

坐車回飯店時，波路西和我幾乎都沒有說話。我一路看著窗外，卻什麼都沒有看見，只看到幾百萬個猶太人的鬼影，還在到處找他們的錢。現在的我，腳背好像著火一樣，天啊！要是我沒有這種長期病痛，很可能早就戒掉嗑藥的習慣了；我覺得現在的我非常敏銳，雖然已經超過二十四小時沒有嗑藥，頭腦卻很清晰，覺得自己可以解決任何問題，不管問題多麼困難。但是我怎麼規避瑞士銀行法呢？法律就是法律，看到艾步蘭沉淪，只是強化了我心裡那一句老掉牙的陳腔濫調：無知不是違反法律的藉口。事實很簡單，如果我要在聯邦銀行開戶，就必須把護照影本交給他們，讓他們留在銀行的檔案裡。如果美國司法部發出跟股票詐欺有關的刑事調查傳票——股票詐欺在瑞士當然也是刑事犯罪——那麼我的金雞母就完了。即使聯邦檢調人員不知道我的帳戶是哪一個，甚至不知道我跟哪家銀行往來，仍然不能阻止他們把傳票直接送到瑞士司法部，然後他們會對所有瑞士銀行發出全面查詢的要求，命令銀行交出傳票上那個人的任何帳戶的所有記錄。

那我就玩完了。

天啊，我看我最好還是繼續用我在美國的人頭，至少他們接到傳票時，可以在宣誓作證後說謊！這種想法雖然沒辦法讓我多開心，至少不會留下文件痕跡。

等等！誰說我一定得把我的護照交給銀行？有什麼事情可以阻止我，讓我不能請個美國人頭到瑞士來，用他們的護照開戶？聯邦調查局又有什麼通天本事，可以查到我瑞士人頭背後的名字？這不是人頭中的人頭嗎？雙保險！如果美國發出傳票，要求調查跟貝爾福有關的記錄時，瑞士司法部當然更是什麼都查不到！

既然想通了這一點，為什麼我一定要用我現有的人頭？過去我選擇人頭時，不但要考量他們的可靠性，也得判斷一旦他們多出大量現金時驚動國稅局的可能性，這兩點是很難找到的組合，我的主要人頭是雷文，但他現在已經變成我的噩夢——不但是我的主要人頭，也是蠱惑我開始嗑白板的人。他是一家大型廠商培利愛麗絲公司的總裁，但是這個聽來崇高的地位有點誤導作用。事實上，他比波路西瘋狂十倍，沒錯，聽起來很難讓人相信，但是只要跟他相比，波路西就好像教堂唱詩班男孩一樣純潔。

雷文除了是強迫性賭徒、有最嚴重的毒癮，也是色魔和強迫性的婚姻騙子。他每年竊取培利愛麗絲公司幾百萬美元，方法是跟國外工廠祕密協商，由工廠把供應培利愛麗絲的成衣加價一、兩美元，當作給雷文的回扣，總金額高達幾百萬美元。我用新股替雷文賺錢時，他就用從國外工廠收到的現金跟我結帳，這是完美的交換，任何地方都找不到文件痕跡。但是，如今雷文已成了我的大麻煩，賭癮和毒癮已經毀了他，還錢給我的進度也愈來愈落後，到現在為止，他當我交易新股的人頭所積欠的利潤，已經接斤二百萬美元。如果我跟他一刀兩斷，這些錢一定拿不回來，因此我現在只給他一點壓力，一邊繼續靠他用新股賺錢，一邊等著他還清債務。

雖然還欠我錢，雷文卻很好用，他前後交還給我的現金，已經超過五百萬美元了，都安全的藏在美國的保險櫃裡。我還不知道怎麼把這些錢移到瑞士來，不過我已經有一些概念，幾小時後，我跟索海爾見面時就會討論這件事。無論如何，我還是認為放棄雷文，換一個能夠產生這麼多現金、卻又不留下文件痕跡的人頭不容易。但是現在既然可以把人頭放在瑞士，創造「乾淨」的現金就不再是問題，我只要把錢放進我的瑞士帳戶裡，讓它們替我生利息。今天的會議上，我唯一還沒有解決的問題是怎麼利用這些錢？包括怎麼花用、怎麼把洗乾淨的錢送回美國投資。我還有很多問題需要解決。

但是最重要的事情是：如果我利用瑞士，就可以只根據可靠性選擇人頭，那麼可以當人頭的人就多得多；我立刻想到我太太的家人——他們都不是美國公民，都住在英國，聯邦調查局管不到。事實上，美國的證券法裡有一條少有人知的豁免條款，不但容許非美國公民投資上市公司，而且條件比美國公民寬厚得多。這項法律叫做S法規，容許外國人豁免一四四號法規所要求的兩年持股期間，購買私人持有的上市公司股票；根據S法規，外國人只需要持股超過四十天就可以賣出。這條法律很可笑，讓外國人擁有遠勝過美國投資人的優勢，也就像大部分愚蠢的管理規定一樣，造成了大規模的濫用，精明的美國投資人可以跟外國人私下協商，非法利用S法規，私下投資公開上市公司，不必等待兩年才能賣出持股（根據一四四號法規）。經常有外國人向我毛遂自薦，要當我的人頭，讓我可以利用他們不是美國公民的身分，從事S法規規定的投資，只跟我收取少少的費用。但是我總是拒絕，因為我牢牢記得艾步蘭的警告；更何況，做本質上這麼違法的事情時，我怎麼能夠信任外國人？畢竟依據S法規，利用外國人頭購買股票是嚴重的違法行為，一定會引起聯邦調查局的注意，因此我總是避免這樣做。

但是我現在有了雙保險，又可以用我太太的親戚當第二層人頭，突然之間，這樣做似乎不那麼危險了！

我立刻想到我太太的阿姨——她現在也是我的阿姨了！——派翠西亞。第一次見面時，我們兩個人都有惺惺相惜的感覺。她第一次看到我的情景，其實非常有諷刺意味。那是兩年前在倫敦杜切斯特大飯店發生的事，她走進房間、看到我時，我正處在嗑白板過量的情況中。事實上，她走進旅館房間時我正把頭埋在馬桶裡，但是她沒有指責我，一直跟我談話，陪了我一整晚；在我吐出吃進身體裡的毒藥時，扶著我埋在馬桶裡的頭，然後在白粉造成我一陣又一陣的焦慮時，像小時候疼愛我的媽媽那樣，不斷用手指梳理我的頭髮。蝴蝶片始終消除不去白粉對我造成的焦慮，因此我全身發癢到幾近虛脫。隔天我們一起吃中飯時，她不但讓我沒有感到絲毫罪惡感，還設法說服我不要再嗑藥，實際上，後來我連續兩星期都保持清醒。當時我跟娜婷在英國度假，我們倆從來沒有像當時處得這麼好，我甚至感覺愉快到想搬到英國，讓派翠西亞阿姨成為我生活中的一部分。但是我心裡清楚那只是幻想：我的生活在美國；史崔頓公司在美國；我的權力在美國；全都表示我必須住在美國。等到我回美國後，在波路西、雷文和營業員享樂幫的積極影響下，毒癮不但再次發作，在背痛的火上澆油下，甚至比以前更嚴重。

派翠西亞阿姨今年六十五歲，已經離婚，是退休小學老師，也是祕密的無政府主義者，鄙視所有跟政府有關的事情，應該是很完美的人頭；毫無疑問的，我可以信任她。如果我請她替我做這件事，她一定樂不可支，隔天就上飛機。何況派翠西亞阿姨沒有錢，每次我見到她，都想給她可以花用一年以上的錢，但她太有自尊心了，每次都拒絕。現在我可以告訴她，因為她替我辦事，理所當然應該賺到一些錢；我會讓她可以隨心所欲地花錢，事實上，我會把她的生活從窮人變成富婆，光是想到這一點，就讓我覺得美妙極了！何況她幾乎不懂得花錢的樂趣！她是在二次世界大戰廢墟中長大的人，如今只依靠小學老師微薄的退休金過日子，即使想要敗金，她也不知道要怎麼樣燒很多錢！我想她會把大部分的錢都用來寵愛兩個孫子，這樣也很好！事實上，光是想到這一點，就讓我覺得心裡很溫暖。

如果美國政府居然敢來敲派翠西亞的門，她一定會叫他們夾著美國屁股滾開！想到這裡，我不由得哈哈大笑。

「什麼事情讓你這麼高興？」波路西抱怨說：「這次會議完全是浪費時間！我甚至沒有白板可以消除煩惱，可不可以請你告訴我，你的鬼頭腦裡想什麼東西？」

我微笑著說：「幾小時後跟索海爾見面時，我還有幾個問題要問他，但是我相當肯定自己已經知道答案。總而言之，我要你一回到旅館就打電話給珍妮，告訴她安排一架李爾噴射機，明天一早在機場等我們，再幫我們訂好杜切斯特大飯店的總統套房，我們要去倫敦，兄弟，我們要去倫敦。」

14 國際迷思

三小時後，我跟索海爾面對面坐在里奇蒙大飯店大廳裡的渣甸餐廳，桌上擺著我所見過最精美的東西：一排手工擦亮的精美銀製餐具、一堆一塵不染的白色骨瓷，放在漿燙得平整之至的雪白桌布上。我心想，這些東西的確都是精品；一定要花很多錢！但是餐廳的裝潢就像這家古董大飯店的其他地方一樣，不對我的胃口，顯然是一九三〇年左右的裝飾藝術風格；我猜這家餐廳上次重新裝潢，大概也就是那個時候。

雖然裝潢不夠亮麗，我又時差嚴重到幾乎虛脫，但同伴的表現卻可圈可點。索海爾本人正好是相當高明的性學大師，仔細跟我解釋了引誘瑞士法裔女性上床的高深藝術，照他的說法，法裔女性似乎比野兔還色。他宣稱，她們其實非常容易騙上床，以至於他每天都要從辦公室窗戶往外凝視，在看著她們身穿短裙、手抱小狗走在隆河大道上時，也在她們的背後畫上想像中的紅心。

我發現他的觀察相當敏銳，也覺得波路西沒有在場聽他說話很可惜。但是今晚索海爾和我打算討論的話題嚴重違法，根本不能有第三者在場，即使第三者正好也參與這種犯行也一樣。這也是艾步蘭教我的另一個教訓，他說：「兩個人是犯罪；三個人就變成了共謀。」

因此我單獨跟索海爾在一起，但是心思卻擺在波路西身上──說得更清楚一點，我在想他現在到底在幹什麼。他是那種你在外國時不能把眼睛離開他的人，只要放他單飛，幾乎就可以確定他一定會惹出什麼問題。在這個國家裡，唯一讓人安心的是，除了強姦或殺人之外，波路西能夠做的壞事當中，沒有幾件我眼前這個人打電話到主管官署不能解決的事。

「因此，大部分的時間裡，」索海爾宣稱，「我帶她們到我們銀行對面的大都會大飯店，在那裡搞她們。對了，喬登，我必須說，我覺得英文裡的這個『搞』相當令人滿意，法文裡就沒有哪個字能夠把這種意思表達得這麼清楚。但是我們不要偏離本題，我想說明的是，我把儘量跟最多瑞士女性上床變成我的第二種專業——當然了，第一專業還是銀行業。」他像小白臉一樣聳聳肩，發出歐洲垃圾那種熱情的笑容，然後再猛吸一口香菸。

「根據柯明斯基的說法，」他一面吐煙，一面說著，「你跟我一樣，喜愛美麗的女性，對吧？」

我微笑著點點頭。

「啊……很好，」性學大師繼續說：「非常好！但是我也聽說你太太很漂亮。這種事真的很奇怪，你說是不是？有這麼漂亮的太太，卻還是賊眼兮兮？但是我可以了解這一點，朋友，我太太也相當漂亮，但是我還是忍不住要找喜歡跟我在一起的年輕女性作樂，只要她符合我的完美標準。在這個國家裡，這種女性可不少。」他聳聳肩又說：「但是我想這就是世事運作的方式，是對我們這種男人該有的方式，你說對不對？」

天啊！這種話聽起來真可怕！我自己也這樣說過很多次，來為我的行為合理化，但是聽別人這樣說，才讓我了解這種事情多麼荒謬。「噢，索海爾，有時候男人必須對自己說，『我已經證明了自己的看法』，這一點就是我現在要說的話——我愛太太，卻還是到處留情。」

索海爾嚴肅的瞇著眼睛點頭說：「我自己曾經走到這種地步很多次，但走到這一步時感覺很好，對吧？這樣會提醒我們人生中重要的東西是什麼。畢竟無家可歸的話，人生的確會很空虛，這就是為什麼我這麼珍惜跟家人在一起的時間。不過如果已經在家裡待過幾天，我知道，如果再繼續逗留下去的話我很可能會割腕自殺。

「喬登，別誤會我的意思，我不是不愛太太和小孩，我深愛他們，但我是個法國人，身為法國男人，我可以合理接受的妻子兒女事情只有這麼多，超過了限度我就會開始很痛恨他們，我要說的是，我離開家的時間愈多，就會讓我變成對太太好很多倍的先生，變成對子女好很多倍的父親。」索海爾從玻璃菸灰缸上拿起菸，狠狠的吸了一口。

這一回我等了又等，但是他根本沒有把煙吐出來。哇，有意思！我從來沒有看過我老爸這樣做過！索海爾似乎把煙內化，吸進自己的身心裡。突然間，我相信瑞士男性抽菸的原因似乎跟美國男性不同：在瑞士抽菸，似乎代表有權從事簡單的男性娛樂；在美國抽菸，則比較像在各種可怕的警告下爭取自殺的權利。

該談正事了，我熱心的說：「索海爾，為了回答你的第一個問題，說明我打算搬多少錢到瑞士來，我覺得，比較有道理的做法是一開始先搬小筆的錢，大概五百萬美元左右。然後如果事情順利，我會考慮搬大很多的金額進來，比如在未來一年裡搬個二千五百萬美元。至於銀行信差方面，我感謝你們的表態，但還是寧可用自己的信差——我在美國有一些朋友欠我的情，我敢說他們會同意替我這樣做。」

「但是我仍然擔心很多問題。第一個問題就是柯明斯基，如果他知道我跟你們銀行的關係，我就不可能繼續進行。事實上，即使他只懷疑我在你們銀行裡存了一分錢，都會徹底破壞這件事情，我會馬上結清所有帳戶，把錢搬到別的地方去。」

索海爾似乎完全無動於衷，冷冷地說：「你絕對不必再提這個問題了，柯明斯基不但永遠不會知道這件事，而且如果他決定打聽這件事，他的護照會列入觀察名單，在最短的時間內遭到國際警察組織逮捕。我們瑞士人對保密法律的重視，根本不是你們所能想像的。柯明斯基曾經在我們銀行服務，因此他的言行要符合高很多的標準。我會說，如果他敢揭露這種事情，或甚至只在他最好避開的地方問東問西，他就會進監牢，我這可不是在說笑。他會被關在房間裡，而我們會埋葬那個房間。因此我們可以斷然、永遠拋開柯明斯基的問題，如果你打算繼續用他，那是你的決定，但是要防備他，因為他是喜歡胡說八道的小丑。」

我笑著點點頭說：「我用他擔任現在的職位，自然有我的道理；美元時代公司嚴重虧損，如果我請來新的財務長，他可能就會開始亂搞，因此目前最好不要打草驚蛇。總之我們除了美元時代之外，還有更重要的事情要討論，如果你承諾柯明斯基永遠不會知道我的帳戶，我會相信你，絕對不再提起。」

索海爾點點頭說：「我喜歡你辦事的方式，喬登，說不定你的前生是個歐洲人？」他第一次對我笑得這麼樂不可支。

「感謝、感謝，」我帶著一絲諷刺的意味說：「我把你的話當成莫大的恭維，但是我仍然有一些重要的問題要問你，主要是跟今天早上你們的人交給我的垃圾有關，上面說，如果我要開戶的話就必須把護照交給你們，但我要說少來這一套了，太過分了不是嗎？」

索海爾點起另一支菸，深深的吸了一口，吐出來後才對我曖昧地笑著說：「噢，我知道你的身分後，就認為你已經想出了迴避這種問題的方法了，對吧？」

我點點頭，沒有說話。

我的沉默，讓索海爾知道我希望他澄清我的疑慮，就聳聳肩說：「噢，好得很，借句你們美國人愛說的話，我們在銀行裡說的那些話大部分都是『狗屎』，是說給柯明斯基聽的，當然也是說給大家聽的，畢竟我們必須表現出守法的樣子。事實上，把你的名字放在瑞士的數字帳戶上，對你來說等於自殺，我絕對不會建議你這樣做。然而我也認為，如果你在我們的銀行裡開一個有你名字的帳戶，應該是很合理的事情，這樣一來，如果美國政府居然票傳你的電話通聯記錄，你就可以有個為什麼打電話給我們銀行的合理說明。沒有什麼法律可以禁止你開瑞士帳戶，你只需要匯給我們一點錢，大概二十五萬美元左右，我們會替你投資在歐洲的股票上，當然只投資最績優的公司，讓你得到經常跟我們聯絡的充分理由。」

我心想，不壞！不管在哪個國家，白領罪犯顯然都很重視合情合理的否認之道。我在椅子上不舒服的移動了一下身體，設法減輕左腿上似乎慢慢著火的壓力，然後輕鬆的說：「我懂得你的意思，也很可能會照辦。但是正好因為你知道跟你打交道的是什麼人，我從家裡打電話給你們銀行的機會小於零。我寧可開車到巴西，口袋裡放幾千塊的巴西幣找公用電話，也不會讓你的號碼出現在我的電話帳單上。」

「至於你的另一個問題，我的答案是用不同姓的親戚名字，她是我太太的親戚，甚至不是美國公民而是英國人。明天一早我要飛到倫敦，後天我就可以請她回來這裡，帶著護照到你們的銀行裡開戶。」

索海爾點點頭說：「我想這表示你很信任這位女性，但如果你沒有值得信任的人，我們還是可以提供你一些名字，讓你利用他們的護照；這些人都是普通人，大部分是開曼島或其他免稅天堂的農人和牧羊人，不但百分之百可靠，也根本不能動用你的帳戶。雖然我知道，你已經把這位女性的可靠性考慮進去了，但我仍然要建議你跟一個叫做法蘭克斯的人見面；他是這種事情的專家，尤其擅長製造文件，他可以製造銷售單據、財務文件、購買訂單、經紀商成交明細表，幾乎所有合理的文件他都能夠製造，是我們所說的『受託人』，可以幫忙你成立無記名公司，讓你進一步避開你們政府的偵監，讓你把持有的公開上市公司股權變成比較小筆的投資，以免你持股超過五%時必須申報。對你這樣的人來說，他在你事業上的所有層面中，不管是國內還是國外的業務都十分寶貴。」

有意思，他們擁有自己的垂直整合人頭服務！你不得不喜歡瑞士人，特別是負責偽造能夠合理否認文件的這個法蘭克斯。我回答說：「我非常願意跟這個人見面，或許你可以幫忙安排後天看看。」

索海爾點頭說：「我會安排。在發展策略方面，法蘭克斯先生也幫得上忙，讓你可以再投資，也可以隨心所欲花用你放在國外的錢，就像你說的一樣，不會引起你們主管機關的注意。」

「譬如什麼呢？」

「噢，有很多方法，最常見的是發給你威士卡或美國運通卡。信用卡會跟你在我們銀行的帳戶直接綁在一起，在你買東西時自動從你的帳戶中扣款。」他笑著又說：「而且根據柯明斯基告訴我的話，你的信用卡花費相當高，因此這會對你很有用。」

「信用卡會用我的名字，還是用我打算帶來銀行的那位女士的名字呢？」

「會用你的名字，但是我建議你容許我們也發給她一張卡。讓她每個月花一點象徵性的錢比較明智——如果你懂得我的意思的話。」

我點點頭，表示我的確懂得。事情很明顯，讓派翠西亞每個月花點錢，會進一步證明這個帳戶實際上是她的。但是我不能不擔心另一個問題：如果信用卡用我的名字，聯邦調查局只要在我購物時跟蹤我，等我買好東西後再走進店裡，要求查看我的信用卡交易記錄，那麼我的金雞母就毀了。所以我不大能理解，為什麼索海爾居然會建議我採用這麼容易自取滅亡的策略。但是我決定不說出來，因此我說：「雖然我習慣拚命花錢，卻認為信用卡只是花小錢的方法。畢竟我們考慮的交易是以百萬美元為單位，我認為，我們美國人說的簽帳卡無法料理這麼大筆的錢，有沒有其他方法，可以把大筆的錢匯回美國？」

「當然有，另一個常用的策略是用你自己的錢，拿你的房子去抵押。換句話說，你要請法蘭克斯先生成立無記名公司，再從你的瑞士帳戶把錢搬到這家公司的帳戶裡，然後法蘭克斯先生會擬好正式的抵押貸款文件，你要簽名當中貸人，也由你收受貸款。這種策略有兩個好處：第一，你會向自己收取利息，利息會放在你決定成立海外公司的國家；最近法蘭克斯先生喜歡利用英屬維京群島，那裡對文件作業的要求很寬鬆。當然了，他們也不徵所得稅。第二個好處是你在國內可以減稅，畢竟在你們國家裡，抵押貸款利息可以扣抵稅負。」

我想了一下，不得不承認這種做法很高明，但也似乎比簽帳卡還危險。如果我用自己的房子申請抵押貸款，我住的老布魯克維爾市就會有記錄，聯邦調查局只要到市政府去，要求查閱我的所有權狀，就會看出貸款是由海外公司撥出的，還有比這樣更招搖的事嗎！顯然這是整個遊戲中比較困難的部分——把錢送進瑞士銀行帳戶很容易，避開調查也很容易，但是要把錢匯回國、又不留下文件痕跡卻很難。

索海爾忽然問我：「對了，你要帶來銀行的女士叫什麼名字？」

「她叫派翠西亞・梅勒。」

索海爾又曖昧的笑著說：「好名字，有這種名字的女性怎麼會違法呢？」

一小時後，索海爾和我走出旅館電梯，踏上四樓的走廊，向波路西的房間走去。走廊的地毯像大廳一樣，褪色得很明顯，色調同樣是令人難過的狗屎黃搭配反胃的粉紅色，房門卻新得發亮，暗褐色的胡桃木閃閃發光，我心想，這真是有意思的對比，或許這就是大家所說的舊世界的魅力。

我們走到波路西的房門口時，我說：「聽我說，波路西是相當喜歡尋歡作樂的動物，因此他如果有點昏昏沉沉，請你不要訝異，我離開他時，他不但正在喝威士忌，我也認為，他的身體系統裡現在都還留有我們搭飛機前吃的安眠藥。但是不管他說話的樣子怎麼樣，我希望你知道，他清醒時非常精明。事實上，他的座右銘是『如果你跟一群男孩出去，醒來時要跟一群男人在一起』。你懂得這句話的意思嗎？」

索海爾開心的笑著回答說：「啊，我當然懂，我不由得要尊敬奉行這種生活哲學的人，歐洲大部分地方都相信這種哲學，我最不願意做的事，就是根據一個人的肉欲判斷這個人。」

我轉動鑰匙，一打開門就看到波路西躺在房間的地板上，什麼都沒有穿，當然了，如果你把赤裸裸的瑞士妓女當成衣服，那他就等於穿了四件衣服：有個女孩坐在他臉上，背對著他，翹臀壓著他的鼻子；第二個女孩坐在他的腰上，身體一上一下的動著，同時跟坐在波路西臉上的女孩狂熱親吻；第三個女孩拉開他的雙腳，第四個女孩拉著他的雙手，成為大字型。兩個陌生人走進房裡並沒有讓她們慢下來，仍然像沒事人一樣各忙各的。

我轉頭凝視索海爾片刻，他斜著頭，右手摸著下巴，若有所思，好像是要從這種淫靡的場面中，判斷每一個女孩扮演什麼角色，然後突然間，他瞇起眼睛開始慢慢點頭。

「波路西！」我大聲叫著，「你在幹什麼，你這個瘋子？」

波路西掙脫右手，把年輕的妓女從臉上推開，舉起手，盡最大的力量想對我們笑，但是他的臉孔幾乎凍住了，兩隻手上顯然都有古柯鹼。「無字字字！」他從牙縫裡吐出不知道什麼話。

「你在幹什麼？你的話我連一個字都聽不懂。」

波路西深深的吸了一口氣，好像要凝聚身上的最後一點力量，一個字一個字的說：「我……在……掙……噢！」

「你他媽的在說什麼？」我不高興的說。

索海爾說：「啊，我相信他是說他正在搶球，好像他是橄欖球員一樣。」說著，索海爾認真的點點頭，又說：「法國很流行橄欖球，看來你的朋友也似乎很像在爭球，只是爭球的方式非常罕見，不過我完全同意他的說法。喬登，你上樓去打電話給太太，我來照顧你的朋友；我想看看他是不是真正的紳士，是不是樂於跟別人分享財富。」

我點點頭，然後在波路西的房間裡搜尋，找到二十顆白板和三公克的古柯鹼後，通通沖進馬桶裡，才離開他和索海爾，讓他們隨興取樂。

幾分鐘後，我躺在床上檢討我很不正常的生活時，突然間非常想打電話給太太。我看看手表，晚上九點三十分，換算了一下，紐約時間是清晨四點三十分。這麼晚了，我可以打給她嗎？她非常重視睡覺，但我腦海裡還沒有答案前，手指已經開始撥電話了。

鈴聲響了幾下後，我太太的聲音傳過來：「哈囉？」

我小心翼翼地道歉：「嗨，蜜糖，是我。很抱歉這麼晚打電話，但是我真的好想你，只是想告訴你我多麼愛你。」

她的聲音像糖一樣甜：「哦，我也愛你，親愛的寶貝，只不過現在並不晚，是下午，你換算時間時倒算回去了。」

「真的嗎？」我說：「呃……噢……總之我真的非常想你，你不知道我多麼想你。」

美豔的女王說：「哦，太讓人感動了，千樂和我都希望你跟我們一起在家。親愛的，你什麼時候回來？」

「我會儘快回去，但明天我要先飛到倫敦去看派翠西亞阿姨。」

「真的嗎？」她有點吃驚的說：「你為什麼要去看派翠西亞阿姨？」

突然間，我想到，我不應該在電話上談這件事——我把太太最喜歡的阿姨扯進洗錢罪行了。所以我馬上撇開讓人困擾的這種想法，趕緊說：「不、不，我不是這個意思。我在倫敦有別的事情，因此想順道去看看派翠西亞阿姨，請她吃個晚餐。」

女王高興的回答說：「哦，代我向派翠西亞阿姨問好，好嗎，甜心？」

「我會的，寶貝，我會。」我停了片刻，然後說：「蜜糖兒？」

「什麼事，甜心？」

我沉重的說：「一切都是我的錯。」

「為什麼？甜心，哪件事讓你覺得自己有錯？」

「每一件事，娜娜，你知道我的意思。總之，我已經把所有的白板都用馬桶沖掉了，從下飛機到現在，我連一顆都沒有吃。」

「真的嗎？你的背部現在怎樣？」

「不太好，寶貝；背痛得很厲害，但是我不知道該怎麼辦，也不知道我能怎麼辦，上次手術害我背痛得更厲害，現在整天痛，整晚痛，我不知道是不是我吃的藥讓病情惡化，真的不知道。回美國後，我要去看佛羅里達州那位醫生。」

「親愛的，病情會好轉的，一定會的。你知道我多愛你嗎？」

「知道，」我昧著良心說：「我知道，而且愛你兩倍。我回家後，你等著看我變成多麼理想的丈夫吧！」

「你已經很理想了，現在去睡覺，寶貝，儘快安全回家，好嗎？」

「我會的，娜娜，我十二萬分的愛你。」我掛斷電話，躺在床上，開始用腳拇趾推左腳背找發痛的地方，卻怎麼也找不到；痛不知道從哪裡來，卻又像每一個地方都痛，像是會移動。我做了幾個深呼吸，設法讓自己輕鬆下來，希望疼痛消失。

不知不覺之中，我發現自己正暗自祈了又禱，希望晴天霹靂，打死太太的狗；接著，在我左腳仍然好像著火的情況下，時差終於讓我沉沉睡去。

15 懺悔之餘

希斯羅機場到了！倫敦到了！

倫敦是世界上我最喜歡的城市之一，除了天氣、食物和服務，這三樣東西都是歐洲最差的。然而，你還是很難不喜歡英國人，就算真的不喜歡他們，至少也要尊敬他們。畢竟，世上難得有一個只有俄亥俄州大小的國家，天然資源只有幾十億噸骯髒的煤炭，卻居然能夠主宰全球超過兩個世紀。

如果這樣說太籠統，最少你也要敬佩少數英國人不可思議的能力，他們居然能夠玩出人類史上時間最長久的騙局——維持王室傳統！這是歷來最富有傳奇性的騙局，英國王室玩得實在太好了。三千萬工人階級怎麼可能崇拜少數平凡之至的人，敬佩而好奇地注意他們的一舉一動？這的確讓人想破頭也搞不懂。更讓人困擾的是，這三千萬人實際上還傻到一天到晚自稱「忠誠的臣民」，口沫橫飛地說，自己不能想像伊莉莎白女王上廁後竟然自己擦屁股！

其實這些都無關緊要，重要的是派翠西亞阿姨是在英倫三島輝煌的歲月中成長。對我來說，她就是英國最寶貴的天然資源。

通過英國海關後，我很快就要跟她見面了。

六人座的李爾五五型噴射客機在希斯羅機場落地後，我用大得足以穿透兩具普惠噴射引擎的聲音對波路西說：「我很迷信，波路西，因此我要用航程開始時說的話來結束這段航程：你真是個他媽的瘋子！」

波路西聳聳肩說：「如果這是真心話，我會當成恭維——你不會對我私自留下幾顆白板生氣吧？」

我搖搖頭說：「不，我知道你會說這種鬼話，何況你還可以發揮一種效果：提醒我現在有多正常，光是為了這一點，我就對你感激不盡。」

波路西微笑著攤開手掌。「哎，朋友是幹什麼的？」

我沒好氣地對著他微笑說：「還有一點，我想你身上沒有任何毒品了吧？我希望這次平平安安的通過海關。」

「沒有了，我身上乾乾淨淨——你把一切都沖到馬桶裡去了。」他像童子軍發誠實誓言一樣舉起右手，然後說：「我只希望你知道，你說這些婆婆媽媽的廢話有什麼屁用。」

「我知道。」我信心十足的回答，內心裡卻不確定。我得承認，我對波路西私下沒有多留幾顆白板有點失望，因為我的左腳還是痛得要死。雖然我已經下定決心保持清醒，但光是想到只要一顆白板、只要一顆，就能夠消除我的疼痛，的確讓我有一種非常強烈的渴望！我已經超過兩天沒有吞白板了，不難想像吞下去後會變得多麼興奮。

但我還是深吸一口氣，壓下吞嚥白板的渴望，大聲說：「你只要記得你的諾言，在英國時不能找妓女，在我太太的阿姨前要表現出最規矩的樣子。她很精明，立刻就會看穿你的鬼把戲。」

「為什麼要我見她？我相信你會照顧我，你只需要告訴她，如果你有什麼三長兩短——很抱歉這樣說——她要聽我的話。何況如果能夠，我也不反對逛逛倫敦的街頭，或許我會去薩維爾街訂製幾套新西裝或什麼的，也可以到國王十字區觀光一下！」他說，對我眨眨眼。

國王十字區是倫敦著名的紅燈區，只要花個二十英鎊，就可以找到牙齒已經掉光、一隻腳已經踏進棺材、全身長滿皰疹的妓女替你吹簫。「波路西，好笑，非常好笑啊。只是你要記得，這裡沒有索海爾救你，還是讓我替你請個保鑣帶你逛吧？」這個想法雖然奇怪，我卻十分認真。

但是波路西揮揮手，好像我會搞砸什麼事情一樣。他大聲說：「別說這些過度保護的廢話了，我不會有問題的——你不必擔心你的朋友波路西！他像貓一樣有九條命！」

我搖搖頭，動了動眼珠，但是我能怎麼辦呢？他是成年人了不是嗎？也對也不對，不過這一點是題外話。我現在必須把心思擺在派翠西亞阿姨身上，幾小時內我就要跟她見面，她總是能夠讓我平靜下來；就算只是少許的平靜，對我也都很有用。

「那麼，寶貝，我們什麼時候開始這場奇異的冒險？」派翠西亞阿姨說。她挽著我的手，在倫敦海德公園綠蔭密布的小路上散步。

我熱情的對著派翠西亞微笑，然後來個深呼吸，感受英國涼爽的空氣；這個時刻，空氣比乾豌豆湯還濃。我覺得海德公園很像紐約市的中央公園，都是被繁榮的大都市緊緊包圍的一小塊天堂，走在裡面讓我覺得很舒服。雖然早上十點還有霧，太陽卻已經高高掛在天上，照亮整個景色，讓人覺得十分愉快，也把整整五百英畝的綠地、大樹、整整齊齊的矮樹叢和精心維護的騎馬道，都變成值得印在明信片上的美景。公園裡彎曲的水泥步道數目恰到好處，都是新鋪的，沒有一點垃圾。此時此刻，派翠西亞和我正走在其中一條上面。

派翠西亞看來很美，卻不像你在《城鄉雜誌》上看到的六十五歲婦女那種美，也就是說，不是大家認為銀髮族標準的那種美。派翠西亞美多了，她的美是內在美，是一種至為美好的溫馨感覺，從她身上的每一個細胞發散出來，表現在她說的每一個字上面。那種美是十分平靜的水面那種美，是高山冷冽空氣的那種美，是包容一切的那種美。她的身材相當普通，比我矮一點、瘦一點，留著及肩的紅褐色頭髮，眼睛是淺藍色的，雙頰白淨，上面當然有一些皺紋，總會讓我想起她少女時代那段時間裡，都躲在家裡公寓底下的防空洞躲避納粹的閃電戰。我們兩個在一起時，她特別喜歡微笑。一笑起來，兩顆門牙中間的小縫就會露出來。今天早上她穿著格子長裙，奶油色的罩衫由上到下縫著金色的扣子，格子圖案的外套和裙子的搭配十分完美，東西看來都不貴，卻全都感覺很高貴。

我對派翠西亞說：「如果可能，我希望明天就到瑞士去；但是如果你覺得不適當，我會在倫敦等你，反正我在倫敦也有些事情要辦。我有一架噴射機在希斯羅機場等著，不到一小時就可以把我們載到瑞士。如果你願意，我們可以在那裡玩一天，觀光一下或是買點東西。」

「但是，我要再說一遍，派翠西亞，」我停下來，瞪著她看——「我希望你答應我，每個月至少要從這個帳戶裡花一萬英鎊，好嗎？」

派翠西亞停住腳步，放開勾著我的右手，擺在心臟上。「好孩子，那麼多錢我甚至不知道從哪裡開始花起！我需要的東西都有了，真的，寶貝。」

我牽著她的手，繼續往前走。「或許你『需要』的東西都有了，派翠西亞，但是我敢說，你還沒有你『想要』的一切。你為什麼不先買一部汽車，讓自己不用再搭雙層巴士跑來跑去？買了車子後，你還可以搬到比較大一點的公寓，讓克倫和安努西卡都有自己的房間，你只要想一想，兩個孫子都有臥房多好！」

我停了片刻讓她消化我的話，才又說：「幾個星期裡，我就會請這家瑞士銀行發給你一張美國運通卡，你可以刷卡支付所有的費用，儘量刷卡，儘量花錢，卻絕對不會收到半張帳單。」

「但是，這麼貴的帳單誰付錢？」她困惑的問著。

「銀行會付，就像我說的一樣，這張卡片沒有上限，你花的每一英鎊都會讓我的臉上湧起笑容。」

派翠西亞微笑不語，所以我們默默的走了一會兒。這是不會讓人難過，而是兩個人之間覺得舒服、不必在正常談話過程中被迫開口的那種沉默。我發現，一跟這位阿姨在一起，我的心裡就十分平靜。

現在我覺得左腳好一點了，但是這跟派翠西亞沒有什麼關係。我早就感覺得到，似乎任何活動都可以減輕我的痛苦，不管是散步、打網球、舉重，甚至連在高爾夫俱樂部揮桿，我的疼痛都會減輕。我覺得這一點似乎相當怪異，因為打高爾夫顯然會壓迫我的脊椎，但是我不打時疼痛又會開始，而且一旦我的腳開始著火，就根本沒有辦法撲滅。

安靜地走了一會兒後，派翠西亞說：「孩子，跟我一起坐下來。」引領著我向步道旁邊的小木椅走去。我們一直走到椅子前面才鬆開手，派翠西亞坐在我旁邊說：「我把你當兒子一樣看待，喬登。我答應做這件事，完全是因為這樣對你有幫助，不是因為錢。你年紀大了以後會發現一件事：有時候，錢造成的問題會比錢的價值還大。」她聳聳肩又說：「別搞錯了我的意思，孩子，我可不是失去真實感、活在錢不重要的夢幻世界裡的老糊塗，我很清楚錢很重要，我靠著從二次世界大戰後的廢墟中挖出一條生路而成長，我很清楚『不知道下一餐飯在哪裡』是什麼感覺。當時我們什麼事情都不能肯定，半個倫敦被納粹炸成碎片，我們前途茫茫。但是我們有希望，有重建國家的使命感。我就是在那時碰到泰迪，當時他在皇家空軍服役，其實只是試飛員，但真的相當勇敢，是最先試飛獵鷹式垂直起降噴射戰鬥機的人，這種飛機的外號，叫做『飛行棺材』。」她難過的笑著。

我把手伸過椅背，輕放在她肩膀上。

派翠西亞用比較高昂的口吻說：「總之我想說的是，孩子，泰迪是很有責任感的男人，或許太有責任感了，最後才會讓責任感控制了自己，他爬得愈高，對自己人生的目標就愈不安，孩子，你知道我的意思嗎？」

我慢慢的點點頭，這個比喻並不好，但是我想，她的意思是追逐想像中的成功會有很多風險。她和泰迪已經離婚。

派翠西亞繼續說：「孩子，有時候，我不免覺得你是不是已經被金錢控制住了。我知道你用金錢控制別人，這一點沒有什麼不對，世界上的事情本來就是這樣，想讓事情變成對你有利不會讓你變成壞人。但是我擔心你已經讓錢控制住你了——這樣就不是好事。錢是工具，不是主人；錢可以幫忙你認識別人，卻不能幫忙你交到真正的朋友；錢可以買到舒適的生活，卻買不到祥和的生活。你一定知道我不是在批判你，也絕對不願意批判你。我們都不完美，都由心中的魔鬼驅策，上帝知道我也一樣。」

「總之，回到你打算要做的這件事，我希望你知道我全心全意贊成！不但贊成，我還覺得整個事情令人相當興奮，讓我覺得自己像是〇〇七小說中的人物，這件事、這整個國外金融的操作相當刺激，等你到了我這種年齡，一點點刺激就是讓你保持年輕的東西，對吧？」

我先是微笑，然後哈哈笑出聲來：「應該是，派翠西亞，但是就刺激來說，我要再說一遍：其中總是會有些許出問題的機會，到時候，刺激程度可能比〇〇七小說還嚴重，而且這種事情可不是小說情節，蘇格蘭場會帶著搜索狀來敲你的門。」

我凝視著她，用低沉的語調暗示最嚴重的情況，「但是如果當真走到這一步，派翠西亞，我跟你發誓，我會在兩秒內趕到，表明你不知道這一切是怎麼回事；我會說，是我要你到銀行去，是我要你把護照交給他們，而且是我向你保證，其中沒有不合法的地方。」我知道這些話句句都是實話。總而言之，世界上沒有哪一個國家的主管機關會相信這位無辜的老太太會參與國際洗錢計畫，這種事情根本無法想像。

派翠西亞微笑著回答說：「我知道，孩子。此外，寵愛我孫子也很好，或許在我坐牢時，在我被警察抓走、指控我從事國際銀行詐欺時，他們甚至會因為感激我而跑來探監，對吧？」說完，派翠西亞身體往前傾，開始哈哈大笑。

我跟著她一起大笑，但是心裡很難過。有些事情你根本不能拿來開玩笑，惡運就是其中一種；這樣做，好像是在命運之神的眼睛裡撒尿。如果你一直這樣做，命運之神一定會報復，會對你撒尿，只不過，他的尿會像該死的消防水柱一樣沖倒你。

但是，派翠西亞阿姨怎麼可能知道這種事？在碰到我這匹華爾街之狼前，她這輩子都沒有犯法過！難道我這個人真的這麼糟糕，光是為了合情合理的規避風險，就樂於腐化一位六十五歲的老祖母？

噢，事情總有兩面，一面是整個事情當中明顯的惡意，就是讓老祖母腐化，讓她曝露在根本不需要或不想要的生活形態中，可能威脅她的人身自由，威脅她良好的名聲，如果事情出了差錯，甚至可能讓她爆發心臟病或其他跟壓力有關的疾病。

但從另一面來說，即使她根本不需要或不想要富有、豪奢的生活，也不表示這樣對她就比較不好！老天在上，這樣對她好多了！有了多餘的錢，她就能夠在晚年過著奢華的日子。萬一不幸她生病了，也可以得到錢所能買到的最好醫療照顧。英國人常常說些廢話，比如他們社會主義式的醫療是人人平等的烏托邦，但我一點也不懷疑只是一堆廢話。有幾百萬英鎊財產的人才能得到特別的醫療照顧，這樣不是很公平嗎？此外，英國人可能沒有美國人那麼貪心，但他們依然不是該死的共產黨；社會主義式的醫療、真正社會主義式的醫療，只不過是老共的陰謀詭計！

全部加總起來，再算上其他的好處，全都十分有利於請我敬愛的派翠西亞阿姨，踏入非法國際金融詐欺的虎穴。派翠西亞自己就說過，參與複雜洗錢圈子的興奮，在未來若干年裡應該會讓她保持年輕！真是令人愉快的想法！事實上，她真的碰到問題的機會有多少呢？我心想，幾乎等於零，很可能比零還低。

這時派翠西亞說：「孩子，你有一種奇異的能力，可以同時進行兩種不同的對話：一種是跟外界的對話，像現在跟你敬愛的派翠西亞阿姨說話；另外還有一種是跟自己對話，這種對話只有你聽得到。」

我開心的大笑，往椅背一靠，把手放在木椅橫槓的兩邊，好像這樣就能讓椅子吸收我的一部分憂慮。「派翠西亞，你很會觀察人。從我們第一天見面、從我幾乎淹死在馬桶裡的那一天開始，我總是覺得你比大多數人還了解我，甚至可能比我自己還了解我，不過大概不是這樣。」

「總而言之，就我記憶所及，我就一直都會魂遊物外——從我還是小孩、甚至可能從幼稚園時就已經這樣了。」

「我記得自己坐在教室裡，茫然地看著其他的小孩，心想他們為什麼不像我——老師問題還沒問完，我已經知道答案。」我停下來，凝視著派翠西亞，繼續說：「請你不要以為我自大，派翠西亞，我真的不是自大，只是想跟你說實話，讓你真正的了解我。但是因為當時我還很小，卻總是遙遙領先——我是說在智力上遙遙領先所有同年齡的其他小孩，而且年齡愈大領先的程度也愈大。」

「從我還是小孩的時候，腦海裡就有這種奇怪的內心獨白，除非我睡著，獨白就不會停止。我敢說每個人都會這樣，只是我的獨白特別大聲，特別令人困擾。我不斷的問自己問題，但人的頭腦就像電腦，如果你問頭腦一個問題，不論有沒有正確答案，頭腦都設定好會回答問題。我不斷的在腦海裡考慮一切事情，想預測我的行動對事情會有什麼影響，或許『操縱事情』是比較適當的說法，就好像在玩自己人生的棋局，可是我痛恨愚蠢的下棋！」

我望向派翠西亞的臉孔，希望得到一點答案，但是我只看到溫馨的笑容；我等著她回答，但是她沒有，不過她的沉默中透露出清楚的資訊，就是要我繼續說下去！

「總而言之，到了大約七、八歲的時候，我開始覺得非常恐慌，一直到今天我都還會，差別只是現在我會吃蝴蝶片來壓制恐慌。比較不妙的是，光是想起恐慌就會讓我吃一顆蝴蝶片。這種事情非常可怕，派翠西亞，恐慌絕對會讓你全身無力，就好像心臟要從胸膛跳出來一樣，好像你生命裡的每一刻都會變成永恆一樣；實際上，正好相反的情形是你的軀體卻會覺得很舒服。我想我們第一次見面那天，我就正好處在這種狀態中，不過那次是幾公克古柯鹼造成的，因此其實算不上是這樣。你還記得嗎？」

派翠西亞點點頭，溫馨的笑著，表情沒有一絲批評的意味。

我繼續說：「噢，除了這件事之外，我甚至從小就沒有辦法阻止腦海裡的胡思亂想；我從小就嚴重失眠，今天還是，只是情況變得更嚴重了。我常常整夜睡不著覺，聽著弟弟呼吸的聲音，看著他像嬰兒一樣安眠。我在小小的公寓裡長大，我們住同一間房，我對他的愛比你所能想像的還多；當時的很多事情，讓我光是回憶起來就很快樂，但現在我們甚至都不說話了。這是我所謂成功的另一種代價，不過那是題外話。」

「總之我一向討厭夜晚……應該說我害怕夜晚，因為我知道自己睡不著。我經常一夜不睡，看著床旁邊的數字鬧鐘，計算分鐘乘以小時的答案，這樣做主要是因為無聊，但也是因為我的腦海似乎強迫我做重複性的工作。還不到六歲，我心算四位數乘法的速度就比你用計算機還快；我不是開玩笑的，派翠西亞，我今天還是可以這樣心算，當時我的朋友卻甚至還不會閱讀！但是這並不能帶給我多少安慰，臨睡前我經常像嬰兒一樣痛哭，就有這麼害怕恐慌的侵襲。我爸爸會到我房間來，跟我一起躺著，設法安撫我，我媽媽也一樣；但是他們兩個白天都要工作，不能整晚陪著我，因此到最後，總是只剩下我一個人胡思亂想。這麼多年來，睡前的恐慌大致上已經消除，卻從來沒有真正的消失，每次我躺在枕頭上輾轉反側，嚴重失眠時，恐慌仍然讓我十分痛苦。」

「我一生都設法填補似乎填不滿的洞，派翠西亞，但我愈是努力，洞似乎就變得愈大，我花的時間超過……」

我一路往下說，開始吐出從我有記憶以來就一直撕裂我心靈的毒素。那天的我，就算不是拚命想拯救自己的生命，應該也是想拯救自己的心靈。事後回想，那裡也真的是任何一個男人解剖內心的好地方，對我這樣的男人尤其如此。畢竟小小的英倫三島上沒有華爾街之狼，也沒有史崔頓公司，這兩樣東西都遠隔重洋，只有一個擔驚受怕的年輕人貝爾福──他已經沖昏了頭，所有的成就都在快速敲定他的滅亡。我唯一的問題是：到底我會先用我自己的方式自殺，還是在有機會自殺之前就被政府抓去？

派翠西亞一讓我開口，我似乎就停不下來。每一個人畢竟都有無法否認的衝動，希望懺悔自己的罪惡──宗教就是靠這種事情建立起來的；很多國家之所以會被消滅，就是因為征服者相信事後所有的罪惡都會得到原諒。

因此我連續懺悔了兩小時，竭力想排除戕害我身心的毒素，排除驅策我做我明知不對、最後會引導我走向毀滅之路的毒素。

從我在貧困環境中長大的挫折開始，我告訴她我一生的故事：我的瘋狂老爸多不正常，我多痛恨媽媽沒有保護我，讓我免於爸爸惡毒脾氣的侵害。我告訴她，我知道媽媽已經盡了最大的力量，但是我多少還是從小孩子的眼光評判當時的回憶，因此我似乎不能完全的原諒她。我告訴她瘋狂老爸的事情，說他總會在最重要的時刻站出來支持我，這件事再度勾起我對媽媽的憤恨，因為她不肯像他那樣，在重要的時刻保護我。

我也告訴她，雖然如此，我還是深愛媽媽、敬愛媽媽，雖然她灌輸我當醫生才是賺大錢的好方法，我卻從六年級就開始吸大麻，背叛了她。

當時我告訴她我睡過了頭，錯過醫學院入學考試，事實卻是因為前一天晚上我嗑了太多藥，因此最後上不了醫學院，只考上牙醫系。我告訴她第一天到牙醫系上課的故事：系主任站在所有的新生前面，強調牙醫的黃金時代已經過去，「如果你希望當牙醫賺大錢，那麼你應該立刻離開，節省時間，以免將來後悔……」我當下立刻站起來，再也沒有回去。

接著我說明自己怎麼進入肉品和海鮮加工業，後來又怎麼碰到丹尼絲，這時我雙眼開始湧滿淚水，非常難過的說：「我們會手腳跪在地上，翻找零錢好去買一瓶洗髮精，當時我們就是這麼窮。當我虧掉所有的錢時，我以為丹尼絲會離開我；她長得年輕漂亮，我卻是個失敗者。派翠西亞，不管你或別人會怎麼想，我對女性從來都不是這麼有自信。我開始在肉品加工業中賺到錢時，以為賺錢多少會支撐我的信心；等到我認識丹尼絲時，我相信她是因為我的車子才愛我。當時我有一部紅色的小保時捷，對二十出頭的年輕人來說，這部車真是了不得，對窮人家庭出身的年輕人尤其如此。」

「我要跟你說真話，我第一眼看到丹尼絲時，絕對是神魂顛倒，她像美景一樣，絕對的豔麗非凡！派翠西亞，我的心臟真的砰砰亂跳。那天我開著卡車去，想要把肉賣給丹尼絲工作的髮廊老闆；總而言之，我在髮廊裡追著她跑，哀求她給我電話號碼差不多有一百次，她就是不肯給我，因此我快快的衝回家，開著保時捷回去，在髮廊外面等她，要她一出門就看到那部車！」說到這裡，我不禁對派翠西亞尷尬一笑：「你想像得到嗎？有哪一個有自信的男人會這樣做？我這樣做真是丟臉死了，但真正諷刺的是，從我創立史崔頓後，美國的每一個年輕人都認為，二十一歲前擁有一部法拉利跑車是他們天生的權利。」我搖搖頭，動了動眼珠子。

派翠西亞微笑著說：「孩子，我想你不是第一個看到美女就跑回家去開高級跑車的男人，我也不認為你會是最後一個。事實上，公園裡離這裡不遠的地方，有一段路叫做騎馬道，以前年輕的男性會在騎馬道上向年輕小姐炫耀自己的馬兒，希望有一天能夠打動她們的芳心。」派翠西亞呵呵的笑著，接著又說：「孩子，這種遊戲不是你發明的。」

我感激地笑著說：「噢，我相信你的話，但是我還是覺得自己很傻，至於其他的事情……你都已經知道了，但是，最可怕的事情是我為了娜婷拋棄丹尼絲；媒體的拚命報導，對丹尼絲來說一定是可怕之至的噩夢！我的意思是，她才二十五歲，就為了一個年輕名模遭到拋棄。報紙把她說成失去性吸引力、年華老去的社會名媛，好像她被人賣掉，換來另一位還有一點活力的女孩一樣！這種事情，在華爾街上隨時都會發生。」

「我的意思是，丹尼絲也很年輕貌美。你看出其中的諷刺意味了沒？大部分人都等著拋棄糟糠之妻，我知道你很精明，因此你一定了解我在說什麼。華爾街的情形就是這樣，而且就像你說的一樣，這種遊戲不是我發明的。只不過，我人生中的每一件事情都變得開始加速進行，錯過了二十多歲和三十多歲，直接變成四十多歲。二、三十歲會發生一些事情，塑造男人的性格；每一個男人都必須經歷一些奮鬥，才能找到男人的真正意義，我卻從來沒有經歷過，在我男性的身體裡面其實是個青少年。我天生有一些天分，但是情感上沒有足夠的成熟度，不能正確的利用天賜的才氣，讓我成為一個隨時會出意外的人。」

「上帝賜給我人生公式中的一半，讓我有能力領導別人，用大多數人想不到的方式思考事情；但是上帝沒有賜給我自制和耐心，讓我把事情做好。」

「總而言之，不管丹尼絲到任何地方去，大家都會對她指指點點：『哦，那位就是喬登為了米勒淡啤酒女郎拋棄的女孩。』派翠西亞，我跟你說真話，我對丹尼絲所做的事情應該遭到鞭打，不管是在華爾街上還是在其他地方，我的做法都不能原諒。我拋棄了親切又美貌，和我同甘共苦、把前途寄託在我身上的女孩，她終於盼到最後勝利時，我卻取消她的資格。我會為了這件事下地獄，遭到烈火焚燒，而且我罪有應得。」

我停下來深深的吸了一口氣，才又說：「你一定想像不到，我有多努力要證明自己的所作所為正確，想把一些責任歸咎給丹尼絲，卻一直做不到。有些事情，根本天生就不對。就算你從一千種不同的角度去看，最後還是會得到相同的結論。就我的情形來說，結論是我是卑鄙無恥的壞蛋，為了一雙比較長一點的腿、一張漂亮一點的臉孔，便拋棄忠心耿耿的糟糠之妻。」

「派翠西亞，你聽我說，我知道在這件事情上你很難公正無私，但是我相信，你這種品格的女性可以用應有的方式判斷這些事情。事實上，我從來不能夠像信任丹尼絲那樣信任娜婷。誰也不能讓我改變這種想法。四十年後，等我們年華老去、滿頭白髮時，我或許會考慮信任她，不過那也一定是很久以後的事情了。」

派翠西亞說：「孩子，在這件事情上我絕對同意你的看法；要信任在這種情況下認識的女孩，需要相當大的轉變。但反過來說，你老是因為這件事情而折磨自己也沒有用。你可以一輩子用懷疑的眼光看著娜婷，想像如果她是丹尼絲會不會比較好。最後，你可能會把整個想法變成自我實現的預言。追根究柢，我們散發到宇宙間的力量經常會回到我們身上，孩子，這是宇宙法則。」

「但是換一個方式來說，你知道別人說信任是什麼嗎？想要信任別人，你就得先信任自己——你值得信任嗎，孩子？」

天啊！真是個大問題！我在心靈電腦裡拚命思考，卻不喜歡電腦交給我的答案。我從椅子上站起來說：「我得站起來，派翠西亞，我的左腳因為坐太久，痛死我了。我們為什麼不去散步一下呢？我們向旅館走去，我想看看演說廣場，或許有人會站在肥皂盒上抨擊梅傑，他還是你們的首相，對吧？」

「對的，孩子，」派翠西亞回答。她從椅子上站起來，勾著我的手。我們向旅館走去時，她用實事求是的語氣說：「我們聽完演講者說的話後，你能夠回答我剛才問的最後一個問題嗎？」

這個女人真是太過分了！但是我不得不敬愛她！我的告解對象！「沒問題，派翠西亞，沒問題！你要的答案是：我不值得信任！我是個他媽的愛說謊、愛欺騙的人，我就像大部分人穿襪子那麼隨意跟妓女胡搞瞎搞，尤其是我嗑藥的時候——我大概有一半的時間都在嗑藥狀態。就算我沒嗑藥、不那麼駭的時候，我也仍然是個騙子，真的！你現在知道答案了，你很高興嗎？」

我突然小小發了一頓脾氣，讓派翠西亞哈哈大笑；但緊接著，她說出一番讓我十分震驚的話，「哦，孩子，每個人都知道妓女的事情，連你岳母、我妹妹都知道，這件事多少已經變成傳奇了。從娜婷的立場來想，我覺得她已經決定從不好的事情當中看出好的意義。但是我真正要問的是：你是否曾經跟另一個女人有婚外情，我是說喜歡上？」

「沒有，當然沒有！」我信心十足的回答，然後馬上懷疑起自己；花了一點時間思索，看看自己是不是說了實話。我真的從來沒有欺騙過娜婷嗎？……沒有，真的沒有。從傳統的意義來說，確實沒有。派翠西亞把這種想法灌輸到我腦海裡，真是讓人高興！她真的是奇妙女士！

然而，這種話題還是我希望能不談就不談的事情，因此我把話題轉到自己的背部，說長期疼痛讓我變得不正常……；我告訴她，幾次手術只是使病情惡化……；我解釋說，我嘗試吃麻醉劑──從衛克錠到嗎啡，什麼都吃，但這類藥劑使我的心情變得很憂鬱，因此我又吃抗噁心的藥物和百憂解，以對抗噁心和憂鬱……；但是抗噁心的藥物害我頭痛，因此只好吃安得胃；安得胃讓我胃部不舒服，因此我吃占安得，壓制胃痛；但占安得又提高我的肝指數……。然後我告訴她，百憂解影響我的性欲，讓我口乾舌燥……因此我吃舒樂津錠，刺激唾液腺，也吃育亨賓樹皮煉製的藥物，治療陽痿……但是到了最後，這些東西我都不再吃了。我解釋說，最後我總是回頭吃白板，因為在我看來，白板似乎是唯一真正能夠鎮痛的藥物。

走進演說廣場時，我難過的說：「我擔心我已經染上徹底的藥癮了，因為即使我的背部不痛，我還是不能不嗑藥。我現在會突然眼前發黑，記不得自己做了什麼事，相當嚇人。就好像你生命中有一部分就這樣──咻的一聲消失，永遠不見了。但我要說的是，我已經把所有的白板沖進馬桶裡了，現在卻非常渴望吃上一顆。實際上，我一直想請我的助理託我的司機搭協和號客機過來，帶一些白板給我。這樣算一算，二十顆白板大約要花掉我兩萬美元，兩萬美元！但我還是想這樣做。」

「我還能說什麼來為自己開脫呢，派翠西亞？我嗑藥成癮，我從來沒有對別人承認這件事，但是我知道事實如此。我身邊的每一個人，包括我太太在內，都不敢質疑我這種事情。他們多少都依賴我過活，因此縱容我、引誘我。」

「總而言之，我的情形就是這樣，不是很光彩。我過著世界上最失常的生活，是個成功的失敗者，才三十一歲就像六十歲的人。我在世界上還能活多久，只有上帝知道，但是我真的愛太太，而且我對小女兒的愛是我以前認為自己根本不會有的愛。她多少是我活下去的原因，千樂是我的一切，她出生後我就發誓不再嗑藥了，但是我在騙誰呢？」我根本沒有辦法長期不嗑藥。

「我不曉得千樂知道爸爸嗑藥成癮時，會有什麼想法？我不知道她看到爸爸最後進了監牢時，會有什麼想法？我不知道當她長大到能夠懂得所有報導，發現自己的爸爸跟妓女胡搞瞎搞時，會有什麼想法？我害怕那一天，派翠西亞，真的很害怕，而且毫無疑問的，那一天會到來。這一切都讓人難過，讓人非常、非常難過……」

我說完了。我從來沒像這樣說出肺腑之言過，但是，說了之後我覺得比較好過嗎？唉，其實沒有，我的感覺還是一樣，雖然走了一小段路，腳還是痛死我了。

我等著派翠西亞說出一些明智的回答，她卻根本沒有說話，我猜想，回答應該不是聽取告解的人該做的事吧。派翠西亞只是更用力拉我的手，把我略為拉近她，讓我知道，雖然我做了這麼多壞事，她仍然愛著我，而且還會繼續深愛著我。

演說廣場上沒有人演講。派翠西亞告訴我，大部分的演講活動都在週末進行，不過這樣也好，就在這個星期三，我在海德公園說的話已經夠說上一輩子了，在那短短的片刻裡，華爾街之狼變回了喬登．貝爾福。

但是這種情形稍縱即逝。在我所站的地方，我可以看到前方遠處忙碌的倫敦街道上，九層樓高的杜切斯特大飯店高高聳起。

那一刻，我心裡想著的，是協和號客機什麼時候會飛離美國，又要花多久時間才會飛到英國。

16 故態復萌

如果我一星期賺一百萬美元，一般美國人一星期賺一千美元，那麼如果我花二萬美元買一樣東西，就等於一般美國人花二十美元一樣，對吧？

一小時後，我坐在杜切斯特大飯店的總統套房裡，想著這個離奇的比喻。事實上，整件事非常有道理，因此我拿起電話，撥給珍妮，把她從熟睡中叫起來，鎮定地對她說：「我希望你叫康保到艾倫藥品菸草店去，要他替我買二十顆白板，然後搭下一班協和號客機把白板送來，好嗎？」事後想一想，我才算出紐約比倫敦慢五小時，表示珍妮那裡現在是清晨四點。

但是這些許的罪惡感也很快就消失了，畢竟這不是我第一次這樣使喚她，而且我自己也很懷疑會不會是最後一次。總之，我請她當個人助理，給她比行情高出五倍的薪水，因此基本上，我難道不是買下了隨時叫醒她的權利？就算不是這樣，光是我像她從來沒有見過面的父親一樣對待她，給她愛心和善心，不也有叫醒她的權利嗎？（另一個離奇的理由！）

這個推論顯然正確，因為珍妮毫不遲疑，立刻完全清醒，樂於滿足我的要求，還愉快地回答說：「沒有問題，我相當肯定一大早就有一班飛往倫敦的協和號，我會讓康保坐上去，但是不必派他到艾倫的店裡去——我的公寓裡，有一些替你準備的緊急存糧。」她停了片刻，然後問道：「你從哪裡打電話？旅館房間嗎？」

我還來不及說是就突然想起，要是有人知道我打電話給助理，要她利用超音速客機滿足我如火燎原的藥癮和自我毀滅的欲望，她卻一點也不訝異時，究竟會做何感想。這種想法讓我不大舒服，因此我決定到此為止，對珍妮說：「對，我在房間裡，不然你以為我從哪裡打電話給你？白痴，從皮卡迪里廣場的紅色電話亭嗎？」

「去你的！」她反罵回來：「我只是在想，」接著她改用十分期待的口氣問：「這個房間，比瑞士的還讓你滿意吧？」

「對，好多了，甜心，這個房間雖然不完全符合我的口味，但是一切都很新、很漂亮，你做得很好。」

我停頓了一下，等她回答，但是她沒有說話。天啊！她是要我徹底描述這個房間，好讓她能夠得到假想自己身臨其境的愉快，真是很難搞！但我還是對著電話微笑：「總之，就像我說的一樣，這個房間真的很好。根據旅館經理的說法，裝潢是英國傳統風格，誰知道這是什麼意思！反正這個房間真的很好，尤其是床，上頭有一個很大的掛帳，到處都是藍色的布料，我猜英國人一定喜歡藍色。他們也一定喜歡枕頭，因為房間裡大約有一千個枕頭。」

「總之，這個房間擺滿了各種英國式的垃圾，有一個巨大的餐桌，桌上有銀製的燭台，讓我想起李博瑞斯博物館。波路西的房間在我住的套房正對面，但是他就像『倫敦狼人』那首歌說的一樣，已經到倫敦街頭尋歡作樂去了。」

「如此這般，除了我所在的位置，其他沒什麼好說的了。我猜你一定想知道我在哪裡，因此你不用開口問，我就會先告訴你：我現在站在房間的陽台上，一邊望著海德公園一邊跟你談話。視野其實沒有那麼清楚，霧太濃了。你滿意了嗎？」

「嗯，嗯。」她只這樣回答。

「房間要多少錢？我住進來時沒有看。」

「一晚九千英鎊，大約等於一萬三千美元，不過聽起來似乎值得，對吧？」

我想了一下她的問題，發現自己很奇怪：為什麼不管房價多麼離譜，我總是覺得非訂總統套房不可？我很清楚，這跟我看了李察基爾在電影《麻雀變鳳凰》裡這樣做有關，那部電影是我最喜歡的片子。但是完整的原因還更複雜，每次我走到豪華大飯店的住宿櫃檯，說出神奇的「我的名字叫喬登．貝爾福，我要住進總統套房」時，都有這種感覺。噢，我知道，這是因為我是個沒有安全感的小王八蛋，但是管他的！

我用嘲諷的語氣說：「謝謝你提醒我匯率，世界銀行小姐，我幾乎都忘了。總之，以一晚一萬三千美元來說，這間房間的確非常便宜。不過我還是覺得，以這種價格來說，應該附送一位奴隸不是嗎？」

「我會替你找一個，」珍妮說：「但是不管怎麼樣，我都已經替你爭取到明天晚上就退房的權利，因此我們只要付一個晚上的費用；現在你知道我總是替你省錢了吧？對了，娜婷的阿姨還好嗎？」

我立刻起了戒心──電話會不會遭到竊聽？聯邦調查局會這麼大膽，居然竊聽珍妮的電話嗎？不可能，那太不可思議了！不管竊聽什麼人的電話，如果電話上只討論些沒有意義的事情，代價會很高昂，當然，除非檢調人員準備以性異常或嚴重毒癮的罪名逮捕我，那就又另當別論。說不定英國人會竊聽？英國軍事情報局會因為我甚至還沒有犯的罪，就偵查我嗎？不可能，同樣不可思議！他們都忙著應付愛爾蘭共和軍不是嗎？為什麼要理會我這匹華爾街之狼，插手我打算腐化一位退休小學老師的邪惡計畫呢？絕對不會。我知道我們的談話很安全後，就回答說：「她非常好，我剛剛送她回她住處──也就是他們說的公寓的那一層樓。」

「少耍嘴皮子，大偵探。」難纏的珍妮說。

「哦，對不起，我還不知道你這麼通曉天文地理。總而言之，我要在倫敦多住一天，因為還有一些事情要辦，因此請你跟飯店多訂一晚，而且安排好飛機星期五早上在希斯羅機場等我，也告訴駕駛當天要來回飛──派翠西亞那天就要飛回來。」

珍妮用典型的嘲諷口氣說：「老大，你說什麼我都照辦。」為什麼她總是用這麼輕蔑的口氣說「老大」這個字眼？──「但是我看不出來你為什麼覺得需要唬爛我、編出個你要在倫敦多待一天的理由。」

她怎麼知道？難道我希望在倫敦偷偷嗑點白板、不讓瑞士銀行家看到的意圖真的這麼明顯嗎？我想不是，只是因為珍妮太了解我了，在這方面，她有點像我太太。也因為我對珍妮不像對太太那樣經常撒謊，因此她更善於預測我不打算幹好事。

但是，我仍然覺得必須撒謊。「我本來不打算說出答案來回敬你的質問。但是既然是你自己提起這個問題，說不定我應該讓你也出點力氣。倫敦有一家非常熱門的夜總會，叫做安娜貝爾。聽說等閒的人不可能進得去，替我弄一張明天晚上位置最好的檯子，告訴他們我要三瓶冰鎮水晶香檳等著我，要是你有什麼問題——」

「請不要侮辱我，」珍妮插嘴說：「你的檯子會等著你，貝爾福大人。只是你忘了我知道你出身什麼地方，而且灣岸正好不是以忠誠聞名的地方；你還需要我替你安排什麼事情嗎，還是自己會打理好明天晚上的一切？」

「哎呀，你真是個小魔頭！事實上，我倒是真的想在女性方面翻新一頁，但是既然你提醒了我，你為什麼不加訂兩瓶藍籌特級紅酒，一瓶給我，一瓶給波路西。噢，我想你最好訂三瓶，以免有一瓶壞了！在外國的這種地方，你根本不知道有什麼東西會走進門。」

「那麼，我要掛電話了！我要下樓快快的運動一下，然後去龐德街買點東西，下個月我老爸收到帳單時，應該會很高興！現在請你快一點，在我掛斷電話前，提醒我說我是多好的老闆，告訴我你多愛我、多想念我！」

珍妮用毫無抑揚頓挫的口氣平說：「你是全世界最好的老闆，我愛你、想念你，沒有你就活不下去。」

「噢，我就知道。」我裝作聽不出諷刺味地回答她，然後沒說再見就把電話掛了。

17 偽造大師

整整三十六小時後的星期五早上，我們租的李爾噴射客機從希斯羅機場起飛，隆隆的引擎聲就像戰鬥機一樣劃破天空。派翠西亞阿姨坐在我左邊，驚恐的表情在她臉上凝結，非常用力的抓著扶手，連關節都變白了，我看了她三十秒，只看到她眨了一次眼。讓她這麼不舒服我有一點點罪惡感，但是我能怎麼辦呢？事實上，坐在長十五呎、中間挖空的子彈裡，以每小時五百哩的速度向天空發射，對大部分人來說都不是愉快的事。

波路西坐在我對面，背對駕駛艙，因此他會倒著飛到瑞士，我總覺得這樣讓我很不舒服，但是就像大部分的事情一樣，波路西似乎一點也不在乎。事實上，雖然引擎的聲音很大，飛機也震動得很厲害，他不但已經睡著了，還擺出常有的姿勢——嘴巴張得大大的，頭歪向一邊，巨大的牙齒閃閃發亮。

他就是有這種不可思議的能力，能夠在片刻之間就睡著。我要承認，他這種能力簡直讓我氣極了，你腦海裡的眾多想法怎麼能夠說停就停？似乎不合理吧！但是，不管我喜不喜歡，這都是他的福氣、我的致命要害。

我懊惱著把頭轉向橢圓形的小窗戶，撞在上面，發出輕輕的響聲，然後把鼻子貼著窗戶，看著下面的倫敦市愈變愈小。早上七點的時候，濃湯一樣的迷霧仍然像潮濕的毯子一樣，蓋著倫敦市，我只能看到大笨鐘的鐘樓在霧中高高聳起，像根早上就勃起、迫切需要愛撫的大陽具。經過三十六小時後，光是想到勃起和愛撫，就足以使我脆弱的神經變成徹底興奮。

突然間，我發現自己想念起太太娜婷！可愛的女王！在我最需要她的時刻，她在哪裡？把頭枕在她溫暖、柔軟的胸脯，從中吸收一點元氣，是多麼美好的事啊！但是不行，我不能這樣做，此刻的她不但和我遠隔重洋，私底下說不定正等著對我最近的罪惡行為算總帳，打算報復我。

我凝望窗外許久，反省過去三十六小時的心路歷程。我是真的愛我太太，因此，到底是什麼原因促使我做所有這些可怕的事情？是毒品害我這樣做的嗎？還是這些行為促使我吸毒，好減輕罪惡感？這是個永恆的問題，是蛋生雞還是雞生蛋的問題，足以讓人瘋狂。

這時駕駛員突然來了個急轉彎，閃亮的晨曦從右翼尖反射進來，照亮了機艙，幾乎害我從椅子上跳起來；我轉頭避開刺眼的光線，看了一眼派翠西亞阿姨的狀況。啊，可憐的派翠西亞！她還是像雕像一樣動也不動，緊緊抓著扶手，仍然深陷李爾噴射客機造成的緊張中。我覺得應該安慰她幾句話，因此我用大到足以穿透隆隆引擎聲的聲音叫道：「派翠西亞阿姨？你覺得怎麼樣？這樣跟搭民航機有點不同，你確實可以感覺到轉彎，對吧？」

然後我轉頭看看波路西，他還是在睡覺！真是讓人難以相信的鼠輩！

我把心思轉向今天的行程，也想了一想我今天必須完成的目標。派翠西亞的部分很好辦，只是請她儘快進出銀行，在閉路電視攝影機前微笑，簽幾份文件，把護照影本交給他們，這樣就結束了。我會在今天下午四點前送她回倫敦，一周之內她就會收到信用卡，開始得到當我人頭的好處。這一切，對她都是好事！

派翠西亞的事情處理完後，我要跟索海爾很快見上一面，了解一些還沒有辦好的事情，大致擬出偷運現金過來的時間表；我打算先搬個五百萬美元過來，也說不定是六百萬，然後再往上加。美國那邊我有一些人會負責實際的偷運出口，但是我要等回到美國後才讓他們動手。

如果運氣夠好，今天我就可以辦完所有的事情，明天就搭早班飛機離開瑞士，想來真是愉快！我愛太太，又可以看到千樂，把她抱在懷裡。這件事還有什麼話好說的？千樂太漂亮了！雖然她現在只會睡覺和玩得筋疲力盡，喝溫溫的嬰兒奶粉，我卻看得出來她將來會變成天才！而且她長得漂亮之至！一天一天過去，她愈來愈像娜婷，十分完美，正是我希望的樣子。

然而，現在我最好還是集中精神考慮今天的事情，尤其是考慮跟法蘭克斯見面的事情。我慎重思考過索海爾說的話，毫不懷疑法蘭克斯這種人對我可能非常有利。如果我有一個能夠製造文件、支持合情合理否認概念的人在背後支持，很難想像自己還可以完成多少成就。最明顯的好處，就是利用我的海外帳戶從事S法規的交易，讓我可以避開一四四號規定的兩年持有期間限制。如果法蘭克斯能夠幫我創設正當、合法外國企業面貌的空殼公司，我就可以利用S法規，為我自己的公司——尤其是為美元時代公司——增資。美元時代需要二百萬美元的現金增資，如果法蘭克斯能夠製造必要的文件，我就可以用我偷運出境的錢融通美元時代公司，這點應該是我們要討論的主題之一。

真是奇怪：我雖然很討厭柯明斯基，帶我認識索海爾的人卻是他。這是因禍得福的典型例子。

想到這裡，我就閉上眼睛假裝睡覺，很快的，我就會回到瑞士。

法蘭克斯的辦公室設在一條鵝卵石鋪成的安靜街道上，是一棟細長、三樓紅磚建築的樓下，街道兩旁開了各式各樣的家庭商店，雖然現在下午已經過了一半，這些店也都開門營業，似乎卻沒有多少生意。

我決定跟法蘭克斯單獨見面——既然我們要討論的事情可能會讓我入獄好幾千年，這樣做似乎比較妥當。

但是，我卻不會讓這種病態的想法影響我跟心目中偽造大師的見面。不錯，他是偽造大師，因為某些難以說明的原因，我好像怎麼樣都沒辦法從腦海中排除這幾個字。真的是偽造大師！其中的可能性無窮無盡！有這麼多邪惡的策略可以運用！這麼多別人無法拆穿、可以合情合理否認的掩飾！可以規避這麼多的法律！

跟派翠西亞阿姨有關的事情辦得很順利，這樣是好預兆。事實上，現在她正坐在飛回倫敦的飛機上，希望這次再搭李爾噴射客機她會覺得舒服一點，因為午餐時，她喝了五杯愛爾蘭威士忌。波路西的情形又不一樣，我最後一次看到他時，他正在索海爾的辦公室裡聽課，了解瑞士女性愛玩的天性。

我走在通往偽造大師辦公室的走廊上，走廊暗暗的，有點黴味，簡樸的環境讓我不由得有點難過。法蘭克斯的正式頭銜當然不是偽造大師，也不是類似的名字。事實上，我想我是第一個用「偽造大師」形容瑞士受託人的人。

「受託人」這個頭銜非常平凡，完全沒有任何不好的含義。從法律觀點來看，受託人只不過是好聽的頭銜，是受到法律約束、替別人辦事的人，換句話說，也就是「受」到別人的「託」付。在美國，受託人是富有白人的把戲，他們利用受託人管理遺產，或是管理他們為白痴兒女設立的信託基金。大部分的受託人都要根據嚴格的規矩辦事，規矩是由白人父母制定的，規範什麼時候可以交多少錢給兒女。如果一切照計畫進行，白痴兒女要老到承認自己確實是白痴時，才能染指大部分的遺產，讓他們仍然有夠多的錢，可以用典型富有白人的方式過完餘生。

但法蘭克斯不是這種受託人，他的辦事方針要由我規定，受益人是我。他會負責處理我所有的文書工作，向不同的外國政府申請必須申請的官方文件，製造看來正式的文件，證明所有的資金移動合法、也證明我祕密控制企業實體的股權投資合法，然後根據我的指示，把錢送到我決定的國家。

我一推開法蘭克斯辦公室的大門，就看到我心目中神奇的偽造大師。室內沒有接待處，只是一間設備齊全的大辦公室，牆上貼了紅木鑲板，地上鋪著厚厚的暗紫紅色地毯。他正彎著腰，靠著一張橡木大辦公桌的邊緣，桌上放了無數的文件……他是個真正的瑞士大胖子！身高跟我差不多，但是肚子大得嚇人，臉上掛著惡作劇般的笑容，好像是說：「我一輩子的大部分時間裡，都在想辦法欺騙世界各國政府。」

他身後有一個胡桃木落地大書櫃，從地板直上天花板，足足有十二呎高，書櫃裡放了幾百本用皮革裝訂的書冊，大小和厚度都一樣，也都是同樣的暗褐色。雖然書名都不同，卻都是用金色的字母印在書背上。我在美國看過，這種書冊是公司正式的登記書冊，每次你設立新公司時都會收到，每一本裡都會有公司章程、空白股票憑證、公司大印等等。一具底部附有輪子的老式圖書館梯子，就斜靠在書櫃上。

法蘭克斯走上前來迎接我，我還來不及抬起手，就已經被他抓在手裡，用力搖晃，同時開心的笑著說：「啊，喬登、喬登，你和我一定很快就會變成朋友！我聽索海爾說了你非常多的事情，他告訴我你過去奇妙的冒險，也告訴我你未來的計畫——要討論的事情太多，時間卻太少，對吧？」

我誠摯的點點頭，雖然他的熱情和腰圍讓我有點吃驚，但是我立刻就喜歡上了他，他給人一種很誠實、很直率的感覺，是可以信任的人。

法蘭克斯引領我走到一張黑色皮製沙發前，比了個要我坐下的手勢，就自己坐進一張類似的黑色皮製扶手椅。一坐下，就從銀製菸盒裡拿出一支沒有濾嘴的香菸，先敲一敲香菸頭讓菸草集中在一起，才從褲子口袋裡掏出一個銀製打火機，點火時歪著頭，以免被高達九吋的瓦斯火焰燒到，然後深深的吸一口菸。

我安靜的看著，經過足足十秒鐘後他才把煙吐出來，卻只吐出了一點點，真是不可思議！煙哪裡去了？

我正打算問，他就說：「你一定要告訴我你從美國飛過來的事情，就像你們說的一樣，這件事已經成了創造傳奇的材料。」他對我眨眨眼，然後雙手向上一翻，聳聳肩說：「至於我，噢，我只是個簡單的人，在這個世界上，我只愛一個女人，就是我可愛的太太！」他轉了轉眼珠子，又說：「總而言之，我聽了很多你開證券號子的故事，也聽說你擁有的所有企業，這麼年輕就這麼有成就！我敢說，你看起來還很像少年，還……」

偽造大師滔滔不絕地說我有多年輕、多厲害，但是我覺得很難聽懂他的話；我太忙了，忙著看他巨大的下顎像大海裡的一艘帆船，上上下下的動著。法蘭克斯的眼睛是棕色的，顯得很有智慧，下巴很低，鼻子很大，皮膚很白，頭像直接安在胸膛上一樣，看不到脖子；頭髮是暗褐色的，幾乎有點像黑色，直接往後梳，披在圓圓的頭腦上。我的第一印象很正確，他的熱情發自內心，全身上下的皮膚都透出生活很快樂的感覺——雖然他的皮膚多得足以鋪滿瑞士。

「因此，朋友，全部的事實就是這樣了。總而言之，外表會使事情變得不同，也就是像你說的一樣，不同的字母形狀就不同，對吧？」偽造大師微笑著。

雖然我只聽到他最後說的幾句話，他的意思卻很明白：文件痕跡最重要，我用比平常呆板的方式回答說：「法蘭克斯，你的說法我很同意，我對自己的小心翼翼總是很自豪，辦事時總是很務實。畢竟像我們這樣的人經不起粗心大意，粗心大意是女人和小孩的權利。」我的話裡透著智慧，內心卻希望他從來沒有看過《教父》，因為我對借用唐柯里昂的話有點罪惡感，但是我似乎身不由己。這部電影有太多巧妙的對話，在這裡借用一點好像很自然。從某方面來說，我過的日子就很像唐柯里昂不是嗎？我從來不在電話裡談事情，我的親信只限於少數幾位可以信任的老朋友，我收買政客和警察；我讓畢爾摩和門羅公園公司每個月付錢給我……還有無數其他的事情也一樣。但是唐柯里昂跟我不一樣，他沒有十分嚴重的毒癮，也不會輕易就被豔麗的金髮女郎支使，這些事情就是我的痛腳，人反正都不十全十美嘛。

他顯然沒有聽出我借用別人的話，回答說：「這是像你這種年齡的男性最敏銳的見地，我至表同意，認真的男性沒有粗心大意的權利。這就是我們今天要十分注意的地方，你會看出來，朋友，我可以替你承擔很多功能和很多身分。當然，我相信你已經熟悉我比較平常的功用，像保持文件的記錄、申報企業表格等等，因此我們要跳過這些東西。問題是：我們要從什麼地方開始？你心裡在想些什麼，年輕的朋友？請你告訴我，我會幫助你。」

我微笑著說：「我聽索海爾說，你是可以徹底信任的人，你最善於做你應該做的事情，因此我不必拐彎抹角，只會假設你我在未來很多年裡會合作經營。」

我停頓片刻，等待法蘭克斯表現出應有的反應——點頭和微笑。我一向不怎麼善於恭維……因為這是我第一次跟真正的偽造大師見面……呃，這樣做似乎很適當。

法蘭克斯像我預期的一樣，嘴角上揚，客氣的點點頭，然後又狠狠吸了一口菸，才開始吐非常圓的煙圈。我心想，多麼漂亮！淡灰色的圓圈完美無瑕，直徑大約兩吋，似乎非常輕鬆的在空氣中浮動。

我微笑著說：「法蘭克斯，煙圈非常完美，或許你多少可以告訴我，為什麼瑞士人這麼喜歡抽菸。我是說——別誤會我的意思——如果抽菸能夠讓你興奮，我絕對贊成抽菸。事實上，家父的菸癮大得驚人，十分少見，因此我對抽菸的人都很尊重，但是瑞士人似乎把抽菸提升到不同的水準，為什麼會這樣？」

法蘭克斯聳聳肩說：「三十年前的美國也是這樣，但是貴國政府覺得必須干涉不該干涉的地方，甚至干預男性享受簡單樂趣的權利，發動反菸的宣傳戰，謝天謝地，這種事情沒有蔓延到大西洋的這一邊來。由政府決定男性可以讓什麼東西進入身體，不是太奇怪了嗎？我不免想到，下一樣東西是什麼，是食物嗎？」他哈哈大笑，然後很高興的拍拍肥大的肚子說：「如果這一天到來，朋友，我一定會把手槍伸進嘴巴裡，然後扣扳機！」

我哈哈一笑，搖搖頭又揮揮手，意思是說：「哦，少來了！你其實沒有那麼肥！」然後說：「噢，你已經回答了我的問題，看法也很有道理；美國政府過度干預人民各方面的生活，那也是今天我會坐在這裡的原因。但是我對在瑞士做生意還有很多擔心的地方，大部分都來自於我對你們的環境——我是指境外金融——不了解，這讓我很不安。法蘭克斯，我堅決相信知識就是力量，無知的代價高得離奇，不懂註定會吃大虧。」

「因此我必須多了解一點。每一個人都會在某些事情上需要明師指點，我就是期望你當我的明師。我不知道在你們的國家裡應該怎麼辦事。例如，什麼事情是大家認定的禁忌？正確判斷的界線在哪裡？大家會認為怎麼做事叫魯莽、怎麼做事才適當？知道這些事情對我非常重要；如果我要避開麻煩，就必須知道這些事情，透徹了解你們所有的銀行法。如果可能，我希望參考過去的起訴案件，看看別人為什麼出問題，犯了什麼錯誤，然後確保自己不重複犯錯。我樂於向歷史學習，也堅決相信不研究過去錯誤的話，一定會再犯錯。」我當初創設史崔頓公司時，就深入研究過以前的起訴案件，結果證明這樣做非常有用。

法蘭克斯說：「這是你另一個完美的遠見，我也樂於替你搜集一些資訊，但是或許我現在就可以為你略為解惑。你知道，美國人利用瑞士銀行時會碰到的所有問題當中，幾乎全部都跟瑞士這裡的事情無關。你的錢一旦安全的來到瑞士，我就會讓錢消失在十幾家不同的公司裡，擺脫你們政府的偵查，不會引起任何注意。我聽索海爾說，今天早上梅勒太太到銀行去了，對吧？」

我點點頭。「對，她已經上路回英國去了，但是如果你需要，我有一份她護照的影本。」我拍拍西裝左邊的口袋，讓他知道東西在我身上。

「很好，」法蘭克斯說：「非常好，如果你願意交給我，我會把影本放在我們成立的每家公司檔案中。另外我還要請你記得，只有在得到你授權的情況下，索海爾才會跟我分享資訊，否則的話，他絕不會提到梅勒太太到銀行去的事情。反過來說，我跟索海爾之間也只有單向關係，除非你命令我，否則我不會告訴他我們之間的事情。」

「我強烈建議你，不要把所有的雞蛋放在一個籃子裡。不過，請你不要誤會我的意思，聯邦銀行是很好的金融機構，建議你把大部分的錢存在那裡。但是其他國家、像盧森堡和列支敦斯登也有很多銀行，對我們都很有用。把你的交易分成很多層，分散在很多不同的國家裡，會產生極為複雜的網路，任何一國政府幾乎都不可能破解。」

「每個國家都有自己的法律，因此在瑞士犯法的事情，到了列支敦斯登很可能合法，要看你考慮要做哪種交易。我們會為每一部分的交易組成不同的公司實體，在每一個國家都只做合法的事情。不過，我現在說的只是個大概，其中的可能性遠比這樣還多很多。」

我心想，真是不可思議！他真的是個偽造大師！我沉默片刻後說：「或許你可以花一點點時間，教我一下這種事情的來龍去脈，因為現在我還不能說，這樣做會讓我多安心。我的意思是，不論是在美國還是在瑞士，用公司的名義經營有很多明顯的好處，但是我有興趣的是比較不明顯的好處。」我一面微笑，身體一面往後坐，翹起腿來，這種姿態的意思是：「請你慢慢的告訴我，我並不急。」

「當然了，朋友，接下來我們就要進入問題的核心。這些公司當中，每家公司都是無記名公司，意思是沒有實際的文件聲明所有權人是誰。理論上，誰持有實際的股票憑證——所謂的『持票人』就是合法的所有權人。在這種情況下，有兩種方法可以確保你的所有權：第一種方法是親自持有股票憑證，成為實際上的持票人。在這種情況下，你的責任是找個安全的地方存放股票憑證，例如找美國的保險箱之類的地方存放；第二個方法是在瑞士租用一個數字型的保險箱，把股票憑證存在裡面，只有你能夠開這個保險箱。而且保險箱跟瑞士銀行帳戶不同，真的只用數字區分，不會有你的名字。」

「如果你選擇這種方法，那麼我會建議你申請租用保險箱五十年，而且先付清所有的租金。在這種情況下，任何國家的政府都不能開這個保險箱，只有你、可能還有你太太——如果你願意讓她知道有這個保險箱。而且如果你容許我提供建議，我會建議你不要告訴尊夫人，而是吩咐我，在你不幸有什麼三長兩短時怎麼跟她聯絡，我在這裡向你承諾，她一定會立刻得到通知。」

「但是，請不要把我說的話，當成我對尊夫人的忠心有什麼懷疑；我敢說她是年輕高尚的女士，而且我聽說她也很漂亮。問題只是，不滿的太太帶著熱心的國稅局調查人員到不該去的地方，已經不是第一次發生了。」

我想了一下，他的這一番話，太像六百萬遭到屠殺的猶太遊魂在蘇黎世和日內瓦街道上飄來飄去，想找到當初跟他們接頭的瑞士銀行家了。我得承認，法蘭克斯似乎是個正直不欺、行事端正的人，但是我怎麼知道呢？我自己就是披著羊皮的狼當中最厲害的一個，有誰比我還清楚外表可能騙人？或許知道的人是我爸爸，最好交給他一個信封，明白告訴他，一定要在我意外死亡後才打開信封——從我喜歡嗑藥後開飛機、在昏沉狀態潛水的習慣來看，似乎相當可能意外死亡。

但我決定不說出這些題外話。「我喜歡第二條路，原因很多。雖然我從來沒有收過美國司法部的傳票，但把所有的文件放在他們的管轄範圍之外還是很有道理。你很可能已經知道，我所有司法問題都是民事案件，不是刑事案件——本來也應該這樣。我希望你記得一件事：我是個守法的生意人，也總是努力做合法的事情。但我雖然盡了全力，事實卻是，美國證券法裡有很多條文根本都模稜兩可，沒有絕對的對或錯。法蘭克斯，我告訴你一個事實：在很多案子裡、其實是大部分的案子，違法與否只能說是一種看法。」真是鬼話！但是聽起來很有道理。「因此，有些我認為完全合法的事情偶爾還是會拖累我，這有點不公平，但現實就是這樣。總之，我要說我的大部分問題都直接跟差勁的證券法有關——美國證券法的目的，只是要讓政府能夠選擇性懲罰想要懲罰的人。」

法蘭克斯發出刺耳的大笑聲。「哦，朋友，你真的太過分了！你的這種看法真妙，我從來沒有聽過有誰能夠用這麼令人信服的方式，說出自己的看法，你說得太好了，真的是太好了！」

我也跟著呵呵笑：「噢，這種話從你這種人嘴裡說出來，我會當成莫大的恭維。我不否認我像任何生意人一樣，偶爾會踩在紅線上，冒一點險，但是我冒的險總是經過計算——應該說總是經過縝密的計算。而且我冒的每一種風險，總是有無懈可擊的文件作後盾，在有需要時支持我合情合理的否認，我想你應該熟悉這個說法吧？」

法蘭克斯慢慢點頭，顯然對我把違反每一條證券法的事實合理化的能力深感興趣。但我想他不知道，證管會正為了阻止我而制定新法規。

我繼續說：「我想你應該很清楚，總而言之，五年前我創設自己的號子時，有一位非常精明的人給了我一些非常高明的建議。他說：『如果你想在我們這種瘋狂的行業中存活，經營時就必須假設，你的每一筆交易最後都會由用三個字命名的政府機關徹底調查。那一天來臨時，你最好有一個可以說明為什麼你的交易沒有違反證券法——或違反任何法律——的說法。』

「不過，法蘭克斯，話雖如此，我卻還是要告訴你，我所做的事情當中，百分之九十九都相當合法。唯一的問題是，另外百分之一每次都可能害死我。或許我應該跟這百分之一儘量保持距離，才算聰明。我想你都是這些無記名公司的受託人，對吧？」

「對的，朋友，根據瑞士法律，我會得到授權，代表公司簽署文件、訂定我認為對公司或受益人最有利的合約。當然，也只有你建議的交易我才會動手。例如，如果你告訴我，你認為我應該把錢投資在某些新股、某一塊不動產或任何東西上，那麼我一定會遵照你的建議去做。」

「這就是我的服務對你最有價值的地方。每一筆投資我都會整理出一套檔案，裡面有很多研究文件和來往信件，全都是由不同的證券分析師、不動產專家或任何我們需要的人製作的，讓每一筆投資都有獨立的法律基礎。有時候，我可能也會利用其他會計師的服務；他的任務是交給我一份報告，說明這筆投資很妥當。這位會計師當然總是會得出恰當的結論，卻必須先發表內容豐富，附有柱狀圖、彩色圖表等等的報告，因為最後能真正支持合情合理否認觀念的，就是這些東西。如果居然有人質疑我為什麼做某一筆投資，我只要指著兩吋厚的檔案，聳聳肩，就打發過去了。」

「還有，朋友，現在談的只是表面，接下來我還會跟你分享很多可以讓你在無形的掩飾下推動業務的策略。此外，要是你希望把這些資金當中的任何一部分匯回美國，卻不至於留下什麼痕跡，就是另一個我可以幫上最多忙的地方。」

我心想，真有意思，他說的正是我覺得最難規避的地方，我向前挪了挪身體，把我們之間的距離拉近到三呎以內，才降低聲音說：「法蘭克斯，這是我非常感興趣的事情。說實話，索海爾的兩種方法根本打不動我的心，他所說明的那兩種不同的辦法，在我看來，頂多都只是業餘的手法，在最差的情況下，甚至幾乎等於自殺。」

「噢，」法蘭克斯聳聳肩，回答說：「這倒沒什麼好奇怪的，索海爾是銀行家，專長在於資產配置，不是造假。我應該說，他是傑出的銀行家，會用最慎重的態度好好管理你的帳戶。但是他不熟悉製造文件，讓資金能在不同的國家之間流動卻不引起注意。這正是我這種受託人的功能。」——真是偽造大師！「事實上，將來你會發現，聯邦銀行會拚命阻止你把錢從帳戶移出去。你當然總是可以隨心所欲處理你的錢，他們阻止不了你；但是，如果索海爾以把錢移走會引起注意作為藉口，努力說服你不要匯走，你也不必訝異。我們不必拿這件事來攻擊索海爾，換個角度說，瑞士的所有銀行家之所以都這樣做，是因為這樣做對他們有利。事實上，每天有三兆美元在瑞士銀行體系中流進流出，單一帳戶裡的任何金額流動不可能引起別人的注意。像你這麼精明的人，應該很容易看出銀行希望帳戶餘額儘量維持高檔的原因。」

「不過，單純出於好奇，能不能告訴我索海爾的建議？我想知道銀行在這方面的最新說法。」說完後，法蘭克斯身體向前傾，手指交握，放在肚子上。

我反應他的身體語言，也從沙發邊緣往後靠，說：「噢，他建議的第一個方法是利用簽帳卡。在我看來，這種做法似乎極為怪異，我的意思是說，拿著跟外國銀行帳戶有關的簽帳卡到處跑，會留下一哩寬的文件痕跡！」我搖搖頭，轉動著眼珠子，強調我的看法。

「他建議的第二個方法同樣荒謬：要我用自己在美國的房子，向我在海外的資金申貸抵押貸款。總之，我相信你不會把這些話告訴索海爾，但是我得承認，我對他這部分的說明極為失望。因此請你告訴我，他這些話裡我漏聽了什麼東西？」

法蘭克斯自信的微笑著說：「有很多方法可以做這種事，全都不會留下任何文件痕跡。更精確一點說，是會留下非常多的文件痕跡，但是全都是你希望別人看到的那種痕跡，既可以支持你徹底清白的立場，也禁得起大西洋兩岸最嚴格的調查──你熟悉移轉訂價的做法嗎？」

移轉訂價？哦，我知道是怎麼回事，但是怎麼可能──突然間，我腦海裡想起上千種邪惡的策略，其中的可能性……沒有限制！我對偽造大師開心的笑著說：「其實我知道，偽──呃，法蘭克斯，這個主意很高明。」

對於我知道少有人了解的移轉訂價藝術，他似乎有點意外。所謂移轉訂價，是你進行交易時的某種財務騙局，看你希望把資金移向哪個方向，再決定高報或低報產品的價格。其中的難處在於交易的雙方都是你：你是買方、也是賣方。移轉訂價大多用來逃稅，營業額幾十億美元的多國公司經常採用這種策略，在兩家獨資子公司交易時改變內部訂價策略，藉此把利潤從營利事業所得稅很高的國家移轉到沒有營利事業所得稅的國家。我在一本冷門的經濟學雜誌上看過這種報導，裡面有一篇文章談到，本田汽車公司用超高的價格把汽車零件賣給旗下的美國工廠，使美國方面的業務利潤降到最低。可想而之，美國國稅局極為不滿。

法蘭克斯說：「你竟然懂得移轉訂價？知道這種做法的人不多，尤其是美國人。」

我聳聳肩說：「我可以想像得出一千種類似的方法，讓我把錢搬來搬去而不會讓人懷疑。我們只需要成立一家無記名公司，再讓這家公司跟我在美國的一家公司進行某種交易。眼前想到的，是一家叫做美元時代的公司，這家公司就像名字所顯示的一樣，抱著一堆價值好幾百萬美元的成衣存貨，卻毫無實際價值，我想用一美元賣出去都賣不掉。」

「但是我們可以成立一家無記名公司，名字聽起來像跟成衣有關，例如成衣大批發公司或類似的名字。然後我可以讓美元時代公司跟我這家海外公司交易，買下這批毫無價值的存貨，把我的錢從瑞士搬回美國，留下的唯一文件痕跡是交易合約和發票。」

法蘭克斯點點頭說：「對，我有能力製作各式各樣的發票和售貨單據，以及可能需要的任何文件；我甚還至可以製作經紀商的確認文件，而且把日期倒填回一年前。換句話說，我們可以翻找去年的報紙，挑出一檔漲幅驚人的股票，然後製作出進行過某種交易的記錄。雖然這方面我已經駕輕就熟了，但要把這一切教給你卻得花上好幾個月。」

「另一方面，我也可以替你安排，讓你在很多國家都有大量的現金可以運用——只要成立一家無記名公司，然後為根本不存在的商品製作買賣合約。最後，利潤就會流到你決定收回現金的國家，留下的是無懈可擊、只顯示合法交易的文件痕跡。事實上，我已經替你成立了兩家公司，麻煩你過來一下，我拿給你看。」魁梧的偽造大師一邊說，一邊從皮製黑色扶手椅裡站起來，帶我走到放置企業登記檔案的牆邊，拿出兩本書冊。「你看看，第一家叫做聯合海外投資公司，第二家叫做遠東創業公司，兩家公司都在英屬維京群島登記，那裡沒有稅賦，也沒有什麼法律規定，只要給我一份派翠西亞的護照影本，其他的事情我都會處理。」

「沒有問題，」我笑著說，從西裝口袋裡拿出派翠西亞的護照影本，交給神奇的偽造大師。我要盡我所能，向這個人學習瑞士銀行天地裡的細節，學習用無法查明的外國無記名公司網絡，隱藏我所有的交易。如果情勢不利，我學會創造的文件會救我一命。

不錯，現在一切都有道理了。索海爾和法蘭克斯雖然不同，卻都是有權力的人，都可以信任。這裡是瑞士，是光榮的祕密國度，他們兩個都沒有理由背叛我。

唉，後來的發展卻證明我看錯了他們當中的一個。

18 搬錢馬伕

現在是勞動節長假的星期六下午，天清氣朗，我們躺在西安普頓灣別墅的床上，像每一對正常夫妻一樣做愛。我的女王平躺著，雙手伸到頭部上方，頭枕在白色的絲枕頭上，閃閃發亮的金髮襯托出她臉上完美的曲線，讓她看起來就像上天賞賜給我的天使一樣，我伏在她身上，雙手像她一樣往前伸，壓著她的手，我們的手指交握著，中間只隔著一層薄薄的汗水。

我努力用瘦弱身體的全部重量壓著她，讓她動彈不得，我們的身材很相近，因此兩個人可以像書一樣緊緊貼著。我吸著她迷人的香氣，感覺得到我們的乳頭碰在一起，她火熱、豐潤的大腿抵著我的大腿，柔潤的腳踝擦著我的腳踝。

雖然她長得柔軟、細長，卻比熾熱的營火還熱上十度，比母牛還壯！我已經很用力了，還是沒辦法讓她定在同一個地方。「別動！」我熱情、生氣又急促的喊著：「我快完了，娜娜，腳併攏起來！」

娜娜的聲音，就好像快要發脾氣的小孩，「我不舒服！讓我起來！」

我想親她的嘴唇，但是她把頭偏到一邊，讓我只親到她高高聳起的臉頰骨，等我伸長脖子想從旁邊親她時，她又很快的把頭偏到另一邊，讓我親到的還是她另一邊的臉頰骨，差點割破我的下唇。

我知道我應該放開她才對，但是現在我不想改換地方，尤其是這麼接近天堂的時候。因此我改變態度，像乞丐一樣哀求，「不要嘛，娜娜！不要這樣對待我！」我對她噘著嘴唇說：「兩個星期來我一直都是理想丈夫，你不要再抱怨，讓我親你嘛！」

我一面說，一面對自己說的真話十分自豪。從瑞士回來以後，我一直都是相當完美的丈夫，沒有跟妓女上床，連一個都沒有！而且，我甚至沒有在外面流連到很晚才回家。我嗑的藥也減少了，減少很多！還不到以前的一半不說，甚至有好幾天都沒有嗑藥。事實上，我甚至不記得上次昏昏醉醉是什麼時候了。

我嚴重的藥癮似乎大致受到了控制，處在短暫的休息期。我以前也有過這種情形，在那種時刻，我無法控制、想飛得比協和號客機還高的衝動會大大降低，連我的背痛似乎都沒有那麼厲害，還會睡得比較好。但是，唉，這種期間總是很短暫，某些事情或某些人會忽然激發我的藥癮，然後情形會變得比以前還糟糕。

我有點生氣的說：「媽的，不要，你的頭別動！我就要爆炸了，我爆炸的時候想要親你！」

女王顯然不欣賞我自私的態度。我還沒搞清楚怎麼回事，她細瘦的雙手已經搭到我的肩膀，快速往上一推，我的小鳥很快溜出來，人也從床上飛向淺色的木製地板。

往下掉的時候，我可以從厚厚的落地玻璃牆看到大西洋令人愉快的深藍色海水；大西洋其實大約離我有一百碼遠，但是看起來卻近多了。就在我要碰到地板時，我聽到女王說：「哦，蜜糖！小心！我不是要——」

砰的一聲！

我深深的吸了一口氣，眨眨眼睛，希望骨頭沒有摔斷。「啊……你為什麼要這樣？」我哀嚎著。我全身光溜溜的平躺在地板上，勃起的小鳥在午後的陽光下閃閃發亮。我抬起頭看了一下……嗯，小鳥還好好的，因此心情變好了一點。我的背部摔斷了嗎？沒有，我相當肯定沒有摔斷，但是暈眩得很厲害，動彈不得。

女王從床邊探出滿頭金髮的腦袋，驚疑不定地看著我，然後噘起豐滿的櫻唇，口氣像媽媽對剛剛在遊樂場上摔倒的小孩一樣，說：「哦，可憐的小寶寶！回到床上來，我會讓你覺得舒服多了！」

我對別人說的話一向不吹毛求疵，所以也不會在乎她用小什麼的字眼叫我，身體一翻，手腳並用站了起來；正準備爬回她身上時，眼前不可思議的景象卻讓我呆住了——不只是豔麗的女王讓我呆住，她身體下的三百萬美元現金也是。

沒錯，我眼前有三百萬美元！

我們剛剛把錢算完，一疊一萬美元，每疊大約一吋厚，一共有三百疊，堆在超大床墊的側邊，高達一呎半。床頭兩側本來就各有一支三呎高的巨大象牙，決定了這個房間的裝潢基調，加上綠油油的鈔票，形成了長島上的非洲叢林！

娜婷急急翻向床邊時，把七、八萬美元帶到地板上，落入我飛下床時帶下來的二十幾萬美元當中；然而整個景象還是沒有受到多少影響，床上仍然綠油油的一片，好像大雨過後的亞馬遜雨林。

女王對我熱情笑著，「對不起，甜心！我不是有意把你推下床……我發誓！」她天真的聳聳肩說：「只是我的肩膀麻得厲害，奇怪了，你又沒有那麼重。我們到櫃子裡去做愛好嗎？愛神？」她又對我嫵媚的笑笑，然後像運動員一樣敏捷、光溜溜地跳下床，站在我旁邊，嘴巴開始鼓向一邊，用牙齒磨著嘴巴內側——每次她不能理解什麼事情時都會這樣。

幾秒鐘後，她的嘴巴不再動了，開口說：「你確定這種事情合法嗎？我總覺得，其中似乎有什麼不對的地方。」

這時的我，根本不想為洗錢的事情對太太撒謊。事實上，我現在只想把她按在床邊，跟她好好做愛！但是她是我太太，這點表示她贏得了聽我撒謊的權利。我用最誠懇的口氣說：「娜娜，我告訴你，這些現金都是我從銀行提出來的，你早就看我這樣做過了。噢，我不否認雷文東給我一點錢、西給我一點錢，」一點錢？你試試交出五百萬美元看看！——「但是那跟這些錢完全無關，這些錢全都完全合法，如果政府現在跑來指控我，我只要讓他們看我的提款單，事情就解決了。」我的手攬上她的腰肢，身體跟她緊緊靠在一起，親著她。

她格格笑著，躲開我。「我知道你從銀行提錢，不過看來就很像不合法，我不知道……有這麼多現金……噢，我不知道，只是看來很怪異。」她的牙齒又開始磨她臉頰內側的肉。「你真的知道自己在幹什麼嗎？」

我的勃起慢慢消失，心裡覺得很難過，這下不換地方不行了。「你只需要信任我，甜心，一切都在我的掌控中，我們進櫃子裡去做愛。賈瑞特和卡洛琳不到一小時內會來這裡，我不希望急匆匆的做愛，拜託嘛？」

她瞇起眼睛看著我，忽然拔腿就跑，還回頭說：「看看誰先跑到櫃子裡！」

我們衝了出去，什麼事情都不想多管了。

誰也不能否認，一九七〇年代初期，有一些很怪的猶太人逃離雷弗瑞克市。

但是其中沒有人比賈瑞特還怪。

賈瑞特大我三歲，我仍然記得第一次看到他時的情形。那時我才過完十歲生日，賈瑞特和他怪異的父母剛剛搬進一棟花園公寓，那一天，賈瑞特就站在這棟公寓只能放一部車的車庫裡。他哥哥弗瑞才剛因為注射海洛因過量死亡，死了兩天，他們才發現他坐在馬桶上，生鏽的針頭還插在他手臂上。

因此相對來說，賈瑞特是比較正常的孩子。

總之，當時他穿著黑色的功夫褲和黑色的功夫鞋，正對著一個很重的白色帆布袋又踢又打。在一九七〇年代初期的當時，任何一家購物中心裡都還沒有空手道館，因此賈瑞特很快就以有點怪胎出名。但是至少他始終如一：一星期七天、一天十二小時，你都會在小小的車庫看到他對著袋子又踢又打又頂。

但是一直到他十七歲那年，他不小心走進皇后區傑克森高地一家他不該進去的酒吧前，根本沒有人鳥他。傑克森高地離灣岸只有幾哩遠，卻好像是另一個星球。那裡的正式語言是破英文，最常見的職業是失業，連老媽媽都帶著彈簧刀。總而言之，在那家酒吧裡，賈瑞特跟四個從哥倫比亞來的毒販發生語言衝突，因此他們攻擊他，架打完時，四個人臉上都開了花，其中兩個骨折，有一個人的刀子被賈瑞特奪下，然後被自己的刀子刺傷，經過這件事後，再也沒有一個人敢不鳥賈瑞特。

賈瑞特因此順理成章，馬上變成一流的毒品販子，靠著恐嚇和威脅，加上十足的精明，迅速成為這一行裡的要角。他二十多歲，一年賺幾十萬美元，夏天在法國南部和義大利里維拉度過，冬天就到里約熱內盧燦爛的海灘去。

賈瑞特的日子過得很順利，一直到五年前的某一天，他躺在伊巴內瑪海灘時，不知道被什麼熱帶昆蟲咬了幾口，就這樣而已，卻四個月後就列入換心等待名單上。不到一年，他的體重降到只剩九十五磅，五呎十吋的身體看起來像具骷髏。

在等待名單上苦苦等了兩年後，一位身高六呎六吋，身手顯然不靈活、生命線又短的伐木工人，從加州的一棵紅木上掉下來摔死。就像大家說的一樣，一個人的不幸是另一個人的福氣：他的組織型態十分適合賈瑞特。

換心三個月後，賈瑞特就回到了健身房；再過三個月後，他的體能完全恢復了；又過三個月，賈瑞特已經是美國最大的白板販子；再三個月，他發現著名的史崔頓投資銀行老闆——也就是我本人——染上了吃白板的癮，因此他找上門來。

那已經是兩年多以前的事情了。兩年多來賈瑞特賣給我五千顆白板，又免費送了我五千顆，報答我讓他在史崔頓承銷的新股上賺大錢，但是新股的利潤飛升到幾百萬美元後，他很快就知道，不可能只用白板報答我，因此他開始問我他能幫什麼忙，什麼忙都可以。

我抗拒了衝動，沒有找他去痛打所有從小學二年級開始就瞧不起我的人，但是在他第三千次說「要是我幫得上什麼忙，即使叫我去殺人，你都要告訴我」後，我終於決定接受他的好意。他的新婚妻子卡洛琳正好是瑞士公民，這讓事情似乎變得自然多了。

眼下賈瑞特和卡洛琳已經站在我的主臥室裡，忙著他們經常在做的事情，也就是吵架！在我的促請下，女王到市內血拼去了，畢竟，我不希望她看到我眼前這種非常瘋狂的事情。除了白色的絲質內褲和白色的特雷頓網球鞋，卡洛琳什麼都沒有穿，離我不到五呎，兩手抱在腦後，手肘向兩側張開，就像警察剛剛大叫：「把雙手放在腦後，不准動，否則我就開槍！」同時，她的兩顆豪乳像兩個裝了太多水的氣球一樣，貼在她五呎二吋的纖細身體上，淡金色的頭髮閃閃發亮，一直披到股溝，相當漂亮的臉上有一對美極了的藍眼珠，還有相當寬的額頭。真是個肉彈，沒錯，一顆瑞士肉彈。

「賈瑞特，你這個笨蛋！」瑞士肉彈的腔調像瑞士起司一樣濃，「你貼膠帶時把我弄痛了，你這個蠢才！」

「閉嘴，你這個法國拜金女，」她可愛的丈夫回答說：「還有，媽的，站好，不然我就揍你！」賈瑞特手裡拿著一捲膠帶，繞著太太走，每轉一圈，就讓貼在她小腹和大腿上的三十萬美元現金更服貼。

「你叫誰拜金女，你這個白痴！誰這樣叫我，我就有權給他一傢伙，對吧，喬登？」

我點點頭。「當然有，卡洛琳，你可以馬上給他一巴掌。問題是你先生是個古怪的渾球，說不定正喜歡你打他！要是你真的想讓他丟臉，為什麼不到處去宣揚，說他多仁慈、多體貼，說他星期天早上多麼喜歡跟你一起躺在床上看《紐約時報》？」

賈瑞特對著我發出邪惡的微笑，讓我忍不住猜想，為什麼雷弗瑞克出生的猶太人最後看起來會那麼像華人傅滿洲。事實上，他的眼睛已經變得有點歪斜，皮膚轉黃，又留著鬍鬚和短髭，使他看起來更像極了傅滿洲。賈瑞特總是穿黑衣服，今天也不例外，上身是黑色的凡賽斯T恤，胸前貼著一個黑色皮革剪成的大V字，搭配萊卡自行車短褲，不管是T恤或短褲，都像第二層皮膚一樣緊緊貼著他極為健壯的身體。自行車短褲的小腰部位鼓起，看得出來是他一向帶在身上的點三八短管手槍。他的手臂佈滿了又黑又粗的毛，看起來就像狼人。

「我不知道你為什麼要鼓勵她，」賈瑞特不滿的說：「根本不要理她，這樣才會省麻煩。」

肉彈咬著潔白的牙齒說：「哦，我看是不要理你自己，你這個臭鼻！」

「是臭B，」賈瑞特回罵說：「不是臭鼻，你這個瑞士白痴，現在閉上他媽的鳥嘴，不要動，我快貼完了。」

賈瑞特伸手到床上，拿起一具小型金屬探測器——你通過機場安檢時會碰到的那種。開始在肉彈全身上下揮動，揮到她豪乳附近時，他停了一下……我們兩個都看了一看。噢，我一向不是迷戀乳房的人，但是她的乳峰的確特別美。

「看吧，我告訴過你了，」肉彈說：「根本沒有聲音！這是紙鈔，不是銀幣，你為什麼以為金屬探測器測得出來，啊？你只是喜歡浪費錢，買些廢物，就算我告訴你不要買，你還是要買，流氓！」

賈瑞特生氣的搖搖頭。「再叫我一次流氓，你就玩完了；如果你以為我在開玩笑，不妨現在就試試看。但是為了回答你的問題，我告訴你，每一張百元大鈔裡都有一條細金屬線，我只是想確定很多大鈔綁在一起時，會不會觸發金屬探測器，看吧——」他從一疊鈔票中抽出一張百元大鈔，拿起來對著燈光，果然不錯，有一條大概一毫米寬的金屬細線，從鈔票的上方一直通到底下。

賈瑞特很滿意的說：「可以了嗎，天才？以後別再懷疑我。」

「好吧，這次我相信你，賈瑞特，但也就這麼一次。我要告訴你，你必須對我好一點，因為我是個好女孩，找得到別的男人，你在朋友面前大大露臉，我卻在他們家裡只穿著內褲，而且……」

瑞士肉彈不斷訴說賈瑞特怎麼虐待她，但是我完全沒有聽進耳裡。事情已經非常清楚明白，光是她一個人不可能偷運足夠的現金，產生實際的影響；除非她願意把現金黏在行李上，但我認為這樣做太冒險，她得來回十趟才帶得動三百萬美元，這就表示要通關二十次——美國和瑞士各十次。她是瑞士公民，保證可以平安溜進瑞士，而且出境前在美國被攔下的機會幾乎等於零。事實上，除非有人向美國海關通風報信，否則根本不可能。

然而，一再偷吃似乎很魯莽，幾乎像惡業一樣，最後一定會惡有惡報。更不用說三百萬美元只是起頭而已，如果一切順利，我還計畫偷運五倍的錢出去。

我對賈瑞特和瑞士肉彈說：「我不喜歡打斷你們之間的互相殘殺，但是對不起，卡洛琳，我要跟你先生到海邊走走。我認為光靠你一個人沒辦法帶足現金過去，因此我們必須重新考慮，而我不喜歡在屋裡說這個。」我伸手到床上，拿起一把裁縫剪刀，交給賈瑞特。「拿去，你為什麼不替她剪開膠帶，然後我們到海邊去。」

「去她的！」他說，把剪刀交給太太。「讓她自己剪開，這樣她才不會除了抱怨就沒事做。她總是這樣，反正不是血拼就是抱怨，還有就是偶爾把腳張開。」

「哦，你真好笑，賈瑞特，好像你是什麼大情人一樣！哈！真是大笑話。喬登，走吧，帶這個大人物到海灘去，這樣我才能安靜一會兒。我自己會剪開。」

我懷疑的說：「卡洛琳，真的沒問題嗎？」

賈瑞特說：「對，她沒問題。」然後瞪著卡洛琳說：「我們把錢帶回市內後，我會重新計算每一塊錢。只要少掉一張，我就會割斷你的喉嚨，看著你流血死掉！」

瑞士肉彈立刻尖叫起來：「哦，這是你最後一次威脅我！我要把你的藥全都沖到馬桶裡，換成毒藥……你、你、媽的！我要砸……」她英語、法語夾雜，不斷咒罵賈瑞特，說不定也有幾句德語，只是很難聽得出來。

賈瑞特和我沒再理她，從面對大西洋的玻璃門走出主臥室。雖然門厚得很，禁得起五級颶風的吹襲，但我們走到後陽台時，仍然可以聽到卡洛琳的尖叫聲。

陽台盡頭是一條長木板步道，通往下面的沙灘。走到海邊時，我覺得心裡很平靜，幾乎到了「寧靜」的程度，腦海裡卻同時有個聲音在尖叫：「你正在犯下你一輩子最嚴重的錯誤！」但是我沒有理會這個聲音，只把心思放在溫暖的陽光上。

我們往西走，深藍色的大西洋在我們左邊。距離海岸大約二百碼外有一艘拖網漁船，我可以看到白色的海鷗往船尾俯衝，想要偷一點當天的漁獲。這艘船表面上看起來沒問題，但我仍然懷疑，或許有政府探員躲在駕駛台上，用碟形收音器偷聽我們的談話。

我深深的吸了一口氣，壓下這種妄想，說：「光是卡洛琳成不了事，要跑太多次，一旦這麼不斷來回，海關最後會注意她的護照。而且我也不能讓行程拖上半年，我在美國還有其他事業要靠我把錢搬到國外去。」

賈瑞特點點頭，沒有說話，他混得夠精明，不會問我有什麼事，也不會問我為什麼這麼著急。事實是，無論如何我都必須儘快把錢搬到海外。就像我懷疑的那樣，美元時代公司的情況遠比柯明斯基說的糟糕多了，立刻需要投入三百萬美元現金。

如果我利用公開發行增資股來籌募資金，不但至少要花上三個月，還得被迫針對公司的財務，請會計師進行期中查核。天啊，這一來會很慘！以公司燒錢的速度來看，我敢說會計師一定會加註「現況值得擔心」的意見，也就是說，他們會在公司的財報上附帶說明，他們十分懷疑公司是不是還能再撐一年。如果發生這種事情，那斯達克一定會強迫公司下市，這樣一切就完了，一旦從那斯達克下市，美元時代公司就會連雞蛋水餃股都不如，所有的錢都會虧光光。

因此我唯一的辦法是透過私募籌集資金，但是私募說起來容易，實際上卻很難。史崔頓利用公開發行籌募資金的能力雖然無人可比，卻不擅長私募（私募是和公開增資完全不同的業務）。此外，我總是同時推動十到十五個案子，每個案子都需要一些私募資金，因此我已經備多力分，要是再丟三百萬美元到美元時代公司裡，更會嚴重影響我其他投資銀行的案子。

但還是有個辦法：S法規。利用S法規的豁免權，我可以用我的「派翠西亞・梅勒帳戶」，私下購買美元時代的股票，四十天後再賣回美國，賺到驚人的利潤。這樣做，跟依據一四四號規定在美國私下買股票差多了，不必等上整整兩年才能賣出。

法蘭克斯已經解釋過利用S法規的情況，跟我保證他可以製造所有必要的文件，讓交易看起來天衣無縫，只等我把錢搬到瑞士，一切就會順利進行。

我對賈瑞特說：「或許我應該用灣流噴射客機把錢運過去，上次我在瑞士通關時，他們甚至沒有在我的護照上蓋章。我看不出這次為什麼會不同？」

賈瑞特搖搖頭說：「不行，我不能讓你這樣冒險，你對我和我家人太好了，我打算叫我爸爸和媽媽也帶錢過去，他們都七十出頭了，因此海關根本不會起疑，兩邊都可以順利的溜進溜出，不會出問題。我也會叫李其和丹娜這樣做，那就是五個人了，每個人各帶三十萬美元，兩趟就搬完了，等上幾個星期後，再搬一次。」他停了片刻，又說：「噢，我願意自己跑，但是我想所有緝毒單位的人都已經把我列入監視名單。但是我知道我爸爸媽媽完全清清白白，李其和丹娜也一樣。」

接下來我們都沒有再說話，因為我正努力想個清楚明白。沒錯，賈瑞特的雙親是完美的運送人；他們很老了，絕對不會被人攔下來，但是李其和丹娜就不同了，看起來都像嬉皮，尤其是李其，頭髮長到屁股，一臉虛弱的樣子，就像吸食海洛因的癮君子。丹娜也像癮君子，但她是女的，海關可能會誤認為她只是臉色憔悴，迫切需要美容。我信心十足的說：「好，你爸爸媽媽沒有問題，很安全，丹娜也可能是這樣，但是李其看起來太像毒品販子，因此我們撇開他。」

賈瑞特停下來，轉頭對著我說：「兄弟，我只想拜託你，要是誰有個三長兩短，你會負擔所有的法律費用。我知道你會負責，只是想把醜話說在前頭，以後就不必再提起。但是，請你相信我，不會有事的，我跟你保證。」

我把手放在賈瑞特的肩膀上，說：「你什麼都不用多說。要是出了什麼事，我不但會負責法律費用，而且只要每個人緊緊閉住嘴巴，事情結束後，都還會得到七位數的獎金。總而言之，我絕對信任你，賈瑞特。我要給你三百萬美元，讓你帶回市內，而且我毫不懷疑，一星期內這些錢就會送到瑞士，這個世界上，能讓我這麼信任的人只有幾個。」

賈瑞特嚴肅的點點頭。

接著我又說：「另一方面，波路西還有一百萬美元要給你，但是他要到下星期三左右才拿得到錢。我要跟娜婷坐遊艇到新英格蘭去，因此請你自己打電話給波路西，安排跟他見面的計畫，好嗎？」

賈瑞特生氣的說：「你怎麼說我就怎麼做，但是我討厭跟波路西打交道，他他媽的嘴巴太鬆，大白天就嗑掉一堆白板；要是他帶一百萬美元過來時，還嗑白板嗑得昏昏沉沉，我發誓我會砸爛他的臉。這件事情很嚴肅，我不希望跟口齒不清的白痴打交道。」

我笑著說：「我記住了，一定會轉告他。總而言之，我要回屋裡了，娜婷的阿姨從英國來，她要跟我岳母來這裡吃晚飯，我得先準備一下。」

賈瑞特點著頭說：「沒問題。只是別忘了告訴波路西，他星期三跟我見面時，別把事情搞砸了，好吧？」

我微笑著點點頭說：「我不會忘掉，賈瑞特，我跟你保證。」

我覺得很滿意，轉身面向大海，看著天邊深灰藍色的天空，只有在海天相接的地方，有一點洋紅色，我深深的吸了一口氣……

就這樣，我把一切都拋到了腦後。

19 最佳馬伕

到外面吃飯！到西安普頓吃晚飯！這裡也叫做「猶太人的安普頓」，尤其是住在南安普頓那邊的白人王八蛋，都喜歡這樣叫這個地方，死白人細長的鼻子對著住在西安普頓的人噴氣，根本已經不是祕密了，他們大都以為，我們剛剛抵達愛麗絲島、護照剛剛蓋完章時，還是穿著黑色長袍、戴著高帽的猶太難民。

管他的，雖然有這麼多令人不愉快的事情，我仍然認為西安普頓很適合我買一棟海濱別墅。這裡是瘋狂年輕人的天地，最重要的是，這裡住滿了史崔頓人——史崔頓的男員工在女員工身上拚命花錢，女員工就以替男員工吹簫做為報答，這也是典型史崔頓版的報答。

這天晚上，我坐在史塔餐廳一張四人座的檯子上。這家餐廳，就橫跨在西安普頓海灘的沙丘上；我的腦海裡，則有兩顆白板沖刷著我的娛樂中樞。對於像我這樣的毒蟲，兩顆白板只是小意思，我還能夠徹底控制自己。我面對著大西洋壯麗的景色，大海離我很近，事實上近到我可以聽到海浪沖擊海岸的聲音。

已經是晚上八點半了，但天光還足以把地平線照得像紫色、粉紅色和午夜藍色紛呈的調色盤，大得不可思議的滿月，卻也同時浮在大西洋上。

這種壯麗的景色不容置疑，證明了大自然的神奇，跟絕對是垃圾堆的這家餐廳形成強烈的對比！白色的金屬野餐桌放在灰色木板陽台上，木板不但迫切需要重新粉刷，也需要好好整修。事實上，如果你赤腳走在陽台上，最後一定會住進南安普頓醫院——南安普頓唯一勉強肯接受猶太人的醫院——的急診室。雪上加霜的是，大約有一百個紅色、橘色和紫色的燈籠縱橫交叉，吊掛在這家露天餐廳上方灰色的細電線上，看來好像有人有嚴重的酗酒問題，忘了把上一季的耶誕燈飾收起來。還有屬於玻里尼西亞人的提基火炬，刻意東放一支，西放一支，發出暗淡的橘色光輝，使這個地方看來更加淒慘。

但是，除了提基火炬外，一切都不是這家餐廳人高馬大、肥腸厚肚的老闆史塔的錯。史塔是一流的廚師，價格更是高得離譜，我就特地帶瘋狂老爸來這裡吃過一次，讓他親眼見識，為什麼平均我每到史塔餐廳吃一餐就要一萬美元。他很難了解這種事，因為他不知道史塔為我私藏了一些紅酒，平均一瓶要價三千美元。

今天到目前為止，女王和我、加上我岳母和可愛的派翠西亞阿姨，已經幹掉兩瓶一九八五年的瑪歌堡紅酒，第三瓶也已經喝掉了一大半，卻連開胃菜都還沒有點。因為岳母和派翠西亞阿姨都有一半愛爾蘭人的血統，喜歡含有酒精的所有飲料，所以這本來就是預料中事。

到現在為止，晚餐之間的談話完全都沒有不對勁的地方，因為我小心避開國際洗錢的話題。我雖然已經告訴過娜婷，她的阿姨派翠西亞做了些什麼事，卻也編造了一些東西，讓一切看來似乎都很合法，我掩飾了一點點細節──比如我們違反了一千零一條法律，只談到派翠西亞阿姨會拿到信用卡，可以豪華的安度晚年。總之，娜婷雖然思考了幾分鐘，但在我開玩笑般的威脅下，總算終於相信了一切。

此時我岳母正在解釋，為什麼愛滋病毒是美國政府的陰謀，跟羅斯維爾幽浮事件或甘迺迪遭到暗殺的事件沒有不同，我努力專心聽她說話，但是她和派翠西亞阿姨戴的奇怪草帽卻讓我分心；她們的帽子比墨西哥大草帽還大，帽沿都是粉紅色的花朵。她們兩個顯然不是住在猶太人住的安普頓，事實上，看起來她們還更像是外星來客。

我岳母繼續批評政府，甜美的女王開始在桌下用高跟鞋尖碰碰我，暗示說：「她又來了！」我隨意的轉頭看著她，對她暗示性的眨眨眼。我怎麼也想不通，她生完千樂後怎能這麼快就恢復身材。只不過是六星期前，她還好像戴了一顆大籃球！現在卻已經恢復了戰鬥身材──一百二十五磅像鋼鐵一樣結實的肌肉，隨時準備在我挑釁時狠狠扁我一頓。

我抓起娜婷的手，放在桌上，做出我要代表我們兩個說話的樣子：「岳母，我很同意你這些新聞界等等都是謊言的理論，問題是，大部分人都不像你這麼有見識。」我嚴肅的搖搖頭。

派翠西亞拿起酒杯，狠狠的喝了一口，才說：「你對新聞界有這種看法，實在是再自然不過了，尤其是他們一直抨擊你這個渾蛋小子！你說是不是啊，孩子？」

我對派翠西亞微笑著說：「嗯，應該為這句話乾一杯！」我舉起酒杯，等著大家一起舉杯，幾秒鐘後，我說：「敬可愛的派翠西亞阿姨，她直言不諱的天賦確實值得讚美！」說著，我們全都碰碰酒杯，一秒鐘不到就喝下了五百美元的好酒。

娜婷手伸向我，摸著我的臉頰說：「噢，親愛的，我們都知道他們怎麼說你都是謊話，因此你不必擔心，甜心！」

「對，」岳母補充說：「當然都是謊話，他們罵的好像全世界只有你一個人做盡壞事，你想一想，就會覺得真是好笑。其實這一切可以追溯到十八世紀的羅思奇家族、十九世紀的摩根和他的後代。股市只是政府的另一個傀儡，你可以看出來……」

岳母又開始大發議論了。我是說，不容否認的，她有一點瘋狂，但是誰不瘋狂呢？而且她非常精明，又喜歡大量閱讀，一個人養大娜婷和小兒子阿傑，還把小孩教養得很好（至少娜婷是這樣）。事實上，不管是金錢還是其他方面，她的前夫沒有給她半點支持，使她的成就更為輝煌。岳母長得很漂亮，加上及肩的草莓金色長髮，閃閃發亮的藍色眼珠子，全部加在一起，真的是美人胚子。

這時史塔走到桌邊，他穿著白色的大廚外套，戴著一頂白色的大廚高帽，看起來像六呎四吋高的麵團寶寶。

「晚安，」史塔熱情的說：「祝你們大家勞動節愉快！」

我太太好比後起之秀的公關大師，立刻從椅子上站起來，像熱心的啦啦隊長一樣，愉快的在史塔臉頰上輕輕親了一下，然後開始介紹家人。經過幾分鐘美妙的廢話後，史塔開始說明今天晚上的特餐，首先是名聞遐邇的平底鍋煎軟殼蟹。就在那一剎那間，我的心思忽然又飛到賈瑞特、卡洛琳夫婦和我的三百萬美元上：他們到底要怎麼做，才能平安無事的把錢弄出去？我其他的現金又該怎麼辦？或許我應該利用索海爾的信差服務，但是那樣做似乎有點冒險不是嗎？我是說，到骯髒的約會地點，跟完全不認識的人見面，交出那麼多錢？

我望向岳母時，她正好也看著我，對我展現最熱情、最慈祥的笑容，我也毫不遲疑的對她微笑。我對岳母一直很好，事實上，從我愛上娜婷那一天開始，岳母就從來都沒缺過什麼東西，娜婷和我買給她一輛汽車，替她租了一棟漂亮的水岸住宅，每個月給她八千美元零花；在我看來，岳母實在是太好了，始終一心一意支持我們的婚姻，而且……

剎那間，我突然想到一個最邪惡的想法。嗯……岳母和派翠西亞不能替我帶一點錢到瑞士去，實在是太可惜了，我的意思是，有誰會懷疑她們？看看她們戴著那種蠢帽子！海關官員把她們攔下來的機率有多低？絕對是零！一定！兩位老太太會偷運現金嗎？那一定是最完美的罪行。但是我立刻覺得自己不應該有這種想法。天啊！要是岳母出了麻煩——娜婷一定會狠狠折磨我！她甚至可能離開我，帶走女兒，這是我無法想像的事情！沒有她們我活不下去！我不能——

娜婷的尖叫打斷了我的胡思亂想：「回到現實來，喬登！喂，喬登！」

我轉頭看著她，給她一個心不在焉的笑容。

「你要吃旗魚，對吧，寶貝？」

我用力點頭，保持笑容。

然後她信心十足的補充說：「還有，他也要凱薩沙拉，裡面不要加油煎麵包塊。」她身體往前傾，在我臉頰上親熱的吻了一下，然後坐回椅子上。

史塔謝謝我們，恭維了一下娜婷，才走開去忙他的事情。派翠西亞阿姨舉起酒杯說：「我想再敬大家一杯。」

我們全都舉起酒杯。

她嚴肅的說：「喬登，這杯酒敬你，如果沒有你，我們今天晚上都不會在這裡。而且我要感謝你，因為我已經搬進比較大的公寓裡了，」——我用眼角瞄了一下女王，判斷她的反應。她又開始磨牙了！噢，糟糕了！——「公寓很大，因此孫子們都有自己的臥房。你真的很慷慨，孩子，這點是很值得驕傲的事情，我敬你！」

我們全都碰碰酒杯，然後娜婷的身體向我靠過來，熱情、甜美地親上我的嘴唇，使大約五品脫的血液急衝到我的小腹。

哇！我的婚姻多麼幸福！而且一天比一天穩固！娜婷、我和小女兒是真正的家庭，我還能再求什麼？

兩小時後，娜婷把我反鎖在屋外，就像摩登原始人被他的寵物恐龍反鎖在外面一樣。「娜婷！快開門，讓我進去！對不起！」

門的另一邊傳來我太太充滿輕蔑的聲音：「你會對不起？哇，你、你這個小王八蛋！要是我開了門，我會砸爛你的臉！」

我深深的吸了一口氣，再慢慢的吐出來。我真痛恨她叫我小什麼的！她為什麼要這樣叫我？我哪裡小了，天啊！「娜娜，我只是開玩笑！求求你！我不會讓你媽媽幫我帶錢去瑞士！趕快把門打開，讓我進去！」

沒有動靜、沒有回答，只有腳步聲。真他媽的！她對什麼事情這麼生氣？又不是我建議她媽媽帶幾百萬美元到瑞士去！是她自己說的！或許我是給了她一點引導，但還是她自己這麼說的！

我更大聲的說：「娜婷，打開他媽的大門，讓我進去！你反應過度了！」

我聽到裡面響起更多的腳步聲，然後在我腰部附近的信箱蓋打開了，娜婷的聲音從小方格裡傳出來。「如果你想跟我說話，那麼你可以從這裡跟我說。」

我有什麼選擇嗎？我彎下腰——

嘩啦！

「哇，狗屎！」我一邊尖叫出聲，一邊用白色洛夫羅蘭T恤的下擺擦眼睛。「水很燙呢，娜婷！你到底怎麼啦？你差點燙傷我！」

女王輕蔑的聲音傳出來：「差點燙傷你？燙死你我才肯善罷甘休！媽的，你怎麼能夠遊說我媽媽做這種事？你別以為我不知道你鼓動她。你替她做了這麼多事情後，她當然會自告奮勇！你只是讓她覺得事情實在他媽的太簡單了，你這個喜歡擺佈別人的小王八蛋！你和你蠢斃了的推銷手法，絕地武士念力，或是你他媽的的叫什麼名字的東西！你這個人真是可恥斃了！」

雖然她罵了這麼多話，讓我最難過的還是「小」這個字。「你叫我小什麼的時候，最好注意一點，否則我會痛扁你，而且——」

「扁啊，你試試看啊！如果你敢對我動手，我會在你睡覺的時候，把你卵蛋切下來，餵你吃下去！」

天啊，這麼美麗的女人怎麼能夠說出這麼惡毒的話，還是對她自己的丈夫這樣說！女王今天晚上看起來就像天使，更別說她整個晚上都不斷的親我！但是話說回來，派翠西亞敬完最後一杯酒後，我也從某一個角度看戴著好笑草帽的她和我岳母，想起電影《天生冤家》裡的鴿子姐妹，心裡想著，有哪一個精神正常的海關官員會攔下鴿子姐妹？她們兩個又都拿英國護照，使整個構想讓人更能信服，因此我才會放出試探氣球，看看她們兩個人當中，有沒有人願意替我偷帶資金。

我太太的聲音從小格子裡傳來：「低下頭來，看著我的眼睛，告訴我你不會叫她去做這件事。」

「低下頭去？好，可以！」我諷刺的說：「你要我看著你的眼睛嗎？為什麼？好讓你在我臉上再潑熱水嗎？你怎麼想的，我真他媽的那麼笨嗎？」

女王的聲音毫無感情：「我不會再對你潑水了，我以女兒的眼睛發誓。」

但我還是站著不動。

「問題是我媽媽和派翠西亞阿姨都已經覺得，整件事情是個絕妙的遊戲；她們兩個都討厭政府，當然認為這樣做很過癮。我媽一有這個想頭後就會不斷的遊說你，直到你讓她去做為止。我太了解她了，她認為這樣做很刺激——帶著那麼多錢通關卻不會被抓到。」

「我不會讓她去做，娜娜，我根本不該提這件事，只是喝了太多酒了。我明天就去跟她說。」

「你並沒有喝太多酒，所以我才傷心。就算你絕對清醒的時候，你也都是個小惡魔。我不知道我為什麼這麼愛你，瘋的人是我，不是你！我真的應該去檢查一下腦袋瓜子——沒錯！我是說，今天晚上這一餐就花了兩萬美元！除了結婚或什麼大事，有誰會花兩萬美元吃一頓晚飯？誰都不會，我知道！但是你為什麼要在乎那點錢呢？你在櫃子裡放了三百萬美元！而且那些錢一樣他媽的不正常。」

「喬登，我跟你想的正好相反，這些東西我都不要，只希望過著舒服、平靜的生活，遠遠離開史崔頓人，離開每一件瘋狂的事。我認為我們應該搬走，以免發生不幸。」她停了一下，又說：「但是你永遠都不會這樣做，你已經對這些權力上癮，對所有叫你國王和野狼的那些白痴上癮了！天啊，野狼！真他媽的好笑死了！」

我可以聽到她的厭惡從鑰匙孔裡流出來。「我先生、我先生是華爾街之狼！光是說出口就夠荒謬了，但是你看不出這一點，你只愛你自己，你是個自私的小王八蛋，我只能這麼說。」

「別再叫我小什麼的，媽的！你他媽的有什麼問題？」

「噢，你這麼敏感啊，」她的話裡帶刺。「好，你聽著，敏感先生，今天晚上你就睡客房，明天晚上也一樣，或許如果你幸運的話，我明年會跟你做愛！但是機會也很渺茫了！」片刻之後，我聽到門打開的聲音……然後是她穿著高跟鞋上樓清楚的響聲。

嗯，我想我罪有應得。但是話說回來，她媽媽被人抓到的可能性有多少呢？接近零，誰都會這樣想！光是她和派翠西亞戴的那種可笑草帽，就會讓這種想法不斷從我的腦袋裡冒出來。而且，我撫養岳母也算有功勞，對吧？畢竟是她先自告奮勇的！她很精明、很有修養，內心深處知道我們之間有某種無言的債務，如果我真的需要，我可以要她償還。我的意思是說，拿掉所有的廢話後，根本沒有人會出自內心對別人好，不是嗎？凡事總是有某種最後的動機，即使只不過是從幫助別人上得到個人的滿足，本身也是一種自私自利的行為！

從比較好的方面來看，至少那天下午我跟女王做愛過了，因此一、兩天不做愛也不會那麼難熬。

20 人性弱點

傷心的女王對了一半，也錯了一半。

沒錯，她對媽媽的看法正確，果然堅持要在我「這種傳奇性的冒險」——她和派翠西亞都這樣稱呼我的國際洗錢計畫——裡軋上一個小角色。事實上，我根本沒有勸她這樣做，但是為了替岳母和我自己辯護，這種想法其實相當刺激，對不對？把很多的錢——正確的說，是把九十萬美元——裝進超大的收納袋裡，然後往肩上一拋，直接走過海關卻沒被人攔下來，這樣不刺激嗎？很刺激，確實非常刺激！

但是，女王為這件事擔心得要死卻錯了。事實上，她媽媽已經衝破大西洋兩邊的關卡，根本沒有引起注意，就在眨眼和微笑之間把現金交給了索海爾。現在她已經安全回到英國，整個九月都會跟派翠西亞阿姨在一起，分享違反十多種法律卻平安無事的榮耀。

因此女王已經原諒我，我們又變成了愛侶，正在羅德島的新港鎮度夏末的假期。跟我們在一起的，是我認識最久的朋友李普斯基，還有很快就要跟他離婚的妻子朵玲。

此刻只有李普斯基和我走在木造碼頭上，要回娜婷號遊艇。我們肩併著肩，但是李普斯基的肩膀足足比我高出六吋，他長得人高馬大、虎背熊腰、脖子很粗，臉孔也很瀟灑——黑手黨殺手的那種瀟灑，五官又大又厚，兩道濃眉很粗。雖然他現在穿著淺藍色的百慕達短褲、淺棕色的V領T恤，腳踩淺棕色的漁夫膠鞋，看起來還是很嚇人。

我可以看到停泊在正前方港口裡的娜婷號，比其他遊艇都高，少見的淺棕色格外引人注目。我能欣賞這種壯麗的景象，心裡卻忍不住想，我到底為什麼要買這艘糟糕透頂的東西。我那位不正派的會計師蓋托拜託我不要買，還說了流傳很久的一句名言：「遊艇主人有兩天最快樂，就是買遊艇和賣遊艇那兩天！」我的前妻丹尼絲非常精明，因此我猶豫了很久都沒買，一直到女王說，買遊艇是她所聽過最愚蠢的事情，這種激將法讓我別無選擇，只能立刻開支票。

所以我現在既擁有娜婷號遊艇，也擁有一百六十七呎長、漂浮在海上的頭痛問題。問題是這艘船很老，當初是在一九六〇年代初期替著名的設計師香奈兒建造的，因此這艘船吵得要死，經常故障。就像當時建造的大多數遊艇一樣，船上用了很多柚木來裝潢三塊非常大的甲板，以至於十二位船員都得從早到晚拿著油漆刷，跪在甲板上忙個不停。每次我上船時，都聞得到濃濃的透明漆味道，讓我覺得噁心。

諷刺的是，當初建造時，這艘遊艇只有一百二十呎長。但是前一位主人李德決定把遊艇加長，好容納直昇機。李德——噢，李德是狡猾的王八蛋，一眼就認得出誰是傻瓜。我跟他租了幾次遊艇後，他很快就利用我對艾略特的敬愛，說服我買下這艘遊艇（也把艾略特船長和這艘船一起交給我）。不久之後，艾略特船長就說服我加買噴氣動力的水上飛機，說法是我們兩個都熱愛潛水，可以一起駕駛水上飛機到沒有人下去過的水域，找到從來沒有人捕獲過的魚。他說：「那種魚會笨到你用魚槍刺牠們之前，還可以先撫摸牠們！」我心想「這種說法還真有意思」，因此我同意訂購水上飛機，預算是五十萬美元，卻很快就變成一百萬。

等到我們試著把水上飛機吊到上甲板時，才知道甲板根本就不夠大。原先的甲板上，已經放了貝爾噴射直升機、六具川崎牌噴射滑水板、兩台本田水上摩托車，還有玻璃纖維潛水板和水上溜滑梯，如果再擺進水上飛機，直昇機起降時一定會撞壞水上飛機。我已經深深陷入這些垃圾當中，因此別無選擇，只能把船開回造船廠，花了七十萬美元再度加長船身。

船頭往前拉、船尾往後推後，現在看來，這艘遊艇就像是條一百六十七呎長、即將繃斷的橡皮筋。我對李普斯基說：「我跟你說，我真的喜歡這艘船，很高興買了這艘船。」

李普斯基點點頭表示同意，「她真漂亮！」

艾略特船長在甲板上等著我們，看起來就像李普斯基和我小時候常玩的格鬥機器人一樣結實。他穿著白領口的T恤和白色的駕船短褲，上面都有娜婷號的標誌——兩根金色的老鷹羽毛，在寶藍色的大寫字母N旁邊飄揚。

艾略特船長說：「老闆，你有很多電話，有一通是波路西打來的，聲音聽起來比風箏飛得還高，還有三通是一個名叫卡洛琳、法國腔很重的女孩打來的，請你一回船上就立刻打電話給她。」

我的心臟立刻開始呼呼亂跳。天啊！波路西今天早上應該跟賈瑞特見面，交給他一百萬美元！真是狗屎！突然間，我腦海裡浮起一千種想法。出了什麼差錯了嗎？他們是不是被人逮捕了？兩個人已經都在監獄裡？不會，不可能，除非有人跟蹤他們——但是，為什麼有人要跟蹤他們呢？說不定是波路西醉茫茫的現身，賈瑞特氣得把他打昏，所以卡洛琳打電話來道歉。不可能，太離譜了！賈瑞特自己會打電話來不是嗎？媽的，我忘了叫波路西不要醉昏昏的現身！

我深深的吸了一口氣，設法讓自己平靜下來，或許一切只是巧合。我對著艾略特船長微笑說：「波路西有說什麼嗎？」

艾略特船長聳聳肩說：「要聽懂他的話有點難，但是他要我告訴你，一切都很酷。」

李普斯基說：「一切還好嗎？需要我幫忙嗎？」

「不，不用，」我回答時鬆了一口氣。李普斯基在灣岸長大，當然跟我一樣了解賈瑞特。不過我並沒有告訴李普斯基怎麼回事，不是我不信任他，實在是沒有理由告訴他。他只知道，我需要他的號子門羅公園公司從一位沒有關係的海外賣家那裡買進幾百萬股美元時代公司的股票；他大概會認定這位賣家就是我，但是他根本沒有問（問就嚴重違反了行規）。我鎮定的說：「我敢說沒有什麼大事，只是我得下樓到我的臥房去打幾通電話。」說著，我從木造碼頭邊緣輕輕一躍，跳上遊艇，走下樓到主臥室去，拿起衛星電話，撥了波路西的行動電話。

電話響了三聲。「哎囉？」波路西口齒不清，聽起來像是獵人艾蒙在說話。

我看看手表——十一點半，真是讓人不敢相信！星期三早上十一點半，他在上班日的這個時候居然昏昏沉沉！「波路西，你他媽的有什麼問題？你在辦公室裡為什麼這麼昏昏醉醉？」

「沒，我沒在辦公室！我今天休假，因為我要跟他見面；」——他說的是賈瑞特——「但是你不用擔心！一切都很順利！都辦好了。乾乾淨淨，不留痕跡！」

噢，至少我最怕的事情沒有發生。「現在誰在主持公司，波路西？」

「笨蛋和假髮佬，沒問題的！瘋狂老爸也在公司裡。」

「賈瑞特揍你了嗎，波路西？」

「噢、噢，」他口齒不清的說：「他是個王八蛋瘋子，混蛋伐木工人，居然掏出槍指著我，說我很幸運，是你的朋友。他不應該帶槍，這樣違法！」

他掏出槍來？在光天化日之下？說不通呀！賈瑞特可能很瘋狂，卻不魯莽。「我不懂，波路西，他在街上掏出槍來？」

「不，不是！我是在轎車後座把手提箱交給他的。我們在海灣陽台狗物中心見面，」——他說的是購物中心——「在停車場上見面。一切都很順利，我只停留了一秒鐘就開走了。」

老天爺！賈瑞特開的是黑色加長型的林肯大轎車，波路西則是黑色勞斯萊斯敞篷車，並排停在海灣陽台購物中心，那種景象一定非常嚇人！那裡最好的車，平常最多就是龐帝克！

我再問一次：「你確定一切都沒問題？」

「我當然確定！」他生氣的說。我立刻掛他電話，不是因為我氣他，而是因為我是最嚴重的偽君子——在我清醒的時候，跟昏昏沉沉的傻瓜說話讓我很不舒服。

我正要拿起電話撥給卡洛琳時，電話響了起來。我看了一下電話，覺得自己就像瘋狂老爸一樣，每一聲可怕的鈴聲都害我心跳加快。但是我沒有接聽，只是側著頭，輕蔑地瞪著電話。

響到第四聲時，有人接了電話。我一面等著……一面祈禱。片刻之後，我聽到帶有催促意味的小小嗶聲響起，艾略特船長性感女朋友譚姬的聲音緊跟著傳來：「卡洛琳．賈瑞特找你，貝爾福先生，二線。」

我停了片刻，打起精神接電話。「喂，卡洛琳，怎麼回事？一切順利嗎？」

「哦，狗屎——謝天謝地，我終於找到你了！喬登，賈瑞特進監牢了，而且——」

我立刻打斷她的話。「卡洛琳，什麼話都不要說，我要去找公用電話，立刻回你的話，你在家裡嗎？」

「對，我家裡，我會在這裡等你的電話。」

「好。不要走開，一切都會沒事，卡洛琳，我跟你保證。」

我掛斷電話，在床邊坐下來，不敢置信。我心裡立刻冒出一千種不同的想法，以及一種從來沒有過的奇怪感覺。賈瑞特進了監牢，他媽的監牢！怎麼可能發生這種事？他會招供嗎？……不會，當然不會！要是這個世界上還有人講義氣，那一定是賈瑞特！此外，他實際上還有多少年好活？在他身體裡砰砰亂跳的是伐木工人的心臟，天啊！他總是說，他活著的時間都是借來的不是嗎？或許審判可以拖到他死亡後。我立刻後悔自己的這種想法，不過我得承認，其中確實有幾分道理。

我深深的吸了一口氣，設法鎮定下來，然後從床上站起來，快步走向公用電話。

走在碼頭上時，我才想起身上只有五顆白板；以目前的情況來說，這個數字絕對低得讓人無法接受，我得再過三天才會回長島，但背部已經痛得有點過頭。而且，一個多月以來我一直都能忍受藥癮，忍得也夠久了。

我走到電話旁，拿起電話，先撥給珍妮。我按自己的電話卡號碼時，不免心想用電話卡會不會比較容易追蹤，或者會不會比較容易監聽。但只想了幾秒鐘，我就認為這種想法很離譜，不必理會。電話卡就像硬幣，當然不會讓聯邦調查局更容易竊聽我的談話。然而謹慎、小心的人還是應該想到這一點，因此我又自誇自讚自己能想到這件事。

「珍妮，」我慎重的說：「到我辦公桌右手邊最下面一個抽屜拿四十顆白板，交給假髮佬，要他立刻搭直升機送來這裡。離港口幾哩的地方有一個私人機場，他可以在那裡降落；我沒有時間接他，因此請你安排一部轎車等著——」

珍妮打斷我的話。「我兩小時內會叫他送到，別擔心這件事，一切順利嗎？你聽起來很不安。」

「一切都很好，只是我離開時算錯，現在缺糧了。總之，我的背一直在痛，因此我需要鎮痛。」我沒有說再見就掛了電話，然後立刻再拿起來撥到卡洛琳家裡，她一接電話，我立刻開口。

「卡洛琳，他——」

「哦，天啊，我一定要告訴你——」

「卡洛琳，不要——」

「賈瑞特出事了！他現在——」

「不要——」

「在監牢裡，他說——」

她不肯停住，因此我大叫：「卡洛琳！」

這才終於沒讓她再往下說。

「你聽我說，卡洛琳，先不要說話。我很抱歉對你大吼，但是我不希望你從你們家說話，你懂嗎？」

「懂。」她用法語回答。即使是這種時刻，我還是注意到她在緊張的時刻，顯然覺得用法語說話比較安心。

「好，」我鎮定的說：「到最近的公用電話去，打下面這個號碼：區域號碼四〇一，五五五一六六六五，我就在這個地方，懂了嗎？」

「懂了，」她鎮定的回答，又說起英文，「我寫下來了，幾分鐘後我會打給你，我要找零錢。」

「不用，就用我的電話卡號碼。」我同樣平靜的說。

五分鐘後，電話響了，我拿起電話，要卡洛琳把她那裡的公用電話號碼告訴我，然後掛斷電話，換到隔壁的公用電話，撥卡洛琳那邊的公用電話號碼。

她立刻開始敘述詳情：「……因此，賈瑞特在停車場裡等波路西，最後波路西終於開著勞斯萊斯過來，他昏醉得很厲害，繞著購物中心歪來歪去，差點撞到別的車子。警衛認為波路西酒醉駕車，所以就叫警察來。他把錢交給賈瑞特後就立刻離開了，因為賈瑞特說他昏昏醉醉，威脅要殺他。然後賈瑞特看到兩部警車閃著警燈過來，馬上就知道是怎麼回事，因此他跑進錄影帶店，把槍藏在錄影帶空盒裡，但是警察不但還是把他銬走了，而且重播保全錄影帶，找到了槍，就正式逮捕他，又到大轎車裡搜索，把裝著錢的手提箱也帶走了。」

我心想，真是狗屎！錢最不是問題，主要的問題是波路西真該死！他應該從此離開，永遠別再回來。要不然我就要用金錢補償賈瑞特，好好收買他。

這時我想到，賈瑞特一定是在電話裡把一切告訴卡洛琳；如果他在監牢裡，那一定是用監牢裡的電話——糟糕！賈瑞特比波路西精明多了！他為什麼要冒險用幾乎一定會被竊聽的電話打回家？

「你最後一次是什麼時候跟賈瑞特說話？」我問，一面祈禱其中有一些解釋。

「我沒有跟他說到話，是他的律師打給我，告訴我這些事情的。賈瑞特打電話給他，叫他準備保釋金。賈瑞特說，我今天晚上一定要去瑞士，以免這件事變成大問題。因此我替賈瑞特的父母、丹娜和我自己訂了機票，李其會替賈瑞特簽字，我會把保釋金交給他。」

哈利路亞！雖然我要搞清楚的事情還很多。至少賈瑞特很有常識，知道不能在電話裡講這些事。不管他跟律師說了什麼，對外都不必負責。但是整個事情裡最諷刺的地方是：他雖然關進監牢，仍然還在盤算怎麼把我的錢搬到國外。我不知道應該感謝他對我的事情忠貞不二，還是該氣他這麼魯莽。我把整個情勢在心裡考慮了一遍，設法釐清問題。事實是警察很可能認為破獲了一宗毒品交易，而賈瑞特是賣方，這是他有一整箱現金的原因；開勞斯萊斯車的人，當然就是買方了。我不知道的是，他們是不是已經查出波路西的車牌號碼？如果查出來了，會不會已經逮捕他了？但是，他們要用什麼理由抓他呢？事實上，他們不能給波路西安上什麼罪名，除了查到滿滿一箱的現金他們什麼證據都沒有。主要的問題是槍，但是槍的問題可以解決，好律師絕對可以把賈瑞特保出來，可能要交很高的罰金，但罰金我會交，不然就是波路西，就是這樣而已。

我對肉彈說：「沒錯，你是應該離開。賈瑞特告訴你所有的細節了嗎？你知道要找誰吧？」

「知道，找索海爾，我有他的電話號碼，也很清楚那條街是在商業區裡。」

「好，卡洛琳，小心點，也這樣告訴賈瑞特的爸爸和媽媽，還有丹娜。而且要打電話給賈瑞特的律師，讓賈瑞特知道你跟我通過話了，要他不必擔心，因為我親自處理每一件事，記得強調『每一件事』，卡洛琳，你知道我的意思嗎？」

「知道，我知道，喬登，你不必擔心，賈瑞特愛你，不管怎麼樣，他絕對一個字也不會說。我全心全意跟你保證這一點，他寧可自殺也不會傷害你。」

雖然我知道，賈瑞特沒有辦法愛世界上的任何一個人，尤其是沒有辦法愛自己，卡洛琳的話還是讓我內心發出微笑。以賈瑞特的個性、尤其是猶太幫派的那種個性，他非常不可能出賣我——除非他得面對很多年的牢獄生活。

想清楚這些事情後，我祝福肉彈一路平安，掛了電話，走回遊艇。剩下來的唯一問題是我該不該打電話給波路西，告訴他這個壞消息；看起來，或許我應該等他沒有這麼昏醉時才打比較好。不過，最初的恐慌減輕後，這個消息其實也沒有這麼糟糕。

然而，有件事已經很確定了——白板會變成波路西沉淪的原因。他有嚴重的嗑白板問題，應該是求助的時候了。

21 形式與實質

一九九四年一月

停車場事件發生後，幾星期內事情就有了初步的結論：購物中心的監視攝影機，並沒有清楚拍到波路西的車牌號碼。但賈瑞特說，警察提議，只要他告訴他們開勞斯萊斯的是誰，就要跟他交換條件。賈瑞特當然說，他叫他們去吃屎，不過我多少懷疑他有點誇大，好為財務上的勒索奠定基礎。不管怎麼樣，我都保證他會得到照顧，交換條件是他饒了波路西的小命。

就這樣，一九九三年剩下的日子平安的過去了——也就是說大家都可以不受干擾，繼續過著上流怪胎的生活——到年底時，還因為先前順利推動梅登鞋業公開上市，給了我豐收的一年。這檔股票最後穩穩守住略高於八美元的價位，我靠著人頭、過渡性貸款買到的股權單位和自營交易手續費，賺了二千多萬美元。

耶誕節和新年期間，我們搭著娜婷號遊艇到加勒比海度假兩星期。女王和我像搖滾明星一樣舉辦宴會，在聖巴茲島和聖馬丁島之間的每一家五星級餐廳裡，我幾乎都曾經昏昏睡去，也曾在嗑完白板後潛水，刺傷了自己，幸好只是皮肉之傷。除此以外，我大致上毫髮無傷的結束了這段旅程。

假期結束後，又得開始工作了。今天是一月的第一個星期二，我坐在索金的辦公室裡。索金滿頭蓬鬆的白髮，是史崔頓公司外聘的首席法律顧問。就像所有著名的白領律師一樣，索金曾經替壞人工作——或者說是替好人工作，要看你問的是什麼人而定。重要的是，索金曾經當過證券管理官員，是證管會紐約地區辦事處的部門主任。

這時的他靠在他著名的黑色真皮王座上，手掌攤在空中，說著：「你現在應該歡欣鼓舞，喬登！兩年前證管會控告你，索償二千二百萬美元，而且想關掉你的公司；現在他們願意用三百萬美元和解，意思意思就放過你們公司，這可是徹底的勝利。」

我盡本分對我的吹牛大師律師笑笑，內心深處卻百感交集。才剛剛度完耶誕假期，第一天回來上班，這個消息的確很難消化。我的意思是說，證管會既然找不到半點對我不利的證據，我為什麼要這麼快就跟他們和解？他們兩年多前提出告訴，指控我炒作股票和強迫推銷。但是他們的說法沒有什麼證據可以支持，尤其是其中比較重的炒作股票罪名。

證管會票傳了十四位史崔頓的員工，其中十二位把右手放在《聖經》上發誓，卻睜眼說瞎話。只有兩位史崔頓人因為驚慌的關係，說了實話——承認採用強迫推銷之類的手法。就像俗話說的「自找死路」一樣，「謝謝你這麼誠實。」證管會說，然後把他們兩個人趕出了證券業（他們畢竟在宣誓後，承認做了不對的事情）。另外十二位說謊的人，碰到了什麼可怕的命運嗎？啊，真是理想中的正義！他們每一個人都毫髮無傷地走出法院，現在還在史崔頓公司服務，每天帶著微笑打電話給客戶，海削他們。

然而，就在我贏得對抗笨蛋官員的一系列美妙勝利後，曾經當過笨蛋官員的索金卻仍然建議我和解，把一切麻煩抛在腦後。但是我發現自己正在對抗他的邏輯，因為「把一切抛在腦後」不但表示要繳交三百萬美元的罰金，還得同意將來不會再有機會違反任何證券法律，意思就是我要接受終身從證券業開除、永遠離開史崔頓公司的懲罰——說清楚一點，就算我已經死掉，然後想出辦法復活，還是不准從事證券業。

我正要說出我的意見時，偉大的索金大律師卻已經再也忍受不了沉默。「事情很清楚，喬登，你和我是絕佳的團隊，我們在證管會主導的遊戲中打敗了他們。」他點點頭，稱讚自己言語中的智慧。「我們拖垮了那些王八蛋，三百萬美元你一個月就可以賺回來，甚至還可以拿來抵稅。因此你的人生應該轉個彎往前進，離開、淡出，享受跟妻子、女兒一起生活的樂趣了。」說著，索金大律師興奮的笑著，又點了好多次頭。

我不置可否地笑著說：「波路西或葛林的律師知道這件事嗎？」

他就像跟我勾結一樣，笑著說：「這件事完全是祕密，其他律師什麼都不知道。法律上我當然是代表史崔頓公司，因此我對公司忠心耿耿，但是現在你是公司的化身，因此我對你忠心耿耿。總而言之，我認為就這個條件來說，你可能需要幾天的時間考慮，但也只有幾天而已，頂多一星期。」

我們第一次遭到控告時，各自請了不同的律師以避免可能的衝突，當時我認為這樣很浪費，現在卻很高興當初這樣做。我聳聳肩說：「我敢說他們的建議不會很快就撤銷，索金，就像你說的一樣，我們把他們拖垮了。事實上，我認為證管會裡已經沒有人還搞得清楚我的案子是怎麼回事。」我很想跟他說明為什麼我這麼肯定（還記得嗎？我在公司的會議室裡裝了竊聽器），但是我決定不說。

索金舉起雙手，眼睛向上翻，「你為什麼要在我說的話裡吹毛求疵呢？過去六個月裡，證管會紐約辦事處的人事流動非常驚人，士氣低落。但這只是巧合，不會永遠這樣。喬登，我現在是以一個朋友，而不是以你的律師身分說話。這個案子你得徹底和解，以免將來另一批新的調查人員重啟爐灶，最後可能有人會找到什麼東西；到時候，所有的條件都會作廢。」

我慢慢的點點頭說：「你很精明，沒有說出去，如果在我有機會跟大家談話前消息就洩露出去，他們可能會驚慌。但是我告訴你，只要一想到終身禁止從事證券業——我是說，永遠不准再踏進交易廳！——我就一點都高興不起來。我甚至不知道該怎麼說你才會懂，交易廳是我的生命，是我正常的原因，也是我瘋狂的原因，交易廳就像好事、壞事和難堪的事情的融合體。」

「總之，真正的問題不是我，是笨蛋葛林。我怎麼說服他接受終身禁止從業，波路西卻沒事？葛林一直都很聽我的，但是如果我叫他離開卻留下波路西，我不知道他還會不會聽話。葛林一年賺一千萬美元，可能不是最厲害的角色，但還是有他的精明之處，知道他以後再也不能賺這麼多錢。」

索金聳聳肩說：「那就讓葛林留下來，要波路西接受禁止從業的命運。證管會一點也不在乎他們倆誰留下來、誰走路。只要你離開，他們就會很高興，他們只想發布非常漂亮的新聞稿，說他們把華爾街之狼趕下台了，然後他們就會覺得安心。這樣說，會不會比較容易說服波路西離開？」

「這不是辦法，索金，葛林是大白痴。別誤會我的意思，我喜歡他，也喜歡跟他有關的一切，卻改變不了他沒有能力經營這家公司的事實。你先告訴我，如果我們同意和解，情形會有什麼變化。」

索金停頓了一下，好像他必須集中精神，經過幾秒鐘後才開口說：「假設你能夠說服葛林，那麼你們兩個都要把股票賣給波路西，然後簽署永遠禁止從事證券業的法庭命令。你的罰金可以直接由公司支出，因此你不必從口袋裡拿出半毛錢來。他們大概也會派獨立會計師來查核公司，然後提出一些建議；不過這點不是什麼大問題，我和你們的稽核部門可以應付，就是這樣了，很直截了當。」

才稍停了一下，索金又補充說：「但是我認為你太依賴波路西了。他絕對比葛林精明，卻有一半時間都恍恍惚惚。我知道你也喜歡嗑藥，但是你在上班時間裡總是很清醒。此外，不管怎麼說，世界上只有一個貝爾福。主管機關也知道這一點，尤其是主管紐約辦事處的庫波柏格，所以他堅持要你離開；他可能討厭你所代表的一切，但是仍然很尊敬你的成就。事實上，我要告訴你一個好笑的故事：幾個月前我到佛羅里達州參加證管會的一次研討會，證管會現在的第二號人物華克說，他們需要一整套新的證管法律來對付像貝爾福這種人；不但聽眾聽了哈哈大笑，而且他這樣說時也沒有那種看不起的意味——我想你了解我的意思。」

我轉動著眼珠。「噢，很好，這一點我確實很自豪，真的很自豪！事實上，你為什麼不打電話給我媽媽，告訴她華克說了什麼話？我敢說，如果她知道全國最高證券主管官員對他兒子這麼尊敬，一定會非常高興。信不信由你，不久以前，我還是出身清白猶太家庭的好男孩。說真的，我是那種在暴風雪之後，到別人家車道上鏟雪賺零用錢的小孩，不到五年前，還很難想像我走進餐廳時別人不會用奇怪的眼光看著我。」

說到這裡，我忍不住難過地搖頭。「我說，老天爺，我到底做了什麼，讓整個情勢演變到這麼嚴重失控的程度？我敢發誓，這不是我創設史崔頓公司時的希望！」說完，我從椅子上站起來凝望窗外，看著帝國大廈。我第一天到華爾街來當營業員練習生，還不是那麼久以前的事情吧？我搭的是快捷巴士——快捷巴士！——口袋裡只剩下七美元，他媽的七美元！我仍然記得，當時我看著其他的乘客，很想知道他們是不是像我一樣，對自己必須搭巴士到曼哈頓討生活而難過。我也還記得，自己曾經很同情年紀比較大的乘客，他們必須坐在硬梆梆的塑膠椅子上聞柴油的臭味。我當下就對自己發誓，將來絕對不要變成那樣，我要想盡辦法發財，照自己的意思過日子。

雖然我是在離曼哈頓只有幾哩遠的地方長大的，我記得自己剛下巴士時，一抬頭就看到那麼多的摩天大樓，還是立刻對這個城市所擁有的力量感到敬畏。

我轉頭面對索金，用帶點傷感的聲音說：「索金，我絕對不希望有這樣的結局。我跟你說實話，我創立史崔頓時並沒打算要違法亂紀，我知道這點現在沒有什麼意義了，但是五年前……我真的是這樣。」我又搖搖頭說：「我想事實大概就像別人說的一樣——通往地獄的路是好心鋪成的。不過我還是要告訴你一個有趣的故事，你還記得我第一任妻子丹妮絲吧？」

索金點點頭說：「她是個好心又漂亮的淑女，就像娜婷一樣。」

「對，她很好心、很漂亮，現在還是這樣。我剛創立史崔頓公司時，她說過這句經典名言：『喬登，你為什麼不能找個一年可以賺一百萬美元的正當工作呢？』當時我覺得這句話很好笑，但是現在我知道她的意思了。索金，你也知道，史崔頓公司像是一種教派，這就是真正力量的來源。那些小夥子，任何雞毛蒜皮的小事都要指望我，這就是丹妮絲那麼生氣的原因。從某方面來說，他們把我神化了，想把我變成不是我自己的東西。我現在知道了，但是當時卻不是這麼清楚，我發現權力會讓人興奮，不可能拒絕。」

「總之，我總是在心裡發誓，要是我居然會走到這一步，我會死在自己的劍下，為這些員工犧牲自己。」我聳聳肩，無力的笑著說：「當然了，我也一直都知道這多少是個浪漫的想法，但還是讓自己這樣想像。」

「因此我覺得，現在的我好像就要舉起白旗、帶著錢逃走，背叛大家，讓營業員孤立無援。我的意思是，對我來說，最輕鬆的就是照你說的話去做：接受終身禁止從業的命令，帶著太太和女兒離開，享受人生。我有足以讓自己享受十輩子的錢，但是話說回來，這樣做就背叛了所有的小傢伙，而我對他們每個人都發誓過，說我要對這種事情奮戰到底。因此，我怎麼能夠因為證管會給我退路就這麼收拾細軟快閃？我是這艘船的船長，索金，所以就應該是最後一位離船的人不是嗎？」

索金搖搖頭說：「絕對不是，你可以把你的證管會案子比成出海探險。事實很簡單：你接受禁令就可以確保史崔頓公司繼續生存。不管我們能夠多有效的阻止證管會的調查，也都不能永遠延遲這個結果。不到半年內這個案子就要審判了，你在你的同行裡，可找不到很同情你的大陪審團。你的案子攸關一千個人的工作，也攸關無數依靠史崔頓確保財務健全的家庭，只有你接受禁止從業命令，才能確保包括你在內的，每一個人的前途。」

我考慮了一下，覺得索金的說法只有一部分正確。事實上，對我來說，證管會的建議其實並不讓人那麼訝異，畢竟艾步蘭已經預測到了。在塞維爾餐廳無數的早餐會面中，有一次他說：「如果做法正確，你就可以拖垮證管會，弄到那裡最後再也沒有半個人明白你的案子。那裡的人員流動率高得驚人，尤其是他們陷在進行不順利的調查案中，搞得動彈不得的時候。」

「但是絕對不要忘記，」他補充說：「不要以為他們跟你和解了，就表示一切就結束了。沒有什麼事情能夠阻止他們，在跟你和解舊案子一天後立刻用新案子打擊你。因此你必須拿到白紙黑字的文件，聲明沒有新的案子要對付你。而且即使是這樣，你也還有那斯達克協會要應付……還有各州、更糟糕的是還有司法部和聯邦調查局……不過，如果他們打算這樣做，這些單位就應該早就介入了這個案子。」

想起艾步蘭的這些話後，我問索金：「我們怎麼知道，證管會不會立刻用另一件訴訟案來對付我們？」

「我會把這件事放進協議裡，」索金回答：「和解會涵蓋目前為止的所有行動。但是請記住，如果波路西再度發瘋，就再也別想阻止他們提出新案子。」

我慢慢的點點頭，卻仍然不相信他的說詞。「那斯達克呢？還有各州，或是更糟糕的，聯邦調查局呢？」

索金大律師往寶座上一靠，兩手再度交握，說：「這種事情沒有辦法保證，我更不會唬弄你。如果能夠把這一點寫在文件裡，當然很好，但是事情不是這樣辦的。如果你要聽我的意見，我會說，我認為任何其他主管機重提舊案的可能性都非常小。請你記住，主管官員最不願意辦穩輸的案子，那對他的事業生涯傷害極大，你知不知道，被證管會指派來辦理史崔頓案子的所有律師下場如何？不但每一個都會黯然離職，而且我可以跟你保證，他們在民間部門也找不到好工作。證管會的大部分律師，都只是去那裡過過水，吸收經驗，培養『優良記錄』，一旦闖出一點名號，就會轉到真正能夠賺大錢的事務所。」

「噢，美國司法部就不是這樣了，他們在調查史崔頓案方面運氣比證管會好多了，他們發出刑事案傳票後，出現了有趣的現象。沒錯，證管會票傳的所有營業員都極力支持你……然而，如果傳票是由大陪審團發出的，他們就很可能會跳船。」

「雖然如此，我卻認為司法部對你的案子根本沒有興趣。史崔頓公司設在長島，屬於司法部東區的管轄範圍，但他們不像設在曼哈頓的南區部，對證券案子並不特別熱中。老兄，這是我所能給你的最好的猜測，我認為，如果你現在和解這個案子後離開，以後你可以永遠過著快樂的日子。」

我深深的吸了一口氣，再慢慢的吐出來，說：「希望如此，現在應該是追求和平和尊嚴的時候了。還有，如果和解後我又走近交易廳，聯邦調查局會因為我違反法院命令，就上門來抓人嗎？」

「不會，不會，」索金說，一隻手在身前猛揮，「我認為你有點杞人憂天，實際的情形是：理論上，你甚至可以在史崔頓所在的同一棟建築的同一個樓層設立事務所。也就是說，你可以跟波路西站在史崔頓公司門外的走廊上一整天，針對他所做的每一件事情提供你的意見。我不是鼓勵你這樣做或做類似的事情，只是說這樣不違法，你只是不能強迫波路西聽你的話，也不能在交易廳裡停留半天，但是如果你想走進去，也只停留一下子，應該就沒有什麼問題。」

突然間，我發現自己很吃驚：事情真的有可能這麼容易打發嗎？如果證管會要禁止我從事證券業，我真的還可以這麼深入干預公司的事情？如果我可以，而且大致可以讓所有的史崔頓人知道這一點，那麼，他們就不會覺得我背棄他們了！我像看到一線曙光一樣，問道：「還有，我可以用多少錢，把我的股票賣給波路西？」

「你要賣多少就賣多少，」索金回答時，似乎不知道我心裡已浮起邪惡的想法。「那是你和波路西之間的事情，證管會根本不管這個。」

嗯！真有意思，我心想，腦海裡浮起二億美元的數字。「噢，我猜我跟波路西會同意一個數字——談到錢的時候，他總是相當理性。不過我覺得我不該在史崔頓所在的同一層樓裡設立事務所，好像最少也得隔個幾棟樓，你覺得呢，索金？」

「我認為這是好主意。」索金回答。

我對我請的高明律師微微一笑，然後孤注一擲地說：「那麼，我就只剩一個問題了，不過我想我已經知道答案。如果證管會禁止我從事證券業，那麼理論上，我就像任何投資人一樣。我的意思是說，證管會不會禁止我用自己的帳戶投資，也不會禁止我擁有即將上市公司的股權，對吧？」

索金高興的笑著說：「當然是這樣！你可以買賣股票，可以擁有即將上市公司的股權，你想做什麼都可以，只是不能經營證券經紀公司。」

「我甚至可以購買史崔頓公司承銷的新股，是不是？我的意思是說，如果我不再是登記有案的證券營業員，那麼，我就不受這條規定限制了吧？」我一面說，一面在心裡暗暗祈禱。

「信不信由你，」索金回答說：「答案是『對，你應該可以隨心所欲的買史崔頓承銷的新股，只要波路西願意賣給你，你愛買多少就買多少』，實際情形就是這樣。」

嗯……這件事看起來一點也不難搞！基本上，我可以變成自己的人頭，不只是在史崔頓公司這樣，就是在畢爾摩和門羅公園公司也一樣！「好，索金，我想我可以說服葛林接受終生禁令。他一直努力要我幫他的朋友維特進入證券業，如果我同意幫忙，很可能他就願意接受。但是這個消息我希望你再保密幾天，如果洩露出去，所有的交易就都免談。」

大律師索金再度聳聳健壯的肩膀，兩手一攤，眨眨眼睛，一切盡在不言中。

我因為在皇后區長大，有幸走長島快速道路已不下兩萬次；因為某種莫名其妙的原因，這條倒楣的公路似乎永遠都在修修補補。事實上，我的大轎車現在經過的路段，就是皇后區東半部和長島西半部接壤的地方，從我五歲開始，這一段路就一直在修建，似乎永遠也沒有完工的時候。爭取到這個萬年營建合約的公司，要不是宇宙間有史以來最無能的道路營建業者，就是地球上最精明的生意人。

管他的，反正我住的地方只離史崔頓公司大約五公里，馬路好壞對我什麼時候到公司幾乎毫無影響。因此我用力往後一靠，像平常一樣，瞪著司機康保漂亮的光頭好讓自己鎮定下來。我常猜想：如果他失去工作怎麼辦？事實上，如果我搞砸了這件事，不但康保會受影響，整個公司的人也都在劫難逃。要是波路西不擅經營，公司因此被迫減少支出，一定會影響很多人。

史崔頓的員工怎麼辦？天啊，每一個人都得大大的緊縮生活水準，不然立刻就會面臨財務困境。他們必須開始像其他人一樣過日子，把錢當錢，不能再像以前一樣，出門時看到什麼東西喜歡就買。光是想到這一點，就真是令人難過！

從我的觀點來看，該做的事情應該是乾乾淨淨的離開。不錯，明智的人不會用過高的價格把公司賣給波路西，不會在對街設立辦公室，也不會繼續在幕後操縱公司。那樣的我已經不是華爾街之狼，而是經常把頭伸進蜂蜜罐子裡偷吃的維尼熊。看看丹尼絲和娜婷吧，我欺騙了丹尼絲幾十次，一直到……去她的，為什麼我要用這種想法折磨自己？

總之，毫無疑問的，如果我離開，「已經」擁有的東西應該都不會受到威脅；我應該也不會多想提供什麼建議和指引，甚至不會以靠近交易廳來表示我對他們多講義氣。我應該不會跟波路西祕密見面，甚至不會跟畢爾摩和門羅公園兩家公司的老闆見面，要像索金建議的一樣，就這樣跟娜婷和千樂退隱。

但是，明知道自己拋棄了這艘船，讓船上的每一個人苦苦待援，我怎麼還能夠在長島繼續混下去？更不用說我已經跟葛林談好了，同意資助維特，幫忙他創設杜克證券公司。如果維特發現我不再是史崔頓的老闆，他應該會用比閃電還快的速度對付波路西。

事實上，如果我不希望情況太快惡化，唯一的方法，就是讓大家都知道我對史崔頓仍然有其他企圖，攻擊波路西就等於攻擊我；這樣一來，每個人就都應該會繼續效忠史崔頓，當然只有維特例外。我得在我選定的時間，也就是早在他還沒有強大到能夠發動戰爭之前，就用我自己的方式對付他。只要畢爾摩和門羅公園繼續效忠，只要波路西保持頭腦清醒，翅膀不要太快長硬，我就可以控制住這個邪惡的老中。

波路西的翅膀長得太快了，沒錯，這點是不容忽視的重要因素。畢竟，毫無疑問的，他最後一定希望照著自己的直覺經營公司，如果我掌控權力的時間比必要的時間還久，對他等於是侮辱。或許我們最少也應該在口頭上同意，在某種轉型期間——比如六到九個月——裡，他必須遵照我的命令，不能質疑，之後我再慢慢讓他掌握全部控制權。

我也要用同樣的方式對待畢爾摩和門羅公園公司，他們應該也會接受我的命令，但我會在短時間內就讓他們獨立。他們本來就非常忠誠，即使我沒盯著他們，很可能還是會替我賺一樣多錢。李普斯基絕對沒有問題，根據我和他天長地久的友誼，他的忠誠毫無問題。他的合夥人布萊安只持有門羅公園公司四九％的股權——我最初答應出資的先決條件，就是他必須接受這個安排，因此公司裡發號施令的人是李普斯基。至於畢爾摩公司，擁有過半數股權的羅文斯坦雖然不像李普斯基那麼忠心耿耿，卻還是很忠誠。

總而言之，我的投資持股極為龐大，史崔頓只代表我所有財務交易中的一部分，我還持有很多梅登鞋業的股票，交給法蘭克斯和索海爾不少錢，同時持有十幾家正準備上市的公司不少股權。美元時代公司當然還是十足的慘劇，但是最糟糕的時刻已經過去了。

我想清楚一切後，對康保說：「你為什麼不下高速公路，改走市區道路？我要回公司去。」

啞巴司機點了兩次頭，顯然痛恨我竟然有種要他回頭。

我不理會他的無禮，說：「而且，你把我放下來後就停在附近，我今天要到天神吃中飯，好嗎？」

啞巴司機再次點點頭，一個字也沒有說。

你看看！這個該死的傢伙連一個字都不跟我說，我卻擔心我離開史崔頓後，他的生活會有什麼變化！或許有問題的是我，或許我一點也不虧欠上千位靠史崔頓為生的人，或許如果他們認為我不能再幫忙他們，就會在片刻之內集體翻臉，叫我去死。或許……

真正諷刺的是，我在心裡反覆爭辯這些東西時，卻忘了一件非常重要的事──如果我不必再擔心在交易廳裡昏昏沉沉，就沒有什麼事情能夠阻止我整天嗑白板。我當然不會知道，自己這樣想時，已經為將來一段非常黑暗的時期奠定基礎，畢竟現在唯一能抑制我的是我的良好判斷，但良好判斷卻常以可笑的方式拋棄我，尤其是我碰到金髮美女和毒品時。

22 另類午餐時間

每次天神餐廳的門被打開來，走入一群史崔頓人時，餐廳裡的三位日本壽司師傅、六位嬌小的女服務生就會同時放下手邊的工作，大聲叫著：「午安！午安！午安！」然後對史崔頓人深深鞠躬，改用戲劇化的高音，尖叫一些不知道是什麼意思的日文。

廚師會上去迎接新來的客人，抓住他們的手腕，研究他們閃閃發亮的金表，再用腔調很重的英文問他們：「多少錢，表？哪裡你買的？你開什麼車到餐廳來？法拉利？賓士？保時捷？你參加那一家高爾夫俱樂部？在哪裡打？高爾夫時間多長？差點多少？」

同一時間裡，穿著鮭魚粉紅色和服、背上紮著淡黃綠色腰板的女服務生會抬起手背，摩擦客人訂製的精梳義大利毛料吉伯特西裝，點頭表示讚許，發出輕柔的驚呼聲：「哦……啊……好啊布料……這麼啊軟！」

但是，馬上她們就全都像得到無聲的暗示一樣，在相同的一刻停下來，回頭去忙剛才在做的事情。壽司師傅會繼續捲壽司和切切剁剁，女服務生會繼續端上超大瓶的高級清酒和麒麟啤酒，讓年輕而口渴的史崔頓人喝，也送來裝滿超貴壽司和生魚片的超大木製帆船，讓富有而饑餓的史崔頓人享用。

就在你認為一切都平安無事的時候，大門會再度打開，湧進來另一批史崔頓人，狂野的景象再度上演——活潑的天神餐廳員工再次衝到門口，用繁複、華麗的日本式辭藻和禮節、以及一堆我敢說一定是日本式的一派胡言，歡迎剛剛進來的客人。

歡迎來到午餐時間，歡迎來看史崔頓人的午餐方式！

這種時刻，在地球的這個小角落裡，另一個宇宙正在發揮全部的影響力。幾十部跑車和加長型大轎車堵住了餐廳外面的交通，年輕的史崔頓人遵照他們歷經考驗的傳統，在餐廳裡像一群野狼一樣行動。餐廳的四十張桌子上，只有兩桌坐的不是史崔頓人，也就是我們所說的老百姓。他們大概是想找一個安靜、舒服的地方，輕鬆享受一頓午餐，卻在無意間闖進天神餐廳。總之，毫無疑問的，他們還會更覺得自己的命運真是奇哉怪也——畢竟，午餐開始後吸毒的遊戲就會跟著上演。

沒錯，時鐘才剛敲一下，有些史崔頓人就已經放開了自己。要看出誰嗑了白板並不難，只要是站上桌子、神志昏沉、胡言亂語光榮事蹟的人就是。幸運的是，公司要求業務助理午餐時留在交易廳，負責接聽電話、補打文件，因此每個人的衣服都還穿在身上，沒有人在浴室或桌子底下做愛。

我坐在餐廳後面一處私密、安靜的地方，看著這種瘋狂的場景不斷上演，同時假裝聆聽笨蛋葛林和老中維特的閒聊；葛林正說著他自己的那種胡說八道，邪惡的華人維特則不斷點著像貓熊一樣大的頭，認同他白痴朋友說的每一件事情。不過我敢說，他也知道葛林是白痴，只是假裝同意他說的話而已。

笨蛋現在說話的對象是我：「這正是你為什麼一定會賺到這麼多錢的原因，我是說，維特是我認識的人當中最精明的人。」他伸出手，拍拍邪惡老中巨大的背部。「當然不如你，但是這一點不用說也知道。」

我裝出虛假的笑容說：「噢，葛林，謝謝你投我信任票！」

維特呵呵大笑，表明著嘲笑葛林的愚蠢，然後對我發出令人厭惡的笑容，笑到他的眼睛瞇起來，讓人幾乎完全看不見他的眼球。

葛林根本完全不懂諷刺的觀念，因此他把我的感謝當真，自豪地笑著說：「總之，照我的想法，只要四十萬左右的開辦資本，就絕對能夠把這個事業做起來，如果你願意，你可以把現金給我，我會透過我媽媽把錢轉給維特；」——他媽媽？——「你甚至不必擔心這筆錢會留下不好的文件痕跡，」不好的文件痕跡？——「因為我媽媽和維特共同擁有一些不動產，因此他們可以交代這樣的往來。然後我們需要一些重要的營業員來開展業務，還有，最重要的是，分配一大筆下一檔新上市股，我認為方法是……」

我很快就魂遊物外了。只要讓笨蛋葛林一興奮起來，從他嘴巴說出的每一個字就都會無聊透頂。

維特和葛林都不知道證管會提議跟我和解的事，我也不會讓他們在這幾天內知道。總要到他們兩個篤信杜克證券會有美好的未來，似乎可以徹底犧牲史崔頓時，我才會告訴他們。

這時我用眼角瞄了維特一眼，每次肚子空空的時候看到這個邪惡的老中，都會讓我想把他吃下去！我一直搞不懂，為什麼這個高大的老中看來特別肥美，我想大概跟他的皮膚有關；在他天鵝絨般柔軟的皮膚下是十幾層肥油，拿來炒菜一定很好；再下面是十幾層結實的肌肉，一定很好吃；最上面一層則是最可口的，就像新鮮的山茱萸蜂蜜的華人膚色。

因此，我每次看到維特時都把他想成一頭乳豬，很想在他嘴裡塞上一顆蘋果，往他屁眼裡插進一支烤肉棒，架在烤箱上，全身上下淋滿糖醋醬，然後邀請一些朋友，像吃烤豬野餐一樣吃他！

「維特這麼忠心耿耿，」笨蛋繼續說：「你從杜克證券賺到的錢，一定會比從畢爾摩和門羅公園兩家公司合起來還多。」

我聳聳肩說：「也許吧，葛林，但是我最關心的不是這個，別搞錯，我是想賺很多錢，呃，我是說，我們當然應該一起賺大錢，但是對我來說，最重要、也是我真正想達成的目標，是確保你和維特的前途。如果我可以做到這一點，同時又可以一年多賺個幾百萬美元，那麼我會把這件事當成莫大的成就。」我停了一下，讓他們聽清楚我的鬼話，再儘快判斷他們對我的突然改變心意有什麼反應。

到目前為止都很好，我心想。「總之，半年內我們就必須面對證管會案子的審判，誰知道最後會有什麼結果？雖然現在情勢看來很好，但到了某一個時候，也許還是不得不跟證管會和解；如果走到那一步，我希望每一個人都已經找好退路，做好準備。不管你們相不相信，我其實希望已經把杜克證券扶植起來、順利經營一陣子了，但是朱迪凱特股票的問題一直讓我煩惱，還要再過兩星期才能賣掉這些股票，因此我們現在做的每一件事情都必須保密——這件事，我再怎麼強調都不過分。了解嗎？」

維特點了點貓熊大頭，表示了解，然後說：「我一個字都不會對別人說，也不在乎我持有的朱迪凱特股票。如果我可以永遠不必賣掉我一點也不在乎的持股，那麼，我們一定會靠杜克證券賺到非常多的錢。」

葛林也附和著說：「看吧，喬登，我告訴過你了！維特的頭腦非常清楚，也真的很有用。」他再度伸出手去，拍拍維特肥厚的背部。

維特說：「我也希望你知道，我發誓對你徹底效忠。只要你告訴我買下哪些股票，我就會大買特買，而除非你要我賣，否則你一股都看不到。」

我微笑著說：「這就是為什麼我同意這件事的原因，維特，因為我信任你，我知道你會把事情辦好，當然，也是因為我認為你很精明，從事這一行會很成功。」我心想，反正說好話不用花什麼錢；事實上，我還願意用我的生命保證，我對維特的所有好意完全都是鬼話。這個老中，根本不可能對任何人或任何事情效忠，尤其是不會忠於他自己——他會在無意之間搞砸自己的事，好滿足他那異常的自尊心。

根據計畫，波路西應該在我們坐下來十五分鐘後出現；我已經計算過，這段時間正好足以讓葛林在沒有波路西潑冷水的情況下，品味自己的光榮時刻。畢竟他十分痛恨波路西取代了他的位置，成為我最重要的副手。放棄葛林讓我覺得很抱歉，但是我必須這樣做。讓我更難過的是，他還必須跟維特一起沉淪，尤其是因為我確定葛林相信他告訴我的每一句話，相信維特會忠心耿耿，相信他自己說的所有其他廢話。葛林的弱點是，他仍然用青少年時的眼光看維特，仍然把他當成成功的古柯鹼販子崇拜，認定自己只是成功的大麻販子，在毒品經銷食物鏈中比維特低一級。

總之，我和索金見過面、回到史崔頓後，已經跟波路西開過會、向他詳細解釋我的計畫，幾乎沒有什麼保留。我說完時，他的反應一如我的預期。

「在我看來，」他說：「你永遠都是史崔頓的老闆，每賺一塊錢總有六成歸你，不管你是在這條街上另設事務所，還是決定駕著遊艇環遊世界，事情都是這樣。」

一小時後的現在，他來到天神餐廳，立刻替自己倒了一大杯清酒，然後把我們三個人的酒杯都加滿，再以敬酒的姿態舉起酒杯說：「敬我們的友誼和忠誠，也敬今天晚上要搞的藍籌股女郎。」

「來，來！」我叫著，四個人的白色瓷杯碰在一起，再把溫溫的烈酒喝下去。

我對葛林和維特說：「你們聽著，我真的還沒有跟波路西談到杜克證券的事情，」——睜眼說瞎話——「因此我先跟他做個快速的簡報，好讓他快快的進入狀況，可以嗎？」

看到維特和葛林都點頭後，我立刻開始說明詳情。談到杜克證券應該設在哪裡時，我轉頭對維特說：「我要給你幾個選擇：第一個選擇是到紐澤西去，只要過了華盛頓大橋，就可以找個地方開公司，最好的地點應該是李氏堡，哈肯沙克也不錯。不管是其中的哪一個，找員工都沒問題，你應該能夠吸引北紐澤西所有的年輕人，也可以吸引一些逆向通勤的人，像住在曼哈頓卻討厭在家裡附近工作的年輕人。第二個選擇是到曼哈頓去，但是利弊參半：一方面，那裡有一百萬個年輕人可以選擇，因此你不怕找不到人，但是另一方面，你會發現很難找到忠心耿耿的員工。」

「史崔頓的成功，關鍵之一是我們是這裡唯一的號子。看看這家餐廳的情形就知道，」我用頭比了比前後左右的桌子。「這裡全都是史崔頓人，因此變成了自給自足的社會，」——我不想用比較正確的「教派」這個字眼——「不會有雜七雜八的意見。如果你在曼哈頓開公司，你的手下就會跟一千家公司的營業員一起吃中飯。這點現在看來似乎不是太重要，但是你相信我，將來會變得很重要，尤其是新聞界開始說你的壞話，或是你的股票開始崩盤時，你就會很高興公司設在沒有人會在你營業員耳邊說壞話的地方。不過呢，雖然如此，我還是會讓你自己決定。」

維特緩慢而慎重的點著貓熊大頭，好像真的在在考慮得失利弊，差點讓我笑出聲來——維特同意到紐澤西的可能性，小到幾乎等於零；就像俗話說的一樣，有志氣的人早就去了。維特的自尊心超高，絕對不會選擇沒有富有和成功意味的紐澤西；而且最重要的是，紐澤西也不是一般重要角色會去的地方。不管有沒有道理，維特都一定不會去，一心只想在華爾街的中心開公司。我對這點沒有意見，如果他真在華爾街開公司，時機來臨時，我要毀滅他會更容易得多。

我也曾經對畢爾摩和門羅公園兩家公司的老闆說過同樣的話──想當初，他們也都希望在曼哈頓開公司。這就是為什麼，門羅公園公司會跑到紐約上州，而畢爾摩公司會跑到佛羅里達州、在博卡拉頓糞蛆大道──新聞界為聚集南佛羅里達州所有券商的地方取了這個名字──開公司的原因。

最後，一切都跟洗腦有關。洗腦有兩個特點：第一個特點是「對不得不聽你說話的人不斷說同樣的事情」；第二個特點是確保只有你能說話，不能有跟你作對的觀點。當然，如果你說的話正好是對方想聽的話，就像史崔頓公司的情形一樣，事情會好辦多了。我一天兩次、天天都站在交易廳前面告訴他們，如果他們聽我的話，照我的話去做，賺到的錢會遠遠超出他們的想像，年輕貌美的女孩會自動投懷送抱。實際的情形也的確是這樣。

維特整整沉默了十秒鐘後，才回答說：「我了解你的看法，但是我想我在曼哈頓應該可以做得很好。那裡的年輕人非常多，因此在我的想像裡，只要花個兩秒鐘就可以把人找齊。」

笨蛋趕緊幫他補充說明：「我敢說，維特會召集大家開會，鼓舞士氣，讓每一個人都喜歡為他工作。這一點我也幫得上忙──，你主持的所有會議我都做了記錄，因此我可以跟維特好好練習，我們可以……」

唉，天啊！我很快的就提不起勁來說話，只能瞪著這隻大貓熊看，想像他怪異的腦袋裡可能裝著些什麼想法。他其實相當精明，也很有用。事實上，三年前他還幫了我不少忙……

那時我剛剛離開丹尼絲，娜婷還沒有正式搬進來，因此我身邊沒有女人，決定先請一個全職的管家。但是我要的是同性戀管家，就像我在《朱門恩怨》還是《豪門恩怨》連續劇裡看到的那種管家。總之，重點是我要找個能夠使喚的同性戀管家，尤其我已經這麼富有，更應該找一個。

因此珍妮開始替我尋找同性戀管家，當然也很快就找到了。他的名字就叫「派翠克管家」，非常娘，娘到甚至屁眼裡都會噴出火來。對我來說，派翠克似乎相當不錯，雖然偶爾也會來個貴妃醉酒，但是我在家的時間沒有那麼多，因此其實不太了解他的情形。

女王搬進來後，很快就掌握了家裡的控制權，開始注意到一些事情，例如派翠克酗酒、拚命換性伴侶，或是在他吞下煩寧、烈酒和誰也不知道是什麼東西的毒品後，嘴巴就會開始胡說八道，向女王吐露祕密。

不久之後，難堪的事情就爆發了。派翠克犯了嚴重的錯誤，認為女王會和我一起到我父母家裡吃踰越節晚餐，因此決定一口氣請二十一位朋友到我們家舉辦同性戀狂歡，這些人不但在我的客廳用人體構成美麗的花朵，還在我的臥房裡辦起無遮大會。當時才二十三歲的女王走進屋裡時，看到的是相當壯觀的場面：所有同性戀者都擠在一起——後面對著前面——在我們設在曼哈頓奧林匹克大樓五十三樓的小小愛巢裡，像穀倉裡的動物一樣盡情交媾。

在我們發現派翠克和他那群損友偷了我擺在放襪子抽屜裡的五萬美元現金後，維特把派翠克吊在那一層樓的窗戶外面。但是我要替維特說話，他是在要求派翠克一再聲明會交還偷走的東西後，才把派翠克吊在窗外的。他提出要求時，當然配上右直拳和左勾拳，打破了他兩顆眼球裡的血管，也打斷了派翠克的鼻子和他的三、四根肋骨。你一定會以為，派翠克會全部招供，交還偷走的錢，對吧？

噢，他沒有交還。事實上，波路西和我就在場看著維特修理派翠克，而且在維特揮出第一拳之前，波路西還不斷厲聲恐嚇；結果是，一看到派翠克臉上開花、變成一團生漢堡牛肉時，跑進浴室大吐特吐的不是別人，就是波路西。

過了一會兒，維特看起來有點收不住手，就要把派翠克丟出窗外時，我善心大發地要求維特把他拉進屋裡；我的要求似乎讓維特很不舒服，但他還是聽了我的話。波路西從浴室走出來時，顯得憂心忡忡，臉色青綠。我跟他解釋說，我已經叫警察來逮捕派翠克。一聽說我在主導施暴後還敢叫警察來，波路西相當震驚；但是我解釋說，警察來時，我會原原本本的把事情告訴他們。我也真的這樣做了，只不過，為了保證兩位年輕的警察完全了解我的意思，我各塞給他們一千美元現金。他們只點了點頭，就從制服腰帶上抽出警棍，狠狠地又再修理了一頓派翠克。

就在這個時候，我最喜歡的服務生馬沙來到我們桌邊，要替我們點餐。我微笑著說：「馬沙，告訴我，有什麼好——」

但是馬沙立刻打斷我的話，問道：「你今天為什麼坐大轎車？法拉利哪裡去了？唐強森，對吧？你喜歡唐強森吧？」一聽到他的話，旁邊兩個女服務生立刻大叫：「哦，他唐強森……他唐強森！」

對於崇拜我的日本女服務生，我只能微笑以對。馬沙說的白色法拉利紅帽子跑車，正好是唐強森在《邁阿密天龍》電視劇裡，飾演桑尼柯克特時開的車。這部車，只是我實現少年時期幻想的另一個例子。《邁阿密天龍》是我成長時最喜歡的影集，因此我一賺到第一個一百萬美元後，就立刻買了一輛紅帽子跑車。雖然如此，他們提起唐強森還是讓我有一點難堪，因此我揮揮手背，搖搖頭說：「今天的菜單——」

但是馬沙再度打斷我的話。「你也是詹姆斯龐德！有雅思頓馬丁車，像龐德一樣，他車裡有很多玩具……會撒油……釘子！」其他女服務生一聽又大叫起來，「哦，他龐德！他親親砰砰！親親砰砰！」

我們也都哈哈大笑，因為馬沙剛剛提到的，就是我所做過最白痴的傻事。那是將近一年前的事了，我從一檔新股賺了大約二千萬美元後，跟波路西一起坐在我的辦公室裡嗑白板，藥力剛剛開始發揮時，我突然興致大發，想要花錢，就打電話給賣我超高級轎車的車商，用二十萬美元替波路西買一部黑色勞斯萊斯康妮西敞篷車，再用二十五萬美元替自己買了一部賽車綠的雅思頓馬丁幻影車。但是光這樣我還覺得不夠爽，我的超高級車商於是建議，幫我把雅思頓馬丁改裝成龐德在電影裡開的車子：按個鈕就會灑出油漬，配有雷達干擾器，車牌會自動向後倒，車尾還會發出炫目的強光，干擾追兵；另外還有一個會灑釘子的箱子，只要按一下開關，就會在車後灑下長釘或鋼釘——其實也可以灑小型的地雷，問題是我要找得到願意賣地雷給我的軍火商。光是改裝就要價十萬美元，但我還是照付不誤，結果卻是，這些玩意非常耗電，打一到手開起來就很不順利——事實是，每次我開它出門都會讓我出醜。現在這部車躺在我的車庫裡，看起來很好看。

我對馬沙說：「謝謝你的稱讚，但我們正在討論事情，好朋友。」馬沙這才識趣鞠躬，說出特餐的樣式，替我們點好餐再鞠躬離開。

我對維特說：「好了，我們再來談談資金的問題。我不太喜歡由葛林的媽媽開支票給你這個想法，不管你們兩個是不是一起做生意，這樣都不好，太招搖了，所以不要這樣做。我會給你四十萬現金，但是我不希望其中有半毛錢由葛林的媽媽流到你那裡。你爸爸媽媽怎麼樣？你可不可以把錢給他們，由他們開支票給你？」

「我父母親不喜歡這樣，」維特回答，臉上有他少見的謙虛。「他們的想法很簡單，沒辦法了解這種事，要不我可以透過我在東方的一些海外帳戶，來辦好這些事情。」

波路西和我偷偷交換了一下眼神——這個王八蛋老中！自己的證券號子都還沒有開張，就已經有了海外帳戶？真是邪惡、瘋狂！犯罪有一定的合理進度，而維特提到的這個階段排在最後、是在賺到錢後、不是在賺到錢前做的事情。我對維特說：「這樣會引起不同的問題，卻同樣危險。讓我再考慮一、兩天，反正我一定會想出辦法給你錢。或許我會用我的人頭把錢借給你——不是直接透過他們，而是透過第三者。總之我會想出辦法來，所以你不必擔心。」

維特點點頭：「你說了算。但是如果你需要利用我的海外戶頭，一定要告訴我。」

我對他淡淡一笑，然後布下陷阱：「好，有需要時我會告訴你，但是我真的不喜歡碰這種事。好了，現在來談最後一件事：你應該怎麼管理杜克證券的交易帳戶。這種事有兩種方法：你可以做多或放空，兩種方法各有利弊，現在還不是談細節的時候，但是我會詳細說明優缺點。做多賺到的錢會比放空多很多，而所謂做多，意思是你先要在杜克證券的交易帳戶裡持有大筆股票，然後靠拉抬股價來賺錢；相反的，如果你放空的股票上漲，你就會虧損。另外，在開業的第一年裡，你所持有的股票都應該上漲，因此如果你想賺很多錢，就必須大量做多——我的意思是，如果你『真的』想要財源滾滾的話。我不否認做多需要一點膽識——我是說，做多有時候會讓人有點緊張——因為你的營業員不能總是只買進你持有的股票，因此，你的現金往往會被綁在庫存的股票上。

「但是，只要你有足夠的膽識，單以這件事來說則只要有足夠的信心熬過去，那麼價格盤整的期間結束後，股價上漲時你就會大賺一票。你懂我的意思嗎，維特？這種策略不適合弱者，只適合強者和有見識的人。」說到這裡，我把眉毛抬得高高的，雙掌舉在空中，好像在說：「這一點我們看法相同嗎？」然後我等著看笨蛋葛林是不是能夠看出來，我剛剛給了維特華爾街歷史上最糟糕的交易建議。事實上，一味做多是自尋死路，如果公司的交易帳戶中持有的全是股票，你就得冒最大的險。在華爾街上，現金才是王道，如果你的交易帳戶只剩股票，就很容易受到攻擊。從某方面來說，這種情形跟任何其他行業沒有不同，就連積壓過多存貨的水管工人也都會發現自己短缺現金，帳單到期時——包括房租、電話費、薪資等——可不能拿水管材料來償付。那可不成。在任何行業裡，現金都是王道，證券這一行尤其如此，你的「存貨」，可能一夜之間就變得一文不值。

正確的交易方式是放空，這樣你會保有很多現金；如果股價上漲，你的確會虧錢，卻等於繳交保險費。我管理史崔頓交易帳戶時，常讓公司在日常交易中持續認賠，以確保公司維持龐大的現金部位，準備在新股上市日大賺一票。基本上，我平均一個月在放空上虧損一百萬美元，卻能確保我可以在初次公開發行業務上全力做多，一個月賺到一千萬美元。對我來說，事情的做法極其明顯，因此我不能想像有誰可以用其他方式賺大錢。

問題是，笨蛋和這個老中會不會接受？或者是維特的自尊會不會促使他瘋狂做多？連像鬼一樣精明的波路西都不能完全了解這種觀念，更別說他們了。還有一個可能是，波路西天生就是非常喜歡冒險的人，樂意把公司的存亡拿來冒險，好讓自己一年多賺幾百萬美元。你永遠也搞不清楚他是哪一種。

波路西好像收到暗示一樣，立刻附和著對我說：「我告訴你實話，一開始你持有大量的多頭部位時，我總是覺得很緊張，但是久而久之……我是說……看到你額外多賺到那麼多錢，」——他邊說邊搖頭，好像是要強調他的鬼話——「噢……真是不可思議，但是這樣做的確需要勇氣。」

白痴葛林跟著說：「對，我們靠做多賺了不少錢，維特，做多才是正確的方法。」

我心想，這是多麼諷刺的場景啊。經過了這麼多年，葛林仍然完全不了解，一點都不知道我怎麼克服史崔頓公司的所有問題，才把公司的財務維持在最好的狀態。我從來不做多，連一次都沒有做過！當然了，只有在新股上市那天，我會在少數精心選擇的時刻、在股價開始飛躍上漲的那幾分鐘裡大力做多，但那是因為我知道，隨時都會有極為龐大的買單跟進來。

維特說：「我這一輩子從來都不擔心冒險，冒險是區分男人和男孩的東西。只要我知道股票會上漲，我就會把最後一分錢丟在股票上。不入虎穴，焉得虎子？」說著說著，這隻貓熊笑了起來，眼睛也又不見了。

我對這個老中點點頭說：「大概就是這樣，維特。此外，如果你發現自己處在不利的地位時，我總是會支持你，直到你站定腳跟為止，你只要把我看成你的保單就是了。」

我們再度舉杯敬酒。

一小時後，我走進交易廳，心情複雜。到目前為止，一切都按照計畫進行，但是我的前途如何？華爾街之狼會變成什麼？最後，我所有的經歷、所有的瘋狂冒險只會變成遙遠的回憶，變成我告訴女兒的故事。我會告訴她，很久、很久以前，她老爸是華爾街上真正的好手，擁有證券史上最大的號子，一大堆自稱史崔頓人的年輕小夥子在長島到處亂走，花非常多的錢，買各式各樣毫無意義的東西。

不錯，女兒，史崔頓人尊敬你老爸，把他叫做國王。在那短短的一陣子裡，大概是你出生前後，你老爸的確像國王一樣，和你老媽過著像國王和王后的日子，不管到哪裡去，都被人當成皇室一樣對待。現在你老爸變成——到底變成了什麼？——噢，老爸或許可以讓你看一些剪報，說不定你看了就會清楚明白……呃，也說不定不會。總之，女兒，別人說你老爸的話全都是謊話，全都是謊話！新聞界總是在說謊；你知道的，女兒，對吧？只要問你外婆，她就會告訴你！啊，等等，我忘了，你好久沒有看到外婆了，她跟派翠西亞姨婆一起關在監牢裡，罪名是洗錢。哎呀！

真是個不好的預兆！老天！我深深的吸一口氣，撇開這個想法。我才三十一歲，卻已經準備變成過氣人物了。這件事值得警惕！這麼年輕就可能變成過氣人物嗎？或許我跟長大後變成又醜又蠢的童星沒有不同。《快樂家庭》裡那個紅頭髮的童星叫什麼？丹尼．柏納還是什麼？但是，過氣人物難道不比完全沒有上過檯盤好嗎？很難說，因為事情總有另一面，也就是說，一旦你習慣了某種東西，失去以後日子都會很難過。我這輩子的前二十六年裡，都過著無聲無息的日子不是嗎？但是現在——噢，權力已經成了我人生的一部分後，失去權力我怎麼可能活下去？

我深吸了一口氣，讓自己堅強起來。我必須把心思放在史崔頓人這批小夥子身上！他們才是重點！我有一個計畫，而且我要照著這個計畫走：慢慢的淡出；讓自己隱身幕後；讓員工安心；讓旗下券商安定，同時讓那位邪惡的老中進退不得。

我走近珍妮的辦公桌前時，注意到她臉上掛著代表「有麻煩了」的嚴肅表情。她的眼睛比平常張得還大，嘴唇略為分開，坐在椅子邊緣，眼神一跟我交會就從椅子上站起來，向我走來。難道她聽到了什麼風聲，知道證管會打算怎麼做？這件事只有波路西、索金和我自己知道，但是華爾街是個奇怪的地方，消息傳得很快。事實上，華爾街有一句老話說：「好消息很快就會傳開，壞消息則是立刻傳開。」

她抿著嘴唇說：「視覺印象打電話來，說立刻要跟你通話，還說事情緊急之至，今天下午就得連絡上你。」

「視覺印象是什麼王八蛋？我從來沒有聽過他們！」

「有，你聽過，他們在你婚禮上幫你錄影，記得了嗎？你用飛機載他們到安圭拉島；他們有兩個人，一男一女，女的留著一頭金髮，男的頭髮是褐色的，她穿著——」

我打斷珍妮的話：「是、是，我現在記得了，你講得夠清楚了。」珍妮的記憶力，總是讓我驚異。如果我不打斷她，她一定會告訴我那個女的穿什麼顏色的褲襪。「誰打來的，是男的還是女的？」

「男的，聽起來很緊張；他說，幾小時內如果不能跟你通話，就會出問題。」

問題？搞什麼鬼？沒道理嘛！替我婚禮錄影的人，怎麼可能需要這麼迫切的跟我通話？我的婚禮可能引發什麼事情嗎？我在記憶裡搜尋了片刻——噢，是有那麼一點可能；可是，雖然安圭拉這個小島警告過我，卻非常不可能出問題。我自掏腰包用飛機送了三百位最好的朋友（朋友？）過去，讓他們到世界最好的瑪麗歐哈納旅館度假，花了一百多萬美元。那個星期結束時，安圭拉島的總統告訴我，持有毒品的人之所以都沒有被捕，唯一的原因是我為他們帶來這麼多的生意，讓他們覺得至少也要假裝沒有看到。但是他也進一步跟我聲明，每一個參加過這場婚禮的人都會列入觀察名單，要是他們決定再去安圭拉，最好別帶著毒品。不過，這都已經是三年前的事情了，因此不可能跟這件事有關——可能嗎？

我對珍妮說：「幫我打給那個傢伙，我要在我的辦公室裡接。」我轉身走開，然後回頭說：「對了，他叫什麼名字？」

「柏斯坦。」

幾秒鐘後，我桌上的電話就響起來，在跟這位視覺影像公司的總裁柏斯坦隨便寒暄了幾句後，我知道，他在長島南灘開了一家小型的家庭式錄影公司。

他憂心忡忡的說：「嗯……噢……我真的不知道該怎麼說……你對我太太和我真好，你——在婚禮上——把我們當成客人一樣，你和娜婷對我們非常好，你的婚禮是我拍過最好的婚禮——」

我趕忙打斷他的話：「柏斯坦，聽著，我很感激你喜歡我的婚禮，但是我現在有點忙，你為什麼不乾脆告訴我有什麼事。」

「噢，」他回答說：「今天有兩個聯邦調查局的探員來，跟我要一份你婚禮錄影的拷貝。」

就這麼，我知道，我的日子再也不會一樣了。

23 走鋼索

接到視覺影像那通討厭電話的九天後，我坐在東哈林區世界聞名的拉奧餐廳裡，跟傳奇性的私家偵探波．狄特——他的朋友都叫他波——展開一場激烈的辯論。

雖然我們坐的是八人座，但今天晚上只會有另一個人跟我們一起用餐，就是聯邦調查局的探員巴西尼；他是波的「普通」朋友，我希望他很快也會變成我的普通朋友。波安排了這次見面，巴西尼十五分鐘內會到場。

這時，波正在說話，我正在聽話，說得更正確一點，波正在教訓我，我苦著臉聽訓。他之所以教訓起我來，是因為我突發奇想，想要竊聽聯邦調查局。按照波的說法，這是他所聽過「最離譜的事情」。

波說：「事情根本不是這樣辦的，波。」波有一個奇怪的習慣——把他的朋友都叫做波，這件事偶爾會讓我覺得困惑，嗑了白板後更是如此。謝天謝地，今天晚上我聽得懂他的話，因為我像法官一樣清醒；在我要跟一位聯邦調查局幹員第一次見面，尤其是跟一位我希望交往、然後從他身上搜集情報的人見面時，這種狀態似乎相當適當。

不過，我口袋裡的確有四顆白板，這會兒我的灰色長褲也幾乎管不住它們。我的海軍藍運動夾克內袋裡，還放了有八球古柯鹼，現在也正在用最誘人的聲音呼喚我。但是，絕對不行，我決心保持健康狀態，至少要等探員巴西尼離開，回到一個聯邦調查局探員吃完晚餐後該回去的地方以後——大概是回家吧——才開始嗑藥。我原來打算吃少一點，以免妨礙後來嗑藥的興奮，但是，烤大蒜和家庭式自製番茄醬的味道，正以最美味的方式侵襲我的嗅覺神經。

「你聽著，波，」波繼續說：「在這種情況下，打探聯邦調查局的情報並不難；事實上，我已經替你打聽到一些消息了。但是在我告訴你之前，你聽我說，這種事情有一些規矩要遵從，否則你就會捅出大麻煩。第一件事就是，你絕對不能想辦法在他們的辦公室裡裝竊聽器。」他又搖頭了，從十五分鐘前我們坐定後，他就一直在搖頭。「第二件事情是，你不能設法賄賂他們的祕書，事實上，你不能想辦法賄賂任何人；」說著他又搖搖頭。「你也不能跟蹤他們的探員，想找到他們私生活中的弱點。」這回他的頭搖得更快，眼珠子開始往上翻，就像大家聽到太違反常理的話時都必須搖頭，馬上搖掉那種話的影響一樣。

我避開波灼熱的眼神，從餐廳的窗戶往外看，發現自己看到的，是東哈林區一個陰暗的角落；不知道為什麼，紐約市最好的義大利式餐廳會選在這種糟糕之至的地方開店。但是我立刻提醒自己，拉奧餐廳已經開了一百多年，十九世紀末葉就開張了，當時的哈林區一定跟現在不一樣。

波和我坐在八人座上，意義比表面上看來大多了——一般人要在拉奧餐廳訂到晚餐的座位，必須提早五年。事實上，想在這家雅緻而有點時代錯誤的餐廳訂位幾乎不可能。這家餐廳的十二張桌子都是有主人的，「像公寓一樣」，由幾位超級有錢有勢的人擁有。

餐廳的外表沒有什麼大不了，今天晚上，餐廳裝飾得好像是要過耶誕節，實際上卻跟耶誕節沒有關係，因為今天已是一月十四日。到了八月，這裡的裝飾還是像要過耶誕節一樣。拉奧餐廳的情形一向如此，所有的東西都讓人想起比現在簡單多了的日子，供應的是家庭式的食物，角落上是一九五〇年代使用的點唱機，播放的是義大利音樂。時間晚了以後，餐廳的老闆培勒格里諾會為客人唱歌，備受尊敬的男客人會擠到酒吧前抽雪茄，用黑手黨的方式互相打招呼，女性可能會就像美好的當年一樣，用崇拜的眼神看著他們，不管你覺得「當年」應該是什麼時候。男士每次要從椅子上站起來上洗手間時，都會先向女士鞠躬，就像美好的當年一樣——不管當年是什麼時候。

任何一天晚上，餐廳的一半座位上坐著的都是世界級的運動員、最當紅的電影明星和產業領袖，另一半的桌子上則坐著活生生的幫派分子。

你錯了，擁有這張桌子、關係又非常好的人是波，不是我。就像這家小小餐廳眾星雲集的客人一樣，波・狄特的星運飛快攀升。波才四十歲，卻已經是個傳奇人物了，「當年」他很年輕時，也就是一九八〇年代中期，他是紐約警史上最受讚譽的警察，抓到的人不但超過七百個，還有些人是在紐約最可怕的地區、包括哈林區裡抓到的。他會這麼出名，是因為他破得了別人破不了的案子；後來之所以名聞全美，則是因為他破了哈林區所發生過最可怕的案子，也就是一位白人修女被兩位缺錢的古柯鹼煙毒販強姦的案子。

但是，乍看之下波並沒有那麼厲害。他有一張相當英俊的娃娃臉，鬍子刮得乾乾淨淨，頭上稍嫌稀疏的淡褐色頭髮往後梳，蓋在圓圓的腦袋上。他並不魁梧，身高只有大約五尺十寸，體重兩百磅左右，但是他的胸膛很寬，脖子很粗，和大猩猩一樣粗。他也是紐約市最會穿衣服的人，喜歡穿一套二千美元的絲質西裝、燙得極為硬挺的雙袖頭正式白襯衫，再打上昂貴的領帶。手上的金表重得可以壓彎手腕，粉紅色鑽戒上的鑽石大得就像冰塊。

波這麼會破案跟他的出身有關，這倒不是什麼祕密。他在皇后區歐松公園一帶出生、長大，那裡住的人有一半是黑道分子，另一半是警察，因此他培養出遊走其間的獨一無二能力，用他從當地黑手黨所得到的尊敬，了結傳統方法無法破獲的案子。久而久之，他建立起能夠讓線人保密、又能利用情報全心全力打壓街頭犯罪的名聲。他的朋友喜歡他、尊敬他，他的敵人討厭他、害怕他。

他一向都不能忍受官樣文章，因此三十五歲就從紐約市警局退休。很快的，他就運用傳奇性的名聲，以及更傳奇性的關係，開設了一家美國成長最快、最受尊敬的私人保全公司。兩年前，我就是基於這個原因第一次找他，請他幫史崔頓公司建立和維持一流的保全系統。

我不只一次打電話給他，要他嚇走偶爾出現的，搞不清楚狀況卻想插手史崔頓業務的中級混混。我不太清楚他的工作方式，只知道我只要打一通電話給他，他就會「跟這些人協商」，從此以後，我再也不會聽到他們的消息（不過，有一次我的確收到一個相當漂亮的花籃。）

在比較高階的黑道老大之間，有一種跟波沒有關係的祕密諒解，不會打史崔頓的主意。對黑道老大來說，比較容易賺錢的方式是派年輕的手下來「臥底」，接受適當的訓練，再工作個一年左右就悄悄的離開，事實上，幾乎是很有紳士風度的離開，以免干擾史崔頓的營業。然後，他們會奉老大的命令，設立由黑道支持的證券號子。

過去兩年裡，波負責處理史崔頓證券的所有保全業務，甚至調查我們準備推動上市的公司，確保我們不會和騙人的公司打交道。波狄特公司跟大部分同業不同，他們交給你的消息，不會是那種電腦高手下載來的一般資料。他的手下會用不乾淨的手法，挖掘你認為不可能挖掘得到的消息。沒錯，他的服務並不便宜，但是你得到的東西總能物超所值。

事實上，波狄特是這一行裡最高明的公司。

我還在看著窗外時，波對我說：「你在想什麼，波？你一直瞪著那片窗戶看，好像街上有答案一樣。」

我安靜了片刻，考慮是不是要告訴他，我之所以有竊聽聯邦調查局的打算，唯一的原因是我竊聽證管會極為成功，而這件事，就是他無意間幫忙完成的；因為他介紹我認識一位過去在中央情報局工作的人，這個人偷偷賣我竊聽器，其中一種竊聽器看起來像插座，已經裝在我們公司會議室牆上一年多了，因為利用插座本身的電力，所以絕對不會有電池沒電的問題，真是神奇、小巧的新發明！

然而，我認為現在還不是跟他分享這個小祕密的時候，所以我說：「我只是下定最大的決心要對抗這一切，不會因為有聯邦調查局探員到處詢問跟我有關的問題，就乾脆倒下來裝死。這件事涉及的利益太大，牽涉到的人太多，不能就這樣子放棄。既然你心情已經平靜下來了，可以告訴我你發現了什麼事情嗎？」

波點點頭，但在回答我的問題前，還是先端起大杯的單一麥芽蘇格蘭威士忌，像喝水一樣三、四口就喝光。然後他翹著嘴唇說：「哇，真好！這才是好酒！」然後繼續說：「首先我要說的是，這項調查還在初步階段，完全由柯爾曼探員主導，局裡其他人都沒興趣，認定這個案子必輸無疑。司法部裡的人一樣沒興趣，負責這個案子的人叫做歐西亞，根據我聽到的消息，這個人相當不錯，倒不是那種令人討厭的官僚。」

「我有一個叫歐康納的律師好朋友，曾經跟歐西亞共事過。他替我跟歐西亞聯絡，根據他的話，歐西亞對你的案子根本一點興趣都沒有；你說的對，他們那裡不太調查跟證券有關的案子，倒比較常調查黑道——因為他們的轄區包括布魯克林。因此從這方面來說，你算是相當幸運。但是，跟這個叫柯爾曼的傢伙有關的消息卻說，他很固執，談到你時好像你是什麼明星似的；他是很尊敬你，卻不是你想要的那種尊敬，聽起來，他對整個案子似乎有點執著。」

我用力搖頭。「我真榮幸哪！執迷不悟的聯邦調查局探員！他是從哪裡突然間冒出來的？為什麼現在冒出來？一定跟證管會建議和解有關，那些王八蛋，竟然用兩面手法來欺騙我！」

「小聲一點，波，事情沒有表面上看來那麼糟。這件事跟證管會沒有關係，只是柯爾曼對你很感興趣，很可能是受到新聞界對你的大幅報導、所有『華爾街之狼』的消息的刺激。」他搖著頭說：「每一件跟毒品、妓女和拚命花錢有關的新聞，都會讓一年賺四萬美元的聯邦調查局年輕探員相當興奮，而這個叫做柯爾曼的傢伙也真的很年輕，才三十出頭，不比你大多少。因此你只要想一想，當這個傢伙看著你的報稅表時，發現你一小時賺的錢比他忙上一年還多——這是多麼殘酷的現實！然後他打開電視，又看到你太太在螢幕上走台步。」

說到這裡，波聳了聳肩：「我的看法是，你應該暫時保持低調，度個長假或做點什麼別的事，從你打算跟證管會和解來看，這樣做很有道理——和解什麼時候會宣布？」

「我不能百分之百確定，」我回答說：「很可能就在一、兩星期內。」

波點點頭說：「噢。好消息是，柯爾曼是相當坦白、正直的人，不像你今天晚上要見面的探員，這個人可是個他媽的瘋子。我的意思是說，要是糾纏你的是巴西尼，就是很不好的消息了。他已經槍殺過兩、三個人，其中有一次罪犯已經高舉雙手，卻還是被他用火力強大的步槍射殺，聽起來就像：『聯邦調查局、別動！舉起手來！砰！』你能想像那種畫面嗎，波？」

天啊，我心想，在這個案子裡，我唯一的救星居然是個筋疲力盡、手指發癢、拚命想扣扳機的聯邦調查局探員嗎？

波繼續說：「因此事情看起來沒有那麼差，波。柯爾曼這個傢伙不是會編造證據、坑陷你的人，也不會用無期徒刑威脅你的手下，更不是那種會恐嚇你太太的人。但是——」

但我還是很擔心，不得不打斷波的話：「你說恐嚇我太太是什麼意思？他怎麼能夠把娜婷拖下水？她什麼都沒有做，只是花了很多錢。」光是想到娜婷可能扯上這個案子，就讓我的心沉到從來沒有那麼低過的深度。

波的聲音像心理醫師安慰病人、要解開壓在病人身上的千鈞重擔一樣。「鎮定下來，波，柯爾曼不會騷擾別人。我只是想讓你知道，不是沒有發生過探員緊盯太太、對先生施壓的事情，但那種情況對你不適用，因為娜婷沒有參與你的任何交易，對吧？」

「當然沒有！」我十分確定的回答，然後才迅速回想我剛才說的話對不對。不幸的是，我得到的結論是不對。「我是用她的名義做過一些交易，不過都不是不好的交易，我敢說，她的責任幾乎等於零，但是我不會讓這種事情發生，波。我寧可認罪，讓他們把我關上二十年，也不願意讓他們欺負我太太。」

波慢慢的點頭回答說：「真正的男人都會這樣，但重點是他們也知道這一點，而且可能認為這一點就是你的弱點。然而，我們在這方面有優勢，調查還在很初步的階段，非常像是釣魚——如果你很幸運，柯爾曼會碰到別的事情……別的不相關的案子……對你失去興趣。只要你小心一點，波，你會平安無事的。」

我點點頭。「你可以相信我，我一定會這樣。」

「很好。那麼，巴西尼應該就要出現了，因此我們得先談一些基本原則。首先，不要談你的案子，這次見面不是那種見面，只是一群朋友在一起吹牛打屁。不要談調查或任何類似的事情，先跟他培養普通的友誼。請記住，我們不是要讓這個傢伙給你不該給的消息。」他用搖頭強調這一點，才又接著說：「事實上，如果柯爾曼真的緊盯著你，巴西尼也拿他沒辦法，只有當柯爾曼沒有實際行動而只騷擾你時，巴西尼才能說：『哎，我認識那個傢伙，他沒有那麼壞啦，你為什麼不放他一馬？』記住，波，你最不希望的，就是被人指控你想腐化聯邦調查局探員，他們會為這種事情把你關在牢裡很久。」

然後波聳聳眉毛，補充說：「但是，從另一方面來說，我們可以從巴西尼那裡得到一些消息。你相信嗎？事實上，柯爾曼說不定會想利用巴西尼當傳話管道，好讓你知道一些事情，這種事很難說的。你也有可能跟巴西尼變成朋友，他其實是個相當好的人，雖然是個瘋狂的渾球，不過話說回來，我們哪個不是呢？」

我點點頭表示同意。「噢，我不是喜歡批評別人的人，波，我討厭批評別人，我認為這種人最糟糕了，對不對？」

波假笑著說：「對，我認為你是應該這樣想。相信我，巴西尼不是你常見的那種聯邦調查局探員，據說他曾經在海豹部隊待過，也有人說是陸戰威力偵查部隊，我不確定是哪個。但是有一件事情你應該知道，他熱愛潛水，因此你們已經有了一種共同嗜好；或許你可以邀他到你的遊艇上去，還是幹點別的什麼事，尤其是如果柯爾曼的事情變成沒有什麼大不了時，你更可以和他好好交往——在聯邦調查局裡有個朋友，一向都不是壞事。」

我對波微微一笑，抗拒跳上桌子、親他嘴唇的衝動。波是真正的戰士，是無法計算、極為寶貴的資產。史崔頓和我個人付他多少錢？一年超過五十萬美元吧？可能還更多，但他值得我花的每一分錢。我問：「這個人知道我什麼事情？他知道有人在調查我嗎？」

波搖搖頭。「一點都不知道。我沒有告訴他多少你的事情，只說你是我很好的客戶，也是好朋友，這兩句話都很正確，也是我為什麼這樣做的原因，波，出於友誼。」

我配合著回答說：「別以為我不知道心存感激，波，我絕不會忘記——」

波打斷我的話：「他來了。」他比著一位剛剛踏進餐廳、四十來歲的男子。這人大約六呎二吋高、二百二十磅重，理了個小平頭，五官粗獷而英俊，棕色的眼睛好像能夠看穿別人，下巴四四方方得讓人嘖嘖稱奇。事實上，他看起來就好像極右派招募海報上的人物。

「波大哥！」世界上最不像聯邦調查局探員的這個人大聲嚷嚷。「老兄！你他媽的有什麼打算，怎麼會他媽的找到這家餐廳？我的意思是說，天啊，老波，我可以在這附近練習射擊！」他轉頭看了旁邊一眼，揚起眉毛，好像在強調他的說法很有道理，才又說：「但是，呃，我關心的不是這種事，我只射殺銀行搶匪不是嗎？」最後這句無厘頭的話是直接對著我說的，還對我展露熱情的笑容：「你一定是喬登了，很高興認識你啊，兄弟！波告訴我，你有一艘了不起的遊艇——還是一艘船？反正呢，他說你喜歡潛水，我們握握手吧。」說著他伸出手來，我也很快就伸手和他相握，才發現他的手掌幾乎有我的兩倍大。他差點把我的手拉到脫臼之後，才終於放開我，三個人一起坐下。

我想接著談潛水的話題，卻根本沒有機會。這位瘋子探員已經搶先開口嚷著說：「我告訴你，」他精神十足的說：「這附近是真正他媽的爛地方。」厭惡的搖搖頭後，身體往椅背一靠，翹起腿時，露出腰間別著的巨大左輪槍。

「噢，波，」波對巴西尼說：「這一點我沒有意見，你知道我在這一帶工作時抓了多少人嗎？你一定不敢相信，其中一半都是他媽的累犯！我還記得有個傢伙，他像他媽的大猩猩一樣壯，偷偷跑到我後面，用一個垃圾桶蓋敲我的頭，差點把我打昏，然後又去追我的夥伴，把他當場敲昏。」

我揚起眉毛問：「這個傢伙後來怎麼了？你把他抓起來了嗎？」

「對，當然抓起來了。」波幾乎好像受到侮辱地回答說：「他沒有把我打昏，只是把我打得七葷八素；我回過神來的時候，他還在猛敲我的夥伴，我從他手上搶過垃圾桶蓋，在他頭上海扁了幾分鐘，但是他的頭特別厚，像他媽的椰子殼一樣。」波聳聳肩，然後把故事說完：「他活下來了。」

「噢，真是他媽的不幸，」聯邦探員跟著說：「你的心太軟了，波，我會把這個傢伙的氣管拉出來，餵他吃進去。你知道嗎，有一種方法可以做到這種事，手上甚至不必沾到一滴血，完全靠腕力一扭，那傢伙的脖子就會發出一種破裂的聲音，像是──」這位聯邦舌尖頂著上齶，鼓起雙頰，發出「波！」的聲音。

餐廳老闆法蘭克．培勒格里諾這時走了過來，向巴西尼探員自我介紹說，他常被叫做「說不行的法蘭基」，因為他總是對要求他給一張桌子的客人說不行。法蘭克穿得極為得體，搭配完美，燙得非常硬挺，我敢說，他一定剛剛從乾洗店走出來。他穿著深藍色、粗淺灰色條紋的三件式西裝，左胸口袋上有一條白絲巾，擺放得非常優雅，飄動的樣子很完美，表現出只有他這種人才能展現的風度，他看來很有錢，大約六十多歲，精瘦而瀟灑，而且有一種獨一無二的能力，可以讓拉奧餐廳的每一個客人都覺得賓至如歸。

「你一定是巴西尼，」培勒格里諾熱情的說，然後伸出手來。「波把你的事情全都告訴我了，歡迎光臨拉奧餐廳。」

巴西尼從椅子上跳起來，準備把培勒格里諾的手臂拉到脫臼；我只能驚異的看著，培勒格里諾整整齊齊的白髮動也不動，但身上的其他地方卻像破布娃娃一樣抖動。

「天啊，波，」培勒格里諾對真正的波說：「這個傢伙握起手來像頭大灰熊！他讓我想起……」緊接著，培勒格里諾說起沒有脖子的人的故事來。

我立刻魂遊物外，只偶爾微笑一下，在心裡快速盤算手邊的重要任務，包括：我能夠說什麼、做什麼，或者能給巴西尼什麼東西，好引誘他叫柯爾曼放我一馬？當然了，最簡單的做法是乾脆賄賂巴西尼──他似乎不像道德標準有多崇高的人不是嗎？雖然跟他有關的所有冒險家故事，都讓他看來好像不可能被收買，好像為了貪心而收受鈔票多少會讓他失去尊嚴，但是政府發給聯邦調查局探員多少薪水？我心想，一年五萬美元吧？光靠這些錢，你可以潛幾次水？不很多次。此外，除了潛水總還得做點別的，我樂意付出一點錢，在聯邦調查局裡找一位守護天使。

為了讓他永遠放過我，我願意付給柯爾曼多少錢呢？一百萬嗎？當然願意！兩百萬嗎？當然也願意！面對聯邦起訴時，財務上一敗塗地是常有的事，對我來說，兩百萬只是零錢而已。

噢，我在跟誰開玩笑？我這種想法只是在紙上畫餅，事實是，拉奧餐廳這種地方已經清清楚楚提醒我，絕對不能長期信任政府。只不過才三、四十年前，黑道還能夠隨心所欲收買警方，收買政客，收買法官；天啊，黑道分子甚至收買中小學老師！但是接著甘迺迪兄弟出現了，他們自己就是黑幫份子，卻把黑幫看成對手，因此背棄所有的承諾——所有美好的報酬——然後，一切就都成了歷史。

「……他當時就這樣解決了問題。」培勒格里諾終於說完了故事。「不過他其實沒有綁架這位廚師，只是把他押著當一陣子人質。」

說到這裡，包括我在內，每一個人都開始哈哈大笑。雖然他說的話當中，我有九成都沒聽到，但是在拉奧餐廳裡，漏聽一個故事是常有的事，畢竟你會一再聽到同樣的那幾個故事。

24 薪火相傳

從不開口的司機剛剛開著我的大轎車，平穩、順利的停在史崔頓公司的側門，但這回他打破自己絕不開口的誓言，問說：「現在怎麼辦，貝爾福先生？」幾乎嚇得我從椅子上跳起來。

唉、唉、唉！我心想，也該是這個老傢伙痛哭流涕，跟我說幾句話的時候了！他的問題似乎有點含糊，實際上卻問個正著。畢竟再過七個多小時的下午四點整，我就要站在交易廳前面，對著一大堆擔驚害怕的史崔頓人發表再見演說；他們都像康保一樣，想知道自己的財務和其他方面將來會有什麼變化。

我一點也不懷疑，在未來的日子裡，會有很多問題讓我手下的史崔頓人傷透腦筋。

這些問題包括：波路西主持公司後會有什麼變化？半年後他們的位子還會在嗎？如果還在，他們會得到公平的待遇嗎？波路西會不會偏愛自己的老朋友，那些跟他一起嗑白板的營業員？跟笨蛋葛林比較親近的營業員，又會碰到什麼命運？會因此遭到懲罰嗎？就算不會遭到懲罰，又會不會變成二等公民？這個營業員的迪士尼樂園會繼續歡樂下去嗎？史崔頓會不會慢慢變成普普通通的號子，跟別的地方相比沒比較好，也不會比較差？

我決定不跟康保談這些想法，只說：「你沒有什麼好擔心的，康保。不管發生什麼事，我總是會照顧你。珍妮和我會在附近開設一個辦公室，娜婷和我也還會有一千件事情需要你幫忙。」我開心的笑著，儘量用樂觀的口氣說話。「你只要這樣想：有一天你會載著娜婷和我去參加千樂的婚禮。你能夠想像嗎？」

康保點點頭，開心地笑起來，露出世界級雪白的假牙，然後謙卑的回答：「我非常喜歡我的工作。貝爾福先生，你是我見過最好的老闆，貝爾福太太也是。每一個人都敬愛你們兩個，你要離開這裡讓人很難過，這裡再也不會一樣了，波路西不像你，他對人不好，大家會離開。」

因為康保的前半段話就讓我很困惑，所以我甚至沒有注意他後半段的話。他真的說了他喜歡這份工作嗎？真的說了他敬愛我嗎？噢，我知道所有跟愛有關的話都是表面文章，但不容否認的是，康保剛才的確說了他喜歡這份工作，把我當老闆一樣尊敬。他這樣說似乎有點諷刺，因為我讓他經歷了所有奇怪的事情，包括妓女、毒品、午夜載著脫衣舞女郎疾馳過中央公園……，以及我要他從雷文手中接下裝滿現金的運動用品袋。

但是，從另一方面來說，我也從來沒有不尊敬他是吧？即使在我最黑暗、最頹廢的時候，我也總是盡力尊敬他。雖然我對他的確有一些很奇怪的想法，卻從來沒有跟別人說過——女王當然是例外，她可是我太太。不過即使是對太太，我也只是當成好笑的事情來說。我不是有偏見的人，事實上，正常的猶太人怎麼可能會有偏見？我們可是地球上遭到最嚴重迫害的民族。

我突然覺得難過，因為我居然質疑康保的忠心。他是好人、品格高尚的人，我是什麼東西，居然從他說的一切、實際上是從他從來沒有說出口的話裡，判斷出一千零一種事情？

所以我熱情地笑著說：「事實上，康保，誰也不能預測未來，我當然也不能。誰敢說史崔頓將來會變成什麼樣子？我想只有時間能夠說明一切。」

「總之，我記得你第一次來替我開車時，曾經想替我開車門，你繞著車子跑，想要比我先開門。」我愉快的回憶說：「我從來不讓你替我開車門這件事，曾經讓你很生氣，但那是因為我太尊敬你，不能就這樣坐在車後座，假裝我斷了手還是傷了什麼地方。我總認為那是侮辱你。」

接著我補充說：「但今天是我在公司裡的最後一天，你何不替我開車門，就開這麼一次，假裝你是真正的轎車司機！假裝你替腦滿腸肥的白人工作。你可以一直送我到交易廳，事實上，你或許會很享受波路西主持的晨間會議，他現在應該已經開始說話了。」

「這項研究採樣超過一萬人，」波路西對著麥克風說：「追蹤他們的性習慣五年以上；我認為，當我告訴你們其中一些發現時，你們絕對會十分震驚。」說完後他抿起嘴唇點頭，開始來回踱步，好像是說：「準備聽我說雄性動物真正邪惡的天性吧。」

天啊！我心想，我都還沒有離開，他就已經開始胡作非為了！我轉頭看看康保，想了解他的反應，但是他似乎並不那麼震驚，歪斜著頭，臉上的表情好像是說：「我真想知道，這些事情跟股票有什麼關係！」

「你們聽著，」穿著灰色細條紋西裝、戴著假白人眼鏡的波路西說：「這項研究發現，所有男性人口中有一成是十足的男同性戀。」說到這裡，他故意停住不說，希望大家了解他話裡的全部含義。

這樣搞，豈不是會招惹另一件訴訟嗎？我看看大廳，很多人都露出困惑的表情，好像是要判斷他話裡的真正含義；只有少數幾個人吃吃地笑，卻沒有哄堂大笑。

波路西顯然不滿意聽眾的反應——根本沒有反應，因此他繼續強調重點。「我再說一次，」證管會認為不像我那麼壞的波路西說：「這項研究發現，一〇%的男性人口喜歡屁股！沒錯，一〇%的人是男同性戀！這個數字非常嚇人！嚇死人了！這些男人都喜歡走旱路！吹喇叭！而且——」

波路西的胡說八道被迫暫停，因為交易大廳已經亂成一團。史崔頓人開始鬼吼鬼叫、拍手歡呼。一半的人站了起來，很多人互相擊掌，但是在前排一些業務助理集中的地方卻沒有人站起來，我只看到一大片金色的長髮轉成極端的角度，好像這些坐著的年輕女性都拚命轉頭互相咬耳朵，同時又不敢置信的猛搖頭。

這時康保困惑的聲音傳來，「我不懂，這件事跟股市有什麼關係？他為什麼要談同性戀？」

我聳聳肩說：「這件事很複雜，康保，不過他其實沒有什麼理由，只是想製造共同的敵人，有點像一九三〇年代希特勒的做法。」我心想，他現在沒有抨擊黑人，完全只是巧合。想到這裡，我又說：「總之你不必聽這種鬼話，你還是下班時再回來，大概是四點半的時候。」

康保點頭走開了，但毫無疑問的，現在的他更緊張了。

我站在那裡，看著早上的暴動，忍不住想到，為什麼波路西總是要把會議貶抑到跟性有關。他顯然希望得到一點廉價的笑聲，但是要博得大家的笑聲還有別的辦法，都可以不妨礙他傳達隱藏的訊息：無論如何，史崔頓都是努力替顧客賺錢的合法證券商，如果客戶沒有賺到錢，唯一的原因是空頭使出邪惡的陰謀，像蝗蟲一樣侵害市場，針對史崔頓和妨礙空頭的其他誠實券商散布邪惡的謠言。在這種訊息中，當然也還隱藏著一件事實，就是總有一天，在不太久遠的將來，所有這些股價被打壓的公司基本面都會清楚顯現價值，然後股票就會飛躍上漲，像鳳凰從灰燼中浴火重生一樣，到那時，史崔頓的所有顧客都會賺大錢。

這件事我跟波路西解釋過很多次，說明除了反社會的人之外，所有人類的心底裡，都有一種下意識的意願，希望能做對的事情。這就是為什麼，每次開會時都應當加入一個下意識的訊息，暗示營業員微笑著撥電話、海削顧客時，不但達成自己追求享樂、取得財富和同僚認同的願望，也滿足他們下意識中希望做正確事情的願望；只有這樣，你才能真正鼓勵他們，讓他們達成做夢都不敢想像的目標。

這時，波路西兩手張開，大廳裡慢慢安靜下來。他說：「噢，現在有一個真正有趣——或者我應該說，讓人困擾——的事情。如果所有男性當中有一成是同性戀，現在大廳裡坐了一千位男性，就表示我們當中有一百個同性戀，每次我們背對著他們時，他們都希望從後面上我們！」

突然間，大家紛紛轉頭，開始用懷疑的眼光看著別人，連年輕的金髮業務助理都東張西望，化了濃妝的眼眶裡射出困惑的眼神。大廳裡傳來低聲細語，說的是什麼話我聽不太清楚，但是其中的訊息很明白。（把他們找出來，對他們動用私刑！）

我十分期待地看著一千個人的頭轉來轉去，幾百個人的眼神裡透出譴責的意味。年輕有力的手臂到處亂揮，手指到處找尋目標。接著此起彼落的叫囂聲傳來：

「郜科維茲是同性戀！」

「歐萊里是他媽的怪胎！站起來，歐萊里！」

「爾夫和史考特呢？」兩位史崔頓的員工同時叫了起來。

「對，史考特和爾夫！史考特替爾夫吹簫！」

在大家對史考特和爾夫叫囂了一分鐘，丟出一些沒有什麼根據的指責後，兩個人都沒有坦白招供，因此波路西再度抬起雙手，請大家安靜，然後帶著譴責的意味說：「你們聽我說，我知道你們當中的某些人是什麼樣的人；我們有兩種解決方法，一種是輕鬆的方法，另一種是難過的方法。每個人都知道史考特替爾夫吹過簫，但史考特卻沒有因此丟掉工作，對吧？」

大廳裡傳來史考特為自己辯護的聲音：「我沒有替爾夫吹簫！只是——」

波路西對著麥克風大聲的打斷他的話：「夠了，史考特，夠了！你愈否認，就愈顯得你有罪惡感。所以你最好閉嘴！我只是替你太太和小孩難過，他們不應該被你這樣羞辱。」波路西搖搖頭，表示他有多厭惡，然後便不再理會史考特。「總而言之，」史崔頓的新執行長繼續說：「這種可怕的行為跟權力比較有關，跟性比較無關。爾夫叫資淺的營業員替他吹簫，向我們證明他是真正有權力的男人，因此我們不再追究這件事，也原諒史考特。」

「我想我已經向你們證明，我對這種行為多麼能夠容忍。你們當中，有沒有一個真正的男人有勇氣、我是說，品德高尚到願意站出來，讓我們大家知道？」

突然間，一位下巴瘦弱，顯然欠缺判斷力的年輕員工站了起來，用坦率的口氣大聲說：「我是同性戀，我為這件事情很自傲！」交易大廳立刻陷入瘋狂，片刻之內，各種東西像致命武器一樣向他飛去，噓聲、怪叫聲和尖叫聲傳出來：

「你他媽的的同性戀，滾出去！」

「替這個簫客塗柏油、貼羽毛！」

「注意你的飲料！他會想辦法跟你約會、強暴你！」

噢，我心想，今天早上的會議因為瘋狂而提早召開，現在也差不多可以因為瘋狂而正式結束了。這次會議到底有什麼成就？我不太確定，只知道這次會議已經清楚顯示，從明天起，史崔頓公司的前途暗淡。

我又有什麼好驚訝的？

一小時後，我坐在自己的辦公桌後，用這句話安慰自己，一面聽著瘋狂老爸為了我出售股權的協議，對波路西和我大發雷霆。這份協議是我的會計師蓋托的傑作，他因為喜歡炒煮假帳，外號叫做「大廚」。簡單的說，他擬出的合約規定：史崔頓公司每個月要付我一百萬美元，連續付十五年，大部分錢是依據非競業條款的名義支付，意思是我同意不在證券業中跟史崔頓競爭。

雖然這份合約一定會引來一些懷疑，表面上其實並不違法，我威脅公司的律師同意合約，但是大家一致認為，這份合約雖然合法，卻不太能夠通過異常測試。

還有第四個人坐在我的辦公室裡——假髮佬；到現在為止，他都沒有說什麼話。但是這點不足為奇，畢竟他少年時期的大部分時間裡都在我們家吃晚飯，因此他十分清楚瘋狂老爸的能力。

瘋狂老爸說：「你們兩個白痴，一定會因為這件事死得很淒慘。用一億八千萬美元買股權？這就像在證管會官員的臉上撒尿一樣，我的意思是，真是他媽的！你們兩個什麼時候才學得會？」

我聳聳肩說：「老爸，不要那麼激動，這件事沒有表面上看來那麼糟。這是我必須吞下去的苦藥，一億八千萬只是潤喉劑。」

波路西顯得有點高興過了頭，說道：「瘋狂老爸，你我今後要合作很長一段時間，我們為什麼不把這件事記下來，當成經驗？畢竟拿到錢的是你兒子！這樣做有什麼不好的地方嗎？」

瘋狂老爸腳跟一轉，狠狠瞪著波路西，然後奮力吸了一口菸，把嘴唇縮成小小的圓形，再出力一噴，把吐出來的煙變成直徑半吋的雷射彈，像一百多年前的大炮一樣，對著波路西微笑的臉孔噴去，讓波路西的臉孔立刻籠罩在煙霧中，然後才又開口：「波路西，我告訴你一件事，不是因為我兒子明天要離開，就表示我會對你展現任何新的敬意。尊敬是要靠努力贏來的，如果今天早上的會議可以做為依據，或許我現在就應該直接去他媽的的失業救濟辦公室。你知道你今天早上可笑的例行談話違反了多少條法律嗎？我正在等著那個胖王八蛋芭芭拉打電話來──那個年輕小夥子，一定會打電話去她那裡申訴這件事。」

然後他轉向我說：「你為什麼要把這個購股合約弄成非競業的方式？如果他們已經禁止你從事這一行，你又怎麼可能競爭？」他又深深的吸一口菸，說：「你和那個王八蛋蓋托想出這種邪惡的計畫，完全是可笑的陰謀，我拒絕參與。」說聲一落，我的瘋狂老爸就已經向門口走去。

「老爸，你離開前，我還要說兩件事。」說著，我舉起手來。

他生氣的問：「什麼事？」

「首先，公司的律師都批准了這個合約，定成一億八千萬的唯一理由，是因為非競業必須分成十五年攤提，這樣我們才不會喪失所有的租稅優惠。因此史崔頓每個月付我一百萬美元，乘以十五年，就是一億八千萬美元。」

「少給我來這一套心算，」他憤怒地說：「我知道那個數字是怎麼來的。至於稅法，我也很清楚，就像你和蓋托魯莽的忽視稅法一樣清楚，因此，大人物先生，你別想說服我。還有別的事嗎？」

我輕鬆的補充說：「我們必須把今天晚上的晚餐改成六點鐘，娜婷希望帶千樂去，讓你和老媽看看她。」我一面祈禱，一面等待千樂的名字對瘋狂老爸發揮令人愉快的魔力。果然，他一聽到獨生孫女的名字，表情立刻放鬆下來。

老爸大人笑得很開心，連聲音都帶著點英國腔：「噢，真是令人驚喜！你媽媽看到千樂一定會非常高興。噢，真是太好了！我要打電話給老媽，告訴她這個好消息。」老爸大人離開辦公室時，滿臉笑容，手舞足蹈。

我看著波路西和假髮佬，聳聳肩說：「要讓他平靜下來，的確有一些重要的字可以用，『千樂』則是最有效的字眼。總而言之，如果你們不希望他在辦公室裡心臟病發作，你們得學著點。」

「你老爸是好人，」波路西說：「他在公司裡的一切都不會改變，我會把他像自己的老爸一樣看待，他愛說什麼、愛做什麼都可以隨心所欲，直到他退休為止。」

我用微笑感謝波路西的忠誠。

波路西繼續說：「但是有一件事情比你老爸還重要：我跟杜克證券之間已經發生了問題。維特才開業三天就到處散播謠言，說史崔頓已經開始沒落，杜克證券才是後起之秀。他還沒有挖走半個營業員，但是我敢說，下一步他就會這樣做。那個肥豬太懶，不肯訓練自己的營業員。」

我看著假髮佬說：「你對這些事有什麼看法？」

「我認為維特不是什麼大威脅，」假髮佬回答說：「杜克很小，不能給別人什麼東西，既沒有自己的案子，也沒有資本可言，更沒有優良記錄，我認為，維特只是管不住自己的大嘴巴。」

我對他笑笑，因為他剛剛證實了我已經知道的事情——他不會是個軍師；在這種事情上，他對波路西沒有多少幫助。於是我用熱切的口吻說：「你錯了，兄弟，你把整個事情弄反了。想一想，如果維特很精明，就一定知道他可以答應新挖角來的人任何條件；他最大的力量，其實就是他的規模——或許我應該說他的沒有規模。事實上，高手在史崔頓很難出頭，前面有太多人擋著，因此除非你認識經營階層的人，否則的話，即使你是世界最厲害的角色，想在這裡升級、尤其是想快速升級，絕對困難重重。」

「杜克證券就不會有這種問題，只要是精明的人，都可以走進他們公司，充分表現自己的能力，事情就是這樣。這是小公司比大公司佔優勢的地方，不只是這一行這樣，任何行業都一樣。另一方面，我們很穩定，也有優良記錄，到了發薪日時大家既不用擔心拿不到薪水，也知道隨時都會有另一檔新股上市。維特會想辦法破壞我們的優勢，這就是他現在散播這種謠言的原因，」我聳聳肩說：「總之，今天下午的會議裡，我會和大家談談這個問題。波路西，這是你在自己主持的會議中必須開始強化的事情，但你也必須忘掉抨擊同性戀的那些鬼話。你要說很多宣戰之類的話，三個月後就會變成大家談論的焦點，維特會傷亡慘重。」我信心十足的笑著問：「還有別的問題嗎？」

「有些比較小的公司正在掃射我們，」假髮佬用他一貫愁苦的語氣說：「想要趁機搶走一些案子，挖走幾位營業員，但我敢說很快就會過去。」

「你讓事情過去，事情才會過去，」我反駁說：「我們把話放出去，說所有由史崔頓分支出去的券商，只要是想挖角我們的營業員，我們都會控告到底；我們的新政策不是以眼還眼，而是以心還眼。」我看看波路西，說：「還有別人收到大陪審團的傳票嗎？」

波路西搖搖頭：「就我所知，沒有，至少交易廳裡沒有人收到。到目前為止，只有我、你和笨蛋葛林收到，我認為交易廳裡沒有人知道有調查這回事。」

「好，」我說，這一天的信心開始消失。這件事仍然很有可能只是釣魚式的非法調查，我應該很快就會得到一點消息，我只是在等波的回話。

經過片刻沉默後，假髮佬說：「順便要說的是，梅登已經簽了委託讓與合約，把股票交回給我，因此你不必再擔心這件事了。」

波路西說：「我告訴過你，梅登的頭腦很清楚。」

我壓制住衝動，沒有告訴波路西最近梅登對他的批評已升高到空前未有的程度；他說波路西沒有能力經營史崔頓，我應該多花一點精神，幫忙他壯大梅登鞋業。梅登鞋業也真的展現空前未有的潛力，月銷售額成長百分之五十——每個月！——而且還在加速成長。但是從營運的觀點來看，梅登大致上有點衝過頭，製造和流通部門遠遠趕不上銷售部門，因此在百貨公司眼裡，名聲已因為交貨延遲而變差。在梅登的敦促下，我一直慎重考慮把我的辦公室搬到皇后區的伍得賽，也就是梅登鞋業的企業總部所在地，我應該會跟梅登共用辦公室，然後讓他專注創意部門，由我來掌理業務。

但是我只說：「我沒有說梅登的頭腦不正常，但是現在我們拿到了股票，他要做正確的事情就容易多了。錢會讓人做出奇怪的事情，波路西，你只要有耐心，很快就會明白我在說什麼。」

到了下午一點時，我去找珍妮，希望給她一點鼓勵。過去幾天裡，她看來都很煩惱，今天的她更似乎快要哭出來。

「你聽我說，」我用父親對待女兒的口氣說：「我們必須對很多事情心存感激。我不是說你沒有理由煩惱，但是你應該把這件事情看成新的開始，而不是結束。我們都還很年輕，或許幾個月內會暫時放慢腳步，但是隨後還是會再全力衝刺。」我向她展現熱情的笑容。「總之，以後我們要在公司以外的地方辦公，這樣很好，因為我始終把你當成家庭的一份子。」

珍妮開始嗯哼嗯哼的吸氣，忍住淚水。「我知道，只是……只是我從開始就在這裡，看著你從一無所有建立這麼大的事業，就好像看著奇蹟出現一樣，這是我第一次覺得──」悲哀嗎？我心想──「我不知道，你──像父親一樣──陪著我走在──我──」說到這裡，珍妮忍不住放聲大哭。

天啊！我心想，我做錯了什麼事情？我想安慰她，卻讓她哭得稀里嘩啦。我應該打電話給女王！她是處理這種事情的專家，或許她可以趕來這裡帶珍妮回家，不過這樣要花太多時間了。

我別無選擇，只好走到珍妮身邊，輕輕的抱著她，用最慈祥的聲音說：「哭沒有什麼不對，但是別忘了，我們還有很多的期望。史崔頓總有一天會收攤，珍妮，只是時間的問題；就因為我們現在便離開，記得的就永遠是公司有多成功。」我微笑著特意把語氣變得更樂觀。「總之，娜婷和我今天晚上要跟我爸媽晚餐，我們要帶千樂去，希望你也能來，好不好？」

珍妮笑了起來──想到能夠看見千樂，她就破涕為笑了──我忍不住想到，我們到底把自己的生活弄成什麼樣子了？竟然只有嬰兒的純潔、天真才能夠帶給我們平靜？

我的臨別演說講了十五分鐘後，我才想到，我是在自己的葬禮上發表悼詞。但是從好的方面來看，我也有獨一無二的機會，可以看看所有參加我葬禮的人有什麼反應。

他們全都安靜地坐在那裡，全神貫注地聆聽我所說的每一個字！這麼多人表現出全神貫注的樣子……這麼多人表現出這麼熱切的眼神……這麼多健美的身材坐在椅子上，身體全都向前傾……。留著迷人金髮、穿著低胸衣服、露出迷人胸線的業務助理，全都用極其崇拜的眼神望著我，當然，還有她們迷人之至的柳腰。或許在她們的內心深處，我應該設法注入下意識的建議，要她們每一個人都燃起無法滿足的欲望，希望在她們的餘生中都想替我吹簫，吞下我的精液。

天啊，我真是他媽的的怪人！即使是現在這種時刻，我明明正在發表再會演說，腦海裡卻仍然瘋狂的分成兩路思考。我的嘴巴開開合合，感謝史崔頓人五年來對我無盡的奉獻和尊重，但是我卻發現自己也同時在問自己，是不是應該搞上更多的業務助理。她們怎麼說我呢？這樣會不會讓我腎虧？上過每一個業務助理是不是很自然的期望？畢竟如果你不利用權力上她們，有權力還有什麼意義？事實是，我的確沒有儘量利用這種權力，至少沒有像波路西利用得那麼厲害！將來有一天，我會不會後悔？我這樣做是不是才正確？才合乎自然？才對得起自己？

所有這些奇怪的想法，就像五級龍捲風一樣兇猛的在我腦海裡衝擊，但我的嘴巴卻像山洪暴發，不斷吐出自我抬舉的智慧雋語，意識裡毫不費力。接著我發現，我的腦海其實不是分成兩路思考（以前一直如此），而是分成三線思考，真是他媽的的怪異。

我的第三條思路正在進行內心獨白：質疑第二條思路的頹廢，只在意讓業務助理吹簫的好處和壞處。同時第一條思路卻一無阻礙地順利前進；我對史崔頓人說的話，就像自我抬舉的智慧語珠，紛紛從我唇間蹦落，這些話是從哪裡跑出來的？大概是從腦海中獨立運作、不受意識指揮的部分跑出來的，也可能是從習慣的純粹力量中泉湧而出。畢竟，過去五年來我在多少次會議上演說過？五年來我一天必須主持兩次會議，一年有三百個工作天，總共就有一千五百個工作天，乘以一天兩次會議，全部就等於三千次會議；扣掉波路西代我主持的會議——大約占全部的一成，把這個數字從三千次會議中扣除後，我心裡立刻得到兩千七百的數字。但是就在我計算時，那些智慧語珠卻仍繼續從我嘴唇裡蹦出來。

我發現自己正在一面回首前塵往事，一面說明史崔頓投資銀行為什麼一定能繼續生存——因為史崔頓比任何人、任何東西的規模都大。然後我覺得有種衝動，想借用羅斯福總統的一句話——雖然他是民主黨員，看起來卻是個大好人，不過我最近才知道，他太太是女同性戀——我開始對史崔頓人說明，為什麼沒有什麼東西值得害怕，只有恐懼本身才讓人害怕。

這時我覺得，我必須再次強調波路西的經營能力綽綽有餘，尤其是有假髮佬這麼精明的人輔助，但是天啊，我卻發現看著我的一千個人都轉動著眼珠子，也都嚴肅的搖著頭。

這讓我覺得，我必須跨越謹守本分的界線。「大家聽我說：證管會禁止我從事證券業，卻不能阻止我對波路西提出建議。我是說真的！我不但可以對波路西提出建議，也可以對畢爾摩和門羅公園兩家公司的老闆——葛林和桑德斯——提供建議，更可以對這個交易廳裡任何一位願意聽我說話的人提供建議。你們都知道，波路西和我有共進早餐和午餐的傳統，這種傳統我們無意廢除，最少不會因為我被迫跟證管會達成某種可笑的和解而廢除——我會和解，完全是因為我知道，這樣會確保史崔頓公司在未來一百年裡繼續生存！」

說到這裡，大廳裡響起如雷的掌聲，我看著大廳，啊，大家對華爾街之狼這麼崇拜、這麼熱愛！但當我的眼神跟瘋狂老爸交會時，他的兩隻耳朵裡似乎噴出火來。他為什麼這麼擔心？每個人似乎都相信我的屁話！他為什麼不能就這樣跟大家一起歡呼？我壓下衝動，不願意做出明顯的結論——我老爸的反應不同，是因為他是大廳裡唯一真正關心我的人；看著自己的兒子跳下主管機關設下的懸崖峭壁，他多少有點擔心。

為了瘋狂老爸，我又補充說：「當然，我的話只是建議，根據這個字的定義，大家也不一定要接受！」說到這裡，波路西在交易廳的一側大聲叫著：「對，只是建議，但只要是有理智的人，就都應該接受他的建議！」

大廳裡再度響起如雷的掌聲！有如伊波拉病毒，掌聲響徹交易廳之後，整個交易廳裡的人都站了起來，今天下午第三次為受傷的華爾街之狼起立歡呼。我舉起手，請大家安靜，看到丘多喜投過來的愉悅眼神——她是史崔頓少數女性營業員之一，正好也是我最喜歡的營業員。

丘多喜已經三十五、六了，這種年齡，使她在史崔頓公司裡有如古董，但她仍然很好看，她是史崔頓最老牌的幾位營業員之一，扭著豐滿的肥臀來找我時，已經一窮二白了，拖欠了三個月房租，回收人追著她貸款買來的賓士。她是一大堆美女嫁錯人的另一個例子，經過十年的婚姻後，前夫拒絕給她半毛錢撫養小孩。

我心想，接下來就該提到杜克證券了，也差不多是說說聯邦調查局可能推動調查的時候。沒錯，趁現在談聯邦調查局，幾乎就像我在預測他們會推動調查，事後大家都會覺得，華爾街之狼早已預測到這一切，更已經做好對抗攻擊的準備。

我再度舉起手來，請大家安靜。「大家聽著，我不會對你們說謊；沒錯，跟證管會和解是我所做過最困難的決定，但是我知道，不管怎樣史崔頓都能夠熬過去。你們都知道，史崔頓之所以這麼特別、這麼所向無敵，原因是這裡不只是個大家來上班的地方，不只是個想賺錢的企業——史崔頓是一種概念！既然是概念，就不可能圍堵得住，也不可能受到主管機關笨官員兩年調查的打壓，這些笨官員每天在我們的會議室裡凍得要死，只想花納稅人幾百萬美元的錢，發動賽冷女巫審判以來最大規模的迫害！」

「史崔頓的概念是：不管你出身什麼家庭、上什麼學校，也不管你有沒有在中學畢業紀念冊中當選為將來最可能成功的人，這些都沒有關係。史崔頓的概念是：你來到這裡，第一次走進交易廳新生活就開始了。你一走進大門，向公司宣誓效忠，就成為這個家庭的一份子，就變成了史崔頓人。」

我深深的吸了一口氣，指著丘多喜那邊。「呃，你們每一個人都認識丘多喜吧？」

交易廳裡發出鬼吼鬼叫和怪叫聲。

我舉起手，笑著說：「好，很好。如果你們不知道，我告訴你們，丘多喜是史崔頓的第一批營業員，最早的八位營業員之一。我們想到丘多喜時，想的是她今天的樣子：一個開著全新賓士車的美女，住在長島最高級的公寓，穿一套三千美元的香奈兒套裝或一套六千美元的杜嘉班納洋裝，冬天在巴哈馬群島度假，夏天在安普頓海濱度過。你們都知道她有銀行帳戶，但裡面有多少錢呢？只有上帝才知道。」——如果要我猜，裡面可能一毛錢都沒有，因為史崔頓的員工一向如此——「當然，每個人都知道丘多喜是長島薪水最高的女性主管，今年會賺超過一百五十萬美元！」

然後我告訴大家丘多喜剛來史崔頓時的景況，就在這時，可愛的丘多喜坦率大叫：「我永遠愛你，喬登！」整個交易廳再度為之瘋狂，讓我不得不停下來接受他們的第四次起立歡呼。

我用鞠躬表示感謝，經過整整三十秒後才請大家安靜下來。最後一位史崔頓人坐下來後，我說：「你們要知道，丘多喜當時深陷困境；有一個小孩要操心，有一大堆債務壓在身上，她不能讓自己倒下來！她兒子史考特厲害到讓人不敢相信，很快就要上全國最好的大學了。他應該感謝媽媽，讓他畢業時沒欠下好幾十萬美元的學生貸款，被迫——」唉，糟糕！丘多喜哭起來了！我又搞砸了一次！一天裡，第二次讓女性掉淚！女王在哪裡？

丘多喜哭得非常大聲，因此三位業務助理圍繞著她，我想我得立刻說出最後的重點，趕快結束這次臨別演說，以免又有人跟著哭。我說：「噢，我們全都愛丘多喜，都不希望看到她哭。」

丘多喜舉起手，抽噎著說：「我、嗯——我沒事，對不起。」

「沒問題，」我一面回答一面想：在臨別演說中，我對痛哭的史崔頓女員工應該怎麼反應才算適當？史崔頓有過這樣的規矩嗎？

「我想說的重點是，如果你們認為快速升級的機會再也沒有了，因為史崔頓太大、管理太好，你爬上頂峰的路大致都斷掉了。那麼，我得說你錯了，在史崔頓公司的歷史上，從來沒有這麼適合大家從基層做起、快速升到頂峰的好時機，朋友，事實就是這樣！」

「事實很簡單——我要離開了，所以波路西有一個非常大的空缺需要填補。他要用什麼人填補？外面的人嗎？華爾街上的哪個阿貓阿狗嗎？不是，當然不是！史崔頓總是拔擢內部人才！因此，不管你是剛剛走進來、什麼都不懂，還是才來了幾個月、剛剛通過系列七考試，或是已經來了一年、剛剛賺到你的第一個百萬美元，沒差，今天都是你的幸運日。隨著史崔頓的繼續成長，將來還會有其他主管機關找麻煩，就像證管會……我們會克服這些困難。誰知道還有誰會來找麻煩？下次可能是那斯達克協會，可能是各州主管機關，甚至可能是美國司法部，誰有把握他預測得到？畢竟，華爾街上的每一家大公司幾乎都經歷過這種考驗。你們只需要知道，到最後，史崔頓總會熬過去，總會從逆境中生出機會。或許下次是波路西站在這裡，把薪火傳給你們其中一位。」

我停頓了一下，好讓他們充分了解我的意思，然後才說出結論：「因此，各位，祝你們幸運，祝你們繼續成功。我只要求你們幫我一個忙：像追隨我一樣追隨波路西，像對我宣誓效忠一樣對他宣誓效忠。從這一刻起，波路西就要負起全責。波路西，祝你好運，祝你順利成功！我知道，你會把事業帶到新高峰。」說完後，我舉起麥克風向波路西致敬，同時接受我一生中最熱烈的起立歡呼。

這一大堆人終於平靜下來後，送給我一張三呎寬、六呎高的道別卡，裡面用紅色的大字寫著：向世界最好的老闆致敬！另一面則是無數手寫的短句，每一個史崔頓人，都用短短的頌詞感謝我這麼劇烈地改變他們的人生。

然後我走進辦公室，最後一次關上門時忍不住想：五年後，他們還會感謝我嗎？

25 極品白板

一個人要看《蓋里甘的島》多少次，才會決定把槍伸進嘴裡扣扳機？

天氣很冷。雖然現在是星期三早上，也已經十一點了，我卻仍然躺在床上，看著電視；我心想，強迫退休真不是什麼好玩的野餐。

四個星期以來，我看了很多電視，多到讓女王甚至替我難過，近來則迷上了《蓋里甘的島》。其中有個很大的原因：看重播的《蓋里甘的島》讓我驚訝的發現，我並不是唯一的華爾街之狼。讓我非常懊惱的是，有一個人跟我一樣也有這麼個不太光彩的名字，偏偏又是個裝模作樣的老白人；他很不幸，因為碰到船難，被困在蓋里甘島上。他的本名是郝威爾三世，唉，真的是個白痴白人，像常見的白人一樣娶了個白人女性，一個十分兇惡、名叫賴薇的金髮女子——幾乎跟他一樣白痴，但是沒有那麼嚴重。賴薇覺得必須穿著毛織褲裝、鑲金屬片的長禮服，臉上畫滿濃妝，雖然蓋里甘島遠在南太平洋，離最最近的航道至少有五百哩遠，所以絕對沒有人會看到她，但是白人就是白人，總是過度盛裝。

我發現我自己正在想，第一位華爾街之狼是愚蠢的白痴，到底完全是因為巧合，還是別人叫我這個外號是輕視我——把我比成智商只有六十五、習慣尿床的白人老王八蛋？可能吧，我難過的想著，的確有可能。

這很讓人難過、也很讓人沮喪。從好的方面來說，我跟女兒在一起的時間多了很多；她剛剛開始牙牙學語，但事情已經很清楚，我先前的猜測一點都沒錯：我女兒保證是個天才。我發現自己必須壓抑從身體方面來看女兒的衝動，我非常清楚，不論她長得怎麼樣，我都會無限疼愛她。她其實長得非常漂亮，每多過一天，就更像媽媽一天。同樣的，我看著她逐漸成長，發現自己深深的愛上她。她是爸爸的好女兒，我幾乎每天至少都陪她三、四小時，教她新的字眼。

強烈的感情在內心發酵，是一種我完全不熟悉的感覺。我現在已經明白，自己從來沒有無條件的愛過另一個人，包括我的兩位太太和父母親。從女兒出生以來，我也直到現在才終於了解愛的真諦。我第一次真正體會，為什麼我的父母會感受得到我的痛苦、而且是感同身受，尤其是我似乎決定浪費自己天分的十多歲時，我現在終於了解媽媽的眼淚從哪裡來；我現在更知道，如果我女兒最後走上我以前走過的路，我也會流下同樣的眼淚。對於自己帶給父母的所有痛苦，我覺得罪孽深重，知道我一定傷透了他們的心。那是無條件的愛，對吧？也一定是最純潔的愛，而且一直到現在，我都只有接受，沒有付出。

但這一切並沒有減少我對女王的感情，反而讓我想弄清楚自己是否也能夠這樣無條件地愛她，愛到安心而信任，可以放棄戒心。我想，或許如果我們再生一個小孩，能夠白頭偕老到真正很老，在那個我們兩個人都超越「肉體勝過一切」的階段，最後我或許會信任她。

隨著時間過去，我發現自己愈來愈寄望從女兒身上找到平靜、穩定和人生目標。一想到入獄、跟她分離，就會像腦海深處壓著千鈞重擔；而除非柯爾曼探員一無所獲，結束調查，否則這種重擔都搬不開。只有到了那個時候，我才能安心。我仍然等著波的回話，希望知道他從特別探員巴西尼那裡打聽到什麼情報，但是就連他都很難找到巴西尼。

還好，我還有女王，我們之間變得非常好。事實上，我發現我現在有多餘的時間，因此要掩飾、不讓她知道我日益嚴重的嗑藥習慣，容易多了。我擬出了個完美的計畫：早上五點起床，比她早兩小時，悄悄吃下早晨的白板，在她起床前經歷所有四個階段的興奮期，包括麻癢、意識不清、胡言亂語和失去意識。清醒後，我會看幾集《蓋里甘的島》或《太空仙女戀》，再跟女兒遊戲一小時左右。中午時我會在天神飯店和波路西共進午餐，讓所有的史崔頓人都看在眼裡。

股市收盤後，我會再和波路西見面、一起嗑白板，享受我一天裡的第二次興奮。我通常會在七點左右到家——已經過了胡言亂語階段很久——跟女王和女兒共進晚餐。我敢說女王知道我做了什麼事，但她總是裝作不知道，謝天謝地，原因可能是我至少沒有在她面前胡言亂語，那是她最生氣的一件事。

這時，我聽到電話嗶的一聲。「你醒了沒？」珍妮討厭的聲音從對講機中傳來。

「已經十一點了，珍妮，我當然醒了！」

「噢，你還沒有出現，我怎麼會知道你醒了沒？」

真是讓人不敢相信！都已經在我家裡上班了，她對我還是毫不尊敬，老是和女王聯手對付我、嘲笑我。她們假裝那全都是開玩笑，全都是出於愛心，其實卻全都很粗野無禮。

這兩個女人到底有什麼理由嘲笑我？沒有！雖然我遭到禁止從事證券業的處罰，二月裡我仍然設法賺了四百萬美元，三月才走到第三天，我又已經賺了一百萬美元，因此我絕不是什麼食之無味的海蛞蝓，最多只是整天躺在床上，無所事事。

她們兩個又整天都在幹什麼，有嗎？珍妮的大部分上班時間都用來逗我女兒，跟葛文打屁。娜婷天天去騎她的蠢馬，回來後還穿著英國馬裝、緊繃的淺綠色馬褲，搭配套頭棉質上裝，以及閃閃發亮、長到膝蓋的馬靴，就這麼在屋裡走來走去，一面打噴嚏和喘氣，一面咳嗽和抓癢，忍受根本無法治好的對馬過敏。屋裡唯一真正了解我的人是我女兒——說不定還有葛文，她會把早餐送到我床邊，拿白板給我吃，好讓我對抗背痛。

我對珍妮說：「沒錯，我醒了，所以你有氣快放，我正在看財經新聞網。」

珍妮懷疑的說：「噢，真的？我也在看，那個傢伙說什麼？」

「去你的，珍妮，你想幹什麼？」

「賣藥的艾倫在電話上，他說有很重要的事情。」

買藥的艾倫也兼賣菸，是我最信任的白板經銷商，但其實是個討厭鬼，光是付一顆白板五十美元給這個社會寄生蟲還不夠，他還要得寸進尺，希望我喜歡他、愛他，或是滿足他別的願望。這個胖子王八蛋，已經為毒品經銷商好鄰居帶來了新的意義。不過他正好擁有紐約最好的白板——在嗑白板上癮的人眼中，這句話是相對的說法；只有合法藥廠仍然能夠生產白板的國家，才有真正「最好的」白板。

沒錯，說來讓人傷心，跟大部分娛樂性藥品一樣，白板過去在美國是合法的藥品，後來才引起緝毒局的注意而變成非法藥品，從此醫生每開出一張合法的處方簽，就會出現一百張偽造的處方簽。現在世界上只有兩個國家生產白板：西班牙和德國，但這兩個國家的管制都非常嚴格，因此幾乎不可能想買就買得到。

這就是我拿起電話、聽到賣藥的艾倫說話時，心跳的就像兔子一樣快的原因。艾倫說：「你絕對不敢相信這件事，喬登，但是我找到一位退休的藥劑師，他有二十顆真正的雷蒙，在保險箱裡放了將近十五年；五年來我一直打這些藥的主意，但是他根本不肯放手。現在他得繳小孩的大學學費，願意用一顆五百美元賣掉，因此我想你可能有興——」

「我當然有興趣！」我忍住叫他蠢王八蛋的衝動——竟然問我「有沒有興趣」？畢竟世界上有各式各樣的白板，每家公司的處方都略為不同，同樣的，藥效也稍有不同，卻沒有人像雷蒙製藥公司的天才那樣，能把白板做得這麼好。從他們用「雷蒙七一四」的品牌行銷自己生產的白板起，大家就都說雷蒙是傳奇性的藥品，不但藥效強大，還能把天主教中學的處女變成吹簫王后，因此得到了「開腿丸」的稱號。

「我全都要！」我急促的說：「事實上，告訴這個傢伙，如果他願意賣我四十顆，我會出一顆一千美元，如果他要賣我一百顆，我一顆給他一千五百美元，也就是十五萬美元，艾倫。」我心想，老天爺，華爾街之狼真是有錢！真正的雷蒙白板！大家都說巴拉丁白板是真正的白板，因為這種藥是西班牙一家合法藥廠生產的，但如果巴拉丁是皇家級的白板，那麼，雷蒙白板就是王中之王！

賣藥的艾倫回答說：「他只有二十顆。」

「狗屎！你確定嗎？你不會自己偷留一點吧？」

「當然不是，」艾倫回答說：「我把你當朋友，我絕對不會對朋友做這種事，對吧？」

去你媽的失敗者，我心想。但是我的回答卻完全不是這回事：「我至表同意，朋友，你什麼時候會來？」

「那個傢伙要四點才回到家，所以我大概五點才會到你那裡去。」然後他補充說：「但是你一定不能吃東西。」

「少來了，賣藥的！這還要你提醒？」說完後我祝他一路平安，然後掛斷電話，就像剛剛贏得在許瓦茲高級玩具店大買特買大獎的小孩，在一萬二千美元的白絲被上翻滾。

我走進浴室、打開藥櫃，拿出一盒佛利特浣腸液，再把藥瓶的尖嘴猛力插進屁眼，猛到讓我甚至覺得尖嘴碰到了乙狀結腸的頂端。三分鐘後，我下消化道裡的所有東西都傾瀉而出。我內心深處其實相當肯定，這樣不會增加興奮的強度，卻似乎還是值得一試。接著我把手指伸進喉嚨，嘔出早餐吃下去的最後一點東西。

我心想，這沒什麼，我做的是任何正常人在這種特殊情況下該做的事——除了在嘔吐之前先浣腸。但是我已經用滾燙的水徹底洗過手，彌補了這個小小的缺失。

接著我打電話給波路西，要他也這樣做，他當然照辦。

下午五點時，波路西和我在我們家的地下室裡打撞球，不耐煩地等著賣藥的艾倫來，我們打八號球，波路西幾乎痛宰了我整整三十分鐘。球撞來撞去時，波路西痛罵老中維特：「我百分之百確定股票是這個老中倒出來的，沒有別人有這麼多股票。」

波路西提到的，是史崔頓最新推動上市的梅爾森公司股票。問題出在我跟葛林談條件時，同意交給維特一大堆這檔股票。給股票時當然已經明白告訴維特，不能把股票賣回來，而維特當然完全不理我的指示，把每一股都賣回來。真正讓人難過的地方是，根據那斯達克股市的特性，你不可能證明他違反約定，一切都只是猜測而已。

然而，只要用消去法就不難把事情弄清楚：這個老中欺騙了我們。「你為什麼看來這麼訝異？」我用嘲諷的語氣說：「這個老中是個邪惡的瘋子，就算毫無必要，光是為了討厭我們他就會把股票賣回來。總之，你現在應該知道為什麼我要你加空十萬股——他把能賣的都賣了，你卻還是安然無恙。」

波路西點點頭，但看起來很不開心。

我笑著說：「別擔心了，兄弟。到目前為止，另一檔股票你賣了多少給他？」

「大約一百萬股。」

「很好，你賣到一百五十萬股時，我要把這個老中搞死，而且——」

門鈴聲打斷了我的話，波路西和我對看一眼、動也不動，嘴巴大張。片刻之後，艾倫重重走下地下室的樓梯，也開始說起親切的廢話：「你女兒千樂還好嗎？」

老天啊！我不禁想，他為什麼不能像別的藥頭一樣在街頭流連，把毒品賣給小學生？為什麼需要別人喜歡他？「噢，她非常好，」我熱情的回答，你為什麼不趕快把藥交出來？「瑪莎和你小孩好嗎？」

「噢，瑪莎還是一樣，」他回答時，笑得就像如假包換、吸食白粉的壞蛋，「但是小孩很好，」說到小孩，他笑得更開心了：「如果可能，我真想替孩子開個戶頭，存點大學教育基金還是什麼的。」

「沒問題。」死胖子，趕快把白板交出來！「你打電話給波路西的助理，她就會替你辦好，對吧，波路西？」

「當然。」波路西咬著牙回答，臉上的表情好像是說：「媽的，趕快把雷蒙交出來，否則就要你好看！」

十五分鐘後，艾倫才終於交出白板，我拿了一顆細心檢查。這種白板非常圓，比一毛錢硬幣大一點，厚度跟蜂蜜核桃奇里歐麥片一樣，呈現雪白的顏色……非常乾淨……而且還閃閃發亮，讓人不免要想，這顆白板雖然看來就像拜耳的阿斯匹靈，實際上卻天差地遠。藥丸的一邊深深刻著品牌名稱「雷蒙七一四」，另一邊有一條細線圍繞著整個圓周，外沿則是這種白板註冊商標的斜角邊緣。

艾倫說：「喬登，這是王中之王的極品，不管你打算怎麼辦，都不要吃超過一顆，這種藥跟巴拉丁不同，藥效強多了。」

我跟他保證我不會……十分鐘後，波路西和我已經高高走在天堂之路上。我們各自吞了一顆白板之王，正在地下室裝滿落地鏡子的健身房，四周放滿了最新的賽柏斯運動器材，還有多到足以讓阿諾艷羨的啞鈴、舉重鐵輪、板凳和深蹲機。波路西在電動跑步機上快走，我在班霸牌爬梯機上往上爬，好像柯爾曼探員就在後面追我。

我對波路西說：「沒有什麼比運動更能發揮白板的藥效，對吧？」

「絕對他媽的如此！」波路西叫著說：「東西全都在新陳代謝，愈快愈好。」他伸手出去，拿起一個白瓷清酒杯。「而且我要說，吃下真正的雷蒙白板後，喝熱的清酒真是天才的想法，就像火上加油一樣。」

我拿起自己的酒杯，伸出去想跟波路西碰杯，波路西也舉杯作勢，但是兩個酒杯距離有六呎遠，根本不可能碰得到。

「幹得好。」波路西呵呵笑著。

「我這番努力至少可以得個甲！」我也對他呵呵笑著。

兩個呵呵笑的白痴向空中敬酒，然後灌下清酒。

這時門忽然打開，穿著淺綠色騎馬裝的女王出現在門口，大力向前踏了一步，擺出頭斜向一邊、雙手抱在胸前、腳踝交叉、背部微微拱起的姿態，然後瞇起眼睛，表示她根本不相信我們是在健身，問道：「你們兩個白痴在幹什麼？」

天啊，意外的狀況出現了！我用指責的口氣問：「你今天晚上不是要跟霍普出去嗎？」

「啊啾，」後起之秀的馬術大師女王，因為打噴嚏而改變姿勢。「我的過敏太嚴重了，我已經……啊啾！」女王再打著噴嚏說：「我已經告訴霍普取消了。」

「上帝保佑你，年輕的女王！」波路西叫著我太太的小名。

女王回答說：「再叫我一次女王，我就把那杯該死的酒倒在你頭上。」然後她對我說：「到裡面來，我想跟你談一點事情。」說完後，她就轉身走向地下室的另一邊，一直走到弧形的長沙發那邊。那裡正對著原來的室內壁球場，但前陣子已經改裝成服裝樣品間，滿足當時她想成為孕婦裝設計師的願望。

波路西和我聽話地跟過去，我輕聲在波路西耳旁說：「你有什麼感覺了沒？」

「沒有。」他低聲回答。

女王說：「我今天跟高爾德談過話，她認為現在應該讓女兒開始騎馬了，因此我想替她買一匹小馬。」她點了一下頭，表示強調。「總之，她們那裡剛好有一隻非常可愛的小馬，而且也不太貴。」

「多少錢？」我問道，然後在女王身邊坐下來，一邊想不懂女兒都還沒開始學連走路，到底要怎麼騎馬。

「只要七萬美元！」女王微笑著回答：「不壞吧？」

噢，我心想，要是你在我體內的極品白板藥效發作時跟我做愛，那麼我會很高興的替你買這匹超高價的小馬，但是我只說：「聽起來真的好像很便宜，但我也真不知道，他們居然能把小馬賣那麼貴。」

女王跟我保證說，他們就是賣得這麼貴，然後用鼻子摩擦著我，讓我聞到她身上香水的味道。「好不好嘛？」她用令人難以抗拒的聲音說：「我會變成你最好的朋友。」

這時珍妮從樓梯上走下來，很高興的笑著說：「嗨，大家好！這裡怎麼回事？」

我抬頭看著珍妮說：「下樓來參加我們的聚會！」她顯然沒有聽懂我話中的諷刺意味，片刻之後就投入了女王的陣營，兩個人開始談起我女兒穿著可愛的小號英國騎馬裝，騎在馬上會有多好看——鬼才知道女王會花多少錢替女兒訂製全套騎馬裝。

我看出了機會，就輕聲對女王說，如果她願意跟我一起到浴室去，趴在洗手台上，讓我愛她，那麼明天早上十一點、《蓋里甘的島》節目播完後，我就會專程跑一趟高爾德海岸馬場，買下這匹小馬。她輕聲的問：「現在嗎？」我點點頭，急忙地連說了三次拜託，女王笑著同意了，我們兩個就暫時離開。

在毫無前戲的情況下，我扶著她趴在洗手台上，甚至連一點潤滑都沒有就進入她體內，她只說了聲「噢！」就又開始打噴嚏和咳嗽，我說：「上帝保佑你，親愛的！」然後快速的衝刺了十二次，就像火箭一樣在她體內噴發，從頭到尾大概只花了九秒鐘。

女王漂亮的臉孔轉過來說：「就這樣？你結束了？」

「噢，」我一面回答，一面摩擦手指，絲毫沒有刺痛的感覺。「你為什麼不上樓去，用一下你的振動按摩棒？」

女王趴在洗手台上說：「你為什麼這麼急著想把我趕走？我知道你和波路西一定在搞什麼鬼——到底是什麼事情？」

「沒有，只是談生意而已，親愛的，只是談生意。」

「去你的！」女王生氣的回答說：「你在說謊，我知道！」然後她的手肘迅速往下一壓一撐，離開洗手台，把我彈得向後飛了出去，猛力撞上浴室的門，看著她拉上馬褲，邊打噴嚏邊望了鏡子一秒鐘，整理一下頭髮就把我推到一旁，走了出去。

十分鐘後，地下室裡只剩下波路西和我兩個人，卻都仍然非常清醒，我嚴肅的搖搖頭說：「一定是放太久了，失去了藥效，我想我們應該再吃一顆。」

我們都吃了第二顆，但三十分鐘後還是什麼事情都沒有發生，連一點刺痛的感覺都沒有！

「你想像得到這種屁事嗎？」波路西說：「一顆五百美元，卻是假貨！真是可惡，讓我看看瓶子上的失效日期。」

我把瓶子丟給他。

他看看標籤。「八一年十二月！」他叫著說：「老早就過期了！」他打開蓋子，又拿了兩顆雷蒙出來，「一定已經失效了，我們再吃一顆。」

三十分鐘後，我們都絕望了——連吃三顆最好的白板，卻連一點刺痛的感覺都沒有。

「噢，大概就像標籤說的一樣！」我咕噥著說：「這些藥是正牌的假藥。」

「對，」波路西說：「人生就是這樣，兄弟。」

這時，對講機傳來葛文的聲音。「貝爾福先生，波狄特在電話上。」

我拿起話筒。「喂，波，什麼事？」

他的回答嚇壞了我。「我必須立刻跟你談話，」他急促地說：「但是不能在這個電話上說，到公用電話去打這個號碼給我，你有紙筆嗎？」

「怎麼回事？」我問：「你跟巴——」

波打斷我的話：「不能在這個電話上講，波。不過答案是有，我有消息要告訴你，拿起筆來。」

一分鐘後，我坐在自己白色的小賓士車裡，凍得要死。因為急著出門，我忘了加件外套，外面卻非常冷，可能不超過五度，而且，在冬天晚上七點的這個時候，天色幾乎已經全黑。我發動車子往前門開去，左轉上了橡樹路時才驚訝的發現，道路兩旁都停了一長排的車，顯然我們鄰居裡有人在辦晚會。太好了，我心想，我剛花一萬美元買了有史以來最差的白板，別人卻他媽的在慶祝！

我的目的地是布魯克維爾鄉村俱樂部的公用電話，那裡離我家只有幾百碼，三十秒後，我把車停在俱樂部門口，走上五、六級紅磚台階，經過一排科林斯式柱子。

俱樂部的牆上有一排公用電話，我拿起其中一具，撥了波給我的號碼，再輸入我的信用卡號碼。電話鈴響了幾聲後，傳來可怕的消息。「你聽我說，波，」波的聲音從另一具公用電話中傳來，「我剛剛接到巴西尼的電話，他告訴我，你是一項全面洗錢調查的目標。柯爾曼這傢伙，顯然認為你把兩千萬美元搞到瑞士去了，他在那邊有一個供應消息的內線，巴西尼不願意說明白，但是聽起來好像是說，你其實是在別人的案子裡被扯上的，好像剛開始時你並不是主要目標，現在卻是柯爾曼的調查對象。你家裡的電話很可能已經遭到竊聽，你的海濱別墅也一樣，告訴我，波，究竟是怎麼回事？」

我深深的吸了一口氣，設法讓自己鎮定下來，想出應該跟波說什麼——但是我能說什麼呢？說我有幾千萬美元存在派翠西亞的假帳戶裡嗎？說我岳母替我偷運錢到那裡去嗎？或是波路西蠢到嗑了白板還開車，害得賈瑞特被警察抓走？告訴他這些事有什麼好處？我想不出半點好處，因此我只說：「我在瑞士沒有半毛錢，一定是有人搞錯了。」

「什麼？」波問，「我聽不懂你說什麼，再說一遍？」

我很生氣，再說一遍：「我說我沒有斯何斯先塞睡士！」

波似乎不敢置信的說：「你怎麼了，嗑藥晃神了嗎？你說的話我一個字也聽不懂！」接著他突然用急迫的口氣說：「聽著，喬登，別坐在駕駛座上！告訴我你在哪裡，我派洛克去接你！你在哪裡！兄弟？跟我說話！」

突然間，一股熱流從我腦幹升起，愉快的麻癢感覺衝進我身體的每一個細胞。聽筒仍然在我耳邊，我想告訴波，要他叫洛克到布魯克維爾鄉村俱樂部接我，嘴唇卻動不了，好像我的腦部雖然發出信號了，卻遭到攔截或綁架。我覺得麻痹，也覺得美妙之至，瞪著公用電話閃閃發亮的金屬表面，側過頭想看看自己的倒影。電話看起來多麼漂亮！非常閃亮！接著突然間，電話似乎離我愈來愈遠……怎麼回事？電話要到哪裡去？噢，糟了！我現在往後摔，像剛剛被砍倒的樹木一樣傾斜……樹倒了！砰的一聲，我平躺在地上，半睡半醒，看著俱樂部白色的發泡塑膠拱形天花板，是辦公室常見的那種，對鄉村俱樂部來說相當便宜！我心想：這些該死的白人，連弄個天花板都捨不得花錢！

我深深的吸了一口氣，看看自己有沒有摔斷骨頭，看來似乎都還好，極品白板保護我，沒有讓我受傷。這幾顆該死的藥丸花了將近九十分鐘才發揮藥效，但是藥效一發揮……真是驚人！我直接從麻癢期跳進胡言亂語期，不，我發現了一種新階段，介於胡言亂語期和失去意識的狀態之間，是……是什麼？我要為這種階段找個名字……大腦痲痺期！我的腦部不再對我的骨骼與肌肉系統發出清楚的信號，多麼美妙的新階段！我的頭腦非常清醒，卻不能控制自己的身體，太好了！太好了！

我費了很大的力量才抬起脖子，看到聽筒還掛在閃閃發亮的金屬索上晃來晃去。我想我可以聽到波的尖叫聲，「告訴我你在哪裡，我會派洛克去！」但也可能是我的想像力在騙我。我心想，管他的！設法再拿起聽筒有什麼意義？反正我已經失去語言能力了。

在地上躺了五分鐘後，我才想到，波路西一定也處在同樣的狀況中。噢，天啊！女王不知道我到哪裡去了，一定急瘋了！我必須回家，這裡離我家只有幾百碼的路，幾乎等於一直線。我還可以開車，對吧？或許我應該走路回家，不行，太冷了，我很可能會凍死。

我翻個身，手腳並用，想站起來卻起不了身，每次雙手一離地，人就往旁邊倒下去。我得爬回車上——爬有什麼不好？我女兒一直在爬，而且爬得很好看。

我走到俱樂部門口，跪起身子，抓住把手拉開門，爬到外面。車子……在十級階梯下面。我的身體努力嘗試，腦部卻擔心可能發生的事情，不肯讓我往階梯下爬。因此我只好趴在階梯上，把雙手放在胸口下面，讓自己變成人肉水桶往下滾……起初滾得很慢，完全能夠控制……接著……噢，媽的！我滾下去了！愈滾愈快……砰、砰、砰，然後就大力撞上停車場的柏油地面。

但是極品白板再度保護我，沒讓我受傷。三十秒後，我坐在駕駛座上，發動車子往前開，下巴趴在方向盤上，躬著身子，眼睛只看到儀表板上方一點點的地方，看起來好像老到應該吊銷執照、卻在高速公路上以二十哩時速前進的老婦人。

我開出停車場時，時速大概只有一哩，心裡暗暗向上帝祈禱。顯然就像教科書上說的一樣，上帝真的仁慈又有愛心，因為一分鐘後我就把車子停在家門前，毫髮無傷的回到家了。勝利！我感謝名不虛傳的主，又費了好大的力量爬進廚房，卻看到女王美貌的臉龐……哎呀！我要倒大楣了！……她會有多生氣？我根本不敢想像。

但緊接著，我赫然發現她不但沒有生氣，還哭得稀里嘩啦，接著我知道她蹲下來，滿頭滿臉熱情地親吻我，一面哭一面說：「噢，謝天謝地，你安全回家了，甜心！我以為我失去你了！我……我——」她似乎想不到該說什麼話——「我太愛你了，我以為你撞車了。波打電話來，說他正在跟你講電話時你昏過去了。然後我下樓，又看到波路西跪在地上爬，老是撞牆。來，我扶你起來，甜心。」她扶著我站起來，拉我到廚房的桌子旁，讓我在椅子上坐下來，一秒鐘後，我的頭便咚的一聲撞在桌上。

「你不能再這樣了，」她哀求著說：「你會害死自己，寶貝，我……我不能失去你。求求你，看看你女兒，她好愛你，如果你繼續這樣下去，你會死掉。」

我抬頭看看女兒，我們兩個眼神交會，她微笑著說「達達！」然後又說：「嗨，達達！」

我對著女兒綻開笑容，恍恍惚惚中正準備回答「我愛你」，突然間，兩雙有力的臂膀把我從椅子上拉起來，往樓梯上拖去。

夜班洛克說：「貝爾福先生，你得立刻上床去睡覺，一切都不會有問題。」

日班洛克補充說：「別擔心，貝爾福先生，我們會處理一切。」

他們到底在說什麼？我想問他們卻開不了口。一分鐘後，我一個人躺在床上，全身衣服都還穿在身上，但是被子已蓋過我的頭，房間的燈也熄了。我深深的吸了一口氣，希望把這一切想個清楚明白。女王對我這麼好，真是諷刺，但是她也叫來保鑣，把我架上樓，就像我是淘氣的小孩一樣。噢，我心想，真他媽的！我的皇家臥室很舒服，我很願意就這樣漂浮在一堆真絲裡，享受我的大腦麻痹階段。

但也就在這時，臥室的燈亮起來，片刻之後，有人把我從豪華的白絲被裡拉下床，我發現，自己正瞇眼看著一隻非常亮的手電筒。

「貝爾福先生，」一個陌生的聲音說：「你醒著嗎，長官？」

長官？……是哪個王八蛋在叫我長官？……幾秒鐘後，我的眼睛適應了亮光，看出了怎麼回事。是警察——事實上，是老布魯克維爾警察局的兩個警察，他們全副武裝——槍械、手銬、閃亮的警徽，什麼都有。其中一位又壯又肥，留著下垂的小鬍子；另一位短小精幹、臉色紅潤得像個青少年。

突然間，我覺得可怕的烏雲籠罩身上。一定出了很大的問題，柯爾曼探員動作真快，我已經被捕了，調查才剛剛開始！行動一向緩慢的法網發生了什麼變化？為什麼柯爾曼探員會讓老布魯克維爾的警察來抓我？他們就像玩具警察一樣，天老爺，他們的警察局就像《搞笑警網》電視劇裡的警察局一樣，他們抓洗錢的人都是這種抓法嗎？

「貝爾福先生，」警察說：「你剛才開自己的車嗎？」

哎呀，我雖然昏醉，腦部卻發出緊急信號，送到聲帶，要聲帶鎮定下來。「我烏斯島尼索斯斯。」我說。

他們顯然聽不太懂我的回答，接著我發現，他們把我雙手拉在背後，陪我走下螺旋梯。走到大門時，胖警察說：「你出了七件車禍，貝爾福先生，六件就在橡樹路上，另一件是在雞谷路上和另一部車迎面相撞，對方手臂骨折，已經送往醫院。貝爾福先生，你因為酒醉駕車、危險行為和離開車禍現場被捕。」然後他唸出我的權利，但在唸到「如果你請不起律師」時，他和同伴都開始偷笑。

他們在說什麼？我沒有出車禍，更不用說出了七件車禍。上帝回應我的祈禱，讓我毫髮無傷！他們抓錯人了！一定是抓錯人的案子，我心想……

但在看到自己小小的賓士車時，我立刻目瞪口呆。車子從頭到尾全毀，右前方完全凹了進去，後輪向內彎，形成極端的角度，車頭看來像手風琴一樣折在一起，後保險桿拖在地上。突然間我覺得天旋地轉……膝蓋一軟……砰的一聲，我又倒在地上望著夜空。

兩個警察彎下腰看著我，胖警察擔心的說：「貝爾福先生，你醉了嗎？長官？告訴我們你醉了，好讓我們幫忙你。」

噢，我心想，要是你真的好心，就上樓到我的醫藥櫃去，你會找到一個塑膠袋，裡面裝了兩公克的古柯鹼。請你帶下來給我，讓我狠狠的吸幾口好平衡藥力，否則的話，你就只好把我當成嬰兒一樣抱到警察局去！但我沒有讓渴望沖昏了理智，只說：「你刷縮神力。」——你抓錯人了。

兩個警察互相看了一看，聳聳肩，抓住我的腋窩把我拉起來，帶著我向警車走去。

這時女王奔出家門，用布魯克林腔尖叫著說：「你們要把我丈夫帶到什麼鬼地方？他整晚都在家裡跟我在一起！如果你們不放開他，下星期你們兩個都要到玩具店上班！」

我轉頭看著女王，兩位保鏢一左一右保護著她，兩位警察則呆立現場。胖警察說：「貝爾福太太，我們知道你先生是什麼人，也有好幾位證人看到他開車，我建議你打電話給他的律師，我知道他有很多律師。」說完後，繼續拖著我向警車走去。

「別擔心，」女王尖叫著，看著我被他們放進警車後座。「波說他會處理，甜心！我愛你！」

警車離開我家時，我只想到我多麼愛女王，也想到她多麼愛我。我想到，她以為已經失去我時哭得多麼傷心，警察銬著我離開時她那麼奮勇地為我挺身而出。或許現在她終於下定決心，要向我證明她是什麼樣的人。說不定我也終於可以安心，知道無論是好是壞，她都會跟我在一起。不錯，我心想，女王真的愛我。

老布魯克維爾警察局離我家很近，看來比較像是奇怪的私人住家，一點也不像警察局：白色的建築掛著綠色的窗簾，讓人看著就相當安心，我心想，這裡應該是個好地方，可以讓人倒頭就睡，度過難過的白板興奮期。

局裡有兩間牢房，我很快就發現自己坐在其中一間——其實不是坐著，而是躺在地板上，臉頰貼著水泥地。我模模糊糊記得自己辦了一些手續，包括打手印、照相，他們還為我錄影，證明我處在極為嚴重的昏醉狀態中。

「貝爾福先生，」圓滾滾的肚子下方吊著槍帶，好像一長串義大利蒜味香腸的警官說：「我們需要你的尿液樣本。」

我坐了起來，突然間發現自己已經脫離了昏醉狀態；極品白板真正的妙處再度發揮，我現在完全清醒了。我深深的吸了一口氣說：「我不知道你們這些傢伙以為自己在幹什麼，但是除非我可以立刻打電話，否則你們就會有大麻煩。」

我的話似乎讓這個王八蛋嚇了一大跳，他說：「噢，看來你吃下去的東西效力終於過了。如果你承諾不逃走，我很願意讓你出牢房，不戴手銬。」

我點點頭，他打開牢房門口，比著小木桌上的電話，我撥了律師家裡的電話——忍住衝動，不去評斷自己還記得律師家裡電話號碼的事情。

五分鐘後，我對著杯子尿尿。不知道為什麼，我的律師范梅格帝要我不必擔心尿液會有毒品的陽性反應。

我回到牢房，坐在地上，警官說：「啊，貝爾福先生，或許你想知道，你的尿液裡有下列藥品的陽性反應：古柯鹼、白板、苯環類藥品、安非他命、快樂丸、鴉片劑和大麻。事實上，唯一沒有顯現的是迷幻藥陽性反應，怎麼了，你不喜歡迷幻藥嗎？」

我對他僵硬的笑笑說：「我告訴你，警官先生，就這整個駕車事件來說，你抓錯人了。就藥物測試來說，我才不管他媽的的結果是什麼，我背痛，吃下去的全都是醫師開的藥，因此去你媽的！」

他不敢置信地看著我，然後看看手表，聳聳肩說：「好吧。總之，現在開夜間法庭已經太晚了，因此我們得送你去拿索縣的中央拘留所，我想你沒有去過那裡，對吧？」

我壓住衝動，沒有要這隻肥豬去死，只是轉過頭去，閉上眼睛不再理他。拿索縣拘留所確實是可怕的地方，但是我能怎麼辦？我看看牆上的掛鐘，時針已經接近十一。老天爺，我一整晚都要待在監牢裡了，真他媽的糟糕透頂！

我再度閉上眼睛，想要小睡一下，卻突然聽到有人叫我的名字。我站起來，從鐵條中間望出去，看到相當怪異的景象——有個穿著條紋睡衣的禿頭老人瞪著我看。

「你是喬登·貝爾福嗎？」他沒好氣的問。

「是的，怎麼了？」

「我是史蒂文斯法官，是你的朋友的朋友，你可以把我的話當成提訊。我猜你願意放棄請律師的權利，對吧？」他眨眨眼。

「對。」我急切的回答。

「好，我把這一點當成你不承認你被控告的罪名。我要根據你自己的切結釋放你，然後打電話給范梅格帝，跟他說定開庭日期。」說完後，他對我微微一笑，就轉身離開了警察局。

幾分鐘後，我發現范梅格帝在外面等著我。雖然已經這麼晚了，他還是打扮得像個時髦的花花公子，一塵不染的海軍藍西裝配上條紋領帶，花白的頭髮梳理得十分光潔。我對他笑笑，然後豎起一根手指要他等一會兒，然後我回頭對著警察局，向那個胖警察說：「對不起──」

他抬起頭，「什麼事？」

我對他比著中指說：「你可以把中央拘留所塞進你屁眼裡！」

坐車回家時，我對律師說：「我的尿液測試有大麻煩了，每種藥物的檢測結果都是陽性反應。」

范梅格帝律師聳聳肩說：「你擔心什麼？你以為我會讓你出問題嗎？他們並沒有在車上抓到你，對吧？因此他們怎麼證明你駕車時，身體裡有這些藥物？誰能說你不是自己走路回家，嗑了幾顆白板，吸了幾口白粉？那只是非法持有而已。事實上，我想我會以娜婷根本沒有准許警察進入民宅為理由抗辯。只是你必須賠償其他車子的損壞──他們只控告你一件車禍肇事，因為其他車禍都沒有證人，所以你還要付一些封口錢給被你撞斷手臂的那位女性。全部加起來，你花的錢還不到十萬美元。」他聳聳肩，好像是說：「數字大一點的零錢罷了！」

我點點頭說：「你到哪裡找來那個怪異的老法官？他真是救星！」

「你不會想知道的，」我的律師轉動著眼珠子回答說：「我們就說他是朋友的朋友吧。」

剩下的車程裡，我們都沒有再說話，直到接近我家時，范梅格帝才又說：「你太太已經上床了，她嚇壞了，記得去安慰她。她哭了好幾小時，但是我想她現在大概已經平靜下來了。總之，今天晚上的大部分時間裡，波都在這裡陪她；他幫了大忙，十五分鐘前才離開。」

我再度點點頭，沒有說話。

范梅格帝又說：「喬登，我只希望你記住一件事：手斷了是一回事，但是沒有人可以把死人救活，你懂得我的意思嗎？」

「懂。不過重點是，我跟所有這些鬼東西都玩完了，永遠玩完了。」我們握握手，結束了這個不平靜的夜晚。

我上樓進了主臥室後，發現女王躺在床上。我彎下腰親她的臉頰，然後快速的脫了衣服，爬到床上陪她。我們呆呆望著白色的絲帳，赤裸的肩膀和臀部碰在一起，然後我抓起她的手，握在我手裡。

我溫柔的說：「我什麼都不記得了，娜娜，我昏過去了，我想我——」

她打斷我的話，「噓，別說話，寶貝，只要躺著休息。」她抓緊我的手，我們就這麼安靜躺著，好長一段時間都沒再說話。

最後，我按按她的手說：「我決不嗑藥了，娜娜，我發誓，這次我絕對認真。我是說，如果這件事不是上帝給我的警訊，那麼我不知道什麼才是。」我靠過去，溫柔的親她的臉頰。「但是我得治治我的背痛。我不能再這樣過下去了，背痛得我無法忍受，痛到什麼事情都受到影響了。」我深深的吸了一口氣，設法讓自己安靜下來。「我要到佛羅里達去看葛林醫師，他在那裡開業，專門治療背部疾病，而且治癒率很高。但是不管我的背好不好得了，我跟你保證，我永遠不碰毒品了，我知道白板不但不是真正的解藥，最後還會帶來慘劇。」

女王轉身面對著我，雙手放在我胸膛上，輕輕的抱著我，說她愛我，我親她的金髮，深深的吸了一口氣，享受她的香味，然後告訴她我愛她，再一次說抱歉，再一次保證再也不會發生這種事。

我說對了。

只會發生更嚴重的事。

26 死人不會說話

兩天後的早晨，佛羅里達不動產仲介人葛林太太的電話把我吵醒。她是世界著名的神經外科醫師葛林的太太，我委託她替女王和我找個地方住，好讓我能到傑克森紀念醫院門診四個星期。

「你和娜婷會愛上印第安溪流島，」好心的葛林太太說：「這是整個邁阿密住起來最安靜的地方，非常平靜、非常安全，甚至有自己的警察，因此對於十分注重保安的你和娜婷來說，是另一個優點。」

平靜而安全？噢，我就是希望這樣，不是嗎？我還能在短短四星期裡製造多少傷害？尤其是在印第安溪流島這種無聊、安詳的地方？在那裡，我可以避開冷酷世界的壓力，也就是避開白板、白粉、高純度古柯鹼、大麻，贊安諾、煩寧、安比恩、違規超速、嗎啡，當然還可以避開特別探員柯爾曼。

我說：「噢，葛林太太，聽起來就像醫生下的命令一樣，那裡很平靜這一點更像。房子怎麼樣？」

「房子絕對漂亮極了，是白色的地中海式豪宅，屋頂蓋著紅瓦，還有一座小艇碼頭，大得可以開進八十呎長的遊艇……」葛林太太的聲音停了一下。「我想，不太容得下娜婷號，但是你來這裡時，或許可以買一艘小一點的遊艇，對吧？我敢說葛林可以幫你這個忙。另外，後院也美極了，有一個標準游泳池，泳池邊有一座小屋、調酒台、瓦斯烤爐，還有俯瞰海灣、可以容納六個人的按摩浴缸。最棒的是，屋主願意把全部裝潢和家具附帶賣掉，只要五百五十萬美元，真的很便宜。」

等等！誰說要買房子的？我只要去佛羅里達州四星期！而且我既然討厭現在擁有的這艘遊艇，為什麼要考慮再買一艘？我說：「葛林太太，跟你說實話，我現在不打算買房子，至少不在佛羅里達州買，你想屋主願意把房子出租給我一個月嗎？」

「不願意，」葛林太太難過的說。五百五十萬美元百分之六交易佣金的希望和美夢，剛剛從她藍色的大眼睛前飛走了。「屋主只打算賣房子。」

「嗯，」我不太相信這種事，「你為什麼不跟這個傢伙說月租十萬美元，再看他怎麼說？」

四月一日愚人節那天，我搬進去，屋主搬出去——毫無疑問的，他一定是一路又唱又跳，搬到南灣的五星級大飯店住一個月。此外，愚人節是非常適合喬遷的日子，因為我發現印第安溪流島是一個少為人知的、瀕危物種——也就是老到身體萎縮的老白人——的保護區，葛林太太說過，他們的活力大概跟海蛞蝓差不多。

從好的方面來看，在我車禍後到看診前的這段期間裡，我設法飛到瑞士一趟，跟索海爾和偽造大師碰了面，希望了解聯邦調查局怎麼知道我有瑞士帳戶。但是讓我驚訝的是，一切似乎都沒有問題；美國政府既沒有提出任何要求，索海爾和偽造大師更跟我保證，如果有這種事他們一定最先知道。

印第安溪流島離我治療背部的醫院只有十五分鐘車程，我們也不缺車子；女王負責把這件事全都辦好了，替我從紐約運了一部全新的賓士，也替自己運了一部路寶。葛文也來邁阿密照顧我，一樣需要車，因此我跟邁阿密的車商買了一部新的凌志給她。

兩位洛克當然也都得來，他們就像家人一樣，對不對？洛克們也需要車，因此畢爾摩公司老闆中的布朗森買了另一部車，而且把他紅色的法拉利敞篷車借我一個月，解決了我的頭痛問題，因此現在每個人都有車。

既然有很多車可以選擇，我還為了來回醫院租下那艘六十呎長的機動遊艇，就變得有點荒唐了。遊艇每週租金二萬美元，有四具味道很臭的柴油引擎，據說船艙設備完善，我卻從來沒有進去過；駕駛台是露天的，沒有遮蔽，害我的肩膀和脖子遭到三級曬傷。遊艇還附有一位白髮蒼蒼的老船長，他以每小時平均五節的速度，載我來回醫院之間。

現在我們正在沿海水道上往北開，要從醫院回印第安溪流島。今天是星期六，馬上就要中午，我們已經走了將近一小時。我跟美元時代營運長戴魯佳一起坐在駕駛台上，他長得很像克利夫蘭總統，頭已經禿了，大大的國字臉表情嚴厲，身上的毛特別多，尤其是胸前。我們兩個都已經脫掉上衣曬太陽，我保持清醒將近一個月了，真是奇蹟。

今天一早，戴魯佳陪我搭遊艇前往醫院。對他來說，這是不受干擾地跟我談話的好方法，我們的話題很快就轉到美元時代上，兩人都牢騷連連，也都同意這家公司前途無望。

美元時代的問題都不是戴魯佳的錯，他是在問題出現後才上任的、救援小組的一員，過去半年來，已經證明自己是一流的營運人才。我剛說服他搬到紐約，出任梅登鞋業的營運長。梅登迫切需要他這種營運人才。

早上我們往南開、前往醫院時，已經討論過這件事，現在我們往北開，準備回家，討論的則是我認為困擾之至的事情，也就是他對美元時代財務長柯明斯基的看法。柯明斯基，就是將近一年前介紹我認識索海爾和偽造大師的人。

「我是說，」戴著包覆式太陽眼鏡的戴魯佳說：「我一直覺得他有一點奇怪，好像他的目標跟美元時代公司完全無關，公司只是他的某種掩護。我是說，像他這種年齡的人，公司如果可能倒閉，他應該會急得發瘋，但是他好像一點也不在乎，動不動就花上大半天跟我解釋，我們可以用什麼方法把利潤移轉到瑞士去，氣得我很想拉下他那可笑之至的假髮，因為我們根本沒有利潤可以移轉。」戴魯佳聳聳肩，又說：「總之，我遲早會看出他有什麼打算。」

我慢慢的點點頭，知道我對柯明斯基最初的直覺沒有錯。我一直很精明，不讓這個戴假髮的渾球打探我海外交易的消息；但我仍然不能百分之百肯定柯明斯基是否起了疑心，因此我想，我應該對戴魯佳放出試探氣球。「我絕對同意你的話，他一心一意只想玩瑞士銀行的遊戲。事實上，他也跟我鼓吹過。」我停了一下，裝出好像在搜尋記憶的樣子。「我想大概一年前吧，我跟他一起去瑞士考察過這件事，但那樣做似乎不值得，因此我放棄了。他跟你提過這件事嗎？」

「沒有，但是我知道他在那裡還有好多客戶；這方面他守口如瓶，只不過整天都在打瑞士電話。我總是會查對電話帳單，你知道嗎，他每天都要打上五、六通國外電話。」戴魯佳嚴肅的搖搖頭說：「不管他做什麼，最好是沒有問題的事，因為如果不是，他的電話裡已經裝上了竊聽器，他會發現自己麻煩大了。」

我撇撇嘴角，聳聳肩，意思是說：「嗯，那是他的問題，不是我的問題！」事實上，如果他經常跟索海爾和偽造大師聯絡，就會帶給我很多困擾，但我輕鬆的說：「我只是好奇——你為什麼不查一下通話記錄，看看他是不是一再打同樣的號碼？如果是，你也不妨打上幾通，弄清楚他是在跟誰說話。我只是好奇，想知道而已。」

「沒問題，一回到你住的地方後，我就跳上車，立刻趕到公司去。」

「別這麼緊張兮兮好嗎？星期一再說吧，通話記錄又不會飛掉。」我笑著強調我沒那麼關心。「另外，雷文現在應該已經來到我住的地方了，我很希望你認識他一下，因為我覺得，他對你改造梅登鞋業的營運會有非常大的幫助。」

「這人不是有點怪嗎？」戴魯佳問。

「才有點怪？這個傢伙簡直是他媽的無賴透了！但是他正好是成衣業最精明的人才之一，說不定還是最精明的人才。只是你必須把握他清醒的時候，也就是沒在胡說八道、亂服禁藥、恍恍惚惚的時候，或是沒有花一萬美元請妓女蹲在玻璃桌上，在他打手槍時往他身上拉屎的時候。」

四年前，我跟笨蛋葛林到巴哈馬群島度假時，才第一次看到雷文。當時我躺在水晶宮賭場大飯店的游泳池邊，葛林跑來找我。我記得他大聲叫著：「快點！你得立刻到賭場去看看這個傢伙！他贏了一百多萬美元，而且他的年齡比你大不了多少。」

我雖然懷疑葛林的說法，卻也立刻從躺椅上跳起來，直奔賭場，一面問：「那個傢伙以什麼維生？」葛林是個傻瓜，連發牌員、賭場經理或賭注收付員都分不清楚，他說：「我問過賭場裡的人，他們說，他是一家大型成衣公司的總裁。」

兩分鐘後，我看著這位年輕的成衣人，完全不敢相信自己的眼睛。事後回想，我很難說哪種景象讓我比較吃驚——年輕大膽的雷文，還是他太太艾蓮。雷文不只是一注賭一萬美元，而且包下整個二十一點的賭檯，同時玩七副牌，也就是說，他一把賭七萬美元。艾蓮看來還不到三十五歲，卻長得一副我從來沒有看過的德性——我是說，既像個大富翁也像個窮光蛋。

我呆住了，因此足足瞪著兩個怪人看了十五分鐘。他們看來像是冤家對頭：

雷文有點矮，卻長得非常好看，留著及肩的褐色亂髮，打扮非常時髦、高明，我甚至敢說，如果他穿著尿布、打著領結走過你面前，你都會發誓說那是最新的流行。

艾蓮比他更矮，臉蛋和鼻子都很瘦，兩頰塌陷，留著淡金色的頭髮，褐色的皮膚像皮革一樣厚，兩隻眼睛長得太靠近，身體則瘦得幾近完美。我想她一定擁有世界上最好的個性，是個最能愛護、支持先生的太太，否則的話，為什麼這個英俊小夥子、這個賭起來像〇〇七情報員一樣威風八面的人會愛上她？

我有點搞不清楚了。

隔天雷文和我正好在游泳池邊碰到，我們立刻略過正常的閒話，直接談論我們以什麼維生，賺多少錢，怎麼會變成現在這樣。

實際上，雷文是紐約成衣區著名男裝業者培利艾利斯公司的總裁，但公司不是他的，而是紐約證券交易所上市公司薩倫特公司旗下的企業。因此基本上，雷文是領薪水的員工。他告訴我他的薪水多少時，我差點從躺椅上摔下來——年薪只有一百萬美元，加上根據獲利發放、少到只有幾十萬美元的獎金。在我看來，這筆錢很少；而從他喜歡豪賭來看，這筆錢更是少得可憐。事實上，每次他坐在二十一點的賭檯上時，賭的差不多就是他兩年的薪水！我應該表示嘆服還是輕視？我選擇了嘆服。

但是他暗示說，他在公司裡另有財源，意思是他有額外的補貼，而這種補貼跟在東方生產的襯衫有關。他雖然沒有明說，我立刻就懂得他的意思，他從工廠那邊撈回扣。然而，就算他一年能撈到三、四百萬美元，跟我的收入相比也還只是一點小錢。

離開前，我們交換了電話號碼，承諾回到美國後要見面，從頭到尾都沒有談到毒品。

一周後，我們在新潮的紐約成衣區見面，一起吃中飯。才坐下來五分鐘，雷文就伸手到西裝內袋裡，拿出一個裝滿古柯鹼的塑膠袋，熟練地用艾利斯襯衫衣領支撐夾把古柯鹼送到鼻子前，吸了進去，然後是第二次、第三次。但是他做得非常順暢，非常輕鬆，餐廳裡沒有一個人注意到。

然後他把袋子拿給我，我婉拒了，說：「你瘋了嗎？現在是大白天呢！」他回答說：「閉嘴，照做就是了。」我回答說：「當然，有何不可！」

一分鐘後，我覺得很美妙，四分鐘後，就覺得很痛苦了；我磨著牙，無法控制自己，迫切需要吃一顆煩寧。雷文看在眼裡，便從褲子口袋裡掏出兩顆有褐色斑點的白板，說：「拿去，吃下去，這是私造的，因此裡面有煩寧。」

「現在吃白板？」我不敢相信的問著：「大白天裡？」

「對，」他大聲的說：「有什麼不可以？你不是老闆嗎？誰管得了你？」然後他又掏出幾顆白板，笑著吞了下去，站起來，就在餐廳裡玩起跳躍傑克的遊戲，催化藥效。我也跟著吃了白板，因為他似乎知道自己在幹什麼。

幾分鐘後，一位健壯的男士走進餐廳，吸引了很多人的注意，看起來六十多歲了，很有錢的樣子。雷文對我說：「那個傢伙有五億美元的身價，但是你看他的領帶多難看。」一說完就拿起一把牛排刀，走到那個彪形大漢身邊，抱住他，然後在大庭廣眾之間割斷他的領帶，再解下自己非常高級的領帶，翻起大漢的衣領，把自己的領帶繞到他脖子上，不到五秒鐘就打了一個非常漂亮的雙活結。那位大漢，於是擁抱了他表示感謝。

一小時後，我們兩個都跟妓女搞上了。透過雷文的介紹，我第一次碰到藍籌級應召女郎，雖然當時我嚴重不舉，這位藍籌女郎卻能發揮口腔魔術，讓我像霹靂神探一樣噴發；我給了她五千美元，感謝她的辛勞，她則稱讚我很英俊，還說雖然她是應召女郎，如果我有興趣的話，仍然可以跟她談論婚嫁。

不久之後，雷文走進房間說：「快！穿好衣服，我們要去大西洋城！賭場已經派直升機來接我們了，他們會替我們各買一隻金表。」我說：「我身上只有五千美元。」他回答說：「我跟賭場說了，他們會給你五十萬美元的信用額度。」

我不知道他們為什麼願意給我這麼多信用額度，因為我從來沒有賭過一萬美元以上。但是一小時後，我發現自己在川普城堡大飯店裡玩二十一點，蠻不在乎的一手賭一萬美元。那天晚上結束時，我不但贏了二十五萬美元，還從此迷上了賭博。

我開始和雷文環遊世界各地，有時候也帶著太太一起去。我把他變成我的第一號人頭，他交還給我的幾百萬美元現金，有的是他從艾利斯成衣公司撈來的錢，也有他從賭場贏來的錢。他是一流的賭客，一年裡贏的錢超過二百萬美元。

我跟丹尼絲離婚後、跟娜婷結婚前，大家為我舉行了一場單身派對，這場派對，後來變成雷文一生的轉捩點。派對在拉斯維加斯幻象大飯店舉行，這家飯店剛剛開幕，大家都認為值得一去。有一百位史崔頓人坐飛機過去，身邊陪著五十位應召女郎，以及足以讓整個內華達州都鎮靜下來的毒品。我們從拉斯維加斯的街道上另外找了三十位應召女郎，還有一些女孩要從加州搭飛機過來，我們邀請了五、六位紐約市警局的警察——全都收過史崔頓承銷的新股——同行，一到那裡，很快就跟拉斯維加斯當地的警察搭上線，因此我們也請了其中幾位。

單身派對在星期六晚上舉行，雷文和我先在一樓的同一張二十一點賭檯共賭，身邊圍著一大堆陌生人，還有幾位保鑣；莊家發七手牌，雷文賭五手，我賭另兩手，每副牌都賭一萬美元。我們的賭運很好，而且興奮得像風箏一樣高飛。我吃了五顆白板，吸了至少八球古柯鹼，他也吃了五顆白板，吸了更多更多的古柯鹼，多到可以參加滑雪跳躍。我贏了七十萬美元，他贏了兩百多萬。我咬牙切齒的說：「我粉商手善善賽對。」

雷文當然和我一樣，都很了解吃了白板後的醉言醉語，因此他點點頭，決定和我上樓；我雖然頭昏腦漲，但還知道自己已經賭了一個晚上，因此在籌碼兌換處停了一下，換回大約一百萬美元的現金，放進藍色的幻象背包，掛在肩膀上。雷文的賭癮還沒有滿足，因此他把籌碼留在賭檯上，由武裝警衛看守。

我們上樓後，走過長長的走廊，盡頭處是兩扇非常大的門，門邊各有一位穿制服的警官看守。他們打開門時，裡面正在舉行單身派對，雷文和我走進去後，立刻看呆了：眼前的景象就是所多瑪和蛾摩拉的翻版，離房門最遠處是整片落地大玻璃窗，可以俯瞰拉斯維加斯大道。屋裡到處有人在跳舞和調情，天花板似乎往下壓，地板則似乎往上升；性愛和汗水的味道混雜頂級無子大麻的辛辣味，音樂聲震耳欲聾，似乎激起我內臟的共鳴。五、六位紐約警察照看著場面，確保每一個人都規規矩矩。

屋子後面有一位留著橘色長髮、長得像頭牛頭犬、野獸派粉單級應召女郎坐在吧台凳子上，全身赤裸，到處都是刺青。她的兩腿張得很開，有二十個赤裸的史崔頓人排隊等著上她。

就在那一刻，我突然討厭起我這一生所代表的一切。在這個史崔頓公司命運的新低點，我只能下樓回到我的套房，吃五毫克的占安諾、二十毫克的安比恩、三十毫克的嗎啡，然後點起一支大麻菸大抽特抽，讓自己就這樣熟睡過去，連一個夢都沒有。

醒來時，雷文正在搖我的肩膀；時間還很早，但他不慌不忙地跟我解釋說，我們必須立刻離開拉斯維加斯，因為場面實在搞得太頹廢了。我很高興能夠離開，立刻開始收拾行李，但是打開保險箱時卻發現裡面空無一物。

雷文在客廳裡大吼說：「我昨天晚上必須跟你借一點錢，我小輸了一點。」

實際上，他倒輸了二百萬美元，而且就在一星期後，波路西和我陪他到大西洋城去，讓他可以略為翻本時，他又輸了一百萬美元。隨後的幾年裡，他一直輸……一直輸……最後輸得一乾二淨。到底總共輸了多少錢，大家只能用猜的，不過大部分人都認為，他應該輸了有二千萬到四千萬美元。總之，雷文輸到脫衣解褲、徹底破產。他拖欠稅金、拖欠應該轉給我的回扣，身體也變得一團糟，體重不到一百三十磅、膚色變得跟他私造的、帶有一些褐色的白板一樣，使我非常高興自己只吃醫藥級的白板（我總是在黑暗中盡量尋找一絲光明）。

現在，雷文和我坐在印第安溪流島住處的後院，看著比斯肯灣和邁阿密的天際線。同住的還有戴魯佳和雷文的密友維也納；維也納五十多歲了，頭髮開始脫落，很有錢，也有吸食古柯鹼的毒癮。

坐在泳池邊的是可人的女王、憔悴的艾蓮和維也納的太太姍妮。這裡的下午一點，氣溫已經升到攝氏三十二度，天空沒有一片雲彩。雷文正在嘗試回答我剛剛提出的問題：梅西百貨似乎願意讓我們設立梅登鞋業的連鎖店內店，因此，我們跟梅西的業務應該有什麼目標？

「帥舒爽大梅森是蕭求梅斯開所有四件。」雷文笑著說，他才吞下五顆白板沒多久，還在喝冰冷的海尼根啤酒。

我對戴魯佳說：「我猜他想說的是，我們必須以強勢的姿態和梅西談判，告訴他們我們不能一家、一家的開店內店，而要一個地區、一個地區的開店，目標是在全國所有的梅西百貨公司都有銷售點。」

維也納點點頭。「說的好，喬登，翻譯得很正確。」他用一隻小湯匙從他帶著的瓶子裡挖出古柯鹼，再從左邊的鼻孔吸進去。

雷文看看戴魯佳，點點頭，揚起眉毛，好像是說：「看吧，要了解我不是那麼難嘛。」

這時，他憔悴的猶太裔太太走過來，跟他說：「雷文，給我一顆白板，我的吃完了。」雷文搖頭說不，而且對她豎起中指。

「你真是他媽的王八蛋！」他太太氣得罵他，「等著瞧，看你下次輪到沒有的時候我會怎麼樣——我會叫你去你媽的！」

我看看雷文，他的頭現在晃來晃去，顯然就要脫離昏醉期、進入胡言亂語期了。我說：「哎，雷文，你要我替你弄一些吃的東西，讓你可以安靜一點嗎？」

雷文開心地笑著回答說：「替我弄一個司機級的奇斯堡斯！」

「沒問題！」我說，立刻從椅子上站起來，向廚房走去，準備替他弄一個世界級的起士堡。穿著一件跟風箏線一樣細、天藍色巴西式比基尼的女王，卻在客廳裡攔住我。

她咬牙切齒的罵著說：「我再也不能忍受艾蓮了，連一秒都不能忍受！她的豬腦袋有問題，我不希望她再留在我們家。都已經昏昏沉沉了，還吸古柯鹼，真他媽的讓人受不了！你將近一個月沒有嗑藥了，我不希望你處在這種環境裡，這樣對你不好。」

女王的話我有一半沒有聽進去，我是說，每個字我都聽到了，但是我太忙著看她的乳房——她最近才隆乳到小C罩杯，看起來真是美極了。我說：「小聲一點，甜心；艾蓮沒有那麼差，何況雷文是我最好的朋友，所以別再提起這件事。」說完最後一句話後，我就知道自己錯了。剎那間，女王就全力對我揮出了右勾拳。

但是我一個月沒有嗑藥，反應像貓一樣靈敏，輕易躲過了她的拳頭。我說：「別生氣，娜婷，我清醒時，要打我沒有這麼容易，對吧？」我對她淘氣的笑笑，她也開心的笑了，然後抱著我說：「我以你為榮，你現在就像變了個人似的，連你的背部都變得比較好了，對吧？」

「一點點，」我回答，「比較能忍受了，卻還不夠好。總之，我認為我已經跟白板說再見了，而且我比以前更愛你。」

「我也愛你。」她噘著嘴說：「我生氣，完全是因為雷文和艾蓮很不好。雷文對你的壞影響最糟糕，要是他在這裡逗留太久……嗯，你知道我的意思。」她在我唇上熱情的吻著，小腹跟著緊緊貼上我的小腹。

突然間，我的熱血往下衝，也發現女王的觀點很有道理，我說：「我跟你說，要是週末剩下的時間裡你都肯當我的性奴隸，我就會請雷文和艾蓮去住旅館，同意嗎？」

女王開心的笑起來，摩擦著我的癢處。「你贏了，甜心，你的希望就是我的命令；只要你請他們離開，我就完全聽憑發落。」

十五分鐘後，趁著雷文猛咬起士堡時我打電話給珍妮，請他替雷文和艾蓮在大約三十分鐘車程外的豪華旅館裡訂一間房間。

突然間，滿巴裡塞滿起士堡的雷文從椅子上跳起來，潛進游泳池裡，幾秒鐘後才浮上來換氣，找我單挑潛泳；我們經常這樣做，賭看誰能潛泳最多圈。雷文在海邊長大，是個游泳好手，因此略勝我一籌，但是我心想，以他現在的狀況，我應該可以贏他——我青少年時就當過救生員，因此泳技也不差。

最後我們都各自游了四圈，打成平手。女王走過來，對著剛浮起來的我說：「你們兩個呆子都還不想長大嗎？我不喜歡你們玩這種愚蠢的遊戲，會出事的。」然後她左看右看，加了一句：「雷文哪裡去了？」

我瞇起眼睛看池底，媽的，他在幹什麼？他側躺在池底？哇，糟了！突然間，我好像被大錘子重重的敲了一下，驚覺到出了大麻煩，毫不考慮就潛到池底救他。雷文動也不動，我左手抓到他頭髮後右手就奮力一划，雙腳使出最大的力量一踢、一剪，把他拉離池底，衝向水面。他的身體浮在水裡時幾乎好像沒有重量，一到了水面上，我的右手立刻猛力往右揮，把雷文拉飛出水面、落在池邊的混凝土上。他死了，死了！

「天啊！」娜婷尖叫著，眼淚流下來，「雷文要死了！快救他呀！」

「去叫救護車！」我大聲叫著，「快點！」

我兩隻手指按著他的頸動脈，感覺不到跳動；換到手腕量脈搏，也什麼都感覺不到。我心想，我朋友死了。

這時我聽到淒厲的聲音，是艾蓮在尖叫：「噢，天啊，糟了！請別搶走我丈夫！求求你救他，喬登！救活他呀！你不能讓他死！我不能失去丈夫！我有兩個小孩！噢，不行！現在不行！求求你！」然後開始失控啜泣。

我感覺到大家都圍著我——戴魯佳、維也納、姍妮、葛文和洛克都來了，連保姆都把千樂從小孩池裡抓起來，衝過來看看為什麼我們會亂成一團。娜婷一叫完救護車，馬上就又奔了回來，她的話——救他！救他！——在我耳中迴響。我應該要替雷文施行心肺復甦術，就像很多年前學到的那樣。

我真的想這樣做，但為什麼我不做呢？我心想：雷文乾脆死了不是比較好嗎？他有我的把柄，總有一天，柯爾曼探員會冒出來，票傳他的銀行記錄。這會兒雷文死氣沉沉地躺在我前面，讓我忍不住想到，他要是死了會有多方便，「死人不會說話」這句話開始在我心裡發酵，鼓勵我不要救他，讓我們之間骯髒的交易祕密都隨著他的死亡而消失。

更不用說，這個人一直是我生命中的災星，不但在我停止嗑白板好多年後又讓我重新上癮、害我染上吸食古柯鹼的毒癮，還在人頭遊戲中騙我，等於偷我的錢。而這一切，都是為了滿足他個人的賭癮和毒癮！他還有國稅局的問題，而柯爾曼探員可不是傻瓜，一定會利用這些弱點，尤其是國稅局這部分，拿入獄來威脅雷文，那麼，雷文就會跟他合作對付我。如果我夠理智，就應該讓他就這樣死了算了，皇天在上，死人不會說話……

但為什麼身邊的每個人都在叫著「別停！別停！別停」？突然間我發現，我已經在救他了！我的意識在心裡激辯時，另一股強大的力量已經打進我內心，壓制我的想法。

我的嘴正緊緊壓著他的嘴，把我肺部裡的空氣吐進他的肺部，再抬起頭，有節奏地按壓雷文的胸部；然後我停了一下，看看他。

毫無動靜！真是狗屎！他還是死了！怎麼可能？我做的一切都對！他為什麼還不醒來？

突然間，我記得看過一篇介紹「韓姆立克急救法」的文章。這種方法救過一個溺水的小孩，因此我把雷文的身體翻過去，讓他趴著，然後雙手環抱著他，盡最大力量擠壓他的胸腔。一、二、三——糟糕，我竟然用力到勒斷了他的肋骨，只好把他翻回來，看他是不是開始呼吸——沒有，他還是沒有呼吸。

一切都結束了，他死了。我抬頭看看娜婷，含著淚水說：「我不知道該怎麼做！他就是不醒來！」

然後，我聽到艾蓮發出最尖銳、最淒厲的尖叫：「天啊！我的孩子！天啊！求求你，別停啊，喬登！別停！你一定要救我丈夫！」

雷文全身青紫，眼裡的最後一絲光芒也已消失，但我仍然暗自祈禱，盡可能的深深吸了一口氣，使出肺部所能使出的最大力量，一口氣把空氣噴進他身體，讓他的肚子像氣球一樣漲起來。緊接著，突然間他剛吞下肚的起士堡噴出，吐在我嘴裡，讓我也開始作嘔。

我看著他淺淺的吸了一口氣，才把臉埋進池子裡，洗掉他吐在我嘴裡的東西。回頭再看他時，發現他的臉色已不再那麼青紫，卻不知怎的又停止呼吸。我看著戴魯佳說：「你來接手。」戴魯佳伸手猛搖，已經擺明了說：「我不幹！」然後又退後兩步，更進一步表示他拒絕接手。又噁心又疲累的我，只好轉而向雷文最好的朋友維也納求援，但他的反應跟戴魯佳一樣，因此我別無選擇，只能做我心中所能想像最噁心的事情。我往雷文的臉上潑水時，女王同時行動，清除雷文吐在嘴邊的髒東西。然後我把手伸進雷文的嘴裡，挖出消化了一半的起士堡，壓下他的舌頭、清出空氣可以流通的通道，再一次對他人工呼吸。其他人全都只驚恐地站著，動也不動。

終於，我聽到了救護車的警笛聲。片刻之後輔助醫務員立刻包圍了我和雷文，不到三秒鐘就把管子插進他的喉嚨裡，往他肺部灌進氧氣，再輕巧地把雷文放上擔架，先抬到屋子旁邊的樹蔭下，才為他注射藥物。

我跳進游泳池，洗光雷文吐在我嘴裡的東西，卻仍然控制不了作嘔。女王拿著牙刷和牙膏跑過來，好讓我就在游泳池裡刷牙；我跳出游泳池、走到雷文躺著的擔架旁邊時，已經有五、六個警察和輔助醫務員在場，全都努力想讓恢復正常心跳，卻也都沒有成功。有一位醫療人員手伸過來，對我說：「先生，你是英雄，你救了你朋友的命。」

這時我才想到：對了，我是個英雄！我！華爾街之狼是個英雄！這幾個字多麼好聽！我好想再聽一次，因此我說：「對不起，我沒有聽到你說什麼，可以再說一次嗎？」

那位醫務員對我笑著說：「你是英雄、真正的英雄，沒有多少男人願意做你做的事。你沒有受過訓練，做的事情卻完全正確。幹得好，先生，你是真正的英雄。」

天啊！我心裡想著，真是太棒了。但是我需要聽女王這樣說，他豐滿的私處和嶄新的乳峰現在全都任我予取予求了，至少未來幾天裡是這樣，因為她丈夫我是英雄，沒有一個女人能夠拒絕英雄的性要求。

女王單獨坐在躺椅邊緣，臉上還抹不去震驚。看起來，我得先想出該說的話，才能夠讓她也叫我英雄。我相信，最好的方法應該是以退為進，先稱讚她多麼鎮定，再稱讚她及時叫來救護車，這樣一來，她就會覺得必須回應我的稱讚。

我在她旁邊坐下，伸手抱住她。「謝天謝地，你叫了救護車，娜娜。我是說，每個人都嚇呆了，只有你不同，你好堅強。」我耐心的等著她回答。

她向我靠近一點，難過的笑著說：「我不知道，我想完全是直覺吧，人人都在電影裡看過這種事情，卻從來沒有想過會發生在自己身上，你知道我的意思嗎？」

真是的，她竟然沒有叫我英雄！我想我應該更直接一點才對：「我知道你的意思。雖然你從來沒有想到會發生這種事情，但是事情一旦發生，噢，直覺就會開始掌控一切——我猜，這大概也是我會有那種反應的原因。」喂，女王！接我的話頭，求求你。

她是接了我的話頭，卻沒有往正確的目標前進，因為她只是雙手環抱我說：「我的天！你真是讓人不敢相信！我從來沒有看過這種事。我是說，言語根本不能說明你多厲害！每個人都嚇呆了，你卻……」

天啊！我心想，她不斷的讚美我，卻拒絕說出那個神奇的字眼！

「……你是……我的意思是說……你是英雄，甜心！」她終於說了！「我覺得我從來沒有像現在這麼以你為榮，我先生是英雄！」她賞給我最熱情的親吻。

這時我才了解，為什麼每個小孩都希望當消防隊員；然後，我看到他們把躺在擔架上的雷文抬走。

「好了，娜娜，我們到醫院去，確保我費盡心力救活雷文後，他們不會把事情搞砸。」

二十分鐘後，我們進了西奈山醫院的急診室。初期的預後糟糕透了：雷文受了腦傷，還不知道會不會變成植物人。

在前往醫院的路上，女王就打了電話給葛林大夫，所以現在我跟著他進入加護病房。那裡透露出明顯的死亡味道，有四位醫生和兩位護士在忙著，雷文平躺在檢查檯上。

西奈山醫院不是葛林的醫院，但是他顯然聲名遠播，加護病房裡每一位醫生都知道他是誰。一位穿著白袍的高大醫生說：「葛林大夫，他現在陷入昏迷狀態，不能自主呼吸，腦部功能受到傷害，而且斷了七根肋骨，我們已經替他注射腎上腺素，但是他還沒有反應。」那位醫師對著葛林緩緩搖頭，好像是說：「他好不了了。」

葛林的反應卻怪得可以。他以無比的自信走到雷文身邊，抓著他的肩膀，嘴巴靠著雷文的耳朵旁，用嚴肅的聲音喊著：「雷文！立刻醒來！」不只這樣，還開始猛烈的搖晃他。「我是葛林大夫，雷文，我告訴你別再打混，立刻張開眼睛！你太太在外面等著要見你！」

就這樣，雖然最後那一句艾蓮等著要見他的話，聽來就足以讓大部分男人寧可選擇死掉，雷文還是遵照葛林的命令，睜開了眼睛。片刻之後，他的腦部恢復正常運作，加護病房裡的每一位醫師和護士，全都看得目瞪口呆。

我也一樣。這真是奇人表演的奇蹟，我只能搖頭讚嘆；但緊接著，我的眼角瞄到一個充滿透明液體的大型注射器，標籤上用細小字體印著：嗎啡。真有意思，我心想，他們會替垂死的人注射嗎啡。

突然間，我心底湧起一股強烈的衝動，很想抓起裝著嗎啡的針筒，插在自己臀部上。我不知道為什麼會有這個衝動，畢竟我已經將近一個月沒有碰禁藥了——但是，那似乎一點也阻止不了我。我瞄了一下房間裡的人：每個人都瞪著雷文，還在讚嘆這個驚人的轉折。我悄悄靠近金屬盤，若無其事地抓起針筒，塞進短褲口袋裡。

片刻之後，我覺得口袋裡開始發熱……愈來愈熱……噢，天啊！嗎啡把我的口袋燒出了一個破洞！我需要立刻注射！我對葛林說：「這是我所見過最神奇的事情，葛林，我要到外面去，把這個好消息告訴每一個人。」

我告訴候診室裡的人，說雷文已經奇蹟式的甦醒過來。艾蓮喜極而泣，兩手緊抱著我，我只好把她推開，說我急著上洗手間。好不容易能走開了，女王卻又抓著我的手臂說：「你還好嗎，蜜糖？你看來似乎不太對勁。」

我對她笑笑說：「嗯，我很好，只是要上洗手間。」

轉個彎後，我像世界級的短跑選手一樣疾奔，推開洗手間的門，走進其中一間廁所，鎖好門，然後拿出注射器，拉下短褲，彎下腰，翹起屁股，正要把針插進去時，卻發現事情不妙。

針筒沒有活塞。

這是新型的安全針筒，不先裝活塞就不能注射。拿到一個有針頭卻毫沒辦法注射的嗎啡針筒，讓我沮喪極了；但在看了針筒兩眼之後，我突然靈光一閃！

我拉起短褲，跑到禮品店買了一支棒棒糖，再跑回洗手間，把針頭插進屁股，用棒棒糖的棒子推動注射器，直到每一滴嗎啡都注射進去為止。突然間，我覺得一桶火藥在體內爆炸，震撼了我的每一條神經。

哇，天啊！我心想，我一定插到血管了，因為興奮感剎那間就傳遍了全身，讓我不自禁跪了下來，嘴巴像骨頭一樣乾，內臟好像泡在熱泡沫浴裡，眼睛像火炭一樣，耳朵像自由鐘一樣鳴響，括約肌比鼓皮還緊……，我愛死了這種感覺！

剛才的英雄就這樣坐在廁所地板上，短褲拉到膝蓋下，針筒仍然插在屁股上，但是爽歸爽，我還是很快想到，女王可能會擔心我。

所以，一分鐘後我就已經回到走廊上，向太太身邊走去；突然間，我聽到一位猶太老婦人說：「對不起，先生！」

我轉向她，她緊張的笑著用食指比了一下我的短褲，然後說：「你的股股！看看你的股股！」走在走廊上的我，臀部仍然插著針筒，就像一頭剛剛被鬥牛士刺中的公牛。我笑著感謝這位好心的女性，然後拔出針筒，丟在垃圾桶裡，走回候診室。

女王看到我時笑了起來，但是接著整個房間開始變暗，哎呀，糟糕了！

醒來時，我發現自己坐在候診室的塑膠椅子上，一位穿著綠色手術袍的中年醫師站在我前面，右手拿著嗅鹽。女王站在他旁邊，剛才的笑容已經不見了。醫生說：「你的呼吸很慢，貝爾福先生，你是不是服用了麻醉劑？」

「沒有，」我說，然後對女王擠出無力的笑容。「我猜當英雄壓力很大，對吧，甜心？」然後又昏過去了。

再次醒來時，我已經坐在林肯大轎車後座，向平靜無波的印第安溪流島開去。我馬上就想起來：我忘了吸一點古柯鹼來平衡嗎啡的力道。這一點一直是我的問題，注射嗎啡，卻不注射平衡液是蠢蛋，我暗暗記住，以後絕對不能這樣做；然後我感謝上帝，因為雷文帶了古柯鹼來；我要到他房間去拿，然後從他欠我的二百萬美元中扣掉一些錢。

五分鐘後，客房裡一團亂，像十幾個中央情報局探員搜索了三小時，還是找不到失竊的微縮膠捲一樣，衣服丟了一地，每一種家具都翻倒下來。我就是找不到古柯鹼！媽的！哪裡去了？我不斷地搜索了將近一小時，最後才想到：一定是那個混蛋王八蛋維也納拿走了！他偷走了最好朋友的古柯鹼！

我空虛、孤單的下樓，回到主臥室，痛罵維也納，最後昏昏睡去，一個好夢也沒有。

27 好人不長命

一九九四年六月

說梅登鞋業的辦公室形狀就像個鞋盒，真是再恰當不過了。其實應該說是兩個鞋盒：一個在後面，寬三十呎，長六十呎，裡面有一個小工廠，擺了幾台古董製鞋機，由十幾個說西班牙文的工人操作，他們共用一張綠卡，全都不繳稅。前面的鞋盒大小相同，坐的是公司的職員，大部分都是十幾、二十歲的女孩，每個人的頭髮都染成五顏六色，身體上到處都穿了洞，多到好像是說：「對，我下面和乳頭也穿了洞！」

這些年輕女太空人練習生在辦公室裡時，腳上全都踩著六吋高、打上梅登鞋業商標的麵包鞋，走起來左搖右晃，嘻哈音樂震耳欲聾，空氣裡飄散著印度大麻菸燃燒的氣味，十幾支電話此起彼落的響著，到處都是設計中的新鞋款，幾個穿著傳統服裝的宗教領袖正在進行淨化儀式，說明這一切似乎多少都能夠順利運作，只差沒有真正的巫醫進行巫毒教儀式，不過我敢說，馬上就會有巫醫來了。

總之，在前面這個鞋盒裡有一個更小的鞋盒，寬度只有大約十呎，長度二十呎，就是綽號叫「鞋匠」的梅登的辦公室。從五月中起的四個星期以來，我的辦公室也在這裡。鞋匠和我面對面坐在一張黑色的富美家塑膠辦公桌兩頭，就像這裡的所有東西一樣，桌上也擺滿了鞋子。

這時我心裡正在想，為什麼美國的青少女都瘋狂愛上這些鞋子，我卻覺得這些鞋子很難看？但不管怎麼說，我們都是個以產品為重的公司，所以到處都是鞋子，尤其梅登的辦公室：地板上擺著鞋，天花板吊著鞋，廉價的折疊桌和白色富美家的架子上也都堆著鞋，使得整個景象顯得更醜陋。

梅登背後的窗台上還有更多鞋，堆得非常高，讓我從暗沉沉的窗戶望出去時，幾乎看不到灰濛濛的停車場。不可否認的是，停車場跟皇后區這個灰濛濛的地方、也就是跟伍得賽這個灰濛濛的高地很搭調；我們在曼哈頓的東邊大約兩哩的地方，對於我這種「多少」有點高級品味的人來說，這裡適合多了。

不過，鈔票就是鈔票，因為某些我無法理解的原因，這家小公司馬上就要賺進很多鈔票。這裡也是珍妮和我在可預見的將來停留的地方，她就在走廊那邊的專屬辦公室裡，身邊當然也是圍滿了鞋子。

現在是星期一早上，「鞋匠」和我坐在擺滿鞋子的辦公室裡喝咖啡；陪伴我們的，是今天才成為新營運長的戴魯佳。他沒有取代什麼人，因為到昨天為止，公司都是靠著自動導航在營運。貝席爾也在辦公室裡，他在公司裡擔任生產經理很久了，也兼任公司的業務經理。

我心想，真是相當諷刺：光從我們的服裝來看，你根本想不到我們正在創造世界最大的女鞋公司。我們都穿得很糟糕，我像個高爾夫好手，梅登像個流浪漢，戴魯佳像個保守的商人。貝席爾已經三十五、六歲了，長得胖嘟嘟的，鼻子像球根一樣，頭已經禿了，臉孔厚肥多肉，卻穿得像個送披薩餅的男孩，下身是退色的藍色牛仔褲，上身是寬鬆的T恤。但我非常崇拜他，因為他是真正的人才，雖然是個天主教徒，卻有著真正清教徒——管他是什麼意思——的工作紀律，而且是真正能夠看出大方向的人。

但是，他噴口水的功夫也是世界一流。我的意思是，當他激動起來或只是急著想說明什麼事情時，你都最好穿著雨衣，要不就得坐在他嘴巴方向至少三十度外。他的口水通常伴隨著誇大的手勢，也大部分都跟鞋匠是個膽小鬼、不肯對工廠下更大的訂單有關。

現在他正在談這件事：「我說，梅登，如果你不肯讓我下這些鞋子的訂單，我們怎麼壯大這家公司？對吧，喬登，你知道我說的是什麼！如果我沒有產品可以交貨，」——狗屎！口水大王的「沒有」是他最可怕的聲音，他剛剛把口水噴到我的頭上！——「我們的業務怎麼爆發得起來，怎麼跟百貨公司建立關係？」口水大王停頓了一下，用懷疑的眼神看著我，不知道我為什麼要像在聞自己的手掌那樣，把頭埋在雙手裡。

我從椅子上站起來，走到梅登後面，希望躲開口水攻擊，然後說：「事實上，我覺得你們兩個都有理。鞋業跟證券經紀業沒什麼不一樣：梅登希望保守為上，不要積留太多存貨；你希望加強行動，奮力一搏，這樣才有更多產品可以賣。我懂你的意思，答案是——你們兩個誰對誰不對，要看鞋子賣不賣得掉。如果鞋子大賣，你就是天才，我們會賺非常多錢；但是如果你錯了，鞋子賣不掉，我們就慘了，會抱著一大堆沒有價值、賣不出去的廢物。」

「這樣說不對，」口水大王說：「如果情況不妙，我們還可以把鞋子拋售到馬歇爾商店或梅斯商店，或是賣給其他清倉大拍賣的連鎖店。」

梅登轉動椅子，回頭對我說：「貝席爾沒有告訴你全貌。沒錯，我們是可以把庫存的鞋子都賣給馬歇爾和梅斯之類的清倉大拍賣連鎖店，但是這樣一來，就會毀掉我們跟百貨公司和精品店的業務了。」然後，梅登直直的看著口水大王的眼睛說：「貝席爾，我們必須保護我們的品牌，你就是不懂這件事。」

口水大王說：「我當然懂，但是我們也必須壯大品牌，而如果我們的顧客到百貨公司時都找不到我們的鞋子，我們就壯大不了品牌。」口水大王輕蔑的瞇起眼睛，瞪著鞋匠說：「如果我聽你的，我們就會永遠都在做小生意，永遠都是膽小鬼，如此而已。」接下來他轉身面對著我，因此，我得小心躲避。「我告訴你，喬登；」——他的口水沒有噴到我，差了十度——「我要感謝老天讓你來這裡，因為這傢伙的膽子實在太小。我對老是要這樣瞻前顧後已經厭煩透了，我們有全國最熱門的鞋子，卻因為這個傢伙不肯讓我大量生產，害我不能接更多訂單。我告訴你，這件事是超級希臘大悲劇，只有比較大，不會比較小。」

梅登說：「貝席爾，你知道有多少家公司照你的方式經營，最後倒閉了嗎？我們寧可謹慎一點，等到我們有更多公司自有的鞋店後，萬一有問題，就可以在自己的店裡降價而不會傷害品牌；其他的方法，都不可能說服得了我。」

一聽老闆這麼說，口水大王不高興的坐了下來。我得承認我對梅登的表現刮目相看，而且不只是今天，而是過去四星期來都這樣。不錯，梅登也是披著羊皮的狼，雖然外表不怎麼樣，卻是天生的領袖，擁有所有的天分，尤其是有能力激發員工的向心力。事實上，梅登鞋業就像史崔頓公司，每個人都以身為這個教派的一份子為榮。梅登的最大問題就是他拒絕授權，因此才會博得鞋匠的綽號；他身上有一部分仍然是個老式的小鞋匠，是他最大的優點，也是他最大的缺點。公司現在一年只做五百萬美元的生意，因此他還可以應付，但是情形馬上就會改變：只不過是一年前，公司還只做一百萬美元的生意，但現在我們希望，明年就可以做到二千萬美元。

這是過去四星期我特別注意的地方，聘請戴魯佳只是第一步。我的目標是公司即使沒有我們當中的任何一位也能獨力運作，因此梅登和我必須建立第一流的設計小組和營運團隊；但是，在太短的時間裡做太多事情一定是自尋死路。此外，我們也必須盡快控制亂得可以的營運狀況。

我轉頭對戴魯佳說：「我知道今天是你第一天上班，但是我很想聽聽你的看法。不論你是否同意梅登的說法，都請你老實的告訴我。」

一聽我這麼說，口水大師和鞋匠都轉頭望向我們公司的新營運長。他說：「噢，我覺得你們都很有道理。」——啊，說得真好、好棒的外交辭令——「但是我比較傾向從營運觀點來看這件事。事實上，我要說的是，這個問題和毛利率比較有關——當然不包括降價——也跟我們計畫中一年的存貨周轉率有關。」戴魯佳點點頭，似乎很滿意自己的睿智。「就我們打算怎麼出貨、出貨到哪裡來說，大量增產和出貨模式之間——也可以說我們期望有多少銷貨中心和分店——有很多複雜的問題。我當然必須先深入分析我們真正的銷貨成本，包括不應該忽略的稅負和運費，而我也打算立刻進行，然後做出詳細的報表，讓大家在下次董事會中評估——下次董事會應該是在……」

噢，天啊！他在唬弄我們！我向來最不能忍受負責營運的人和他們最愛說的這種廢話，他們老是要求細節！細節！我看看梅登，他比我還不能忍受這種事情，所以現在的他看起來顯然很洩氣，下巴埋在肩膀裡，嘴巴張得老大。

唬弄大師繼續說：「這點最能代表我們選擇、包裝與出貨作業效率的函數，其中的關鍵是——」

口水大師卻在這時站起來，打斷唬弄大師的話，劈頭就說：「你在說什麼鬼話？我只是想多賣幾雙鞋子！根本一點都不在乎你怎麼把鞋子送到店裡！如果我能夠用十二美元生產鞋子、再用三十美元賣出去，我也不需要什麼鬼報表才知道我會賺大錢！」口水大師往前跨了兩大步，向我走過來，我從眼角看到梅登正在暗笑。

口水大師邊走邊說：「喬登，你得做個決定，梅登只聽你的話。」他停了一下，擦掉圓滾滾下巴上的口水。「我希望替你壯大這家公司，但是我的雙手卻綁在我背——」

「好！」我打斷口水大師的話，轉頭對唬弄大師說：「去找珍妮，要她幫我接通雷文，他現在還在安普頓海濱那裡。」然後我轉頭對梅登說：「在我們做出決定前，我希望雷文評估一下情勢。我相信，要是有誰知道真正的答案，那個人一定是雷文。」此外，我心想，在等珍妮接通他的時候，我會有機會再度敘述我的英雄事蹟。

唉，根本沒有機會，不但唬弄大師二十秒內就回來，片刻之後電話聲也響了。「喂，兄弟，你好嗎？」雷文的聲音從免持聽筒的擴音器裡傳出來。

「我很好，不過，更重要的是，你還好嗎？你的肋骨感覺如何？」

「正在復原，」雷文回答說，他已經將近六星期沒有碰毒品了，是他個人的世界紀錄。「我希望幾星期內可以回去上班——有什麼事情嗎？」

我很快的說明細節，刻意沒有告訴他我們各有什麼意見，以免影響他的決定。諷刺的是，我的顧慮根本是多餘的，我的話都還沒有說完，他就已經知道了，還頭腦清楚的說：「事實上，把品牌商品賣到折扣連鎖店沒有那麼糟糕，每一個大廠牌都得透過折扣連鎖店消化賣不掉的存貨，一定的。走進梅斯或馬歇爾商店時，你會看到一堆名牌，包括洛夫羅蘭、凱文克萊、唐納卡文、培利艾利斯。沒有折扣連鎖店你們就不能生存——除非你們有自己的暢貨通路，但這對你們來說還言之過早。不過，你們跟折扣連鎖店打交道時一定要小心，必須分很多次、在很短的時間裡賣給他們，因為如果百貨公司知道你們一直這樣做，你們就會有麻煩了。」

「總之，」復原中的成衣大師又說：「貝席爾的看法大致都對，除非你有產品可以大賣，否則不可能茁壯，也除非百貨公司知道你交得出貨來，否則絕對不會看重你。你們這些傢伙現在雖然很紅，但如果買主不相信你們交得出鞋子，就不會想幫你們賣鞋，目前外面的傳言是你們交不出鞋子，所以你們一定得針對這個問題快速行動。我知道這是你們僱用戴魯佳的原因之一，沒錯，這的確向正確的方向踏進了一步。」

我看看戴魯佳，想知道他有沒有笑，但是他沒有，臉孔像石頭一樣僵硬。這些搞營運的人真是怪人，像「穩定的艾迪」一樣，一年到頭都只想打一壘安打，從來不敢奮力一搏。光是想到我有可能變成這樣的人，就足以讓我想自殺。

雷文繼續說：「但是，就算你們的營運上了軌道，貝席爾仍然只對了一半。梅登的大方向，還是保護品牌。別開自己的玩笑了，各位，到了最後，品牌就是一切，如果你們搞砸了，你們就玩完了。我可以告訴你們十幾個原本紅極一時，卻因為賣東西到折扣連鎖店而搞砸的品牌的例子，連現在到跳蚤市場去時，你們都看得到他們的商標。」雷文停頓了一下，讓我們消化他的話。

我望向梅登時，他已經縮進了椅子裡，光是想到自己的名字變成跳蚤的同義字，幾乎就使他威風盡失。口水大師則身體往前傾，好像打算跳進電話線裡勒死雷文。然後我看看戴魯佳，他仍然面無表情。

雷文繼續說：「你們最後的目標，應該是把梅登的名字授權別人使用，從此坐收權利金。最先授權的東西應該是皮帶和手提包，然後是運動裝、牛仔裝和太陽眼鏡，再擴充到所有可能的商品——最後一站應該是香水，那時你們就真正的脫穎而出了。如果一切照貝席爾的方式去做，你們絕對到不了這種程度。貝席爾，我無意冒犯，但是情形就是這樣，你是根據你們今天火紅的情況思考，不過最後你們會冷卻下來，在你最預料不到的時候，有些東西會開始賣不動，最後會留下一堆樣子很醜、沒有人會在露營車的停車場以外穿的鞋子。到了那時，你就會被迫採取不好的行動，把鞋子丟到不該丟的地方。」

這時梅登插嘴說：「雷文，我就是這樣想的，如果照貝席爾的話去做，我們最後會留下滿坑滿谷的鞋子，銀行裡卻沒有錢，我可不想變成下一個山姆利比鞋子。」

雷文哈哈大笑說：「事情沒有那麼複雜。沒錯，我對你們這一行一無所知，但是我敢打賭，你們的大部分銷售量只來自少數幾種鞋款，很可能是三、四款，而且其他鞋子不是樣子很奇怪，就是跟高九吋、有著金屬鞋跟和拉鏈的鞋款。這些鞋款是你們創造神祕感所用的鞋子，展現你們年輕、流行和其他的鬼話，但實際上，你們很可能根本賣不動這種工廠特製的鞋子，大概只能賣給格林威治村和你們辦公室裡的一些怪人。你們其實是靠基本鞋款、靠瑪麗露和瑪麗蓮之類的正常鞋款賺錢，對吧？」

我看看梅登和口水大師，兩個人都側著頭，緊閉著嘴唇，眼睛睜得很大。經過幾秒的沉默後，雷文說：「你們沒有回答，我就當成是這樣咯？」

梅登說：「你說的對，雷文，那種怪鞋子我們賣得不多，不過我們卻靠那些鞋子成名。」

「事情本來就應該是這樣，」六星期前不胡言亂語就不能把兩個字連在一起的雷文說：「這一點，跟你們在米蘭伸展台上看到的狂野高級時裝沒有不同，那種垃圾其實沒有人買，卻創造了品牌形象。因此答案是只努力推展保守的鞋款，而且只推最流行的顏色。你知道，我說的是你一定會大量生產、一季又一季都大賣的鞋款。無論如何都不可以投太多錢在稀奇古怪的鞋子上，即使你們個人喜歡這種鞋子，即使你們測試市場時得到良好的反應，也都不要強推。對於還沒有證明會賺錢的鞋子，永遠都要謹慎為上，而如果有什麼鞋子真的大賣，你們卻沒有存貨，也只會讓這種鞋子更熱，因為你們就在墨西哥生產，緊急追加訂單仍然可以打敗對手。」

「萬一碰到你們奮力一搏卻賭錯的時候，就把鞋子倒給折扣零售店，立刻認賠；在這一行裡，最初的認賠是損失最少的認賠，因為你們最不希望的，就是倉庫裡滿坑滿谷都是賣不掉的存貨。你們也要開始跟百貨公司結成夥伴，讓他們知道你們堅定支持自己的鞋子，如果鞋子不好賣，你會讓他們降價，把你們的鞋子拿來大拍賣以維持他們的利潤。如果你肯這樣做，你就會發現百貨公司很願意替你們清除垃圾。」

「另一方面，你們應該儘快推出梅登鞋店，你們自己就是生產商，因此你們可以得到批發和零售的利潤，還可以在自己的店裡舉行大拍賣；這種方法最適合用來消化賣不出去的庫存，也不會冒著搞砸品牌的風險，這就是答案。」雷文說：「你們就要一飛沖天了，只要遵照這種計畫，你們就不可能輸掉。」

辦公室裡的每個人，現在都在點頭。

為什麼不點頭？誰能反駁這種道理？我心想，真是可惜，像雷文這麼精明的人，居然會把生命浪費在毒品上。說真的，沒有什麼事情比人才的浪費掉更讓人難過，對吧？噢，雷文現在很清醒，但是我毫不懷疑，只要他的肋骨痊癒、回到工作上，他的毒癮就會再度迅速歸位，雷文這種人就是有這種問題：拒絕承認毒品已經控制他了。

就算沒有雷文，也還有五個人讓我操心個沒完：我仍然還在打壓維特，仍然必須處理在史崔頓亂搞的波路西，仍然有柯明斯基的問題——一天裡有半天都在跟瑞士的索海爾講電話，還有特別探員柯爾曼拿著傳票追我。因此，關切雷文是否清醒其實是浪費我自己的時間。

吃中飯時，我有一些迫切的問題要跟梅登討論，然後我得立刻搭上直昇機，到漢普頓海濱看我太太和女兒。在這種情況下，我得說服自己，在離吃中飯還有三十分鐘的現在，我只能吃一點點白板，比如二百五十毫克左右，也就是一顆，既能同時享受適度的興奮和義大利麵，同時也能避免引起鞋匠梅登的懷疑——他不碰毒品已經將近五年了，真是掃興。

然後我要在坐上直昇機駕駛座前吸一點古柯鹼，畢竟在白板藥效消退、古柯鹼引發的妄想逐漸消失時，我開起飛機來最厲害。

只嗑一顆白板後就吃中飯！在皇后區可樂娜中心地帶吃飯時，總是會聽到常見的喧鬧聲。這裡就像過去義大利後裔聚居的大部分地區，仍然有一塊由黑手黨盤踞的地盤，而在每一塊地盤上，總是有一家由當地「最受尊敬的人」擁有的義大利式餐廳，餐廳裡也一定有幾哩方圓內最好吃的義大利菜。哈林區的這家餐廳叫做「拉奧」，可樂娜的叫「公園小館」。

公園小館跟拉奧餐廳很不一樣，地方很大，客人川流不息，餐廳用了非常多去了樹瘤的胡桃木、霧面鏡子雕刻玻璃、開花植物和修剪得十分完美的蕨類植物，裝潢得很漂亮，吧台熱鬧極了，食物也好吃得要死。

公園小館的老闆是真正值得尊敬的費得里奇，他會以某些事蹟聞名一點也不讓人訝異，但是在我看來，他只不過是紐約四、五個區裡最好的餐廳老闆。你通常會看到他圍著大廚的圍裙在餐廳裡走來走去，一手拿著一罐自釀的吉安立酒，另一手端著一盤烤辣椒。

鞋匠和我坐在非常漂亮的花園區裡一張檯子上，正在討論要不要用他取代雷文，當我的主要人頭。

「基本上，我對這件事情沒有意見，」我對貪心的鞋匠說，他現在已經沉迷在人頭遊戲中，「但是我擔心兩件事：第一是你怎麼把這麼多現金還給我，卻不留下文件痕跡？你要知道，鞋匠，回扣的錢非常多；第二是你已經是門羅公園公司的人頭，我不希望踩在他們腳上。」我搖了搖頭表示這有多重要。「人頭是很私密的事情，因此，我首先必須得到李普斯基和布萊安的允許。」

鞋匠點點頭說：「我懂你的意思。把現金退還給你不是問題，我可以利用我們的梅登公司股票退錢，每次我賣掉替你持有的股票時，我就加碼多付錢給你。帳面上我還欠你四百多萬美元，因此我可以合法的還你錢，到最後，數字會變得極為龐大，沒有人能夠再查得下去，對吧？」

他的想法不錯，我心想，尤其是如果我們簽訂了某種顧問合約，讓我幫忙他經營梅登鞋業，他每年都得付錢給我就完全沒有問題。但事實卻是，梅登已經是我的人頭，名下有我一百五十萬股的梅登鞋業，這件事引發了一個更令人困擾的問題——他幾乎沒有自己公司的股票。這種情形現在就必須調整，以免將來他知道我賺幾千萬美元，他卻只賺幾百萬美元時，造成問題，因此我笑著說：「人頭的問題我們會想出辦法。利用梅登股票是不錯的構想，至少開始時是這樣，但是這樣形成了一個更重要的問題，就是你沒有多少公司的股權。我們必須讓你拿到更多股權才能真正開始辦事——你只有三十萬股對吧？」

梅登點點頭，「還有幾千股認股權，就這樣而已。」

「好，身為你的合夥人，我強烈建議你用市價的一半發給自己一百萬股認股權，這樣做很合理，尤其是你和我要平分這筆認股權，還會讓事情看起來更合理。只要把股票放在你名下，那斯達克協會就不會找麻煩；到了該賣的時候，你再把錢和其他一切都退給我。」

製鞋大師笑著伸出手來，「我不知道該怎麼謝謝你，我雖然從來沒有提起，但這件事的確一直讓我相當困擾。不過我知道，到時候我們一定會解決問題。」然後他從椅子上站起來，我也一樣，我們交換了黑手黨式的擁抱，在這家餐廳裡，這麼做根本不會有半個客人在乎。

我們都重新落座後，梅登說：「我們為什麼不改成一百五十萬股？每個人七十五萬股？」

「不好，」我說話時，十隻手指都起了一種愉快的麻癢感，「我不喜歡奇數，奇數代表噩運，要不乾脆改成兩百萬股，這樣會比較好記，一個人一百萬股認股權。」

「成交！」鞋匠同意說：「因為你是公司最大的股東，所以我們應該可以省下開董事會的麻煩，一切都完全合法，對吧？」

「噢，」我裝模作樣的摸了摸下巴，「身為你的合夥人，我強烈建議你，只有在最不利的情況下才使用『合法』這個字眼，但既然你都已經這麼說了，我不得不舉雙手贊成這筆交易。此外，這本來就是我們該做的事情，因此也不用想太多，就把這樣做當成公平合理的事情吧。」

「我同意，」鞋匠高興的說：「這是我們不能控制的事情，因為其中有些奇怪的力量在發揮作用；這個力量，遠遠勝過謙卑的鞋匠或不太謙卑的華爾街之狼。」

「鞋匠，我喜歡你這種思考方式。你回辦公室後就打電話給律師，告訴他們倒填上次董事會會議記錄的日期，如果他們為難你，叫他們打電話給我。」

「沒問題，」股權剛剛增加四倍的鞋匠說，刻意降低音量，語調也變得像個同謀。「如果你不願意，甚至不必把這件事情告訴波路西。」他奸笑著說：「如果他問我，我會告訴他這些認股權都是我的。」

天啊！這個傢伙真是背後傷人的王八蛋！他怎麼可能會認為，這樣會讓我更尊敬他？但是我沒有說出自己的想法，卻說：「老實說，我並不滿意他現在的經營方式；談到存貨時，他就像口水大師一樣。我離開史崔頓時，公司放空了幾百萬美元的股票，現在卻幾乎都被軋平了，真是糟糕。」我難過的搖搖頭說：「不過，史崔頓現在賺的錢卻比任何時候都多，你做多時，就會出現這種情形，但是波路西卻還身陷危險。」我聳聳肩又說：「雖然我不想再擔心這種事，卻也不能跟他切斷關係。」

梅登聳聳肩說：「別誤會我的話，」——噢，真的嗎？我應該怎麼想？你這個背後傷人的王八蛋！——「但是今後五年裡，只有你和我能合力壯大這家公司。布萊安和李普斯基、羅文斯坦和布朗森也都不太喜歡波路西，至少我聽到的謠言是這樣說。你終究得讓這些人各自走自己的路，他們是對你忠心耿耿，卻也都希望擺脫波路西，承做自己的案子。」

穿著白色大廚服裝、手裡提著吉安立酒的費得里奇就在這時向我們走來，因此我站起來招呼他。「嗨，老費，你好嗎？」心裡想說的其實是：「最近有殺人嗎？」

我比著梅登說：「老費，跟你介紹我一位很好的朋友：這位是梅登，我們是伍得賽一家鞋業公司的合夥人。」

梅登立刻站起來，開心的笑著說：「嗨，厲害的老費！我聽過你！我是說，我雖然是在長島那邊長大的，但是連那裡的每一個人都聽過厲害的老費！很高興認識你！」說著梅登向這位新認識的朋友「厲害的老費」伸出手，但看起來，老費卻很討厭這個綽號。

我心想，噢，人有很多種死法，這是其中一種。或許老費會仁慈一點，不割下梅登的卵蛋，讓他的卵蛋有幸跟著身體一起下葬。

我看著鞋匠瘦削、蒼白的手懸在空中，等待對方伸出手來握，對方卻根本不伸手。然後我看看老費的臉色，他是在微笑沒錯，但是笑容卻像有虐待狂的典獄長問死囚「你最後一餐要吃什麼？」時一樣。

老費終於懶洋洋的伸出手來，平平淡淡的說：「嗯，很高興認識你，」深褐色的眼珠子好像同時射出兩道死光。

「我也很高興認識你，厲害的老費，」進一步向死亡走近的鞋匠說：「我只聽過大家對這家餐廳讚不絕口，很想能常來這裡。如果我打電話來訂位，可以告訴接電話的人說我是厲害老費的朋友嗎？」

「當然可以！」我緊張的笑著說：「不過，我想我們最好回頭談正事，梅登。」然後我轉頭對老費說：「謝謝你來打招呼，看到你總是很高興。」我轉著眼珠子，搖搖頭，就好像我其實是說：「別介意我朋友，他有妥瑞症候群。」

老費的鼻子抽動了兩下就走開了，很可能是要到街上的聚會所，一面喝濃縮咖啡一面下令處死梅登。我坐下來，嚴肅的搖著頭說：「你他媽的有什麼問題，鞋匠？沒有人叫他厲害的老費！根本沒有人！我是說，你死定了。」

「你到底在說什麼？」毫無頭緒的鞋匠回答說：「那個傢伙喜歡我，不是嗎？」然後他把頭轉向一邊，緊張的又問：「難道我剛才有很離譜嗎？」

這時長得像一座山的餐廳領班艾弗瑞多走了過來，微笑著對我說：「你的電話。你可以到吧台前面聽，那裡沒有人，很安靜。」

哎呀！他們要我為我朋友的行為負責！這是黑手黨的大事，像我這樣的猶太人不可能完全了解其中的細節。既然帶鞋匠來這家餐廳的是我，就等於是他的保人，現在則要為他的失禮承擔後果。我笑著謝謝艾弗瑞多，然後離開桌子，向吧台的方向——也可以說是向肉類冷凍庫——走去。

我拿起電話，停了一下，看看四周，才懷疑的說：「哈囉？」我認為自己不會聽到回答，只會聽到撥號聲，然後感覺到繩索纏繞在脖子上。

「嗨，是我，」珍妮說：「你的聲音怪怪的，有什麼問題嗎？」

「沒事，珍妮，有什麼事嗎？」我的聲調比平常簡單扼要，或許白板的藥效開始退了。

「抱歉他媽的打擾你了！」敏感的珍妮說。

我嘆了一口氣：「你有什麼事，珍妮？我剛才在這裡很不好過。」

「維特打電話來，說他有急事找你，我告訴他你出去吃中飯了，但是他說他要在電話上等到你回來，如果你想聽我的看法，我認為他是笨蛋。」

誰在乎你他媽的的看法，珍妮！「噢，把他接過來，」我說，對著酒吧裡煙灰色鏡子上自己的影子笑著；我看來根本沒有昏醉，或許也真的沒有昏醉。我把手伸進手袋裡，拿出一顆西班牙白板，仔細的看了一看，然後乾吞下去。

我等著聽邪惡老中驚慌失措的聲音。我拚命放空他將近一星期，讓杜克證券幾乎就要被股票淹沒。沒錯，我把股票拚命倒在維特身上，現在他找我求助，我十分願意幫助他……用某種方式幫忙。

邪惡老中的聲音終於傳了過來，先熱情的跟我打招呼，才開始說明他擁有這家公司的股票數目，已經比實際發行的股數還多。事實上，整個公開發行的股票只有一百五十萬股，他現在卻抱了一百六十萬股。

「而且股票還不斷的倒進來，」長得像貓熊的維特說：「我根本不懂為什麼會這樣，我知道波路西在搞我，但是他現在不可能還有股票呀！」這個老中聽起來困惑極了。他當然不知道我在貝爾斯登公司有一個特別帳戶，讓我不管是否擁有股票、能不能夠借到券，都可以隨心所欲的賣股票。這是一種叫做「一級券商帳戶」的特別帳戶，讓我可以在世界上的任何一家券商進行交易，也讓這個老中根本不可能想得到是誰在倒貨。

「安啦，」我說：「如果你有資金問題，維特，我會支持你，百分之百的支持。如果你需要賣給我三、四十萬股，開口就是。」到目前為止，我大約就放空了這麼多股，但是我放空的價格高多了，因此如果維特笨到把股票賣給我，我就會先賺進巨額的利潤，然後一轉身就再空下去。等我操作結束後，這檔股票會變成雞蛋水餃股，讓這個死老中到華埠去趕餛飩。

「好，」貓熊老中說：「這樣真的會幫上大忙，我的資金已經很緊，股票卻跌到低於五美元，不能再讓它跌下去了。」

「沒問題，維特，你只要打電話給梅爾森公司的柯克，他就會以巨額交易的方式，一次跟你買五萬股。」

維特謝謝我，掛了電話，我立刻打給柯克，他太太菲利絲是主持我婚禮的牧師。我對柯克說：「那個死老中每隔幾小時就會打電話給你，要你用巨額交易的方式，把你知道的東西賣給你五萬股。」——先前我已經把我的計畫告訴柯克，所以他很清楚我正在對維特發動祕密戰爭——「因此，在你實際跟他買進前，現在就先去放空五萬股，然後每隔九十分鐘左右就再放空五萬股，要利用無名帳戶賣出，這樣維特才不會知道賣壓從何而來。」

「沒問題，」梅爾森公司的首席交易員柯克回答。我剛剛在初次公開發行中，替他的公司籌集了一千萬美元的資金，因此我對他有無限制的交易授權。「還有別的事嗎？」

「沒有，就這樣了，」我回答說：「記得要分小筆賣出，一筆五千股或一萬股，我希望他認為賣壓來自一般空頭。」忽然間，我靈光一閃，又說：「事實上，請你隨心所欲的為自己的帳戶儘量放空，因為這檔股票會跌倒一文不值！」

我掛斷電話後，便下樓到洗手間吸了一些古柯鹼。毫無疑問的，在我完成對維特精彩絕倫的表演後，值得吸一點古柯鹼。我對杜克證券的楣運絲毫沒有一點罪惡感，過去幾個月來，維特的行為已充分顯示，他的確是個名不虛傳的邪惡老中：一直偷偷挖走史崔頓的營業員，說法是這些人不想繼續在長島工作，還一直把手中由史崔頓承銷的新股全部倒回來——當然撇清得一乾二淨。此外，他還公開批評波路西，說他是「經常出錯的小丑」，沒有能力經營史崔頓公司。

因此這就是他的報應。

我花不到一分鐘的時間，就進了浴室再出來，把四分之一公克的古柯鹼分成四大份，全部吸進身體裡。回到樓梯時，我的心跳比兔子還快，血壓比中風病人還高；我太喜歡這種感覺了：腦海飛快的轉著念頭，一切都在我的控制下。

到了樓梯頂端時，我發現自己面對著巨人艾弗瑞多像飛船一樣寬的胸膛，「你有另一個電話。」

「真的嗎？」說完後，我趕緊合起嚇得目瞪口呆的嘴巴。

「我想是你太太打來的。」

天啊！是女王！她為什麼要打電話來？我胡作非為時，她似乎總是知道！但也因為我總是在胡作非為，依據平均數法則，她應該也會在不該打電話來的時候打來。

我垂著頭，走到酒吧，拿起電話，我覺得真應該嚇唬她一下，就隨意的說：「哈囉？」

「嗨，親愛的，你還好嗎？」

我還好嗎？這麼尖銳的問題！我的女王真是詭詐。「很好，我很好，我正在跟梅登吃中飯，有什麼事？」

女王深深的嘆了一口氣，然後說：「我有壞消息：派翠西亞阿姨剛剛過世了。」

28 逝者不朽

派翠西亞阿姨過世五天後，我重回瑞士，坐在偽造大師鑲木地板的客廳裡。那裡很舒服，在日內瓦郊外的瑞士鄉間，車程大約二十分鐘。我們剛剛吃完星期天的晚餐，偽造大師的太太——我認為應該稱她偽造大師夫人——剛剛才在桌沿切成斜角的玻璃咖啡桌上，擺滿各式各樣會讓人發胖的甜點，看來好吃極了，包括瑞士巧克力、法式點心、精美的布丁和帶著臭味的起司。

兩個小時前我就到了，希望立刻談正事，但是偽造大師和他太太堅持要用足以嗆死一堆瑞士高山狗狗的美味招待我。偽造大師坐在我對面，斜斜靠在椅背可以往後仰的皮椅上，他們穿著灰色吸汗的夫妻裝，在我看來就像兩艘固特異廣告飛船，但是他們是非常好的主人，也很好心。

派翠西亞心臟病發過世後，法蘭克斯和我只講過一通短短的電話。這一回我特地用黃金海岸騎術俱樂部的公用電話打給他，而不是到似乎遭到詛咒的布魯克維爾鄉村俱樂部。他告訴我不必擔心，他會處理一切，卻拒絕在電話裡詳細說明。鑒於交易的性質，我可以理解他這種做法。

所以我昨晚就飛到瑞士，希望跟他面對面坐下來，討論問題的癥結。

然而，這次我變得比較精明了。

我沒有冒著摸空中小姐而遭到逮捕的危險去搭民航班機，而是灣流三形私人豪華客機。波路西也一起飛去，目前就在旅館裡等我，這也表示，他有九成的可能正在同時跟四個瑞士應召女郎胡搞。

我卻坐在這裡，臉上帶著微笑，心裡很煩惱，看著法蘭克斯和他太太大吃特吃桌上的甜點。

最後我忍不住了，非常客氣的說：「呃，非常感謝你們的款待，但不幸的是，我必須趕搭飛機回美國，因此，法蘭克斯，如果方便的話，我們可不可以現在就開始談正事？」我揚起眉毛，掛上不好意思的笑容。

偽造大師倒笑得很開心：「當然可以，朋友。」然後轉頭對他太太說：「你為什麼不去準備晚餐，親愛的？」

晚餐？我心想，天啊！

她熱切地點頭離開時，法蘭克斯伸手到咖啡桌上，又抓了兩塊淋了巧克力的草莓蛋糕。如果我沒有記錯，這是他第二十一塊和二十二塊。

我深深的吸了一口氣說：「派翠西亞死後，法蘭克斯，我最關心的是怎麼把錢從聯合私人銀行帳戶裡轉出來，然後我應該用什麼名義繼續進行？噢，能夠利用派翠西亞的名字，是我覺得安心的原因之一，我真的信任她也敬愛她，誰會想到她這麼快就過世？」我搖搖頭，深深的嘆了一口氣。

偽造大師聳聳肩說：「派翠西亞過世當然讓人難過，但是你不必擔心，她名下的錢已經移到另外兩家銀行；兩家銀行都沒有看過派翠西亞，但所有必要的文件都已經弄好，上面都有派翠西亞原始的——或者說一定可以通過考驗的——簽名。文件已經倒填到適當的日期，當然也就是在她死前。你的鈔票很安全，朋友，一切都沒有變化。」

「但是錢在誰的名下？」

「當然是在派翠西亞名下，什麼人頭都沒有死人好。因為兩家新銀行都沒有人看過派翠西亞，所以那些錢等於是在你的無記名公司帳戶裡，你持有這些帳戶所有人的證明。」偽造大師聳聳肩，好像是說：「在偽造大師的天地裡，這些事情都沒有什麼大不了。」然後才又說：「我把錢從聯合銀行搬出來，唯一的原因是索海爾在那裡已經失寵，我想安全總是比後悔好。」

好厲害的偽造大師！高明！高明！他所做的每一件事情都符合我的期望。不錯，偽造大師的價值等於或接近跟他體重一樣重的黃金，他已經設法把死人變成了……活人！這正是派翠西亞阿姨期望的方式，她的名字，會因此永遠活在瑞士銀行體系中不可告人的領域裡。大致上，偽造大師已經讓她變成不朽，她走得這麼快，根本沒有機會讓我說再見，但是我寧可相信，她臨終時最後的想法之一，一定是有點擔心自己會突然過世，為她心愛的甥女婿帶來麻煩。

偽造大師身體向前傾，又拿起兩塊淋了巧克力的草莓蛋糕，第二十三塊和二十四塊，大口咬下去。我說：「法蘭克斯，我剛剛認識索海爾時非常喜歡他，但是我現在要重新考慮了；他經常跟柯明斯基通電話，讓我覺得不安。如果你沒有意見，我希望儘快跟聯合銀行結束往來。」

「我總是遵照你的決定，」偽造大師說：「就這點來說，我認為你的決定很明智。但是無論如何，你都不必擔心索海爾，他雖然是法國人，卻住在瑞士，美國政府對他沒有管轄權，他不會背叛你的。」

「這點我不懷疑，」我回答說：「但這不是信任的問題，我只是不喜歡別人太清楚我的事情，尤其是像柯明斯基那樣的人。」我笑了一下，希望淡化整個問題。「總之，我嘗試跟索海爾聯絡已經一個多星期了，但是他的辦公室說，他出差去了。」

偽造大師點點頭。「對，他在美國，我想是去拜訪客戶了。」

「真的嗎？我都不知道。」因為某些奇怪的原因，我覺得這件事令人困擾，只是我說不出個所以然來。

法蘭克斯務實的說：「對，他在那裡有很多客戶，但我只認識一小部分。」

我點點頭，把心裡的預感當成毫無意義的妄想。十五分鐘後，我站在他家大門外，手裡拿著狗食袋子，裡面裝滿瑞士點心；偽造大師和我熱情的擁抱，我用法語說：「後會有期！」

事後回想，說「拜拜」應該合適得多。

星期五早上十點多一些，我終於走進西漢普頓海灘的家門，只想上樓抱抱女兒，再跟女王做愛，然後睡覺。但是我根本沒有機會，我到家不到三十秒，電話就響了起來。

是戴魯佳打來的，「打擾你我真的很抱歉，但是我已經找你一天多了，我猜你應該會想知道：柯明斯基昨天早上遭到起訴了，他現在關在邁阿密的監牢裡，不准交保。」

「真的？」我輕鬆的回答，但事實是我非常疲勞，疲勞到不能充分思考聽到的消息有什麼後果，至少不能立刻思考。「罪名是什麼？」

「洗錢，」戴魯佳平靜的說：「索海爾的名字你有印象嗎？」

這個名字嚇了我一大跳，立刻讓我清醒過來！「大概有……我想我那次到瑞士時跟他見過面，為什麼？」

「因為他也遭到起訴，」專報壞消息的戴魯佳說：「他跟柯明斯基關在一起，也不准交保。」

29 絕望的行動

我坐在廚房裡用心思考這個案子，覺得整件事情都很令人困擾。瑞士有多少銀行家？我看光是日內瓦至少就有一萬個，我卻選擇了笨到跑來美國領土而被逮捕的銀行家，這種機率有多高？更諷刺的是，他遭到完全不相關的罪名起訴——利用海上遊艇競賽替毒品交易洗錢。

同時，因為我沒有一進門就立刻撲在她身上，女王很快就知道出了大麻煩。我連試都沒有試，是因為我知道自己沒有辦法勃起，拒絕讓陽痿這個字眼進入我的腦海。對真正有權有勢的人來說，陽痿有太多不好的含義，雖然我已經成了我的瑞士銀行家魯莽行為的受害者，卻仍然認為自己是有權有勢的人，因此我寧可認為自己那裡沒有力量或是軟綿綿，聽起來都比可怕的陽痿好聽多了。

總之，我的小鳥躲在下腹部，縮成二號鉛筆擦一樣大小，因此我告訴女王我生病了，還有時差問題。那一天的深夜，我甚至走進臥房裡的衣帽間，挑選我坐牢時要穿的衣服。我選了一件褪色的李維牛仔褲，一件簡單的灰色長袖T恤（以免在監牢裡著涼），還有一雙又舊又破的銳跑運動鞋，以減少一點七呎高、名叫爸爸或賈邁爾的黑人偷走鞋子的可能性。我在電影裡看過這種事情——他們要強姦你時，總是會先拿走你的運動鞋。

星期一早上，我也決定不去辦公室。我認為，在自己舒服的家裡被捕總比在皇后區陰鬱的伍得賽高地被捕有尊嚴。如果我讓他們在梅登鞋業公司裡逮捕我，那麼鞋匠一定會認為，這是搶走我認股權的大好機會。梅登公司的人必須像自由世界的其他人一樣，只能在《紐約時報》頭版看到這個消息。我不會讓他們有幸看到我戴上手銬，被人帶走，這種榮幸我要留給女王。

然後，很奇怪的事情——也就是根本沒有事情——發生了。沒有人送傳票給我，柯爾曼探員也沒有意外來訪，聯邦調查局也沒有突襲史崔頓公司。到了星期三下午，我已經忍不住要想到底發生了什麼事。從上一個星期五開始，我就一直躲在西漢普頓，假裝自己生病了，又有嚴重的腹瀉；基本上腹瀉是真的，但躲起來似乎毫無道理。或許警方還不打算抓我！

到了星期四，這種讓人擔驚害怕的平靜讓我再也受不了，決定冒險打電話給歐康納。他是波介紹給我的律師，應該是我打探消息的理想人選，因為他曾經跟東區檢察署接觸過，六個月前也跟歐西亞談過話。

我顯然不能對歐康納說出全部實情，他畢竟是律師，而只要是律師就不能完全信任，尤其是刑事律師——如果刑事律師知道你確實有罪，司法上就不能代表你。這種觀念當然很離譜，因為每個人都知道，辯護律師靠著為罪犯辯護賺錢，但是這種遊戲中的一環，本來就是壞人和律師之間有種無言的諒解：壞人會對律師發誓自己無辜，律師會協助壞人修改他們的鬼話，變成能夠掩飾其中漏洞的辯詞。

因此我跟歐康納談話時，都完全在說謊。我告訴他，我因為別人的問題遭到牽連，說我太太在英國的親戚，正好和一些腐化的遊艇競賽選手利用同一家銀行，當然完全是巧合。我準備對我未來的律師敍述我的第一版鬼話，告訴他我敬愛的派翠西亞阿姨的全部情形，說她還活得好好的，活蹦亂跳，因為我覺得這樣會使我的說辭更有力量，讓我看到了一絲希望。

我心想，我說的話全都可信，但歐康納聽完後，卻用略為懷疑的口氣說：「六十五歲的退休小學教師，從哪裡拿到三百萬美元的現金來開戶？」

嗯……我想我的故事裡有一個「小小的」漏洞；很可能不是好預兆。但騎虎難下的我只能裝瘋賣傻，所以我淡然的反問：「我怎麼會知道？」不錯，我的預期一直都很正確，必要時，我這匹狼還可以扮演冷靜的角色——即使是在像現在這種最嚴峻的情況下。「歐康納，你聽我說，希望派翠西亞安息。她總是愛說她前夫是獵鷹式直立起降噴射機的第一位試飛員，我猜蘇聯國安局為了得到這個計畫的確實情報，一定付了非常多錢，因此他或許接受了蘇聯國安局的鈔票？就我記憶所及，當時這種飛機是相當先進的東西，非常機密。」天啊！我到底在胡扯什麼？

「噢，我會打幾通電話，快快的打聽一些消息，」我好心的律師說：「只是有一件事情讓我困擾，喬登，你能不能澄清你的派翠西亞阿姨是死是活？你剛才說希望她安息，但是幾分鐘前你才告訴我她住在倫敦，如果我知道哪一種情形才正確，應該會有幫助。」

這一點我顯然犯了錯，今後我會對派翠西亞的死活更加小心，但眼前別無選擇，只能唬弄下去：「噢，那要看哪種情形對我的情況比較好而定。什麼情形可以讓我的說辭變得更有力量：活著還是死了？」

「嗯，如果她能出面說這些錢是她的，應該比較好；如果不能出面，也至少要能簽署書面證詞，因此我應該說，她活著比較好。」

「那麼，她就是活得好好的！」我信心十足的回答，因為我相信，偽造大師有能力製造各式各樣完美的文件。「但是她喜歡隱私，因此你只好準備接受書面證詞，總之，我認為她會隱居一陣子。」

經過整整十秒後，歐康納終於說：「好，就這樣了！我想我對案情已經相當清楚，幾小時內就會回你的話。」

一小時後，我接到歐康納的回話，他說：「你的案子沒有什麼新進展，事實上，歐西亞幾星期內會離開檢察署，加入我們可憐的辯護律師行業，因此他對我表現出難得的直率。他說，你的案子仍然是由叫做柯爾曼的傢伙在主導，司法部裡沒有其他人對這個案子有興趣。至於你說的那個瑞士銀行家嘛，至少到目前為止都跟你的案情毫無關係。」然後他花了幾分鐘時間安慰我，說我大致上相當清白。

掛電話時，我並沒有理會「大致上」和「相當」這兩個模稜兩可的字眼，卻像狗緊緊咬著骨頭不放一樣，只注意「相當清白」這幾個字。不過我也知道，我還是必須跟偽造大師談一談，評估整個傷害可能有多大。如果他也像索海爾一樣被關在美國的監獄裡，或者在瑞士的監獄裡準備被遣送到美國，那麼，我仍然有非常大的麻煩。但如果他不是這樣，如果他也「相當清白」，仍然能夠進行少為人知的高級偽造，或許我的一切問題才真的都不成問題。

我到史塔的餐廳打公用電話給偽造大師，屏息聽他敍述令人困擾的進展。他說瑞士警方突襲他的辦公室，帶走好幾箱文件記錄，也說美國方面希望訊問他，但是他並沒有遭到正式起訴，至少他不知道有這回事。他向我保證，無論如何瑞士政府都不會把他交給美國，不過他再也不能安全的到瑞士以外的地方，否則國際警察組織會根據國際逮捕令抓他。

最後我們談到派翠西亞的帳戶，偽造大師說：「警方拿走了記錄，但不是因為他們特別以這些記錄為目標，只是跟所有其他記錄一起拿走，你也不必擔心，在我的記錄裡，沒有任何文字顯示這些錢不是派翠西亞的。然而，因為她已經死了，我會建議在整個案子結束之前，你都不要再用這些帳戶交易。」

「這點當然不在話下，」我回答時，只注意到「結束」兩個字，「但是我關心的不是怎麼動用這些錢，而是如果索海爾跟美國政府合作，說這些戶頭是我的，那我就會碰到大問題，如果有一些文件能證明這些錢顯然都是派翠西亞的，或許就會有很大的不同。」

偽造大師回答說：「那些文件早就有了，要不你可以給我一份清單，看看哪些文件可能對你有幫助，再告訴我派翠西亞在上面簽字的日期，那麼，我應該就可以從我的檔案裡找出這些文件。」

厲害的偽造大師！高明！真是高明！他仍然站在我這邊。「我了解了，法蘭克斯，需要什麼東西時我會告訴你，但是，我想目前最聰明的辦法是繼續觀望，期待最好的結果。」

偽造大師說：「就像以前一樣，我非常同意你的看法。調查結束前你不應該到瑞士來，不過請你記住，朋友，我總是站在你這邊，會盡一切力量保護你和你的家人。」

我上掛電話時就已經知道，自己的命運會跟著索海爾起伏；但是我也知道，我必須咬緊牙關繼續過日子，接受這一切。我必須回到工作上，必須再跟女王做愛，不能再過這種一聽到電話響或大門傳來敲門聲時就嚇得跳起來的日子。

我也的確這樣做了。我擺脫了十分不正常的狀況，出現在梅登鞋業大樓，繼續在幕後當我的證券號子顧問；雖然我的毒癮還在，我卻盡力當個好丈夫和好爸爸，只是隨著時間過去，我的毒癮卻不斷加重。

就像平常一樣，我很快的把這件事情合理化，提醒自己既年輕又有錢，太太是大美人，女兒是小美女，每個人都希望過我這種生活。不是嗎？還有什麼生活勝過上流怪胎？

總之，到了十月中，索海爾的被捕仍然沒有造成什麼影響，我這才終於鬆了一口氣；他顯然決定不合作，讓華爾街之狼躲過了另一顆子彈。千樂踏出了第一步，開始像科學怪人一樣雙手伸在前面，膝蓋相碰，僵硬地學習走路。當然，我的天才女兒也是說話奇才，還不到周歲就能夠說完整的句子，以嬰兒來說，的確是驚人的成就，我毫不懷疑她已經走上拿諾貝爾獎的道路，就算不是，至少可以拿到高深數學的費爾茲獎。

同時，梅登鞋業和史崔頓也走上了不同的道路。梅登鞋業飛躍成長，史崔頓則受到差勁交易策略的拖累，也受到主管機關新一波壓力的傷害，這兩點，卻都是波路西自找的。主管機關會重新施壓，是因為波路西拒絕遵守跟證管會和解的一個條件：史崔頓必須聘請證管會選擇的獨立會計師，檢討公司的經營方式，然後提出建議。其中一項建議是史崔頓必須安裝錄音系統，錄下史崔頓員工跟客戶的電話交談，但波路西拒絕配合，證管會於是告上聯邦法院，取得公司必須裝設錄音系統的強制令。

波路西只得屈服，否則就會以藐視法庭的罪名入獄，但是史崔頓現在要面對另一個強制令——全美五十州都有吊銷史崔頓執照的權力。當然，也開始有一些州政府真的這樣做。你很難想像，在熬過一切打擊才好不容易生存下來後，史崔頓最後會因為拒絕裝設錄音系統而倒閉；而且，最後其實證明錄音系統根本毫無影響，史崔頓人幾天之內就想出了逃避錄音系統的方法——只在史崔頓的電話線上說符合規定的事情，想要說些不光彩的東西時就拿起行動電話。不過徵兆已經出現，史崔頓的日子屈指可數了。

畢爾摩和門羅公園的老闆，都向我表示希望走自己的路，不再跟史崔頓交易。當然了，他們也都為了獨立表現出最大的敬意，提議每推動一檔新股上市時，都要交給我一百萬美元的禮金，也就是說，一年大約有一千二百萬美元，因此我欣然接受。我也根據非競業協議，每個月從史崔頓公司拿到一百萬美元，另外，每隔幾個月我出脫大筆史崔頓推動上市的公司內部人持股時，還會有四、五百萬美元的收入。

不過我卻發現，和我在梅登鞋業能夠賺到的錢相比，這些錢只是九牛一毛。梅登鞋業似乎搭上了奔向星星的太空船，讓我想起史崔頓創業時的情景，想起當年成功和光榮的日子，想起八〇年代末期和九〇年代初期，史崔頓人發動第一波電話攻勢的場面，也想起我的日子還沒變瘋狂時的情形。看起來，史崔頓已經成了我的過去，梅登鞋業則是我的未來。

現在我坐在梅登對面，他則想盡辦法往後靠，以免口水大師的口水噴在他身上。談話時，他偶爾會看我一眼，好像是說：「口水大師一談到靴子訂單就會窮追不捨，尤其是在靴子季節幾乎已經結束的時候。」

唬弄大師戴魯佳也在辦公室裡，一抓到機會就拚命唬弄我們。不過，現在口水大師掌握了大局。「多一點靴子到底有什麼大不了？」口水大師說。因為今天早上他的重點是靴子，所以口水特別多。事實上，每次他說到靴子這個詞時，梅登都會明顯的左閃右躲。現在，口水大師正把怒火發在我身上。「喬登，你聽我說，這種靴子紅極了，我們不可能虧損，這件事你一定要相信我，我告訴你，沒有一雙靴子會需要折價。」

我搖搖頭，表示不同意。「不能再做靴子，這部分業務結束了，跟將來要不要折價沒有關係，只跟有紀律的經營事業有關係。如果我們還想同時向十八個不同的方向前進，就必須遵守自己的業務計畫。我們有三家新店要開張、幾十家店內店在籌劃中，又要開始推展品牌授權的事業，卻只有這麼多現金可以周轉，無論如何都必須維持精簡；在銷售旺季即將結束時，我們都不能冒太大的風險，尤其是豹紋皮的靴子。」

戴魯佳抓住機會，發表意見。「我同意你的看法，這就是為什麼我說，出貨部門根本就應該搬到佛羅里——」

口水大師立刻打斷戴魯佳的話，「這個構想——不，整個構想——真他媽的可笑極了！我沒有時間談這種廢話，我得下令生產一些鞋子，不然我們就會倒閉！」一說完，口水大師就走出了辦公室，砰的一聲關上門。

這時電話響了起來，「賈瑞特在一線。」

我對梅登轉轉眼珠子，然後說：「告訴他我在開會，珍妮，我會回他的電話。」

但傲慢無禮的珍妮卻說：「我當然告訴過他你在開會，但是他說是急事，要立刻跟你說話。」

我厭惡的搖搖頭，嘆了一口大氣。賈瑞特會有什麼重要事情？除非他想辦法搞到了一些極品白板！我拿起電話，友善卻有點生氣的說：「嗨，賈瑞特，什麼事，兄弟？」

「噢，」賈瑞特回答說：「我真不希望跟你報告壞消息，但是有個叫做柯爾曼探員的傢伙剛剛離開我家，他說，卡洛琳馬上就要進監牢了。」

下一段話，更讓我覺得全世界都壓在我身上，他說：「你知道你的瑞士銀行家進了監牢，而且跟官方合作對付你嗎？」

我出盡全力，夾緊屁股說：「我一小時內會去你那裡。」

賈瑞特的兩房公寓像主人一樣難看，整個地方從上到下都是黑的，沒有半點別的顏色。坐在沒有半棵植物的客廳裡，我只看得到黑色的皮革和鍍鉻的鋼鐵。

賈瑞特坐在我對面，卡洛琳穿著跟很高的鞋子，扭來扭去，在黑色粗毛地毯上來回踱步。賈瑞特對我說：「毫無疑問的，卡洛琳和我絕對不會跟政府合作對付你，因此你根本不必擔心這件事。」他抬起頭，看著走來走去的瑞士肉彈說：「對吧，卡洛琳？」

卡洛琳緊張的點點頭，繼續踱步，但這顯然讓賈瑞特很生氣。「你可不可以不要再走了！」他罵道：「你快把我搞瘋了，再不坐下我就要揍你了！」

「噢，去你的，賈瑞特！」肉彈反罵回去。「這可不是什麼好笑的事情，我有兩個小孩呢，你還記得嗎？這一切，全都是你帶著可笑的手槍惹來的。」

即使是現在，在我末日降臨的這一天，這兩個瘋子還是決心互相殘殺。「可不可以請你們兩個停一停？」我勉強笑著說：「我還不知道，賈瑞特非法持槍跟索海爾遭到起訴有什麼關係。」

「別聽她的話，」賈瑞特不滿的說：「她是白痴，她想說的是，柯爾曼發現購物中心裡發生的事情，所以他不准皇后區檢察署讓我用認罪協商的方式結案。幾個月前他們二話不說就讓我交保，現在卻告訴我，除非我跟聯邦調查局合作，否則就要坐三年牢。坐牢就坐牢，我一點也不在乎，問題是我的白痴太太。她決定跟你的瑞士銀行家交往，而不是照原先的計畫，丟下錢，什麼話都不說；沒錯，她不是這樣做的，她不但跟那個王八蛋吃中飯，還跟他交換電話號碼，而且在我看來，她很可能還搞上了他。」

「在你看來？」穿著白色漆皮高跟便鞋，臉上有點歉疚表情的肉彈說：「你好大的膽子，你這隻狗！你是什麼聖人，敢對著我扔石頭？你跟里約來的那個跳鋼籠舞的女郎在搞什麼？你以為我不知道嗎？」說著，瑞士肉彈定定的看著我，又說：「你相信這個嫉妒的男人嗎？你可不可以告訴賈瑞特，索海爾不是那種人？他是老銀行家，不是好色男，對吧，喬登？」他緊咬嘴唇，用熱情的藍眼睛看著我。

索海爾是老銀行家？天啊，多麼悲慘的轉折！這個瑞士肉彈上了我的瑞士銀行家嗎？真是不可思議！如果她遵照規矩丟下錢就走，索海爾根本就不會知道她是誰！但顯然事情不是這樣，她關不了她的大嘴巴，因此柯爾曼現在把所有的點連接起來了，他知道，賈瑞特在海灣陽台購物中心被捕跟毒品交易無關，而是跟偷運幾百萬美元到瑞士去有關。

「噢，」我故作不知的說：「我其實不會把索海爾說成老頭子，但他的確不是會跟有夫之婦搞婚外情的那種人；我是說，他自己也結了婚，而且他從來沒有讓我感覺到他會那樣做。」

顯然他們兩個都把我的話看成勝利的證據，卡洛琳脫口就說：「看吧，你這個狗傢伙，他不是那種人，他是——」

但是賈瑞特打斷他的話：「他媽的，你為什麼要說他是老頭子，你這個說謊的臭女人！如果你沒有什麼東西要掩飾，為什麼要說謊，啊？為什麼？我……」

賈瑞特和卡洛琳吵得不可開交時，我讓自己置身事外，努力盤算有沒有什麼逃出困境的好方法。我覺得，現在該是採取非常手段的時候了，該是打電話給外號「大廚」、我很信任的會計師蓋托的時候了。我會為暗地裡做這種事情向他誠懇的道歉，不對，其實我從來沒有告訴過大廚我在瑞士有帳戶，現在我別無選擇，只能坦白招供，請教他的意見。

「我們現在要靠什麼賺錢？」瑞士肉彈問：「這個柯爾曼探員像小鳥一樣監視著你，」——她是說老鷹吧？——「因此你再也不能賣毒品，我們就要餓肚子了！」說著，馬上就要餓肚子、卻戴著四萬美元百達翡麗手錶、掛著二萬五千美元鑽石加紅寶石項鍊、穿著五千美元套裝的瑞士肉彈一屁股坐進黑色的皮椅，把頭埋進手裡，然後開始搖頭。

真是諷刺極了，最後串聯起所有屁事的，居然是瑞士肉彈夾纏不清的英文和大胸脯，而且把整個問題簡化到非常基本的狀況——變成我得出錢封他們的口。我不但願意這樣做，事實上也懷疑他們正等著我這樣做。畢竟，他們兩個現在等於拿到了肥水列車的頭等艙車票，而且這兩張車票在未來很多年裡都會有效，半途中如果車廂變得太熱，他們總是隨時可以到聯邦調查局設在市區裡的紐約分局，要求換個列車，柯爾曼探員會張開雙手，笑著迎接他們。

那天晚上，我在長島老布魯克林家裡的地下室，跟大廚一起坐在弧形沙發上，玩著比賽說鬼話的遊戲。遊戲的規則很簡單，參賽者必須努力把故事說得面面俱到，聽鬼話的人則必須設法找出漏洞；為了獲勝，參賽者當中的一個人就得想出極為嚴密的鬼話，讓對手怎麼也找不出漏洞。因為大廚和我都是如假包換的鬼話連篇絕地大師，所以事情很明顯，要是我們之中有誰能夠扳倒對方，就一定也可以騙過柯爾曼探員。

大廚長得很英俊，有點清瘦，現在才五十出頭，卻從我上小學時代就開始在帳簿上做手腳。我大致上把他當成元老政治家，像面對理性、理智的代表一樣尊敬他。他是男人中的男人，笑容的感染效果超強，有著一百萬瓦的社交魅力，是個在世界級高爾夫球場、古巴雪茄、美酒和犀利談話中過日子的人，尤其是談到有如他人生中最重要任務——騙過國稅局和證管會等等——時，他的談話更能啟發人心。

今天晚上我已經掏心挖肺向他招供，也為了在他背後做這些事情向他竭誠道歉。即使是在這個時候，在遊戲還沒有正式開始前，我就已經開始對他說鬼話了——我之所以沒有讓他參與瑞士銀行這件事，是因為這樣可能會危害他。謝天謝地，他沒有在我漏洞百出的故事中挑毛病，只是熱情的笑著，最多也不過聳聳肩。

我告訴他自己受苦受難的故事時，發現自己的心情愈沉愈低，但是大廚仍然不動聲色，等我說完後，只蠻不在乎的聳聳肩說：「噢，我聽過更糟糕的故事。」

「噢，真的嗎？」我回答說：「怎麼可能？」

大廚輕蔑的揮一揮手，補充說：「我自己，就曾經落入比這樣還難堪得多的狀況中。」

他的話讓我大大的鬆了一口氣，不過我也相當肯定，他說這個只是先安慰我，要我不必憂慮。總之，我們的遊戲已經開始，不過半小時後，雙方就把真正的鬼話翻新了三遍。目前為止還看不出明顯的贏家。但是每過一回合，我們的故事就愈嚴密、愈巧妙，當然也更難挑出漏洞。我們仍然固守兩個基本問題：第一，派翠西亞當初怎麼拿得出三百萬美元開戶；第二，如果錢真的是派翠西亞的，那麼銀行為什麼沒有通知她的繼承人？派翠西亞留下的兩個女兒都三十好幾了，既然沒有禁止繼承的遺囑限制，就應該是合法的繼承人。

大廚說：「我認為，真正的問題是違反外匯匯出規定。我們假設這個叫索海爾的傢伙已經招供，這樣就表示檢方會認為，這些錢是在不同的日期搬到瑞士去的。因此我們必須有可以反駁這一點的文件，說明你在派翠西亞還在美國的時候，就把所有的錢都交給她。要有證人出具證詞，說他親眼看到你在美國把錢交給派翠西亞。這一來，如果檢方有意見，我們就可以拿出文件說：『拿去看，兄弟！我們也有自己的證人！』」

他想了一想，又補充說：「但是我仍然不喜歡跟遺囑有關的這種事，感覺很不好。可惜派翠西亞死了，要不然我們可以請她到市內，對檢方說幾句我們精心挑選的話，那就萬事OK，而且，你也知道——哇啦啦、哇啦啦——什麼事就都沒有。」

我聳聳肩說：「噢，我不能讓派翠西亞起死回生，但是我想我可以請我岳母簽署證詞，說她看到我在美國把錢交給派翠西亞。我岳母痛恨政府，而且過去四年裡我一直對她很好，她也的確沒有什麼好損失的，對吧？」

大廚點點頭。「如果她肯，這樣是不錯。」

「她會同意的，」我信心十足的說，一面想著今天晚上，女王會用多燙的水潑我的頭。「只要太太沒意見，我明天就會找我岳母談。但是，即使我解決了這個問題，也還有遺囑的問題不是嗎？她不留半點錢給自己的小孩，聽起來的確有點不像真的……」突然間，我想到一個非常好的點子。「我們乾脆跟她的小孩聯絡，把她們也拉進來如何？如果我們請她們飛到瑞士去索討這筆錢，你覺得如何？對她們來說，這樣好像中了樂透一樣！我可以請法蘭克斯草擬一份新的遺囑，說我借給派翠西亞的錢要還給我，但是所有的利潤都屬於她的小孩。我是說，如果她在英國的小孩索討這筆錢，美國政府怎麼能夠主張那筆錢是我的？」

「啊，」大廚笑著說：「你總算想通了！事實上，你已經贏了這場遊戲。如果能夠把這一切都湊攏起來，我想你就沒有危險了。而且我在倫敦有家姐妹公司，可以完成實際的作業，因此我們從頭到尾都能確實掌控。你拿回原始投資，小孩得到五百萬美元的意外之財，我們可以繼續過我們的日子！」

我笑著說：「發現派翠西亞的小孩出來索取這筆錢時，柯爾曼這傢伙一定會氣得發瘋，我敢說，他已經在舔自己嘴唇上的血了。」

「一點也沒錯。」大廚說。

十五分鐘後，我在樓上的主臥室找到女王。她很快就要不開心了，不過她現在坐在自己的桌前，翻著一本型錄，光看表情，就知道她不只是把心思擺在衣服上而已；她看起來美極了，頭髮梳得極為完美，身上只穿了一件超小的白色絲質小可愛，布料非常細緻，好像晨霧一樣地輕籠著她，腳上穿了一件金屬跟的白色露趾便鞋，腳踝上還有性感的綁帶，全身上下就只穿著這些。而且，她還已經把燈光轉暗，點上十幾支蠟燭，發出柔和的橘黃色光芒。

她看到我時，跑了過來，不停吻著我足足三十秒鐘，還在我臉上東聞西聞。我說：「你看來美極了，我是說，你總是很美，但是今天晚上特別美，美得難以形容。」

「嗯，謝謝你！」性感的女王愉快的說：「我很高興你還這樣想，因為我剛剛量了一下溫度，我正在排卵期，我希望你準備好了，因為今天晚上你會有大麻煩了，先生！」

呃……這件事有兩種可能的發展。一方面，排卵期間的女性不知道會對先生發動多瘋狂的攻勢？我是說，女王真的想再生個小孩，因此為了生小孩，她可能不會在意壞消息。但是從另一方面來說，她也可能會非常生氣，披上浴袍痛扁我一頓。然而，經過剛才她的一番熱吻，熱血像海嘯一樣衝向我的小腹。

我跪了下來，像發情的博美狗一樣，吻著她的大腿根部，說：「我要跟你談一些事情。」

她呵呵笑著：「我們到床上去談。」

我想了一想，床上似乎相當安全。事實上，女王並不比我強壯，只是非常善於借力使力，而床會把她的這種優勢降到最低。

到了床上後，我趴在她身上，抓著她的兩隻手，放在脖子後面，深情的吻著她，呼吸她身上的每一個分子。那一刻，我對她的愛深到幾乎無法形容。

她的手指在我的頭髮上梳著，輕輕的把我往後推，說：「親愛的，有什麼問題嗎？大廚今天晚上為什麼來？」

我心裡想，該說好的？還是說壞的？我一面看著她的小腿，然後忽然想到——為什麼要告訴她？沒錯！我是要收買她的媽媽！多麼聰明的想法！華爾街之狼再度出擊！我岳母需要新車，因此我明天會帶她去買車，然後在閒談中提出請她出具證詞的構想。「噢，岳母，你坐在這部新敞篷車上真是棒極了，對了，你可不可以在這裡，就是右下方寫著簽名處的這裡簽個名？」「是嗎？……這個『偽證罪處罰的情況下簽名』是什麼意思？」「噢，只是個法律術語，你根本不必浪費時間去看，只要簽字就好，要是你因此遭到起訴，到時我們再來討論。」然後我會要岳母發誓保密，祈禱她不會向女王透露風聲。

我看著可口的女王說：「不是什麼大事，他要當梅登公司的簽證會計師，因此我們討論一些數字。總之，我想告訴你，我跟你一樣想要這個小孩，你是世界上最好的媽媽，娜娜，也是最好的妻子，能夠擁有你，我真是太幸運了。」

「噢，你說得好甜，」女王用蜜汁一樣的聲音說：「我也愛你，現在跟我做愛吧，蜜糖兒。」

我也就做了起來。

30 添丁發財

一九九五年八月十五日（九個月後）

「你這個小王八蛋！」正在生產的女王尖叫著說，她躺在長島猶太醫院的產檯上。「你這樣對我，在我生我們的兒子時，搞得自己昏昏沉沈！我下了產檯後，要撕開你的狼心狗肺！」

現在是早上十點，不對，是十一點嗎？誰知道？

總之是，我剛剛昏了過去——就在女王陣痛時，把臉趴在產檯上。我現在還站著，但是身體彎得超過九十度，頭放在她浮腫、拱起的雙腿間。

就在這個時候，我覺得有人搖著我。「你還好嗎？」布魯諾醫師的聲音傳了過來，聽起來似乎距離我有一百萬哩那麼遠。

天啊，我但願我能回答，但是我實在太累了。今天早上，白板真的控制了我，不過我有理由嗑藥嗑到醉茫茫。不管是對太太或先生來說，生產畢竟都是很大的壓力，而且我想，女性比男性更善於應付某些事情。

從那次蠟燭之夜到現在，這九個月裡我們繼續過著上流怪胎的生活。我岳母替我緊緊守住祕密，派翠西亞阿姨的女兒已經去過瑞士申請繼承，我想柯爾曼探員已經吃到了苦頭。上次聽到他的事時，是突然在某天早上造訪邱多喜的家，威脅她說，如果她拒絕合作就要坐牢，失去兒子。但是我知道，這是絕望之人的絕望威脅，邱多喜當然忠心耿耿，用了很多種說法要柯爾曼探員去死。

史崔頓公司的經營繼續惡化，五、六個月前開始就再也不能每個月付給我一百萬美元。但是我早就預料到了，因此也不太在意。除了史崔頓，我還有畢爾摩和門羅公園兩家公司，它們都會在推出新案子時付我一百萬美元。梅登鞋業進一步減輕了我的損失，梅登和我幾乎無法滿足百貨公司所有的訂單，雷文的計畫推動得非常順利，我們現在已經有五家鞋店，計畫一年內再開五家。我們也開始把品牌授權出去，先從皮帶和手提包開始，已經進展到運動服裝。最重要的是，梅登學會了授權，我們也已順利打造了一流的經營團隊。大約半年前，「唬弄大師」戴魯佳終於說服我們把倉庫搬到南佛羅里達，結果證明這個構想很好；口水大王貝席爾則非常忙碌，應付不完百貨公司的訂單，口水也愈噴愈少了。

同時，梅登本人也不斷的賺錢，但不只靠梅登鞋業賺錢，也靠人頭遊戲賺錢。梅登鞋業才是他的未來，我對這點沒有意見，畢竟他和我已經變成最親密的朋友。閒暇時我們大都在一起。另一方面，雷文再度沉淪在毒癮中，債務愈來愈多，心情愈來愈差。

女王懷孕半年後，我動了背部手術，但是手術並不成功，情況變得比以前還差。或許我活該倒楣，因為我沒有聽葛林大夫的話，選擇了名聲有點問題的本地醫生，進行一種叫做「皮下椎盤切除」的最小侵入性手術，結果疼痛不但往下移到左腳，而且痛個不停，讓我非常難受。唯一能安慰我的當然是白板，女王生氣時，我總是立刻告訴她這一點，也讓她對我始終意識不清、經常昏迷不醒愈來愈不滿。

然而，在變成了跟我互相扶持的太太這方面，她也「沉淪」得非常深，以至於再也不知道怎麼對待我才好。我們有這麼多錢，這麼多佣人，這麼多華廈和一艘遊艇，還總是在百貨公司、餐廳和其他地方流連，很容易假裝一切都很順利。

就在這個時候，我的鼻頭聞到一種十分灼熱的感覺，是嗅鹽！

我立刻抬起頭，看到正在生產的女王，她巨大的產道口輕蔑的對著我。

「你還好嗎？」布魯諾醫師問。

我深深的吸了一口氣說：「噢，我很燒，布魯諾大夫，只是削煙讓我有點噁心，我要趨西把臉。」然後我跑到浴室去，吸了兩下古柯鹼再跑回產房，立刻覺得自己好像重獲新生一樣。「好了，」我不再昏沉的說：「加油，娜娜！現在別放棄！」

「我以後再跟你算帳。」她罵著。

然後她開始出力、尖叫、再出力，咬牙切齒、握緊拳頭……，突然之間，好像奇蹟出現一般，她的產道打開了，大到簡直開得進福斯汽車，接著「波」的一聲，我兒子的頭出現了，黑色的頭髮上還有一層薄薄的膜，接著羊水衝出來，片刻之後，小小的肩膀出現了。布魯諾大夫抓住我兒子的身體，輕輕的搖動，就這樣，我兒子生出來了。

然後我聽到「哇……」

「十隻手指，十隻腳趾！」布魯諾大夫高興的說，然後把小孩放在女王肥胖的肚子上。「你取好名字了沒？」

「取好了，」臃腫的女王開心地笑著說：「叫卡特，卡特．貝爾福。」

「好名字。」布魯諾大夫說。

雖然我有點不想要，但布魯諾大夫還是很好心，讓我剪斷臍帶，我也剪得很漂亮。現在的我，已經獲得了他的信任，所以他說：「好，現在是爸爸抱著兒子，讓我幫媽媽好好整理的時候了。」說著，布魯諾大夫把孩子抱給我。

我覺得淚水湧了上來，我有兒子了，是個男孩！小小的華爾街之狼！千樂長得非常漂亮，現在我終於要看兒子好看的臉孔了。我低頭一看，怎麼搞的？看起來好醜！又小又瘦，眼睛黏在一起，緊緊的閉著，看來好就像營養不良。

女王一定看到了我的神色，就開口說：「別擔心，甜心，大部分嬰兒生下來時都不會像千樂那樣。他只是有點早產，將來他會跟爸爸一樣英俊的。」

「噢，希望他將來長得像媽媽一樣，」我回答說，每一個字都是真心話。「其實我不在乎他現在長得怎麼樣，我已經非常、非常愛他了，即使他的鼻子像香蕉一樣大，我也不擔心。」我看著兒子完美、緊繃的臉龐，知道上帝一定存在，因為這種情形不可能是意外，能用愛創造出這麼完美的小傢伙的，一定得是奇蹟。

我看著他，彷彿很久很久以後，才突然聽到布魯諾大夫說：「噢，天啊，她在出血，立刻叫手術室準備好！叫麻醉醫師來！」一旁的護士，就像蝙蝠飛出地獄般衝了出去。

布魯諾大夫恢復了鎮定，平靜的說：「好，娜婷，我們有一點小麻煩。你有植入性胎盤的問題，也就是說，你的胎盤長得太深入子宮壁。除非我們可以用手把胎盤拉出來，要不然，你可能會大失血。別擔心，娜婷，我會盡力處理好，」──他停了一下，好像要找適當的字眼來表達──「但是如果不能順利處理，那就別無選擇，只好進行子宮切除術了。」

我還來不及告訴太太說我愛她，兩位護理員就跑了進來，把她連床帶人推了出去。布魯諾醫師跟著他們，走到門口時轉頭對我說：「我會盡力挽救她的子宮。」然後走了出去，把卡特和我留在後面。

我低頭看著兒子，開始哭泣，如果我失去了女王，該怎麼辦？沒有了她，我怎麼可能撫養兩個小孩？她是我的一切，我能夠正常過日子，完全是靠她把家裡都安排得井井有條。我深深的吸了一口氣，設法讓自己鎮定下來，為了兒子，為了卡特·貝爾福，我必須堅強起來。不知不覺之間，我發現自己抱著兒子輕輕搖擺，暗中向上帝祈禱，請上帝放過女王，讓她完完整整的回到我身邊。

十分鐘後，布魯諾大夫回來了，笑得非常開心，他說：「我們把胎盤拉出來了，你絕對不會相信怎麼拉出來的。」

「怎麼拉呢？」我問，卻也笑得開懷。

「我們叫來一位實習醫生，她是嬌小的印度女孩，手細得幾乎超出想像，因此能夠伸進你太太的子宮拉出胎盤。喬登，這是奇蹟，植入性胎盤很罕見，也很危險，但是現在一切都沒問題了，母子均安，而且都非常健康。」

這是災厄之王布魯諾大夫著名的最後幾句話。

31 樂為人父

隔天早上，千樂和我在主臥室裡激烈辯論——大部分時間都是我在說話，她則坐在地板上玩五顏六色的積木。我努力想說服她，說家裡增加一個人對她是好事，而且以後還會愈來愈好。

我笑著對小天才說：「你聽我說，大拇哥，他非常可愛、非常嬌小，你一看到他就會愛上他，想想看，他長大後會多麼好玩；你隨時都可以指揮他！這樣一定非常棒！」

女兒放下手邊的積木工程，用媽媽傳給她的藍色大眼睛瞪著我說：「不行，把他留在醫院裡。」然後回頭蓋完積木。

我坐在小天才旁邊，輕吻她的臉頰，聞起來又乾淨、又清新，就像小女孩應有的味道。她現在已經兩歲多一點，一頭漂亮的栗棕色頭髮細得就像玉米鬚，垂到肩膀下面，髮尖還自然捲曲上來。我發現，光是看著她就讓我感動到無以復加。「你聽我說，大拇哥，我們不能把他留在醫院裡，他是我們家的一份子，是你的小弟弟，你們兩個一定會變成最好的朋友！」

她聳聳肩說：「不會，我覺得不會。」

「噢，我現在必須到醫院去，把他和媽媽接回來，因此不管你怎麼說他都會回家，大拇哥。你只要記住媽媽和我仍然像以前一樣這麼愛你，愛有很多，足以分給每一個人。」

「我知道。」她漫不在乎的回答，心思仍然放在積木上。「好，你可以把他帶回來，沒有問題。」

我心想，真是讓人驚訝，她只說了一聲好，就接受了家裡最新的一員。

我沒有直接去醫院，因為我得在半途稍作停留，參加臨時召開的業務會議，會議在市郊的密里餐廳舉行，離長島猶太人區只有五分鐘車程。我的計畫是迅速結束會議，立刻趕去接卡特和女王後，直接回西漢普頓。大轎車停下來時，我已經晚了幾分鐘，從餐廳的玻璃窗望進去，可以看到波路西雪白的牙齒；他和大廚、假髮佬、一位叫伯恩斯坦的律師圍坐在圓桌前，伯恩斯坦這個人相當邪門，外號叫「黃鼠狼」，但我卻很喜歡他。

密里餐廳早上並不營業，但老闆密里卻同意早早開門，配合我們利用。這很合理，因為史崔頓每次成功承銷一檔新股後，員工都會來這裡吃喝玩樂、嗑藥吸毒、胡作非為，每次都要花掉公司二萬五到十萬美元，端看我們對餐廳造成多少損害而定。

我走近桌子時，才看到有第五個人在場。他是史崔頓最近任命的副總裁夏瑪，跟波路西從小就是朋友，外號叫做「地下工作者」，因為他的崛起跟表現完全無關，只跟他暗算每一個擋在他路上的人比較有關。他長得矮矮胖胖，對付敵人的主要方法是暗箭傷人，也很善於詆毀和散播謠言。

我快快的像黑手黨徒一樣，跟過去犯罪集團的夥伴擁抱一下，就坐進安樂椅裡，幫自己倒了一杯咖啡。會議的目的令人難過：利用「蟑螂理論」說服波路西，要他結束史崔頓公司。所謂的「蟑螂理論」，意思是在他實際結束史崔頓的營業前，要先找人頭開設好多家比較小的證券號子，再把史崔頓人分成若干小團體，分別派到新公司去。事情都安排妥當後，他才讓史崔頓關門，自己轉進其中一家新公司，以顧問的名義在幕後經營公司。

證券號子在遭到主管機關壓力，想要制敵機先時，大致上都會採用這種方法，基本上就是關掉出問題的公司，再用不同的名義重新開張，重演賺錢和對抗主管機關的過程——就好像你剛踩死一隻蟑螂後，就發現附近還有十隻蟑螂跑來跑去。

以史崔頓目前的狀況來說，這樣做很恰當，但是波路西不接受蟑螂理論，卻發展出自己的「二十年藍天」理論。根據他的理論，史崔頓只要熬過主管機關目前的調查壓力，就可以再經營二十年。這種說法，只有「荒謬」兩個字可以形容——事實是，已經病入膏肓的史崔頓，頂多只有一年好活。現在的全美五十個州政府，都像禿鷹圍著受傷的動物一樣，在史崔頓上空盤旋，更別說那斯達克協會也加入了圍剿。

波路西這種全盤否認的態度，事實上，已經讓他變成末日貓王的華爾街版：貓王的經紀人，到後來都必須把他肥胖的身軀塞進白色皮製連身衣褲裡，想盡辦法推他上台唱個幾首歌，再趁著他還沒有因為中暑和嗑紅中昏迷前把他拉下台。根據假髮佬的說法，現在的波路西會在主持業務會議時爬到桌上，把電腦監視器砸在地上，痛罵主管機關。史崔頓人顯然吃這一套怪招，因此波路西現在變本加厲，會當眾拉下褲子對著一大堆那斯達克的傳票尿尿，接受如雷的掌聲。

假髮佬刻意看了我一眼，因此我動動下巴，好像是說：「請說你的意見。」假髮佬於是點點頭，信心十足的說：「波路西，事實是，我根本不知道要多花多少時間才能讓承銷案通過。證管會正在玩全面封鎖的遊戲，想獲得任何批准都得花上六個月，如果我們現在開始推動新公司上市，我也要到年底才能讓大家都有業務。」

波路西的回答，正如假髮佬的預期：「我告訴你，假髮佬，你的動機太明顯了，所以更讓人討厭。我們還要到很久以後才必須考慮推動蟑螂策略，因此你為什麼不休息一下，到旁邊涼快涼快？」

「波路西，你知道嗎？你去死吧！」假髮佬一面罵，手指一面梳著頭髮，想讓假髮看來自然一點。「你隨時都嗑藥嗑得昏昏沉沉，甚至不知道哪一條路可以往上走。我不會浪費生命，看著你像傻瓜一樣在辦公室裡昏昏沉沉。」

地下工作者夏瑪看出暗算假髮佬的機會，馬上跳出來幫波路西辯解：「這樣說不對，波路西在辦公室裡並沒有昏昏沉沉，或許偶爾會胡言亂語，但也總是能夠控制自己。」夏瑪停了一下，考慮怎麼見縫插針。「還有，要說話也輪不到你，你整天都在跟那個腋下很臭的醜女人唐娜鬼混。」

我相當喜歡夏瑪，他是真正的企業人，真正適合在公司的工作的人——笨到不會替自己設想，把大部分的心力都花在替他想埋葬的人編造壞話。在這件事情上，他的動機很明顯：有一百個客戶控告他，如果史崔頓關門，他絕對不能重新登錄為證券從業人員。

我說：「好了，夠了，拜託你們！」不敢相信的搖搖頭；史崔頓完全失控了。「我得到醫院去，來這裡完全是希望你們大家都好。史崔頓會不會再付我半毛錢，我個人根本不在乎，但是我得承認，我是有其他利益考量、其他跟別人提出來的仲裁案有關的私心——雖然我已經不在這家公司工作，還是有很多仲裁案點名找我。」我看著波路西說：「波路西，你的處境和我差不多，我認為，未來即使有二十年藍天，仲裁案也不會消失。」

鼠輩伯恩斯坦附和著說：「我們可以利用資產銷售來應付仲裁案，安排史崔頓把營業員賣給幾家新公司，新公司同意支付未來三年內出現的仲裁案費用，過了三年以後，限制性法規會發生作用，你們就解脫了。」

我看看大廚，他點頭表示同意。我心想，很有意思，我從來沒有特別注意黃鼠狼的智慧。基本上，他是公司的法律顧問，跟大廚的地位正好相對，卻跟大廚很不一樣；大廚是男人中的男人，魅力四射，黃鼠狼則完全沒有這種特質。我從來不認為他很笨，只是每次我看到他時，都沒辦法不想像他啃瑞士乳酪的樣子；然而，他最新的構想卻很出色。顧客的訴訟讓我很困擾，索賠金額已經超過七千萬美元，過去這種錢都由史崔頓負責支付，但是如果史崔頓倒閉，就可能變成真正的噩夢。

這時，波路西說：「喬登，我想跟你到吧台邊單獨談幾秒鐘。」

我當然點頭同意。走到吧台時，波路西立刻倒了滿滿兩杯帝王牌純麥蘇格蘭威士忌，舉起其中一杯說：「朋友，敬二十年藍天。」他一直高高舉著酒杯，等著我跟他碰杯。

我看看手表，已經十點半了。「別這樣子，波路西！我現在不能喝酒，我得到醫院去接娜婷和卡特。」

波路西嚴肅的搖搖頭說：「這麼早就拒絕別人的敬酒會帶來噩運，你真的願意冒險？」

「對，」我生氣的說：「我願意冒險。」

波路西聳聳肩說：「隨你便，」他把看來有五口的威士忌一口喝下。「敬嬰兒！」他喃喃說著，然後又搖了幾下頭，再伸手到口袋裡拿出四顆白板。「你要我把公司關掉前，至少要跟我一起嗑兩顆白板。」

「你又來了！」我笑著說。

波路西開心的笑著，遞給我兩顆白板，我走到洗手台，打開自來水，把嘴巴湊上去，悄悄把手上的兩顆白板放進口袋。「好了，」我說，摩擦自己的手指，「現在我是滴答作響的定時炸彈了，因此我們要快點。」

我難過的對著波路西笑，心裡卻在想：我目前的問題當中，有多少可以歸咎他？我沒有欺騙自己，沒有把所有的問題都算在他帳上，但是無可否認的是，如果不是他，史崔頓絕對不會失控到這種地步。沒錯，過去我的確是公司所謂的大腦，但波路西卻是公司的肌肉，也可以說是執行者，每天都到公司上班辦事，我絕對做不到這一點，至少沒辦法每天早上都保持清醒。波路西是真正的戰士，我不知道應該尊敬他還是痛恨他，只知道最深刻的感覺是難過。

「波路西，你聽我說，我不能告訴你怎麼處理史崔頓，現在公司是你的，我太尊敬你了，所以不能告訴你該怎麼做。但是如果你想聽我的意見，我的看法是立刻關掉公司，拿走所有的好處。就照伯恩斯坦說的方法做：設立幾家新公司，承受所有的仲裁債務，以顧問的名義拿錢。這樣做才正確、才精明，如果公司還是我在經營，我就會這樣做。」

波路西點點頭。「好，我會這樣做，但讓我再拖幾星期，看看各州會有什麼行動，好嗎？」

一聽我就知道，他根本不打算關掉公司，所以我只能難過地笑著說：「好，波路西，這樣很合理。」

五分鐘後，我跟大家說再見、回到轎車後座時，看到大廚從餐廳走出來。他一直走到轎車旁邊，才對我說：「雖然波路西那樣說，但你很清楚他絕對不會關掉公司。最後，他們一定會用手銬銬著他，把他從公司抓走。」

我慢慢的點點頭說：「要說就說一些我不知道的事情，大廚。」然後我聳聳肩，爬回車後座，前往醫院。

長島猶太醫院設在成功湖市，離史崔頓不到一哩遠，但純粹是巧合。或許這就是為什麼我在產房附近分送金表時，似乎沒有人覺得訝異的原因。千樂出生時我就這麼做過了，當時曾經引起很大的騷動。因為某些無法解釋的原因，我浪費了五萬美元送東西給我永遠不會再見面的人，只為了讓自己得到一點不理性的快樂。

我結束愉快的送禮儀式後，離十一點還有幾分鐘。走進女王住的病房後，一時之間卻找不到她；原來她被花海遮住了，老天爺，總共大概有幾千朵花吧！紅色、黃色、粉紅色、紫色、橘黃色和綠色，鮮豔的花朵在病房裡怒放，形成一片美麗的花海。

走近一些後，我才終於看到女王坐在搖椅上，抱著卡特，正準備餵他喝奶。她看來又十分豔麗了，產後才三十六小時，她卻已經設法減去了一些體重，又是個性感的女王了，我真幸運！她穿著褪色的李維牛仔褲、簡單的白罩衫，腳上是一雙淺灰白色的芭蕾舞拖鞋。卡特包在天藍色的毯子裡，我只能看到他露出來的小小臉龐。

我對太太笑著說：「你看來很漂亮，甜心，我不敢相信你恢復得那麼快——你昨天看起來還很臃腫呢。」

「他不肯吸奶瓶，」女王母愛洋溢，沒有理會我的讚美。「千樂總是自己吸奶瓶，卡特卻不肯。」一位護士走進病房，從女王手上接過卡特，進行出院前的檢驗。我幫忙打包東西時，聽到護士說：「哎、哎、哎，他的睫毛多麼漂亮！我還沒有看過睫毛這麼美麗的嬰兒呢！我敢說，等他稍微長大一點，就一定會變得很英俊。」

女王驕傲的回答說：「我知道，他有很特殊的地方。」

然後我聽到護士說：「真奇怪！」

我轉身看著護士，她坐在椅子上，抱著卡特，用聽診器按在卡特的左胸上。

「有什麼問題？」我問。

「我不知道，」護士回答說：「但是他的心臟聽起來不太對。」她看起來很緊張，一面聽，一面緊緊抿著嘴唇。

我看看女王，她看起來就像剛被子彈射中，只能勉強站著，扶著床柱的側面，我走過去用雙手環抱著她，沒有說話。

最後，護士用非常惱火的聲音說：「我不敢相信居然沒有人聽出來，你兒子的心臟有一個洞！絕對沒錯，我現在可以聽到回流的聲音，不是有破洞，就是瓣膜有某種缺陷。我很抱歉，但是你們現在還不能帶他回家，我們必須立刻請小兒心臟科醫師過來。」

我深深吸了一口氣才向她慢慢點頭，心裡很茫然。然後我看看女王，她眼眶裡湧出淚水，正在無聲的哭泣。那一刻，我們都知道，往後的日子再也不會一樣了。

十五分鐘後，我們站在醫院比較低樓層的一個小房間裡，裡面擺滿了先進的醫療儀器：一排排的電腦、各種形狀和大小的監視器、皮下注射器支架，和一個小小的檢查檯。卡特現在光溜溜的躺在檢查檯上，燈光暗了下來，一位高瘦的醫生在負責檢查。

「這裡，你們看到了沒？」醫生說，他左手食指指著一台黑色的電腦螢幕，螢幕中間有四條像阿米巴蟲一樣的帶子，二紅二藍，每條帶子都有一元硬幣一樣寬，有節奏地互相糾纏、流動。醫生的右手拿著一個小小的東西，形狀像麥克風，壓在卡特的胸口，用畫同心圓的方式緩慢移動。我看得出來，紅色和白色的線條是卡特血液的影像，顯示血液在四個心房之間流動的情形。

醫生說：「還有這裡，第二個洞，這個洞比較小，但是確實存在，而且就在心房中間。」

然後他關掉心臟超音波設備，說：「我很驚訝你兒子沒有出現充血性心臟衰竭，他心室之間的洞很大，未來幾天裡很可能需要動開心手術。他喝奶的情況如何？肯喝奶嗎？」

「不怎麼肯喝，」女王傷心的說：「不像我們女兒那麼願意。」

「你餵奶時，他有流汗嗎？」

女王搖搖頭說：「我沒有注意到，他根本沒有興趣喝奶。」

醫生點點頭說：「問題是帶氧的血液和去氧的血液混合，他想喝奶時，會對他造成很大的壓力——喝奶時如果會流汗，就是嬰兒充血性心臟衰竭的初步徵象。但他仍然有機會復原，雖然洞很大，但似乎彼此能夠平衡，產生壓力梯度，讓回流減到最少；如果不是這樣，他應該早就已經出現初步的病徵了。不過，也只有時間才能說明一切，未來十天裡，如果他沒有發生心臟衰竭，就很可能會復原。」

「出現心臟衰竭的機率有多高？」我問。

醫生聳聳肩說：「大約一半。」

女王說：「如果他發生心臟衰竭呢？接下來會有什麼狀況？」

「我們要先開利尿劑給他，避免液體在肺部累積，也可能還要開給他別的藥，但是不能不做最壞的打算——如果這些藥都沒有效，就必須動開心手術補洞。」醫生同情的笑著說：「很抱歉得告訴你們這麼不好的消息，現在只能等著看看。你們可以帶兒子回家，但是要密切注意他的狀況，一旦出現流汗或呼吸困難——甚至出現拒絕喝奶的情形——就要立刻打電話給我。總之，一星期內我會再幫他照一次心臟超音波，希望到時候洞已經封閉了。」——我可不打算這樣做，老兄！我要去哥倫比亞大學醫院小兒科，找哈佛畢業的醫生！

女王和我立刻打起精神，我則緊抓著這一絲希望不放：「你是說，破洞可能自己封閉起來？」

「噢，對，我一定忘了提到這一點；」——居然忘掉這麼重要的事情，爛東西！——「在最初的十天裡，如果都沒有出現任何病徵，這是最可能發生的事情。對了，你們的兒子成長時，心臟也會跟著成長、慢慢把洞包起來。到他過五歲生日時，破洞應該就已經完全封閉；即使沒有完全封閉，也會變得非常小，不會再困擾他。因此，我要再說一次，一切要看最初十天的情形，我也要再三強調，要密切注意他的情況！事實上，如果是我，連把眼光從他身上移開幾分鐘都會很小心。」

「這點你不必擔心，」女王信心十足的說：「隨時至少都會有三個人看著他，其中一位一定是有照護士。」

我們沒有去東邊離醫院足足有七十哩遠的西漢普頓，而是直接回離醫院只有十五分鐘車程的老布魯克維爾。到家時，我們的家人已經都來了，連女王的爸爸卡李迪先生、世界上最可愛的失敗者都出現了，他看起來還是很像華倫比提，我心想，等到所有的問題都結束後，他一定又會開口向我借錢。

瘋狂老爸主導警戒行動，很快就變成了正經的英國爵士，向女王和我保證一切都會順利進行；然後他開始打電話給很多醫生和醫院，卻連一次脾氣都沒有發。根據過去的經驗，危機解決前他那瘋狂老爸的形象都不會顯現，但只要危機一解決，瘋狂老爸的樣子就會奇蹟式的再度出現，用惡毒而冗長的痛罵和不斷吸菸的可怕做法，彌補這段期間的正經八百。我媽媽像平常一樣為卡特進行猶太人式的虔誠祈禱，也為女王和我提供精神支持。我的祕密無政府主義者的岳母，則把卡特心臟上的洞說成政府陰謀，而且因為某種無法說明的原因，醫生也牽涉在內。

我們對女兒解釋弟弟生病時，她告訴我們，她愛弟弟，也很高興我們決定把弟弟從醫院帶回家，然後就自己去玩積木。葛文和珍妮歇斯底里痛哭了六小時，恢復正常後也參與照顧。連我喜歡的深褐色拉布拉多犬莎莉也參與行動，在卡特的嬰兒床旁邊駐守，只有大小便和吃東西時才偶爾離開。然而，女王的狗洛基一向就是可惡的小渾球，對卡特一點也不關心，假裝一切都沒有問題，繼續騷擾屋裡的每一個人，一直吠個不停、在地毯上撒尿、在地板上耍賴，還趁著莎莉忙著警戒、像好狗一樣跟我們一起祈禱時，偷吃她碗裡的狗食。

最令人失望的，卻是一家專門供應牙買加籍保姆給富人家庭的仲介公司大力推薦的保姆盧比。一開始，是夜班洛克從火車站接她來的時候，覺得聞到她口氣裡的酒味，所以她才剛打開包袱沒多久，洛克就私自搜索她的房間——十五分鐘後，她便坐在他車子的後座離開了，至少我們以後再也沒有聽到她的消息。唯一的附帶好處是，洛克沒收了她的五瓶傑克丹尼爾牌酒，放進我樓下的酒櫃裡。

新換的保姆幾小時後來了，也是個牙買加人，名叫艾麗佳，表現非常好，立刻跟葛文和所有的人打成一片，因此她也跟大家一樣，加入守護卡特的行列。

到了第四天，卡特仍然沒有心臟衰竭的跡象。同時，我父親和我已經問了幾十個人：「誰是世界最高明的小兒心臟科醫師？」這些人一致推薦葛倫科醫師——曼哈頓西奈山醫院的心臟科主任。

但是天啊，要看葛倫科醫生就得提前三個月前掛號。還好，當葛倫科醫生知道我打算捐五萬美元給西奈山醫院小兒心臟科後，這個規定就意外的取消了。因此到第五天時，卡特已經躺在另一張檢查檯上，只是這次他身邊都是菁英醫生與護士團隊；他們花了十分鐘讚嘆他的睫毛後，終於開始討論正事。

女王和我在旁邊站著，一聲不發，看著這個團隊用一些先進的造影機械詳細檢查卡特的心臟，他們檢視的圖，比標準心臟超音波圖清楚多了。葛倫科醫生長得高高瘦瘦的，頭有點禿，表情很慈祥。我數了一下，發現病房裡有九個看起來都很聰明的大人，全都穿著白袍，全都看著我兒子，好像他是世界上最寶貴的東西一樣——事實上也是。然後我看看女王，她像平常緊張時一樣咬著嘴巴裡的肉，頭側向一邊，神情非常專注。我想著，她會不會是在猜我正在想什麼；事實上我想的是：我從來沒有像現在這樣，為自己有錢這麼高興過。畢竟，要是有什麼人可以救我們的兒子，一定就是這些人了。

和其他醫生用專業術語談了幾分鐘後，葛倫科醫師才微笑著對我們說：「我有個很好的消息要告訴你們：你們的兒子一定不會有問題，兩個洞已經開始封閉了，壓力梯度減少了回流——」

葛倫科醫生根本來不及說完，因為女王已經像牛一樣衝向他，雙手攀著六十五歲的葛倫科醫師脖子，雙腿夾著他的腰部，開始拚命的親吻他。房間裡的每一個人都哈哈大笑。

葛倫科醫生看著我，表情很震驚，臉孔比甜菜還紅一點，說：「我希望所有病人的媽媽都像這樣子！」每個人都再度大笑。多麼幸福的一刻！卡特活下來了！上帝在他心臟裡製造的第二個洞，竟平衡了第一個洞的壓力。葛倫科醫師跟我們保證，五歲時兩個洞應該都會封閉起來。

女王和我坐車回家時，全都在後座笑得合不攏嘴；卡特坐在我們中間，康保和洛克坐在前座。女王說：「唯一的問題是我現在變得很偏執，不知道能不能像對待女兒一樣對待他；女兒長得這麼高大、這麼健康，我從來沒有想過兒子會不一樣。」

我轉身過去親吻她的臉頰。「別擔心，甜心，幾天之內一切就都會恢復正常，你等著瞧吧。」

「我不知道，」女王說：「光是想到將來可能發生什麼事情，我就忍不住害怕。」

「將來不會發生什麼事情，我們已經度過危機了。」我說，然後在剩下的車程裡全心全意的祈禱。

32 樂事一籮筐

一九九五年九月（五星期後）

我心想，坐在桌旁的鞋匠是應該帶著得意洋洋、志得意滿的表情。這一年都還沒過完，我們的營收已激增到五千萬美元，每個部門都發揮最大的潛力：百貨公司業績破表，自有品牌業務蓬勃發展不說，授權梅登品牌的業務也遠遠超出預期；我們的直營零售店已經有九家，全都快速達到獲利。事實上，每到星期六和星期天，店門口還都大排長龍。梅登多少也變成了名人，是整個青少女世代首選的鞋子設計師。

但是，接下來他對我說的話就不適當了，他說：「我認為我們該請唬弄大師戴魯佳走路了，如果我們現在就趕走他，便可以收回他的認股權。」他漫不在乎的聳聳肩說：「再過一陣子他的認股權就可以執行，那麼我們就倒楣了。」

我驚異的對他搖頭。真正諷刺的是，戴魯佳的認股權非常少，有沒有執行對誰都不會有影響，只有他自己會深受其害，變成他的僱用合約中細部規定的受害者。

我說：「戴魯佳一年多來拚命努力，你不能這樣對待他。我是第一個承認他偶爾有點討厭的人，但是你還是不能這樣對待員工，尤其是像戴魯佳這樣百分之百忠心耿耿的員工。梅登，這樣做是可怕的錯誤，只要想想這對每一個員工會有什麼影響，你就會知道，這種狗屁做法會摧毀公司的士氣。每一個員工都很重視自己的認股權，因為認股權讓他們覺得自己像老闆，對未來充滿信心。」

我無力的吸了一口氣，又補充說：「換掉他應該不成問題，但是我們應該給他應得的東西，而且要多給一點。梅登，這樣你唯一該做的事情，其他的做法都很糟糕。」

鞋匠聳聳肩說：「我不懂，你是第一個取笑他的人，為什麼會在意我取消他的認股權？」

我難過的搖搖頭說：「首先，我取笑他完全是希望大家工作時有點笑聲，我取笑每一個人，梅登，包括我自己和你。但是我確實敬愛他，他是好人，又忠誠無比。」我嘆了一口大氣說：「你聽我說，我不否認戴魯佳已經沒有什麼用處了，或許應該改用有業界經驗的人，以具有足夠資歷、能夠跟華爾街交談的人取代他——但是我們不能取消他的認股權。他剛開始替我們工作時，我們還得從工廠後面把鞋子運出去，他的行動雖然遲緩，卻為公司做了很多好事，惡搞他太不合道義。」

鞋匠嘆口氣說：「我想你把忠心用錯地方了，如果他有機會，一定會立刻惡整我們，我——」

我打斷鞋匠的話說：「不會，梅登，他不會惡整我們，他跟我們不一樣，是個很正直的人，言出必行，從來不毀棄諾言。不管你要不要開除他，都應該讓他保留認股權。」我知道我說「應該」時，對梅登發揮的權力已超過應有的分際——表面上他仍然持有公司過半數股權，我只能透過我們之間的祕密協定維持控制權。

「我跟他談談，」梅登說，眼睛裡透露出邪惡的神色。「如果我能夠說服他平靜的離開，那麼你何必在意？」他聳聳肩又說：「我是說，如果我能夠拿回他的認股權，我們可以五五對分，對吧？」

我洩氣的承認失敗，才不過早上十一點半，我卻覺得極度疲勞，也許是嗑太多藥了。家裡的情況最近也很不順利，女王仍然為卡特心煩意亂，我則大致上已經對每天二十四小時都在折磨我的背痛豎起白旗，暫時決定十月十五日進行脊椎穿刺手術，離現在只有三個星期。一想到這次手術我就很害怕：全身麻醉後動刀七小時，誰知道我會不會醒來？而即使能夠醒來，誰敢說我一定不會癱瘓？動脊椎手術總是有風險，即使是由最高明的葛林醫師主刀也一樣。理論上，我至少會失去正常運作能力半年，但半年後我的背痛應該會永遠消失，恢復正常生活，不錯，一九九六年夏季應該是美好的季節！

我當然以手術為藉口，合理化自己的加重毒癮，但我也對梅登和女王承諾，一旦治好背部就會拋棄所有的毒品，再度變成「真正的我」。事實上，我現在沒有昏昏醉醉的唯一原因，只是我正要離開辦公室，回家接女王到曼哈頓的廣場大飯店共度一個浪漫的夜晚。這是我岳母的主意，她說如果我們兩個能夠離開家裡，擺脫所有的煩惱，應該有非常高的機率可以重拾舊愛，因為自從卡特的心臟出問題以來，擔驚害怕已經把我們整得不成人形了。

「你聽我說，梅登，」我勉強笑著說：「我的認股權已經有夠多了，你也一樣；而且如果我們真的有需要，總是隨時可以再發給自己。」我大大的打了一個呵欠。「總而言之，你愛怎麼搞，就怎麼搞，我現在太累了，沒辦法跟你爭這件事。」

「你看來很糟糕，」梅登說：「我這樣說是好意，我擔心你，也擔心你太太，你不能再嗑白板、吸古柯鹼了，要不你會害死自己。我是個過來人，以前我的情形幾乎跟你一樣糟糕，」他停了片刻，好像是要找適當的字眼——「但是我沒有你這麼有錢，因此不可能像你陷得這麼深。」他又停了一下。「就算我陷得跟你一樣深好了，也不可能像你拖那麼久——你會難以自拔，就是因為你太有錢。總之，我求求你停止吸毒，否則不會有好結果，吸毒從來都不會有好結果。」

「我記住了，」我誠懇的說：「我跟你保證，只要我的背痛真的能治好，我就會完全戒掉。」梅登點點頭，表示同意，但是眼睛裡的神色卻好像是說：「我要看到了才會相信。」

我扳動離合器，打到四檔，十二缸、四百五十四馬力的全新珍珠白法拉利小紅帽跑車立刻怒吼起來，聲音大得像F十五戰鬥機的後燃器。我就這樣開著法拉利，以一百二十哩的時速在皇后區的西北角奔馳了一哩，嘴裡含著頂級無籽大麻，在越島公園高速公路上的車陣裡穿進穿出。我們的目的地是廣場大飯店，我一隻手指勾著駕駛盤，轉頭對嚇壞了的女王說：「難道你不喜歡這部車嗎？」

「爛車，」她喃喃地說：「如果你不吐出大麻，降低車速，我會宰了你！事實上，如果你不這樣做，我今天晚上就不跟你做愛。」

不到五秒鐘，法拉利的時速就降到了六十哩，我也吐出了大麻。畢竟，從卡特出生前兩星期起我就沒跟女王做過愛了，因此苦了兩個多月。可想而知，看到她躺在產檯上，產道口看起來大得足以藏住電影《超級巨人》裡的吉米．霍法後，我就對和女王做愛一直都沒有太大的興趣。而且我一天平均嗑十二顆白板，還吸很多古柯鹼，多到足以讓一團樂隊從皇后區大踏步走到中國，對我的性欲也沒有什麼好處。

女王自己也有問題。她一直像自己說的一樣，雖然卡特十分健康，她還是很緊張。在廣場大飯店住上兩晚，說不定還真的對我們都有一些好處呢。我一隻眼睛看著馬路，回答說：「如果你答應整個晚上都把我搞得神魂顛倒，我很願意把車速維持在六十哩以下。」

女王微笑著說：「同意。只要先帶我去巴尼百貨，再走一趟柏格多夫百貨，然後我就完全屬於你了。」

我心想，不錯，今晚的我一定會很快樂，只要在這兩家超貴的百貨公司苦等一段時間，就完全解放了。於是乎，我當然把車速維持在六十哩以下。

巴尼百貨很好心，把頂樓完全保留給我們。我坐在皮搖椅上，喝著唐佩里濃美酒，女王試了一件又一件衣服，身體又扭又轉，好像以為自己回到了當模特兒的日子，真是美麗極了。她轉第六圈時，我愉快的看到她隆起的私處，三十秒後我跟她走進換衣間，一到裡面就發動攻擊，不到十秒鐘，就讓她背靠著牆壁，衣服拉到腰部上方，深深進入她體內，我衝撞靠在牆上的她，兩個人熱情做愛，淫聲不斷。

兩小時後，時間剛過七點，我們走進廣場大飯店的旋轉門；雖然這家旅館的老闆是川普，還是我最喜歡的紐約旅館。實際上，我很尊敬川普，任何留著那種醜斃了的髮型的人（即使是億萬富豪），只要能夠在紐約混出名堂，又能跟世界上最美麗的女性瞎搞，都為有權有勢男人的觀念提出了新的意義。總之，跟在我們後面的兩位服務生手裡各提了十幾個購物袋，裡面裝了價值總共十五萬美元的女裝。女王左手上，則戴著四萬美元、全新的鑲鑽卡地亞手錶。到目前為止，我們已經在三家百貨公司的試衣間做過愛，但我的夜晚才剛剛開始而已。

但是，天啊，一進到廣場大飯店，情形就急轉直下。站在櫃檯後面的，是一位長得相當不錯、才三十出頭的金髮美女。她微笑著說：「這麼快就回來了，貝爾福先生！歡迎！很高興又看到你！」高興？你搞錯啦！

女王站在我右邊，只離我幾呎遠，正傻乎乎地看著手上的新表——謝天謝地，我說服她吃下去的白板仍然讓她有點意識不清。我看著櫃檯的金髮美女，給她一個驚慌的神色，快速、短暫搖頭，暗示她：「老天爺，我太太和我在一起，快閉上你他媽的狗嘴！」

金髮美女笑得更開心了，說：「我們已經安排你住在你常住的套房，就在——」

我只得馬上打斷她的話：「很好！非常好。就麻煩你幫我辦住宿手續了！謝謝你！」一說完，我便抓起房間鑰匙，拉著女王走進電梯。「快點，親愛的；我們上去，我需要你！」

「你又準備好再做了嗎？」她吃吃笑著問我。

謝天謝地，還好有白板！我心裡想。女王清醒時絕對不會錯過剛剛那一幕裡的玄機，但現在的她已經開始搖搖晃晃了。「你開我玩笑嗎？」我回答說：「跟你在一起，我總是都做好了準備！」

這時駐店侏儒跑了過來，穿著黃綠色的廣場大飯店制服，前面由上而下釘上一排金色的紐扣，還戴了一頂綠帽子。「歡迎回來！」侏儒哇哇叫著。

我笑著點點頭，拉著女王筆直向電梯走去。兩位服務生仍然跟在我們後面，仍然手提所有的購物袋，我堅持他們要把購物袋提到房間裡，好讓女王為我再度試穿每一件衣服。

進了房間後，我給兩個服務生各一百美元，要他們發誓保密。他們一離開，女王和我就跳到超大的床上，開始滾來滾去，吃吃的笑著。

接著電話響了。

我們兩個看著電話，心一直往下沉。除了照顧卡特的珍妮和我岳母之外，沒有人知道我們在這裡。天啊！一定是壞消息，我心裡很清楚，腦袋也很清楚，響了三聲後，我說：「可能是櫃檯打來的。」

我伸手拿起電話，「哈囉？」

「喬登，是岳母，你和娜婷必須立刻回家，卡特燒到四十度半。不會動了。」

我看看女王，她瞪著我，等著我說出這個壞消息，我卻不知道該怎麼說才好。六個星期以來，我覺得她已經接近崩潰邊緣，這個消息一定是沉重的打擊——我們剛得到的兒子又走了。「我們必須立刻離開，甜心，卡特在發高燒；你媽媽說他不會動了。」

我太太沒有掉淚，只是緊緊的閉上眼睛，抿著嘴唇，不斷的點頭。一切都結束了，我們兩個都很清楚。總而言之，我不知道、也想不通為什麼上帝不希望這個無辜的小孩留在人間，但是現在不是掉淚的時候，我們必須回家，跟兒子說再見。

眼淚——像河水一樣多的眼淚——以後再流。

法拉利以一百二十五哩的時速，衝過皇后區和長島的交界，但是這次女王的看法有點不同。「再快一點！求求你！我們必須送他到醫院去，以免來不及！」

我點點頭，踩下油門，法拉利像火箭一樣衝出去，三秒鐘之內，碼表指針衝到一四〇，還繼續往上衝。掠過時速七十五哩的車子時，好像這些車子都停住不動一樣，我不太清楚我們為什麼沒有請岳母把卡特送去醫院，不過我猜想，一定跟我們希望在家裡見兒子最後一面有關。

才剛衝上車道，法拉利都還沒有停穩，女王就衝向前門了。我看看手表，晚上七點四十五分，從廣場大飯店開到橡樹路，通常要開四十五分鐘，我卻十七分鐘就開到了。

我們從市區回家時，女王已經用手機跟卡特的小兒科醫師談過。他的預後很可怕：以卡特的年齡來說，高燒伴著動也不動，就表示髓膜炎。髓膜炎有兩種，一種是細菌性的，一種是病毒性的，都可能致命，差別只在於如果他熬過病毒性髓膜炎的第一階段，他會完全康復。但如果是感染細菌性髓膜炎，他一輩子非常可能看不見、聽不到，而且心智障礙——光是想到這種可能性，就讓人無法忍受。

我總是奇怪，那些當父母親的怎麼學會愛有這種病的小孩。我偶爾會在公園裡看到智障的小孩玩耍，每次都讓我覺得心酸——他們的父母親盡了最大的力量，卻只為孩子創造最微不足道的生活或快樂。我總是感佩他們不顧一切展現在孩子身上的無比愛心，完全不顧自己可能感受到的難堪；不顧自己可能感受到的罪惡感；不顧自己生活可能承受的明顯負擔。

我真的能夠做到這樣嗎？我真的能夠應付這種情況嗎？為自己的孩子下這種決心並不難，但是說話很容易，要愛一個你永遠不可能真正了解、永遠不可能有機會建立正常關係的小孩……我只能祈禱上帝賜給我力量，讓我變成那種人，變成好人，變成真正有力量的人。我毫不懷疑我太太做得到，她跟卡特之間似乎有一種超自然的親密關係，卡特跟她也一樣。我女兒長大到有自覺的時候，就跟我有類似的感應。事實上，即使到了現在，女兒傷心極了的時候，也還是老爸我最能安慰她。

卡特還不到兩個月大，就已經奇蹟似的可以回應娜婷，好像只要她在場，就能讓他平靜、讓他安心、讓他覺得一切都很順利。只要上帝給我機會，我發願，將來有一天我跟兒子也會這麼親密。

我走到大門口時，女王已經把包在藍色毯子裡的卡特抱出來了。夜班洛克早就把路寶四驅車開到前面，準備載我們向醫院衝去，奔向車子時，我把手背放在卡特小小的額頭上，幾乎嚇壞了自己，他真是燒到滾燙，雖然還在呼吸，卻呼吸得很勉強，身體僵直得像塊木板。

前往醫院途中，女王和我坐在路寶車後座，岳母坐在前座。洛克曾經當過紐約市警局的幹員，因此紅燈和速度限制都不在他眼裡——在這種情況下，也當然應該這麼開。我撥電話給佛羅里達州的葛林醫師，但是他不在家。然後我打電話給父母，請他們到北濱醫院跟我們見面，那裡比長島猶太醫院近五分鐘的車程。打完最後一個電話後，我們一路就都再也沒有說話，也還沒有掉淚。

女王抱著卡特帶頭衝進急診室，卡特的小兒科醫生已經打電話給醫院，因此他們已經等著我們了。我們衝過坐滿毫無表情病人的候診室，不到一分鐘，卡特就躺在檢查檯上，身上塗了聞起來像外用酒精的液體。

一位看起來還很年輕、眉毛很濃的醫生對我們說：「應該是髓膜炎，我們需要你們授權好對他進行脊髓穿刺，這種療程的風險很低，不過總是有感染的可能，或是——」

「他媽的，就替他脊髓穿刺！」女王罵道。

醫生點點頭，對我太太的髒話似乎一點也不在意，她有權這樣罵。

接著我們開始等待，誰都不知道要等十分鐘，還是要等兩小時。突然間，他的高燒退了，降到三十九度，開始不由自主的大哭，聲音高亢尖銳得難以形容，我不知道，是不是嬰兒所有生存能力遭到剝奪時都會發出這樣的聲音，好像他直覺知道自己面臨的可怕命運，因而痛哭失聲一樣。

女王和我坐在候診室外的淺藍色塑膠椅上，緊緊依偎，抱著一絲希望。我母親和岳母跟我們坐在一起，瘋狂老爸則來回踱步，不理會牆上貼著的禁菸標誌，一根抽過一根，讓我不禁同情起那個叫他把菸熄掉的傻瓜。我媽媽坐在我旁邊，不斷流淚，我從來沒有看過她這麼難過。岳母坐在我太太身邊，不再高談陰謀論。嬰兒心臟長一個洞是一回事，洞可以補起來，但是小孩長大變成聾子、瞎子和呆子，卻又是另一回事。

終於，醫生從雙層自動門裡走了出來，身上還穿著醫院的綠袍子，面無表情。女王和我同時從椅子上跳起來，向他衝過去。他說：「我很抱歉，貝爾福先生、太太；脊髓穿刺顯示是陽性，你們的兒子感染了髓膜炎，是——」

我打斷醫生的話：「是病毒性還是細菌性？」我抓住太太的手，捏著她，祈禱是病毒性感染。

醫生深深的吸了一口氣，再慢慢的吐出來。「是細菌性，」他難過的說：「我很抱歉，我們都祈禱是病毒性感染，但是我們檢查了結果三次，確定無誤。」醫生又吸了一口氣，然後說：「我們已經把他的高燒降到略為超過三十九度，因此看起來他可以熬過去，但是，細菌性髓膜炎會造成中樞神經系統嚴重的傷害。雖然現在說傷害有多大、會傷害什麼地方還言之過早，但是通常會造成視力和聽力的喪失，而且——」他停了一下，尋找正確的字眼：「也會造成部分心理功能的喪失。我很遺憾，但還是得告訴你們，等他一度過危險期，我們就必須找一些專家來評估實際傷害有多大。目前我們只能替他注射高劑量的廣效抗生素，殺死細菌。我們現在甚至都還不知道是什麼細菌，似乎是罕見的微生物，而不是髓膜炎中常見的細菌。我已經跟我們的感染病主任聯絡，他馬上會趕到醫院來。」

我根本不敢相信，只能問道：「他怎麼感染到的？」

「不知道。」年輕的醫生回答說：「但是我們已經把他送到五樓的隔離病房，直到我們找出病因之前他都得待在那裡，除了你和你太太之外，誰也不能去看他。」

我看看女王，她的嘴巴張得很大，眼睛看著遠方，似乎凍住了，接著就昏了過去。

五樓的隔離病房根本是一團亂，卡特雙手瘋狂揮動，又踢又叫，女王來回走著，哭到歇斯底里，淚水不斷從她臉龐流下來，全身的皮膚都變成了灰白色。

有一位醫生對她說：「我們想幫你兒子進行皮下注射，但因為他靜不下來，以他這種年齡我們很難找到靜脈，只好把針頭從他腦殼插進去，這是唯一的方法。」他的聲調相當漫不在乎，完全沒有同情心。

女王勃然大怒。「去你媽的！你知道我先生是誰嗎，你這個王八蛋？你立刻回去，在他手臂上注射，否則的話，我先生還沒有買殺手來殺你前，我就會宰了你！」

醫生嚇呆了，嘴巴也張得老大，卻根本和盛怒之下的女王沒得比。

「噢，你他媽的還在等什麼？去！」

醫生這才點點頭，跑回卡特的搖籃邊，拉起他的小手，努力尋找靜脈。

這時我的手機響了，「哈囉。」我毫無感情的說。

「喬登！我是葛林大夫，我剛剛收到你的留言，為你和娜婷感到非常難過，他們確定是細菌性髓膜炎？」

「對，」我回答說：「他們很確定，正在替他注射抗生素，但是他現在簡直發瘋了，又踢又叫，雙手揮個不停——」

「等、等、等一下！」葛林忽然打斷我的話：「你剛剛說——他不斷的揮動雙手？」

「對，跟瘋了一樣，就連現在我們正在說話時也是；退燒以後，他就一直控制不了自己，看起來就好像是中了邪——」

「那麼，你可以安心了，喬登，因為你兒子沒有感染髓膜炎。不管是病毒性還是細菌性的髓膜炎，他都沒有感染。否則他現在應該燒到四十一度以上，而且身體會像木板一樣僵硬。我想他很可能是重感冒了，嬰兒通常會發燒到非常高的熱度，但明天早上就會好。」

我呆住了。世界知名的葛林大夫怎麼能夠這麼不負責任，給病人家屬這麼虛幻的希望？他甚至沒有看到卡特，醫院的脊髓穿刺檢測又十分確定——他們複查了三次結果不是嗎？我深深的吸了一口氣說：「醫生，我感謝你設法安慰我，但是脊髓穿刺顯示他感染了某種罕見的生——」

葛林再度打斷我的話：「我根本不鳥什麼檢驗結果，事實上，我敢打賭，一定是樣本遭到污染，這就是急診室的問題：他們擅長處理骨折和偶爾出現的槍傷，但是就這樣而已。而且這種樣子……噢，讓你們擔心成這個樣子，絕對是可惡之至。」

我可以聽到他在電話裡的嘆氣聲。「你聽我說，喬登，你知道我一天到晚都在處理脊髓性癱瘓，因此我被迫變成告訴大家壞消息的專家。但是這件事完全是狗屎！你兒子著涼了。」

我嚇呆了，我從來沒有聽過葛林說過半句髒話，他說得對嗎？他從佛羅里達州的客廳診斷，會比一群醫生站在我兒子床邊，用世界最先進的醫療儀器診斷還正確嗎？

這時葛林大聲說著：「叫娜婷來聽電話！」

我走過去，把電話交給女王。「你聽，是葛林大夫，他想跟你說話，他說卡特沒有病，這裡的醫生全都是白痴。」

她接了電話後，我走到搖籃旁邊看著卡特。他們終於成功在他的右手上注射，讓他安靜了一些，現在只是低聲啜泣，在搖籃裡不安的翻動。他真的很瀟灑，我心想，還有他的睫毛……即使是現在，他都像國王一樣突出。

一分鐘後，女王走到搖籃旁邊，彎下腰來，把手背放在卡特的額頭上，非常困惑的說：「好像真的退燒了，但是怎麼可能所有的醫生都不對？脊髓穿刺檢測怎麼可能不對？」

我伸手抱住女王，把她拉近我。「我們輪流睡在這裡好嗎？這樣子，我們當中總會有一個人陪著家裡的女兒。」

「不行，」她回答說：「不能帶著兒子走之前，我絕不離開這家醫院，不管是不是要在這裡住上一個月，我都不會離開他，永遠不會。」

隨後的那三天裡，我太太真的就睡在卡特床邊，根本沒有離開過。到了第三天下午，我們都坐進大轎車後座，回老布魯克維爾的家；卡特坐在我們中間，樣本遭到感染的話在我耳旁愉快的迴響，我發現自己非常、非常敬畏葛林大夫。

之前，我已經看到他把雷文從昏迷中「叫」起來；十八個月後，他又表現了這種奇蹟，讓我覺得，一星期後由他拿著手術刀切開我的脊椎，真是安心多了。手術完了，我就會恢復正常生活。

到時候，我終於可以戒掉毒品了。

33 緩刑

（三星期後）

我還是不知道，自己從背部手術中清醒過來的確實時間，只知道當天是一九九五年十月十五日，剛剛過了中午。我記得，一張開眼睛我就忍不住大叫：「啊，媽的！我痛死了！」然後，突然間我開始大吐特吐，吐一次就覺得牽動身體裡的每一根神經，產生可怕極了的抽痛。我躺在曼哈頓特別手術醫院的恢復室裡，手上掛著點滴，按一下鈕就會釋出定量的純嗎啡，流進我的血液裡；我記得，我還曾經為了必須經過七小時的手術，才能合法得到這種廉價興奮而難過。

女王站在我身邊說：「你表現得好極了，甜心！葛林說一切都會平安無事！」我點點頭，陷入嗎啡引發的下意識麻醉狀態中。

然後我回到家——大概是一星期後吧，反正日子似乎都熔在一起了，賣藥的艾倫很幫忙，出院回家的第一天就留給我五百顆白板，但到了感恩節就都被我嗑光了。一天平均嗑十八顆白板，這麼十足表現男人氣概，我也相當引以為榮——光是一顆白板，就能夠讓兩百磅重的海軍突擊隊員昏睡八小時。

鞋匠來看我，告訴我他已經處理完戴魯佳的事情，戴魯佳同意悄悄離開，只拿應有認股權的一小部分。接著戴魯佳來找我，告訴我說，總有一天，他會在暗巷裡找到鞋匠，用他自己的馬尾把他勒死。波路西也來看我，說他剛剛跟各州達成協定，因此未來會有二十年的藍天。然後假髮佬也來了，說波路西已經脫離現實，根本沒有跟各州達成什麼協議，假髮佬還說，他正在找新的號子，只要史崔頓公司一內爆，他就可以另起爐灶。

史崔頓公司日近黃昏，畢爾摩和門羅公園卻欣欣向榮。耶誕節到來時，他們已經跟史崔頓完全切斷了關係；但每推動一檔新股上市時，還是付給我一百萬美元的權利金。同時，大廚每隔幾個星期就來一次，定期告訴我派翠西亞阿姨悲劇的最新消息。這個問題似乎正在不斷縮小：派翠西亞的繼承人蒂芙尼和朱莉，主動找上英國的國稅局，讓注意這個問題的聯邦調查局有一點不滿，卻也沒有發出傳票。大廚跟我保證，最後一切都會平安無事，他一直跟偽造大師保持聯絡，知道瑞士和美國政府都訊問過大師，但他就像膠水一樣，堅持我們製造的表面文章，因此，柯爾曼探員差不多已經走到了死巷底。

還有我的家人：卡特終於擺脫出生時岌岌可危的狀況，現在十分健康的成長。他長得英俊極了，一頭毛茸茸、漂亮極了的金髮，均衡而完美的五官、藍色的大眼珠、西方世界最長的睫毛。小天才千樂現在兩歲半，深深愛上弟弟，最喜歡扮演媽媽餵卡特吃奶，監督葛文和艾麗佳替弟弟換尿布。女兒也成了我最好的同伴。這段期間裡，我常在皇家臥室和地下室的環形沙發之間遊走，無所事事，只是看看電視，嗑一大堆白板。因此，女兒變成了最了解我胡言亂語的絕地大師。我心想，如果她將來要處理心臟病發的病人，這樣對她有好處。總之，她白天的大部分時間裡，都在問我什麼時候可以康復，好帶著她到處閒逛；我告訴她我很快就會好，卻十分懷疑自己會不會完全康復。

女王開始時也很好，但是隨著感恩節過去、耶誕節到來，再隨著耶誕節過去、新年到來，她也開始失去耐心。我全身穿著的身體固定器讓我發瘋，因此我想，身為她的先生，我有責任讓她也發瘋。但是，身體固定器只是我眾多問題中最小的一個，真正的噩夢是疼痛，現在痛得比以前更厲害。事實上，我不但苦於原來的痛苦，還增加了新的疼痛，這種痛更深入、直達脊髓。只要突然間動一下，火燙的熱浪就會沖洗我的髓管。葛林大夫告訴過我，疼痛會慢慢減輕，但是，現在看起來卻愈來愈厲害。

到一月初時，我已經墜入從來沒有過的絕望深淵中，女王下定決心，要我必須減少嗑藥，至少要減到接近正常人。我的回應，是抱怨紐約的鬼冬天對我三十三歲的身體造成危害。以我的年齡來說，我的骨頭已經變得太脆弱，所以她建議我們到佛羅里達州避寒；但是我告訴她，佛羅里達州是老人住的地方，我雖然覺得蒼老，心裡卻很年輕。

女王決定獨斷獨行，很快我就發現，我已經住在比佛利俯瞰洛杉磯市的壯麗山丘頂端。女王的人馬當然也必須跟著搬來，才能讓我們繼續過上流怪胎的生活——她以每個月二萬五千美元的房租，向靠著硬岩餐廳聞名的莫頓租來這棟豪宅，住進去過冬。博學多才的女王，很快想起以前曾經想當新秀室內設計大師的願望，因此等到我們搬進去時，豪宅裡已經添置了一百萬美元的全新家具，應有盡有，唯一的問題是房子太大了，大概有三萬平方呎，因此我考慮買一部小綿羊機車，讓我可以從房子的一邊騎到另一邊去。

另外，我很快就了解洛杉磯只是好萊塢的別名，因此我也花了幾百萬美元開始製作電影，差不多三個星期過後，我就發現，好萊塢的每一個人（包括我自己）都有點古怪，最喜歡做的事情是吃中飯。我的電影事業合夥人是個南非頑固猶太人構成的小家庭，以前是史崔頓投資銀行的客戶，很有趣，身體長得像企鵝，鼻子跟針一樣尖。

到了五月的第三個星期，我終於可以脫下身體固定器，真是太好了！我的疼痛仍然讓我難以忍受，卻可以開始物理治療，說不定會更有用。但是，治療到第二星期時，我覺得身體裡有什麼東西突然破裂了，只好在一星期後回到紐約，拄著拐杖在各家醫院之間遊走，接受檢驗，而每一項檢驗結果都很不利。根據葛林大夫的說法，那是我身體的疼痛管理系統功能失常，我的背部機能健全，完全沒有手術無法治療的問題。

我心想，說得真好，讓我別無選擇，只能爬到皇家臥室等死。我心想，超量嗑白板應該是最好的解決方法，至少是很適當的方法，因為白板一直是我最喜歡的毒品。但是我也還有其他選擇，目前來看，我每天的「藥品養身菜單」包括：九十毫克的鎮痛嗎啡，四十毫克用來平衡嗎啡的麻醉性止痛劑羥考酮，十幾顆鬆弛肌肉的舒肌痛，八毫克解除焦慮的占安諾，二十毫克的科羅諾平（因為這種藥聽起來就很有效），三十毫克治療失眠的安比恩，二十顆白板（因為我喜歡白板），一、兩公克的古柯鹼（目的是為了平衡白板），二十毫克對抗憂鬱的百憂解，十毫克對抗恐慌的百希爾，八毫克對抗噁心的卓弗蘭，二百毫克治療偏頭痛的飛歐理納，八十毫克紓解神經的煩寧；兩藥匙減輕便祕狀況的散肚密，二十毫克治療口乾舌燥的舒樂津。另外，為了把藥沖進肚子裡，還需要一品脫的麥卡倫單一純麥蘇格蘭威士忌。

一個月後的六月二十日早上，我正躺在皇家臥室，陷入半植物人的狀態時，珍妮的聲音從對講機傳來：「葛林大夫在一線上。」

「替我留言，」我掙扎著說：「我在開會。」

「真好笑。」珍妮討厭的聲音說：「他說他必須立刻跟你說話，你不是自己拿起電話，就是我走進去替你拿起電話，還有，放下古柯鹼的瓶子。」

我嚇了一跳——她怎麼可能知道這件事？我看看房子四周，尋找針孔攝影機卻找不到。女王和珍妮在監視我嗎？這麼可惡的侵擾！我累得嘆了一口氣，放下古柯鹼瓶子，拿起電話。「哈嚕。」我喃喃說著，聽起來就像剛在市區裡熬過辛苦一晚的獵人艾蒙。

電話裡傳來同情的聲音：「嗨，喬登，我是葛林大夫，你還好嗎？」

「從來沒有這麼好過，」我發牢騷說：「你呢？」

「噢，我很好，」好心的葛林大夫說：「你聽我說，我們好幾星期沒有談話了，但其實我每天都跟娜婷通電話。她很擔心你，說你已經一個星期沒有離開臥房了。」

「不對，不對，」我說：「我很好，葛林大夫，我只是在喘息過後等著恢復正常呼吸。」

經過片刻難堪的沉默後，葛林大夫說：「你還好嗎，喬登？真的好嗎？」

我又嘆了一口大氣。「葛林大夫，事實上我已經放棄了，我他媽的完了，我再也忍受不了疼痛了，這種日子不是人過的。我知道不是你的錯，因此別以為我要你負責或是什麼的。我知道你盡了最大的力量，但我猜我只是分配到這樣的命運，也可能是我的報應。總而言之，都沒有關係了。」

葛林大夫立刻回答說：「你願意放棄，我卻不願意呢；在你真正痊癒前我都不會放棄的，更別說你一定會痊癒。我要你立刻爬下床，到你小孩的房間去，好好的看看他們。或許你不願意再為自己奮鬥了，但是為他們奮鬥如何？如果你沒有注意到，我要提醒你，你的小孩成長時沒有爸爸陪著——上一次你跟他們一起玩，已經是什麼時候的事情了？」

我拚命忍住淚水，卻忍不住，抽噎著說：「我再也受不了了，太痛太痛，痛到骨頭裡去了，我不可能這樣活著。我非常想念女兒，也幾乎不知道兒子現在長什麼樣子，但是我整天都在痛，唯一不痛的時間是醒來後的前兩分鐘，接著痛苦就兇悍地捲土重來，把我吞噬掉，每一樣東西我都試過了，卻沒有一樣東西能夠止痛。」

「我今天早晨打電話來是有原因的，」葛林大夫說：「我希望你吃一種新藥，這種藥不是麻醉劑，可以說沒有副作用，有些人吃了會有神效，例如像你這樣神經受損的人。」他停了片刻，我可以聽到他深深的吸了一口氣。「你聽我說，喬登：你的背部結構上沒有問題，你的椎間融合也很好，問題是你的神經受損，無法發揮正常的作用，說更更精確一點，是會毫無道理的發揮作用。你知道，在健康的人身上，疼痛是警訊，是要讓身體知道出了問題。但是有時候這個系統會短路，通常是在嚴重的創傷後發生。即使傷害痊癒了，神經還是不斷的發出命令，我猜你的情形就是這樣。」

「這種藥是什麼藥？」我懷疑的問道。

「癲癇用藥，本來是治療羊癲瘋發作用的，但是治療長期疼痛也有效。大致說來，這種藥的成功機率還不高，所以聯邦食品藥物管理局還沒有批准這種藥用在疼痛管理上，所有的證據都是傳說。你會是紐約第一個吃這種藥止痛的人；我已經打電話給你的藥劑師，一小時內你就應該會拿到藥。」

「這種藥叫什麼名字？」

「樂命達，」他回答說：「就像我說的一樣，這種藥沒有副作用，因此你甚至不知道自己吃了藥，我希望你今天晚上睡覺前吃兩顆，看看會有什麼結果。」

隔天早上八點半過一點，我像平常一樣醒來，一個人躺在床上。女王已經到馬場去了，很可能正在像野妖精一樣猛打噴嚏，中午前她會回家，繼續打噴嚏，再下樓到她的孕婦裝樣品間設計一些衣服，我猜想，總有一天，她甚至可能會嘗試賣衣服。

因此我躺在那裡，瞪著貴死人的白色絲質罩棚，等待疼痛開始。這種極度的痛苦，已經糾纏我六年了，但是，現在疼痛並沒有從左腳開始發作，整個下半身都沒有灼熱的感覺。我把雙腳移到床邊後，讓自己筆直站著，兩手伸向天空，卻仍然沒有疼痛感。然後我彎了幾下腰，還是沒感覺哪裡痛——不是疼痛減少了，而是根本不覺得痛，好像有人關了開關，讓我的疼痛消失了。

我就這樣穿著內褲站在床邊，等了應該有很長一段時間後，忍不住閉上眼睛、咬著下唇，開始痛哭；然後我彎下身體，靠在床邊，額頭放在床墊邊緣，繼續放聲大哭。這種疼痛不但已經讓我放棄了六年的正常生活，過去三年來的不斷加重，實際上已經吞噬了我的生命，讓我心情蕭索，染上毒癮，在興奮時做了很多荒唐的事情，要是沒吸毒，我絕對不會讓史崔頓失控到這種程度。

毒癮把我的生活推向多深的黑暗面？頭腦清醒時，我會跟那麼多妓女睡覺嗎？會把那麼多錢偷運到瑞士去嗎？會讓史崔頓的營運惡化到這麼失控嗎？可想而知，把一切歸咎到毒品上是很容易，但我當然還是必須為自己的行為負責。唯一的安慰，是我現在壯大梅登鞋業的日子比較平實。

這時門打開了，女兒走進來說：「早安，爹地！我又要來幫你把痛痛親掉了。」她彎下腰，親著我的下背部，一邊親一次，然後直接親著我的脊椎，就親在傷疤上方。

我轉過身來，熱淚盈眶地看著女兒。她已經不再是個嬰兒了，我失落在痛苦中的這段時裡，她已經丟掉了尿布，臉孔比較瘦削，雖然還不到三歲，看來已經不像嬰兒了。我對她笑著說：「小寶貝，你猜得出來嗎，你已經把爹地的痛痛親掉了！現在，爹地已經完全不痛了。」

這句話引起了她的注意，「真的嗎？」她用懷疑的口氣問道。

「真的，寶貝，真的親掉了。」我雙手抓著她的腋下，站直身體，把她舉到我的頭頂上。「你看吧，寶貝，爹地的痛痛現在完全消失了，很棒吧？」

她很興奮的說：「你今天會跟我到外面玩嗎？」

「當然！」我把她舉在頭頂上，轉了一大圈，「從現在開始，我每天都會跟你玩！但是首先我得找到媽咪，告訴她好消息。」

她胸有成竹的說：「她正在騎閏年，爹地。」

「噢，我就是要去那裡。我們先去看看卡特，好好的親他一下，好嗎？」她高興的點點頭，我們就離開了。

女王看到我時，居然從馬上掉了下來。馬跑向那一邊，她卻往我這一邊傾，當然會摔到地上。然後，她就又是打噴嚏、又是喘氣地躺在那兒。我告訴她我奇蹟式的康復了，我們熱烈親吻，共享無憂無慮的美妙時刻，然後我說了一件後來變成很荒謬的事情。

我說：「我認為我們應該搭遊艇去度假；這樣度假會輕鬆很多。」

34 風暴之旅

啊，美麗的娜婷號遊艇！雖然我討厭這艘爛船，希望船沉掉，但是搭著這艘一百七十呎長的遊艇航行在地中海蔚藍的海水上，仍然是非常美妙的事情。事實上，我們八個人——女王和我，以及我們六位最親密的朋友——都已經準備好，打算在我這艘浮動宮殿上好好享受一番。

要開始這種令人嚮往的航程，絕對不能沒有妥善的準備，因此出發前的那個晚上，我就找了最好的朋友羅盧梭，跟我一起進行最後一刻的買藥之行。羅盧梭之所以很適合做這件事，不只是因為他要跟我們一起出航，也因為他和我有過一起做這種事的經驗——我們曾經在暴風雪中追逐一輛聯邦快遞送貨車三個小時，絕望地尋找送丟了的白板包裹。

我認識羅盧梭將近十五年了，非常崇拜他，他年齡跟我相仿，開了一家小型房貸公司，專門為史崔頓人辦理抵押貸款。他像我一樣，有他自己喜歡的毒品，也擁有世界一流的幽默感。他長得不是特別英俊，身高大約五呎九吋，稍嫌過胖，有著義大利人肥大的鼻子和瘦弱無力的下巴，但是女性還是都喜歡他。他是少見的男人，能夠跟一群從來沒有見過面的美女，同坐在一張桌子上胡扯、打屁，卻還能讓所有的美女都說：「噢，羅盧梭，你真是太有意思了！我們太喜歡你了！請你再對我們多屁一些！」

不過，他也有一個致命的缺點：他是世界上最吝嗇的男人。事實上，他的吝嗇甚至破壞了跟一個叫做麗莎的女孩的第一次婚姻。麗莎是個多話的黑髮美女，經過兩年的婚姻後，終於聽煩了他老是嘮叨她花了多少電話費，決定跟本地一位花花公子型男人發生婚外情；而在被羅盧梭捉姦在床不久，他們就離婚了。

從此以後，羅盧梭開始不斷的約會，但是每個女孩都有些缺點，有一位女孩的手毛比大猩猩還多，另一位做愛時喜歡包在保鮮膜裡，假裝自己是屍體；另一位只喜歡肛交，還有一位（我個人最喜歡的一位）喜歡在穀類食品中加啤酒。他最新的女朋友雪麗要和我們一起出航，長得相當可愛，但是認真看其實有點像哈巴狗。她有一種奇怪的習慣——隨身帶著《聖經》，引用裡頭最艱澀的文字。我認為，她和羅盧梭只會有一個月好光景。

羅盧梭和我花最後幾小時採購必須的藥品時，女王趴在我們的車道上收集小石頭。這是她第一次離開小孩，因為某些無法解釋的原因，這讓她想到要以手工製作一些藝術品，結果是，她替我們的小孩做了一個許願盒，用一個高級鞋盒（原來是裝著一雙一千美元的曼諾羅布拉尼女鞋）裝進小石頭，然後用錫箔紙包起來，錫箔紙上面貼了兩張地圖，一張是義大利里維拉的地圖，另一張是法國里維拉的地圖，也貼上十多張從旅遊雜誌上剪下來、顏色極為鮮豔的圖片。

出發前往機場前，我們走進千樂和卡特的遊戲室，跟他們說再見，卡特快周歲了，崇拜姐姐，但是更崇拜媽媽；媽媽洗完澡後，如果沒有吹乾頭髮就走出浴室，都會使卡特掉淚——他喜歡媽媽金色的頭髮，覺得潮濕的金髮顏色太暗，讓他無法忍受。只要女王的頭髮還有一點點水氣，他就會指著媽媽的頭髮，用最尖銳的聲音大喊：「不——不——」

我經常想到，如果將來卡特發現媽媽的金髮是染出來的，他會有什麼反應？我相信，他長大後會自己解決這個問題。總之，現在他精神很好，笑得很開心，看著姊姊把一百個芭比娃娃放在身邊，排成完美的圓形，好好的教訓她們。

女王和我坐在地毯上，把完美的許願盒交給兩個完美的孩子，女王解釋說：「你們想媽媽和爸爸的時候，只要搖這個許願盒，我們就會知道你們在想我們。」然後，女王又拿出跟第一個許願盒一摸一樣的許願盒，說：「而且媽媽和爸爸也有自己的許願盒。因此每次我們想你們的時候，也會搖我們的許願盒，讓你們知道我們也在想你們，好嗎？」

女兒卻並沒有像女王所希望的輕易相信許願盒的事情，瞇著眼睛考慮了一下，懷疑地問道：「但是我們怎麼能夠確定？」

我對女兒熱情的笑著說：「很容易，小寶貝，我們白天、晚上都會想念你們，因此只要你們認為我們在想你們，就一定錯不了！你這樣想就可以了！」

大家馬上就都說不出話來。我看看女王，她側著頭瞪我，表情好像是說：「你剛剛說的是什麼鬼話？」然後我看看女兒，她跟媽媽一樣，同樣側著頭瞪著我——兩個女生在圍攻我！只有卡特好像完全不關心許願盒，臉上顯出諷刺的笑容，嘴裡發出輕柔的叫聲，似乎完全站在我這邊。

我們跟孩子吻別，告訴他們，我們愛他們超過自己的生命，然後才離家前往機場——預計要到十天後，我才能再看到他們的笑臉。

才剛在羅馬機場降落，問題就開始出現了。

我們八個——女王和我、羅盧梭和雪麗、邦妮和我兒時的朋友柏諾義、歐菲莉亞和女王兒時的朋友塞拉迪尼——站在達文西機場領行李轉檯旁邊時，女王不敢置信的說：「我真不敢相信！康保忘了在甘迺迪機場托運我的行李，我現在沒有衣服穿了！」她噘著嘴說出最後一句話。

我笑著說：「放心，甜心，我們會像美國運通廣告上掉了行李的那對夫婦一樣，只是我們要比他們多花十倍的錢，而且花錢時還比他們高興十倍！」

歐菲莉亞和塞拉迪尼也在這時走過來，安慰難過的女王。歐菲莉亞是黑眼珠的西班牙裔美女，小時候是隻醜小鴨，長大卻變成美豔的天鵝。更好的是，因為小時候長得醜，她別無選擇，只能培養出非常完美的個性。

塞拉迪尼的面貌十分平常，菸不離手，一天要喝八千杯咖啡，平常相當沉默，但在我和羅盧梭說黃色笑話時，他也會跟著哈哈大笑。塞拉迪尼和歐菲莉亞都喜歡那些容易讓人煩悶的事情，不像羅盧梭和我這種行動派。

緊接著，邦妮和柏諾義也走過來，和我們站在一起。一看邦妮的臉色，就知道她搭飛機之前已經吃了煩寧和煩保；她是個如假包換的金髮美女，成長時出落得標緻可口，我們那一代的每一個小男孩，包括我在內，都想上她。但是邦妮對我沒有興趣，她喜歡壞孩子，也喜歡比較大的男人，十六歲時就跟一位三十二歲、坐過牢的大麻菸走私販子睡在一起。十年後，也就是二十六歲時才跟柏諾義結婚，那時的柏諾義，剛剛因為販賣古柯鹼坐牢出獄。柏諾義其實不是什麼古柯鹼販子，只是運氣不好，想幫忙朋友的傻瓜。不過他現在還是有資格上邦妮，因為現在的邦妮已經沒有過去那麼性感了。

總而言之，柏諾義是相當好的遊艇客人，偶爾會吸點毒品，潛水技術普普通通，釣魚技術卻很高明，有需要時，他也很願意充當跑腿，長得不高，皮膚很黑，一頭捲曲的黑髮，一口濃密的黑鬍子，伶牙俐齒，但是只對邦妮發作，經常提醒邦妮她是傻瓜。最重要的是，柏諾義以身為男人中的男人自豪，至少對自己喜愛戶外運動、敢挑戰各種環境引以為傲。

女王看來還是很難過，因此我說：「別這樣嘛，娜娜，我們嗑了白板就去買東西！這樣會像以前一樣，嗑了就買！嗑了就買！」我一直重複這句話，好像是歌詞裡的合唱一樣。

「我想私下跟你說話。」女王一臉嚴肅，把我從我們的客人身邊拉開。

「什麼事？」我故作不知的說，但是心裡卻相當明白。羅盧梭和我在飛機上有點失控，女王的耐心已經到了極點。

「我不高興你嗑那麼多藥，你的背部現在好多了，因此我沒有理由再忍受。」她搖搖頭，看來對我很失望。「因為你的背痛，我總是縱容你，但是現在……噢，我不知道，反正就是不對勁，甜心。」

她相當好意的談這件事，很鎮定，事實上是十分理性，因此我認為應該用謊話回報她的好意。「娜娜，我答應你，等這次旅行一結束就停止嗑藥。我向上帝發誓；就是這樣。」我像童子軍一樣舉起手發誓。

經過幾秒令人不安的沉默後，她懷疑的說：「好，但是我要你為自己的話負責。」

「沒問題。現在我們去買東西吧！」

我伸手到口袋裡，拿出三顆白板，把其中一顆折了一半，拿給女王。「拿去，半顆給你，我自己留兩顆半。」

女王拿了少少的半顆，走向飲水機，我乖乖的跟在後面，半路上卻把手伸進口袋，再拿出兩顆白板。畢竟，值得做的事情……就要做得對。

三小時後，我們坐在大轎車後座，翻下陡峭的山坡，前往奇偉他維琪亞港。女王買了全新的衣服，我嗑了太多白板的徵象極為明顯：幾乎睜不開眼睛，迫切想做兩件剛好相反的事——行動和瞌睡。我處在白板興奮期中罕見的行動階段，在同一個地方連一秒鐘都停不住，這是白板引發的坐立不安。

塞拉迪尼首先注意到事情不大妙，指著窗外問：「為什麼海港裡有白浪？」這一問，讓我們八個人都往外看。

不錯，灰色的海水看來相當洶湧，到處都有小小的漩渦。

歐菲莉亞對我說：「塞拉迪尼和我都不喜歡洶湧的海水，我們兩個都會暈船。」

「我也一樣，」邦妮說：「能不能等到風平浪靜再上船？」

柏諾義替我回答：「邦妮，你真是白痴，這條船有一百七十呎長，可以應付一點大浪。此外，暈船只是心理狀態。」

我必須安撫大家的恐懼。「船上有暈船貼片，」我信心十足的說：「因此如果你會暈船，一上船就應該貼上一片。」

到了小山腳下時，我發現我們全都錯了，海上不是小浪，而是大浪！天啊！我從來沒有看過這種場景！港口裡掀起四呎高的浪，而且波浪似乎互相衝擊，沒有一定的方向，好像風從四面八方同時吹來一樣。

大轎車向右轉，經過我們的船前面，娜婷號遊艇高高聳立，超過所有的遊艇。天啊，我實在討厭這艘船！當初為什麼要買下來？我轉頭對客人說：「這艘船雖然很壯觀、還是有點那個對吧？」

每個人都點點頭，然後歐菲莉亞問：「為什麼港裡有浪？」

女王說：「別擔心，歐，如果浪太大，我們就等風平浪靜再起程。」

不，不能等！我心裡想：……動……要動……我需要動。

大轎車在碼頭的最前端停下來時，艾略特船長已經等在那裡迎接我們了。站在他旁邊的是大副約翰，他們都穿著娜婷號的制服——白領子的馬球衫、藍色的水手短褲、灰色的水手帆布軟鞋。每件衣服上都有娜婷號的標誌——由塞拉迪尼設計，只花了我少少的八千美元。

女王熱情的擁抱艾略特船長，問他：「為什麼港裡浪這麼大？」

「不知道哪裡蹦出一個風暴，」船長說：「據說外海的浪甚至高達八到十呎，我們應該……」——他居然說應該——「等浪小一點以後，再前往薩丁尼亞。」

「去他的！」我脫口就說：「我這一秒鐘立刻就要動，艾略特。」

女王很快的潑我冷水：「除非艾略特船長說很安全，要不我們哪兒都不去。」

我對注重安全的女王笑著說：「你為什麼不上船去，把新衣服的標籤剪一剪？我們已經到海邊了，我是海上之神！」

女王轉著眼珠子說：「你是他媽的白痴，一點也不了解海洋。」她轉身對大家說：「走吧，女士們，海神說話了。」所有的女士聽了都對我哈哈大笑，然後排成一排，跟著他們敬愛的領袖利吉灣女王，走向跳板，爬上遊艇。

「艾略特，我不能停留在港口裡，我嗑的白板正在我身體裡鬧革命——薩丁尼亞離這裡有多遠？」

「大約一百哩，但是如果我們選擇現在出發，大概永遠也到不了，海上浪高八呎，我們只能慢慢開，地中海這一帶的暴風很難預測。我們必須釘好船艙，綁緊主艙裡的所有東西。」他的方肩聳了一聳。「即使是這樣，船艙還是可能出現一些損害：有一些盤子和花瓶會摔破，說不定也會有一些玻璃保不住。我們應該開得到薩丁尼亞，但是我強烈反對現在起程。」

我看看羅盧梭，他緊閉著嘴唇對我點點頭，好像是說：「走吧！」於是我說：「開船吧，艾略特！」我伸拳向上空一擊。「這次航程會變成傳奇性的冒險，會記載在各種記錄上！」

艾略特船長笑著搖搖方形的頭，於是我們爬上船，準備出發。

十五分鐘後，我躺在遊艇橋樓頂端非常舒服的一塊墊子上，黑髮的女服務生蜜雪兒端來血腥瑪麗。就像其他船員一樣，她也穿著娜婷號的制服。

「來了，貝爾福先生！」蜜雪兒笑著說：「還要我拿什麼東西來嗎？」

「要，蜜雪兒，我有一種罕見的病，需要每隔十五分鐘喝一杯這種酒，而且這是醫生的指示，因此，蜜雪兒，請你定好計時器，否則的話，最後你可能得送我去醫院。」

她呵呵笑著說：「你的話就是命令，貝爾福先生。」然後轉身走開。

「蜜雪兒！」我尖叫著，聲音大到可以穿過風聲和雙引擎隆隆的響聲。

蜜雪兒轉頭看我，我說：「如果我睡著了，不要叫我，只要繼續每隔十五分鐘送血腥瑪麗來，排在我旁邊，我醒來後會喝，好嗎？」

她豎起大拇指，然後步入非常陡的樓梯，下樓到放直昇機的下一層甲板。

我看看表，羅馬時間下午一點，我胃囊裡的四顆白板還在溶解之中，十五分鐘內我應該就會覺得全身麻癢，再過十五分鐘後則應該要睡得很熟。我一面灌下血腥瑪麗，一面想著：這樣搭船多麼輕鬆愉快！然後我深呼吸了幾下，閉上眼睛——多麼輕鬆愉快！

雨水滴下來的感覺驚醒了我，但眼裡天空卻是藍色的，讓我覺得很困惑。我看看右邊，八杯血腥瑪麗排在那裡，全都裝得滿滿的。我閉上眼睛，深深的吸了一口氣，感覺到強烈的風呼呼吹著，然後又有更多的雨滴。怎麼回事？難道其實是女王在我身上潑水？我猛然睜開眼睛，沒有看到她，橋樓上只有我一個人。

突然間，我覺得遊艇以讓人最難過的角度向下衝，一直到變成四十五度角為止，緊接著，我先是聽到非常響亮的嘩啦聲，頃刻間一道灰色的水牆從遊艇旁邊湧起，滾捲到橋樓的頂端再往下衝，把我沖得全身濕透。

怎麼回事？橋樓比水面足足高出三十呎不是嗎？噢，糟了，糟了，遊艇再度往下衝，把我甩成側向一邊，也讓血腥瑪麗飛到我身上。

我坐起來，看看船邊，糟糕，糟糕透了！海浪應該有二十呎高，比鋼筋大樓的牆壁還厚。接著我失去平衡，從墊子上飛起來，掉到柚木甲板上，血腥瑪麗和酒杯也跟著我飛來，摔成一千個碎片。

我爬到船邊，抓緊鍍鉻的鐵欄杆，讓自己站起來，往遊艇後面看去，哎呀，真嚇人！千樂號還保得住嗎？我們用兩條粗纜繩拖著的四十二呎長潛水船千樂號，正在巨浪起伏之間忽隱忽現。

我手腳並用向樓梯爬去，覺得遊艇好像就要碎裂開來。好不容易爬下樓梯，回到主甲板時，海浪無情的拍擊著我，打得我全身濕透。我跌跌撞撞的走進主艙時，所有人都坐在豹紋地毯上，緊緊圍成一圈，手牽著手，穿著救生衣。女王看到我時，離開圈子，向我爬過來，但是突然間，遊艇向左舷劇烈的傾斜。

「小心！」我大叫出聲，眼睜睜看著女王在地毯上滾過去，撞上牆壁。片刻後，一個古董中國花瓶飛過主艙，就砸在她頭頂的玻璃窗上，破碎成一千片。

趁著遊艇恢復平衡的剎那，我彎下身子，手腳並用，快快爬到她身邊。「寶貝，你還好嗎？」

她咬牙切齒的罵我：「你……你他媽的海神！如果我們能夠離開這艘爛船，我會殺了你！我們都要死了，怎麼回事？為什麼浪這麼大？」她藍色的大眼珠瞪著我看。

「我不知道，」我無力的說：「我在睡覺。」

女王不敢相信。「你在睡覺？你怎麼睡得著？我們都快要沉船了！歐菲莉亞和塞拉迪尼暈得要死，柏諾義和邦妮也一樣……還有雪麗！」

這時羅盧梭滿面笑容的爬上來，「我的美夢就要成真了嗎？我總是希望死在海上。」

難過的女王更生氣了：「閉嘴，羅盧梭！這都是你和我老公的錯，你們兩個都是十足的白痴。」

「白板在哪裡？」羅盧梭說：「我不願意清醒的死掉。」

我點點頭表示同意。「我口袋裡有一些……拿去。」我從短褲口袋掏出一些白板，交給他四顆。

「給我一顆！」女王大聲說：「我需要鬆懈下來。」

我對著女王大笑，她是好人！「拿去，甜心。」立刻給了她一顆白板。

喜愛戶外運動又勇敢的柏諾義，也往我們這邊爬過來，看來已經嚇壞了。「噢，天啊，」他喃喃說著：「我得離開這艘船，我有一個女兒，我……我……我忍不住要吐！請把我送走，讓我離開這艘船。」

羅盧梭對我說：「我們到船橋上，看看是怎麼回事。」

我看看女王說：「甜心，你在這裡等著，我馬上就回來。」

「去你的！我要跟你一起去。」

我點點頭說：「好，走吧。」

「我要留在這裡，」勇敢的柏諾義說，夾起尾巴向其他人爬過去，我和羅盧梭對看一眼，同時大笑起來。接著我們三個人開始向船橋爬去，爬到一半，經過一個擺滿酒的酒吧時，羅盧梭停了下來說：「我想，我們應該先喝一點龍舌蘭酒。」

我看看女王，她點頭說好，於是我對羅盧梭說：「去拿一瓶來。」三十秒後，羅盧梭爬回來，手上多了一瓶龍舌蘭酒，轉開瓶蓋，交給女王，女王一喝就是一大口，我心想，我太太真不簡單！然後羅盧梭和我輪流喝。

羅盧梭蓋回瓶蓋，卻立刻把酒瓶往牆上摔，看著酒瓶碎成十幾片，再笑著說：「我一直很想這樣做。」

女王和我對看了一眼。

從主甲板往上爬，只要爬一小段樓梯就到船橋了。正在往上爬時，兩位都叫比爾的水手衝下來，幾乎是從我們身上跳過去。「怎麼回事？」我大叫。

「潛水平台剛剛斷掉了，」比爾之一尖叫著說：「如果我們不趕快關上後面的門，主艙就要淹水了。」

船橋裡忙成一團，那裡很小，只有大概八呎寬、十二呎長，天花板很低。艾略特船長雙手扶著古董木質駕駛盤，每隔幾秒，就伸出右手去操作兩個油門，設法把船頭對正衝過來的波浪。大副約翰站在他旁邊，左手抓著一根金屬棒維持平衡，右手舉起雙筒望遠鏡往前看。三位女服務生都坐在木板凳上，手緊緊的拉在一起，滿眼淚水。嘈雜的靜電聲音響起，我聽到無線電中有人大叫：「強風特報！這是強風特報！」

「到底怎麼了？」我問艾略特船長。

他嚴肅的搖搖頭。「我們要倒大楣了！風暴只會愈來愈厲害，現在浪高二十呎，而且還在升高。」

「但是天空還是藍色的，」我不解的說：「為什麼？」

女王生氣的說；「誰管天空是什麼顏色！艾略特，你能不能往回開？」

「不行，」他說：「在這種狂風裡轉彎，船邊就會受到衝擊，會翻船。」

「你可以讓船繼續浮著嗎？」我問：「或者我們應該求救？」

「我們會熬過去的，」他回答說：「只是會很難熬。藍天馬上就要消失，我們要闖進八級強風的中心了。」

二十分鐘後，我覺得白板的藥效發揮了，我低聲對羅盧梭說：「給我一些古柯鹼。」我看看女王，看她會不會罵我。

她顯然生氣了，搖著頭說：「我敢說你們兩個神經失常了。」

兩小時後，浪高超過三十呎時，我才知道什麼叫真正的麻煩。艾略特船長用「完蛋了」的口氣說：「哎呀，糟了，天哪……」片刻之後他大叫：「巨浪！大家扶好！」

巨浪？巨浪是什麼？我只看了窗外一秒鐘，就知道答案是什麼。船橋上，每個人都同時大叫：「糟了！巨浪！」

這個「巨浪」至少有六十呎高，而且速度飛快。

「扶好！」艾略特船長大叫。我右手抱住女王的纖腰，把她拉到我身邊——即使是這種時刻，她的味道都很好聞。

突然間，遊艇開始以陡峭得不可能的角度往下俯衝，一直到幾乎垂直下降為止。艾略特船長把馬力開到最大，讓遊艇急速前進，正對著巨浪往上爬升。突然間，船似乎在空間中凍結住了，但緊接著浪頭馬上捲過船橋的頂端，用一千噸炸藥的力量衝下來……轟隆隆、轟隆隆、轟隆隆……

一切都變得黑黝黝的。

我覺得整艘船好像要永遠埋在水下了，但還是終於慢慢的、辛苦的又浮上來，卻向左舷傾斜了差不多六十度。

「大家都還好嗎？」艾略特船長問。

我看看女王，她點點頭。我說：「我們很好，羅盧梭，你呢？」

「從來沒有這麼好過，」他喃喃說著：「但是我尿急得像賽馬一樣，也急著下去看看大家。」

羅盧梭從樓梯走下去時，比爾之一衝上來大叫：「前艙剛剛破了！船頭要沉了！」

「哇，真是夠了，」女王聽天由命的搖著頭說：「你安排的度假真是狗屎。」

艾略特船長抓起無線電對講機，按下按鈕，急切的說：「求救、求救！我是娜婷號遊艇船長艾略特，這是呼救信號，我們在羅馬海岸外五十哩處，船頭快要沉了，我們需要緊急救助，船上一共有十九個人。」然後他彎下腰，盯著電腦螢幕上一些橘色的數字，把我們的正確位置告訴義大利海岸防衛隊。

「去拿許願盒！」女王命令我說：「在下面，我們的特等艙裡。」

我看著她，想知道她是不是瘋了。「你為什麼——」

女王打斷我的話。「去拿許願盒，」她大叫著，「現在！」

我深深的吸了一口氣。「好，我去、我去。但是我餓死了。」我看看艾略特船長說：「你能不能請大廚替我做一個三明治？」

艾略特船長哈哈大笑：「噢，你真是個該死的王八蛋！」他搖著方頭。「我會叫大廚替我們做一些三明治，今天晚上會很漫長。」

「你最厲害，」說著我向樓梯走去。「是不是也能要一點新鮮水果？」然後我衝下樓去。

我的客人都在主艙裡，一臉驚慌地用纜繩把彼此綁在一起，但是我一點也不擔心，我知道，義大利海岸防衛隊很快就會來救我們，幾小時後我們就會安全無虞，我也會擺脫這艘浮動的枷鎖。我問客人：「你們假期愉快嗎？」

沒有人笑得出聲，歐菲莉亞問：「他們會來救我們嗎？」

我點點頭說：「艾略特船長剛才呼救了，一切都會平安無事，各位。我得下樓去，馬上就回來。」我向樓梯走去，但立刻被另一陣大浪衝倒，撞在牆上，我爬起來，手腳並用，開始向樓梯爬去。

這時比爾之一大叫著從我身邊跑過去說：「千樂號不見了！鬆脫了！」

我一直爬到樓梯底下，才拉著欄杆站起來，在深及腳踝的積水裡跌跌撞撞的走進特等艙，一眼就看到許願盒擺在床上。我抓起許願盒就往回走，回到船橋上，把許願盒交給女王，她閉上雙眼，開始搖晃盒子裡的石頭。

我對艾略特船長說：「或許我可以開著直昇機離開這條船，我一次可以載四個人。」

「想都別想，」他說：「像這樣的風浪，飛得起來就已經是奇蹟，想要再降落更是奇蹟中的奇蹟。」

三小時後，娜婷號的引擎還在運轉，但是我們並沒有繼續往前進。眼前有四艘巨大的貨櫃船圍著我們，它們聽到求救信號，正設法替我們擋住洶湧而來的海浪。現在天幾乎已經全黑了，我們仍然在等待救援，船頭下沉得非常厲害，豪雨打在窗戶上，海浪高達三十呎以上，風速超過五十節，但是我們已經不再顛簸，在海面上穩定下來。

艾略特船長一直在用無線電跟義大利海岸防衛隊談話，最後他對我說：「好了，我們頭頂上有一架直昇機在盤旋，他們會放下一個籃子。你去叫每個人到船橋上，我們讓女性客人先離開，然後是女性船員，接下來是男性客人——男性船員最後走，我在他們之後離開。告訴大家，不准帶包包，只能帶口袋裡能裝的小東西。」

我看看女王，笑著說：「噢，你的新衣服全都完了！」她聳聳肩，高興的說：「我們總是可以再買！」接著她抓著我的手，讓我帶她往樓下走去。

解釋完救援計畫後，我把羅盧梭拉到旁邊，說：「你拿到白板了嗎？」

「沒有，」他難過的說：「白板在你的特等艙裡，那裡完全淹沒了，水大概有三呎深，現在可能更高了。」

我深深的吸了一口氣，再慢慢吐出來，「我告訴你，羅盧梭，那裡還有二十五萬美元現金，我可以不在乎這些錢，卻一定要把白板拿回來，我們有兩百顆，萬一丟掉會變成笑話。」

「沒錯，」羅盧梭說：「我去拿。」二十秒後，他轉回來。「我觸電了，」他喃喃的說：「裡面一定有電線短路了，我該怎麼辦？」

我沒有回答，只是瞪著他看，把拳頭向天空一擊，好像是說：「士兵，你一定可以完成任務!」

羅盧梭點點頭說：「如果我電死了，我希望你給雪麗幾千美元去隆乳，從我認識她到現在，她光為了這件事情就快把我逼瘋了！」

「沒問題。」我用義不容辭的語氣說。

三分鐘後，羅盧梭帶著白板回來了。「天啊，真痛！我想我的腳大概有三級灼傷！」然後他笑著說：「但是沒有誰比我行，對吧？」

我心照不宣的笑著說：「沒有人比你行，羅盧梭，你說了算。」

五分鐘後，我們都上了直昇機甲板，看著籃子向兩邊飛一百呎遠，驚恐到不行。我們在上面足足等了三十分鐘，一面看，心一面往下沉；緊接著，太陽也沉到了海平面下。

大副約翰卻在這時上來甲板，十分驚慌的說：「大家都趕快回到樓下！」他下令，然後解釋理由：「直昇機沒油了，必須返航，我們得棄船，快要沉沒了。」

我看著他，嚇得說不出話來。

「這是船長的命令，」他補充說：「救生筏已經充氣了，就在船尾原來的潛水平台那裡，走吧！」他比著手勢。

什麼？在五十呎高的海浪裡搭救生筏離開？根本就是瘋狂的舉動。不過這是船長的命令，因此我只能聽命行事，其他人也一樣。我們向船尾走去，兩位比爾抓著橘色鮮豔的救生筏兩端，但等他們一放下救生筏，就立刻被大浪沖走。

「好了，完了！」我帶著自我調侃的笑容說：「我看靠救生筏一定不行了。」然後轉身對女王伸出手。「走吧，我們去跟船長談談。」

艾略特船長一聽我說完救生筏的事情就破口大罵：「真他媽的！我明明告訴那兩個小傢伙，要先試一試才能把救生筏放到水裡……狗屎！」他深深的吸了一口氣，恢復了鎮定，說：「好，我要你們兩個聽好我說的話。我們現在只剩下一具引擎了，如果這具引擎也失靈，這艘船就沒救了，我們會翻覆；我希望你們留在這裡，萬一船翻了就從船邊跳下去，游得愈遠愈好。船下沉時，會造成一股很強的下拉水流，把附近的東西全都一起拉下去，因此你們要不斷的踢水，讓自己浮在水面上。海水很溫暖，可以讓你們保命。有一艘義大利海軍驅逐艦離這裡只有大約五十浬，正在趕過來，他們會派特戰部隊的人再試著用直昇機救難；這種海浪，對海岸防衛隊來說太大了。」

我點點頭，對艾略特船長說：「我下樓去告訴大家。」

「不必，」他下令說：「你們兩個留在這裡，遊艇隨時都可能下沉，我希望你們兩個在一起。」他轉頭對約翰說：「下樓去跟客人解釋清楚。」

兩小時後，船還勉強浮在水面上，無線電忽然傳來嘈雜的聲音，緊跟著另一架直昇機飛到我們頭上，是義大利特戰部隊的直昇機。

「好了，」說著，艾略特船長露出詭異的笑容，「辦法是這樣的：他們要用絞盤放一位突擊隊員下來，但是我們先得把我們的直昇機推到旁邊，讓他有地方下來。」

「你開我玩笑！」我笑著說。

「哎呀，天啊！」女王掩著嘴巴叫著。

「不是，」艾略特船長說：「我不是開玩笑。我們去拿錄影機，機子必須留下來，好做事後鑒定。」

約翰留在駕駛艙負責操控，艾略特船長和我爬上飛行甲板，兩位比爾和羅盧梭跟著我們。到了飛行甲板後，艾略特船長把錄影機交給比爾之一，很快的替直昇機鬆綁，然後把我拉到直昇機前面，手放在我的肩膀上。「好了，」他笑著說：「我希望你對大家說幾句話。」

我看著錄影機鏡頭說：「嗨！我們要把我們的直昇機推進地中海，這樣妙透了吧？」艾略特船長補充說：「對！這是遊艇史上的第一遭！我把直昇機留給娜婷號遊艇的主人推！」

「好，」我點點頭說：「如果我們都會死掉，我希望每個人都知道，這次糟糕的航行是我的主意，是我強迫艾略特船長開航，因此我們還是應該好好的安葬他！」

我的實況錄影一結束，艾略特船長就說：「好了，等下一道波浪打到船上，遊艇開始向右邊傾斜時，我們就全都同時出力推。」很快的，遊艇果然向右邊傾側，我們馬上全部出力推；直昇機滑出甲板邊緣後，我們都衝到船邊看——不到十秒鐘，直昇機就沉進了水裡。

兩分鐘後，我們十七個人都在飛機甲板上等待救援，只有艾略特船長和大副約翰還留在船橋，設法讓遊艇繼續浮在水上。我們頭上一百呎高的地方，有一架奇努克雙翼直昇機在定點盤旋，這架直昇機漆成軍機的綠色，大得驚人，即使在一百呎高的地方，兩片機翼的轉動聲音還是震耳欲聾。

突然間，一位突擊隊員從直昇機上跳出來，沿著一條很粗的金屬纜索開始往下降。他配備全副特戰部隊的裝備，穿著黑色橡膠防水衣，戴著十分緊密的頭罩，肩膀上背著背包，一隻腳上掛著好像是飛鏢的東西，隨著風勢在空中盪來盪去，向兩邊都盪開一百呎遠，形成很大的弧形，在下降到遊艇離上方三十呎時，他舉槍瞄準，把標槍射到船上。十秒鐘後，他便滿臉笑容地落在甲板上，還對我們豎起大拇指，顯然是個勇氣十足的傢伙。

我們十七個和他都安全的上了直昇機，但是婦孺優先的程序卻出了一點亂子：勇敢又喜愛戶外運動的柏諾義忽然驚慌起來，推開歐菲莉亞和兩位比爾，瘋狂衝向突擊隊員，跳上去手腳並用地緊抱住他，說除非他能夠先離開遊艇，要不然他絕不放開。羅盧梭和我一點也不在意他先上直昇機，因為我們現在有了新的材料，可以在柏諾義的餘生中把他嘲笑到無地自容。

然而，艾略特船長卻希望跟船一起沉下去。事實上，直昇機飛走前，我看到的最後景象是：遊艇的船尾終於沉到水中，艾略特船長的方頭在波浪裡載沉載浮。

讓義大利人救起來有個好處——他們會先讓你吃飽，讓你喝紅酒，再請你跳舞。沒錯，我們在義大利驅逐艦上時，像搖滾巨星一樣跟義大利海軍開舞會；義大利人是喜歡尋歡作樂的民族，所以羅盧梭和我都認為，這就表示我們可以嗑白板嗑到昏頭。

謝天謝地，艾略特船長也平安無事，被海岸防衛隊從水上救起來。

嗑到真正昏頭後，我只記得驅逐艦長和女王把我拖到醫務室，一讓我躺下來，艦長就解釋說，義大利政府把這次救難當成大事，認為是發動公關攻勢的大好良機，因此他獲得授權，可以載我們到地中海的任何一個地方，地點由我們選擇。他推薦薩丁尼亞的卡拉地夫爾佩大飯店，說那裡是世界最好的飯店。我熱心的點著頭，對他比著大拇指說：「賽我夕薩辛尼亞！」

驅逐艦駛進薩丁尼亞的鹿港時，我早已醒了過來，我們十八個人都站在主甲板上，驚異的看著幾百個薩丁尼亞人對我們揮手。十幾個新聞記者都扛著攝錄影機，急著錄下在八級強風下還愚蠢到出航的白痴美國人。

走下驅逐艦時，女王和我感謝救了我們的義大利海軍，還跟他們交換電話號碼，告訴他們，要是到美國來一定要來找我們。我想給他們錢，獎勵他們的英勇，但每一個人都拒絕了。真是不可思議，真是第一流的英雄。

走在薩丁尼亞群眾中時，我才想到我們的衣服全都不見了。女王更是第二次這樣，但是那沒有關係，我會很快就會收到倫敦勞氏保險協會一張金額很大的支票——他們承保娜婷號和直昇機。住進旅館後，我就帶所有的客人和船員一起去採購，卻只找得到休閒度假服裝，而且全都是粉紅、紫色、黃色、紅色、金色和銀色的五彩斑斕衣服。看起來，我們在薩丁尼亞停留的這十天裡，大家都會像是孔雀人。

十天後，搶救回來的白板都嗑完了，該是回家的時候了。臨行前我想到一個很好的主意：把所有的衣服打包起來運回美國，避開海關。女王也同意了。

隔天早上快六點時，我到旅館大廳結帳，費用一共是七十萬美元。其實這家旅館沒有表面上那麼貴，因為有一筆三十萬美元的帳單，是買鑲紅寶石和綠寶石金手鐲的費用。我大概是在第五天、吃巧克力蛋奶酥時睡著了以後，買了這個金手鐲給女王——她買還是我買並不重要，反正這是我最低限度能夠彌補她的事情。

但我們在機場等我的私人噴射機時，卻整整等了兩小時，才有一個在私人噴射機航站工作的男人走過來，用義大利腔很重的英文告訴我：「貝爾福先生，你的飛機墜機了，海鷗飛進引擎裡，飛機在法國墜機，不會來接你了。」

我當場說不出話來。別人碰過這種事嗎？我想沒有。我告訴女王時，她也同樣說不出話來，只是搖著頭走開。

我試著打電話給珍妮，請她另外安排飛機，卻只能和義大利人雞同鴨講。我認定我們最好的辦法是飛到英國，在那裡，我們最少可以聽懂別人在說什麼。飛到倫敦後，我知道一切都會順利了，所以一直到我們已經坐進倫敦的黑色計程車後座一陣子，我才注意到奇怪的事情：街道上擠得不像話，而且愈接近海德公園人潮愈可怕。

我對胖嘟嘟的英國計程車司機說：「為什麼這麼多人？我來倫敦幾十次了，從來沒有看過這種事情。」

「噢，老爺，」計程車司機說：「這個星期我們要辦伍斯塔克慶祝會，海德公園裡的人會超過五十萬人，艾力克萊普頓要表演，WHO合唱團、艾拉妮斯莫莉賽特和其他歌星也都要表演。這場秀一定非常好看，老爺。我希望你預定了旅館，因為整個倫敦幾乎都沒有空房了。」

嗯……有三件事讓我震驚：第一，這個該死的司機一直叫我「老爺」；第二，我選了這個週末來倫敦，正好是二次世界大戰以來全倫敦第一次沒有半間旅館房間的時候；第三，我們全都得再去買一次衣服——女王是在不到兩星期裡，第三次要買衣服。

羅盧梭對我說：「我不敢相信我們又要買衣服了，你還願意幫大家埋單嗎？」

我笑著說：「羅盧梭，你自己去死吧。」

走進杜切斯特大旅館大廳沒多久，旅館經理就說：「很抱歉，貝爾福先生，但是我們整個週末都訂滿了。事實上，我相信現在倫敦的任何一個地方都沒有空房間。但是請你隨意帶同伴到吧台去，現在是午茶時間，我很樂意招待你和所有的客人喝點茶、吃些三明治。」

我轉動脖子，想保持鎮定。「可不可以請你打電話給別的旅館，看看有沒有空房？」

「當然，」他回答說：「我很樂意。」

三小時後，我們還坐在吧台區，一面喝茶，一面啃餅乾，經理滿面笑容走進來說：「四季大飯店有人取消訂房，正好是總統套房，特別符合你的品味，費用是八——」

我打斷他的話。「我要了！」

「很好，」他說：「我們在外面準備了勞斯萊斯送各位過去，據我所知，那家飯店有非常好的水療設備；經過這麼多折磨後，他們或許也替你準備好了按摩人員。」

我點頭表示同意，兩小時後，我躺在四季大飯店總統套房的按摩床上，陽台外就是海德公園，演唱會已經開始。

我的客人都在倫敦街頭閒逛，買衣服；珍妮忙著安排協和號的機位，性感的女王在淋浴，唱著歌，跟艾力克萊普頓打對台。

我深愛女王，她再度向我證明——而且這次是在沉重的壓力下證明——她自己就是個戰士，不但跟我肩並肩面對死亡，豔麗的臉孔上還始終掛著笑容。

事實上，我想就是因為這樣，我才會在六呎高的衣索比亞按摩師替我打手槍時，很難維持勃起。我當然知道，太太在二十呎外一面淋浴、一面唱歌時，讓人打手槍很不對，但是……讓人打手槍跟我自己來有什麼真正的差別嗎？

所以……在整個打手槍的過程中，我都用這種想法安慰自己。隔天我回到了老布魯克維爾，準備恢復上流怪胎生活。

35 風暴前的風暴

一九九七年四月

遊艇沉沒九個月後，我的生活陷入了更不正常的狀態，看起來似乎不太可能，但事實卻是，我找到一個聰明又十分合理的方法，把自我毀滅的行為推進到新的極端——把喜歡的毒品從白板改成古柯鹼。我認為現在正是應該改變的時候，主要動機則是：我已經厭煩了在公共場合打盹、在不該睡著的地方睡著。

因此，我現在開始每一天的方法不再是嗑四顆白板、喝一大杯冰咖啡，而是一起床就吸一公克古柯鹼——我總是小心均分這一公克，讓每個鼻孔各吸半公克，以免剝奪腦部任何一邊立即的興奮。古柯鹼是勝利者真正的早餐。「早餐」結束後，我會吃三毫克的占安諾，壓制隨後一定會出現的妄想狀態。然後是——雖然我現在背部已經完全不痛了——我還會吸四十五毫克的嗎啡，理由完全是因為古柯鹼和嗎啡很能互補。另一個原因則是，既然有一堆醫生都開嗎啡給我，那就一定壞不到哪裡去吧？

要到午餐前一小時，我才會嗑第一劑——正確一點說是四顆——白板，過後再吸一公克的古柯鹼，抵消隨之而來的、無法控制的疲倦。我是還在想方設法每天嗑掉二十顆白板，但是，至少我現在是用比較健康、比較有利——也就是拿來平衡古柯鹼——的方式嗑白板。

這個策略很有創意，好一陣子也運作得很完美，但是就像人生裡的所有事情一樣，好事總是多磨。我會這樣說，主要是因為後來我一星期只睡三小時，到了四月中，更陷入古柯鹼引發的妄想症，嚴重到讓我甚至拿了十二口徑的霰彈槍，從近處對送牛奶的人開了幾槍。

送牛奶的人還算幸運，我心想，他應該會傳話出去，說華爾街之狼可不是好惹的，即使他的保鑣當班時睡覺，他也準備好了武器，而且隨時都等著趕走愚蠢到闖進他家的人。

總之，去年十二月中，也就是四個月前，史崔頓終於關門了。諷刺的是，不是各州主管官署讓史崔頓偃旗息鼓，而是囉里八嗦的那斯達克官僚撤銷了史崔頓的會員資格，理由是史崔頓炒作股票，行銷作法也違反規定。簡單說，就是那斯達克讓史崔頓吃了閉門羹，而從法律觀點來看，這更是致命的打擊，因為如果你想跨越州界銷售股票，那斯達克的會員資格是先決條件，一旦失去會籍，你就最好退出這一行。也因此，波路西才會心不甘、情不願的結束了史崔頓。史崔頓人八年的風光歲月就此結束後，我不太清楚別人會怎麼說這家公司，卻很明白新聞界不會客氣。

畢爾摩和門羅公園兩家公司仍然生意興隆，也仍然在推動新股上市後付給我一百萬美元，不過我認為，除了李普斯基之外，其他合夥人顯然都在策劃對付我的陰謀，只是我不太清楚其中的原因和方式。這就是陰謀的特性，尤其當策劃陰謀的人是你最好的朋友時，更是如此。

另一方面，梅登也在策劃對付我的陰謀。我們的關係已經徹底轉壞，梅登說，這跟我昏昏沉沉的上班有關，我回答他說：「你去死吧，你這個自以為是的渾蛋！如果不是我，你現在還得在你的車子後廂賣鞋子！」不論我的說法有幾分真實性，如假包換的事實是：這檔股票目前的行情是十三美元，正向二十美元的關卡前進。

我們現在已經有十八家直營店，百貨公司的訂單也已排到兩季之後。我只能想像梅登怎麼看我——這個人掌握了他的公司百分之八十五的股權，操控股價將近四年。但是現在史崔頓結束營業了，我很難再隨心所欲控制他的股票；梅登鞋業的股價，如今要由供需法則決定，隨著公司的興衰——而不是推薦這檔股票的任何券商的興衰——而起伏。鞋匠一定在策劃對付我的陰謀，沒錯，他沒有冤枉我：每天我進公司時，是都有點昏昏沉沉，的確不對，但是，這也仍然只是強迫我退出公司、搶走我認股權的藉口而已。

如果他真打算這樣做，我有什麼對策？

噢，我手上還有我們之間的祕密協定，但是這份協定只涵蓋原始的一百二十萬股；我還沒有執行的認股權都掛在梅登的名下，沒有任何文件可以證明。他會想辦法偷走這一部分嗎？還是他會試著偷走一切，包括我的股權和認股權？也許這個禿頭的混蛋心裡有種幻想，以為我沒有勇氣曝露祕密協定——如果我掀開這張底牌，我和他都會麻煩一堆。

但他很快就會痛苦的發現，即使那樣做會讓我們兩個都進監牢，他搶走我的股權和認股權的機會還是低於零。

以往我頭腦清醒時，這些事情一點也困擾不了我，但是以我目前的心理狀態來說，它們卻能以最惡毒的方式，讓我心裡怒火中燒。梅登是不是想暗算一點都不重要，因為他跟邪惡的老中王維特沒有不同，絕對沒有機會扳倒我。維特不是也曾經想搞我嗎？我卻用重拳把他打回紐約華埠。

現在是四月的第二個星期，我已經一個多月沒有去梅登鞋業了。今天是星期五下午，我坐在家裡書房的紅木書桌後面。女王到漢普頓海濱去了，小孩跟著她去度週末，我一個人胡思亂想，準備開戰。

我打電話到假髮佬葛林家裡，對他說：「我希望你打電話給梅登，跟他說，你以委託代理人的身分通知他，你打算立刻賣掉十萬股，這樣大約會賣到一百三十萬美元。然後你告訴他，依據協定，他也可以根據比率賣些自己的股票，表示他可以賣掉一萬七千股，他怎麼決定是他家的事情。」

柔弱的葛林回答：「我需要他的簽名才能盡快完成交易，如果他拒絕呢？」

我深深的吸了一口氣，設法控制怒火。「如果他為難你，告訴他，依據委任協定，你要撤銷股票的抵押權，再私下把股票賣掉。告訴他我已經同意買下，也告訴這個禿頭的王八蛋，這樣一來我會持有公司百分之十五的股權，因此必須向證管會申報十三D文件，然後，華爾街上的每個人就都會知道，他是想要吃我的王八蛋。你告訴這個王八蛋，說我要公開全部的事情，而且我每星期都會在公開市場上買更多的股票，這就表示，我要不斷的用最新的十三D表格公開申報。你告訴這個王八蛋，在持有他公司百分之五十一股權以前，我都會不斷的買進，然後把他趕出這家公司。」我又深深的吸了一口氣，用力到心臟好像要從胸腔跳出來。「而且你告訴那個渾球，如果他以為我在虛張聲勢，那他就應該爬進掩體裡，因為我打算對他投下核子彈。」我伸手到抽屜裡，拿出裝了一磅古柯鹼的密封塑膠袋。

「我會照你的話去做，」葛林回答說：「只是希望你重新考慮一下。你是我所認識的最精明的人，但是你現在聽起來有點不理性；我是你的律師，我強烈建議你不要把這份協定公——」

我立刻打斷他的話。「我告訴你，葛林，你根本不知道我多不鳥證管會和那斯達克。」我打開袋子，抓起桌上的紙牌，深深插進袋子裡，挖出多到足以讓大藍鯨心臟病發作的古柯鹼，倒在桌上，然後把臉埋上去猛吸。我現在滿臉都是白粉，但還繼續說：「此外，我也根本不鳥那個混蛋柯爾曼，他追查我四年了，還是沒有抓到我。」我搖搖頭，努力控制迅速發作的興奮。「而且，我根本不會因為這份協定遭到起訴。對柯爾曼來說，這太虎頭蛇尾，他是有尊嚴的人，希望抓到我一些實際的罪狀，如果只這樣起訴我，就像控告無惡不作的卡彭逃稅一樣，去他的柯爾曼！」

葛林說：「了解，但是我要拜託你一件事。」

「什麼事？」

「我現在缺錢，」我這位不擇手段的訟棍律師為了強調他有多缺錢，刻意停頓了一下才又說：「噢，對我來說，波路西不肯依據蟑螂理論分設很多號子，真的把事情搞砸了，我還在等自己的證券商執照發下來，這段期間裡，你能不能幫我度過難關？」

我心想，真是讓人不敢相信，我自己的委任代理人勒索我！這個戴假髮的王八蛋！我應該把他也殺了！「你需要多少？」

「我不知道，」他無力的回答說：「大概幾十萬吧？」

「好！」我斷然的說：「我給你二十五萬，現在立刻打電話給該死的梅登，再回我電話，告訴我他說什麼。」我沒有說再見就摔下電話，然後彎腰埋頭吸白粉。

十分鐘後，電話響了。「那個王八蛋說什麼？」我問。

「你一定不喜歡聽的，」葛林警告說：「他否認有委任協定，說這個協定不合法，認定你不會公開。」

我深深的吸了一口氣，希望控制自己的火氣。「所以，他認為我在虛張聲勢了，啊？」

「大概是這樣，」葛林說：「但是他說他希望和平解決，願意一股給你二美元。」

我慢慢的大力轉動脖子，一面計算，一股二美元的意思，就是他會搶走我一千三百多萬美元。這還只是股票的錢而已，他也持有我一百萬股的認股權，執行價格是七美元。以今天每股十三美元的行情計算，就是每股可以賺進六美元，也就是再撈走四百五十萬美元。全部加在一起，總共多達一千七百五十萬美元。好笑的是，我對這件事甚至不是這麼生氣，畢竟我早就知道了——好多年前，我在辦公室裡對波路西說他的朋友不可靠時，我就已經知道了。事實上，就是因為這個原因，我才要梅登簽署委任協定，把股票交給我。

我還有什麼好生氣的？那斯達克的官僚逼迫我，讓我別無選擇，只能採用愚蠢的方法分散投資，把股權交給梅登；但我也採取了所有必要的預防措施，為最後這個問題早早做好準備。我在心裡反芻了一遍我們整個關係的歷史，看不出自己犯了什麼錯誤。我不能否認，昏昏沉沉的到辦公室是我不好，但是這件事情跟現在發生的事情絕對無關，他反正會設法吃我；我嗑的每一種藥，都只是讓事情加速表面化罷了。

「好，」我鎮定的說：「我現在得到漢普頓海濱去，因此我們下星期一早上優先處理這件事；你甚至不必麻煩回梅登的電話，只要把買股票的所有文件準備好，現在是開戰的時候了。」

南安普頓！菁英白人住的南安普頓！沒錯，我的海濱新別墅就在那裡。對女王高級的品味來說，西安普頓太平凡，早就該升級了。此外，西安普頓住滿了猶太人，雖然我自己就是猶太人，卻一向討厭猶太人，也被猶太人煩透了。唐娜卡倫（比較高級的猶太人）在西邊有一棟別墅，克拉維斯（也是比較高級的猶太人）在東邊有棟房子，我則用五百五十萬美元的低價，在地球上最幽靜、最優美的牧場巷裡，買了一棟一萬坪大小、黑白相間的後現代時髦豪宅。房子的前院俯瞰辛內柯克灣，屋後正對大西洋，日出、日落時分都會看到橘色、紅色、黃色和藍色形成幾乎無法形容的彩霞，真的非常壯觀，是值得我這匹野狼擁有的景色。

通過這棟豪宅的鑄鐵大門時，我忍不住覺得自豪。我來了，我坐在價值三十萬美元、嶄新的寶藍色賓利渦輪增壓轎車裡。雜物箱裡當然放了很多白粉，多到足以讓整個南安普頓的人一起跳瓦圖西舞，而且從陣亡將士紀念日興奮的跳到勞動節。

我只在一個多月前來過這棟房子一次，那時屋裡還沒有家具，我也只帶了生意夥伴戴維森一起來。我發現他經常眨著右眼，喜歡眨眼沒什麼大不了，但是只眨一隻眼睛卻讓人不舒服。總之，戴維森擁有一家叫做克倫威爾的證券號子，僱用了一些史崔頓的舊人；我們一起做生意，一起賺錢，但是他最可貴的地方、也是我最喜歡他的地方，卻是他也吸食白粉上癮。帶他來這棟房子的那天晚上，我們先到大聯邦賣場買了五十罐雷迪威森奶油，然後坐在漂白木製地板上，高高舉著罐子，把罐口移到旁邊，吸光裡面所有的一氧化氮，這樣真是妙極了；尤其是我們輪流吸氣，再交雜猛吸白粉，更是妙不可言。

但是，跟今晚我們要做的事情比起來，那天晚上根本不算什麼。女王已經把房子裝潢好了，花掉我輕鬆賺來的二百萬美元左右；裝潢房子時她很興奮，一直跟我吱吱喳喳說著令人討厭的裝潢創意，卻也一逮到機會就責備我吸食古柯鹼的毒癮。

去她的！她是什麼人，敢叫我做什麼、不能做什麼？更別說，我之所以染上白粉的毒癮都是為了她！簡單說，她曾經威脅我，如果我一直在餐廳睡著就要離開我，讓我不得不因此改吸白粉。現在她居然說：「你生病了，一個月來都沒有睡什麼覺，甚至不跟我做愛了！你的體重只剩下一百三十磅，只吃水果脆圈，吃到皮膚都發綠了！」我給女王這樣的生活，到最後一刻她居然反過來對付我！噢，去她的！我生病時，她是很關心我；在那些我長期疼痛的夜晚裡，她會走進房裡安慰我，告訴我無論如何她都愛我。如果那全都只是高明的陰謀，我就再也不該信任她。好，很好，隨她的便，我不需要她了，事實上，我誰都不需要。

我讓這些想法在我腦海裡激盪，爬上紅木台階，打開我最新豪宅的大門，非常大聲的向房子說了聲「嗨！」才走進大門。整個後面的牆壁都是玻璃，看出去就是大西洋的壯麗景色。春天的晚上七點這個時候，太陽正要從我身後的海灣西沉，海水呈現出高貴的紫色。是啊，這棟房子看起來是很壯麗，而且我也不能否認，女王雖然是世界級的麻煩，嘮叨不休，討厭極了，卻很有裝潢的才能。走過玄關，就到了超大、開闊的起居間，天花板很高，家具多到令人頭痛：又厚又軟的沙發、雙人座椅、扶手椅、高背安樂椅和矮腳椅……，東擺一堆、西擺一堆，各自形成獨立的休息區；這些高級家具全都是灰褐色的，很有海灘的味道，既頹廢也時髦。

這時，皇家歡迎委員會——胖廚師瑪麗亞和她先生伊格納休——出來了，伊格納休是心地不好的矮管家，身高只有四呎八吋，比太太還矮一點。他們是葡萄牙人，對自己能夠提供正式、傳統的服務很自豪，但因為葛文討厭他們，所以我也討厭他們——葛文是少數真正了解我、女王和我小孩的人。誰知道這兩個人能不能信任？我必須好好的監視他們，有必要時，還要消滅他們。

「晚安，貝爾福先生，」瑪麗亞和伊格納休同時說。伊格納休向我正式鞠躬，瑪麗亞則屈膝為禮，然後伊格納休說：「大人，今天晚上好嗎？」

「從來沒有這麼好過，」我喃喃說著：「我可愛的太太那裡去了？」

「她到市內購物去了。」廚師回答。

「我還真猜不到呢。」我一邊罵一邊走過他們，手裡提著路易威登的旅行袋，裡面放滿了危險的毒品。

「晚餐時間是八點，」伊格納休說：「貝爾福太太要我告訴你，你的客人大約七點半會到，請你到時候準備好。」

我的腦子說：「是嗎？去她的。」嘴裡卻說：「好，現在我要到電視間去，有重要的公事要辦，請不要打擾我。」說完我就自顧自走進電視間，一邊播放滾石合唱團的CD，一邊撕開各種毒品的包裝。女王命令我「七點半準備好」是什麼鬼意思？是說我應該穿著晚禮服，還是要戴高帽子、穿燕尾服？我是什麼，可笑的猴子嗎？我要穿著灰色的吸汗褲和白T恤，這樣就他媽的非常好了！這一切是誰出的錢？就是我！她居然敢對我下令！

八點要上晚餐！誰需要吃晚餐？我只要水果脆圈和脫脂牛奶，不需要瑪麗亞和女王自以為了不得、又那麼珍惜的東西。還好，除了女王之外，晚餐的客人還不差。晚餐桌有馬蹄形的小交易廳那麼大，女王坐在我對面——晚餐桌的另一邊，距離遠到我得用對講機才能跟她談話，這點很可能是好事。可想而知，今晚她打扮得豔麗非凡，但是像她這種戰利品太太，一毛錢就可以買到十二個，而且個個都不會沒有好理由就反對我。

畢爾和羅麗坐在我右手邊，他們從佛羅里達州來看我們。羅麗是漂亮的金髮美女，既了解我，也知道自己在整個情勢中的地位；唯一的問題是，她也受到女王的影響。女王已經偷偷攻佔她的心靈，種下對我不利的反對思想，因此我不能完全信任羅麗。

她先生畢爾，卻又是另一回事了，我多少可以信任他。他是個鄉下土包子，長得高高大大，身高六呎二吋，體重兩百五十磅，全身都是結實的肌肉。他上大學時就曾經兼差當保鑣，某一天，因為有個人對他說話時很不客氣，他只給了這人的腦袋瓜一拳，就把他的眼珠子都打了出來，據說，那個人的眼睛如今還靠著幾條繫帶掛在眼眶外。畢爾以前也在史崔頓工作過，現在工作的地方是克倫威爾公司。我今天晚上可以靠他趕走闖入的人，事實上，他非常樂意這樣做。

另外兩位客人是許奈德曼和安德里亞夫婦，許奈德曼跟我一樣出身灣岸，卻不是一起長大的朋友，他是已經出櫃的同性戀，卻因為某種不能言說的原因結了婚，如果要我猜，我想原因應該是為了有小孩——他們現在已經有了一個女兒。他也曾經在史崔頓服務過，但是根本沒有殺手級的直覺，如今已經不從事證券業，來這裡只有一個原因：他是賣白粉給我的人，在機場有關係，能夠幫我拿到哥倫比亞的純白粉。他太太普普通通，略為有點胖，頭髮是褐色的，不太愛說話，偶爾開口時也全都是廢話。

四道菜都上完，經過兩個半小時讓人難過的談話後，終於到了十一點，我對畢爾和許奈德曼說：「走吧，兄弟，我們到電視間看電影。」就從椅子上站起來，逕自向電視間走去，畢爾跟許奈德曼跟在後面。我很清楚女王想跟我說話，但我一點也不想跟她談。沒什麼好說的，我們的婚姻基本上已經結束了，現在只是時間問題而已。

這時的我，突然想要有個不大一樣的夜晚：把我的白粉分成兩份，在兩次「品嚐會」上享用。第一次品嚐會從現在開始，一共有八公克，就在電視間裡吸食，全程大約兩小時。結束這場盛會後，我們要到樓上的遊戲間打彈子、射飛鏢、痛飲帝王牌威士忌。半夜兩點左右，我們會再回到樓下的電視間，開始第二次品嚐會。這回一共有二十公克純度百分之九十八的白粉，一次品嚐這麼多，絕對是值得華爾街之狼征服的目標。

我們完全照著這個計畫進行，事實上，隨後的兩小時裡，我們用十八K金的吸管吸掉了很多條用古柯鹼排出來的粗線，同時看著沒有打開聲音的音樂電視台，一再重聽「魔鬼交響曲」。然後我們上樓到遊戲間，到了半夜兩點左右，我開心的笑著說：「又到了吸白粉的時候了，朋友們，請跟我來。」

我們走回樓下的電視間，坐在原來的位置上。但是，當我伸手去拿白粉時，才發現白粉不見了。不見了？媽的，怎麼可能？我看著畢爾和許奈德曼說：「好了，兄弟，別開玩笑了，你們哪一個人拿了白粉？」

他們都十分驚訝地看著我。畢爾說：「你說什麼，開我玩笑嗎？我沒有拿白粉！以我小孩的眼睛發誓！」

許奈德曼則用辯白的語氣跟著說：「別看我！我絕對不會做這種事。」他拚命的搖頭晃腦：「拿別人的白粉開玩笑是背叛上帝的重罪，絕對不可饒恕。」

因此我們三個都蹲下來，開始趴在地毯上找白粉。兩分鐘後，我們驚異相互對望，發現大家都兩手空空。我懷疑的說：「或許掉到椅墊後面了。」

畢爾和許奈德曼點點頭，所以我們開始移開所有的椅墊，卻還是什麼都沒有找到。

「怎麼會發生這種屁事？」我說：「完全沒有道理。」然後我突然想到，白粉可能掉進椅墊裡了！看來不太可能，不過怪事年年有，不是嗎？

一定是這樣。「我馬上回來。」我說，然後用最快的速度跑到廚房，從刀架上拿了一把不銹鋼切肉刀，再立刻跑回電視間。那些白粉是我的！

「你要幹什麼？」畢爾不敢相信的問。

「你他媽的以為我要幹什麼？」我一面罵一面跪下來，開始用刀子割開一個坐墊，把裡面的發泡塑膠和羽毛丟在地毯上。這張沙發有三個椅墊和三個靠墊，但我只花了不到一分鐘，就把所有的墊子都割破了。「他媽的！」我喃喃咒罵，再把眼光移向雙人座椅，使勁割開雙人椅上的每個墊子，但還是沒有找到。這下我真的生氣了，「我不敢相信會有這種屁事！白粉那裡去了？」我看看畢爾問：「我們是不是去過起居間？」

他緊張的搖搖頭說：「我不記得我們有去過起居間，為什麼不乾脆別想白粉算了？」

「你是瘋了還是怎麼了？即使我只能再做最後一件事情就死掉，我也要找到白粉！」我轉頭看著許奈德曼，瞇起眼睛瞪著他。「別騙我，許奈德曼，我們去過起居間，對吧？」

許奈德曼搖搖頭說：「沒有，我知道你不想聽我這麼說，但是我很清楚我們沒有去過起居間。」

我尖叫著說：「是嗎？你們這些傢伙沒有一點屁用！你們和我一樣，很清楚白粉掉進椅墊子裡面了，而且一定是在起居間的哪個椅墊裡，我要證明給你們看。」我站起來，踢開擋在路上的椅墊，走過散落一地的發泡塑膠和羽毛，走進起居間，右手拿著切肉刀，兩眼圓睜，氣得咬牙切齒。

這些該死的沙發！去她的，她以為買這麼多家具就可以擺脫我嗎？我深深的吸了一口氣，沒錯，我已經有點控制不住大局了，但還是想出一個完美的計畫，要在半夜兩點救回我的白粉。這個計畫本來很完美，卻有這麼多家具礙事，該死的家具！我跪下來，開始辦事，在起居間爬來爬去、瘋狂揮刀，一直到每一張沙發、每一張椅子都被我割壞為止。我的眼角告訴我，畢爾和許奈德曼全都瞪著我。

然後我想到了：白粉藏在地毯裡！多麼明顯的事實！我看著灰褐色的地毯，心想：這玩意值多少錢？十萬美元？二十萬美元？她怎麼可以這麼隨便的花我的錢？我像瘋子一樣，開始割地毯。

一分鐘後，還是什麼都沒有找到，我這才坐下來看看四周——起居間已經全毀了，可我的白粉還是蹤影全無。然後我的眼光落在立式銅燈上，感覺就像一個人站在那裡，冷冷地看著我。我的心臟幾乎要從胸腔跳出來，立刻丟下切肉刀，抓起銅燈，舉到頭頂上，像北歐主神索爾揮動大鐵錘一樣，往壁爐的方向丟過去，銅燈砸在石頭上……呼的一聲！我衝回去拿起刀子。

女王就在這時從主臥室跑過來，穿著短短的白睡袍，頭髮梳得很完美，兩條腿看來都很漂亮。這是她設法操縱我、控制我的方法，過去也真的很有效，但是這次沒有用了，我已經有了戒心，很清楚她的把戲。

「哎呀，天啊！」她尖叫著，一隻手掩住嘴巴。「拜託你停下來！你為什麼要這樣做？」

「為什麼？」我尖叫著回答：「你想知道他媽的為什麼嗎？噢，我告訴你為什麼！我是他媽的詹姆斯龐德，要找微縮影片！這就是為什麼！」

她嘴巴張得大大的，兩眼圓睜，但很快就鎮定地說：「你需要人幫忙，你生病了。」

她的話激怒了我。「噢，去你的，娜婷！你以為你是誰，居然說我有病？你想幹什麼——你想要控制我嗎？好，過來啊，看看會有什麼結果！」

突然間，我的背部傳來一陣劇痛！有人把我推倒在地上，還緊緊的抓住我的手腕！「噢，媽的！」我大聲尖叫，抬頭一看，才發現原來壓在我身上的是畢爾，他扭著我的手腕，逼迫我放開手上的切肉刀。

他抬起頭看著娜婷，鎮定的說：「回裡面去，我來照顧他，一切都會平安無事。」娜婷跑回主臥室，砰的一聲關上門，一秒鐘後，我聽到鎖門的聲音。

畢爾仍然壓在我身上，我轉頭面對著他，開始大笑。「好了，我是說，你可以放我起來了。我只是開玩笑，想讓她知道誰才能夠發號施令，不會真的傷害她。」

畢爾的巨靈掌緊抓我的右手雙頭肌，拉著我到房子另一邊的休息區——一個難得沒有被我摧毀的地方。他把我放在又厚又軟的扶手椅上，抬頭看看許奈德曼說：「去拿占安諾的藥瓶來。」

我只記得，最後畢爾給我一杯水和幾顆占安諾。

隔天我醒來時，已經是晚上了。我回到老布魯克維爾的辦公室，坐在紅木辦公桌後，雖然不太清楚回家的過程，但還記得我對日班洛克說：「謝謝你，洛克！」因為我從南安普頓開車回到豪宅時撞上了石柱，是他把我從車裡拉出來的——還是夜班洛克？而且我不是說謝而是道歉？噢，誰在乎呢？反正他們都對波很忠誠，波則對我很忠誠。女王不太愛跟他們兩個說話，因此還沒有侵蝕他們的心靈，不過我應該保持警戒。

傷心的女王那裡去了？切肉刀事件後，我就沒再看過她。她在家，在大宅裡的某個地方，她在躲我！是主臥室嗎？這點不重要，重要的是我的小孩，至少我是好爸爸。到最後，別人會這麼記得我：「他是個好父親，徹頭徹尾的顧家男人，非常努力賺錢養家！」

我伸手到辦公桌抽屜，拿出裝了將近一磅白粉的密封塑膠袋，丟在桌上，把頭埋進白粉堆裡，同時用兩個鼻孔吸毒。兩秒鐘後，我抬起頭，喃喃的說：「上帝！噢，我的天！」然後我身子一軟，往後癱在椅背上，開始沉重的呼吸。

這種時候，電視的音量似乎無限放大，我聽到一個粗啞的聲音用譴責的語氣說：「你知道現在是什麼時候嗎？知道你家人在那裡嗎？這就是你想像中的快樂嗎——半夜三更獨自坐在電視機前？昏沉、興奮、激昂之至？如果你還有手表的話，看看你的表吧。」

什麼鬼話？我看看表，看看用兩萬兩千美元買來的寶格麗金表。我當然還有表！我再看向電視，天啊，什麼樣的臉孔！電視上有一個五十出頭的男人，頭非常大，脖子非常粗，長得非常瀟灑，灰髮梳得很整齊——剎那間，傅林斯頓的名字從我腦海裡浮現出來。

傅林斯頓繼續說：「你想擺脫我嗎？還是擺脫你的病吧！酗酒和吸毒正在跟你索命，但我們有辦法；今天就打電話給我們，我們可以幫助你。」

我心想，真是讓人不敢相信！電視竟然可以侵犯隱私到這種程度！我開始對電視機喃喃說著：「你他媽的傅林斯頓，我要把你這個穴居人從這裡踢到東非！」

但傅林斯頓沒理我，繼續說：「記住：酗酒或吸毒成癮沒有什麼值得羞恥的地方，唯一的羞恥是完全不處理，因此現在打電話來，接受……」

我看看房間四周……找到了！放在綠色大理石檯座上的，足足有兩呎高的，牛仔騎著野馬的純銅雷明頓雕像！我抱起雕像衝向電視螢幕，出盡全力往傅林斯頓砸，接著……嘩啦一聲！

傅林斯頓不見了。

我對著砸碎的螢幕說：「去你媽的！我已經警告過你了！跑到我家說我有問題？現在看看你自己怎麼了，他媽的！」

我走回桌前坐下，然後把流血的鼻子埋在白粉堆裡；但是我沒有吸白粉，只是把臉埋在上面，把白粉當作枕頭。

我覺得有一絲罪惡感，因為孩子就在樓上，但是因為我非常會賺錢，所有的門都是實心紅木造的，誰也聽不到什麼聲音。不過，那顯然只是我自己一廂情願的想法，因為我很快就聽到樓梯傳來沉重的腳步聲，一秒鐘後，女王的聲音傳來：「噢，天啊！你怎麼了？」

我抬起頭，很清楚自己臉上蓋滿了白粉，卻毫不在乎。我看看女王，她全身赤裸——想用做愛的可能來操縱我。

我說：「傅林斯頓想要從電視機裡出來，但是別擔心，我修理他了，你可以回去睡覺，現在安全了。」

她看著我，嘴巴張開，雙手抱胸，我忍不住看著她的乳頭。這個女人真的很能激發我的欲望，要找人取代她很難——不是不可能，但是很難。

「你的鼻子流了很多血。」她溫柔的說。

我厭惡的搖搖頭。「別誇大了，娜婷，鼻子幾乎沒有流血，而且完全是因為現在是過敏的季節。」

她開始哭泣。「除非你到康復中心，否則我再也不能留在這裡了。我太愛你，不能眼看著你自殺，我總是愛著你，千萬別忘了。」說完後她就離開了房間，關上門，但是沒有狠狠的關門。

「去你的！」我對著門大叫：「我沒有問題！我想停的話，隨時都可以停！」我深深的吸了一口氣，用T恤擦掉鼻子和下巴的血。她怎麼會以為，單單憑著嚇唬，就可以讓我去康復中心？拜託！但緊接著，我感到鼻頭又湧出另一股熱流，再度拉起T恤下擺，擦掉更多的血。天啊！要是我有乙醚，就可以把古柯鹼變成快克，不必再吸白粉，避開所有跟鼻子有關的問題。但是，等一等！還有別的方法可以製造快克不是嗎？不錯，有其他簡單的製法……跟發粉有關的製法……網際網路上一定有製造快克的方法！

五分鐘後，我就找到了答案，跌跌撞撞的向廚房走去，把所有的原料倒在花崗石流理台上，然後在銅鍋裡裝水，倒入古柯鹼和發粉，把爐火開到高溫再蓋上蓋子，還在蓋子上放了一個瓷製糖果罐。

我開始覺得暈眩，因此閉上眼睛坐在爐子旁邊的凳子上，把頭靠在流理台上，想要休息一下。恍恍惚惚之間，呼的一聲巨響差點讓我嚇破了膽。我自製的快克爆炸了，噴得廚房到處都是，天花板、地板和牆上，到處都是快克。

一分鐘後，女王跑進來。「噢，我的天！怎麼回事？什麼東西爆炸了？」她上氣不接下氣，顯然嚇壞了。

「沒事，」我喃喃的說：「我在烤蛋糕，卻睡著了。」

我記得她最後說的話是：「明天早上我要回娘家。」

我也記得，腦袋裡最後的想法是：愈快愈好。

36 監獄・康復・死亡

隔天早上——也就是幾小時後，我在辦公室裡醒來，覺得鼻子下方和兩頰溫溫的，讓人十分愉快。啊，真舒服……女王還跟我在一起……替我清理……照顧我……

我睜開眼睛，天啊，是葛文。她拿著一條很貴的白浴巾，沾了溫水，正在幫我擦掉臉上的白粉和結塊的血跡。

我對葛文笑笑。她是唯一沒有背叛我的人，不過我真的能夠信任她嗎？我閉上眼睛，在腦裡想著……沒錯，我可以信任她，毫無疑問。她會陪著我熬過苦難，而且，在女王拋棄我很久很久後，葛文也一定還在我身邊，照顧我，幫忙我撫養小孩。

「你還好嗎？」我最喜歡的南方黑人美女問道。

「還好，」我低聲說：「星期天你來這裡幹什麼？你不是要上教堂嗎？」

葛文難過的笑著說：「太太打電話給我，要我今天過來照顧小孩。來，雙手舉起來，我替你換一件乾淨的T恤。」

「謝謝。葛文，我有點餓了，可不可以請你端一碗水果脆圈給我？」

「已經端來了，」她指著原來放牛仔雕像的綠色大理石檯座說：「水果脆圈好吃又濕濕的，正是你喜歡的樣子！」

這才叫服侍！女王怎麼不能像葛文一樣？「娜婷在那裡？」我問。

葛文噘著豐滿的嘴唇說：「她在樓上整理行李，她要回娘家。」我身上湧起可怕的虛脫感，從胃部開始，蔓延到身上的每一個細胞，好像心臟和內臟都鬆脫開來，我覺得噁心，想要嘔吐。「我馬上回來。」說完後，我帶著熊熊怒火從椅子上跳起來，衝向旋轉梯，跳了上去。

主臥室就在樓梯上方，但門鎖著，所以我開始敲門。「讓我進去，娜婷！」沒有回答。「這也是我的臥室！讓我進去！」

三十秒後，門沒開但鎖開了，我打開門，走進臥室，床上的皮箱裝滿了衣服，都折疊得整整齊齊，但是女王不在，深褐色的皮箱貼滿了路易威登的標誌，一看就知道花了我不少錢！

女王這時才從她超大的鞋帽間走出來，腋下各夾了一個鞋盒，沒說話也沒有看我，只是走到床邊，把鞋盒放在皮箱旁邊，就轉身要走回鞋帽間。

「你要到那裡去？」我罵道。

她輕視的瞪著我的眼睛說：「我告訴過你了，我要回娘家。我再也不能眼看著你自殺，我受夠了。」我覺得火氣從腦幹升起。「我希望你別想帶孩子走，你不能帶走小孩、絕對不能！」

「孩子可以留下來，」她鎮定的回答說：「我一個人走。」

這句話讓我大吃一驚——她為什麼要把孩子留下來？……一定是某種陰謀。當然是，她很狡猾。「你以為我是傻瓜嗎？我一睡著，你就會回來把孩子偷走。」

她輕蔑的看著我說：「我甚至不知道這算不算是個問題。」就又向鞋帽間走去。

顯然我對她的傷害還不夠，因此我說：「我不知道，你帶這麼多衣服想去那裡，要離開這裡就空手離開，你他媽的拜金女。」

這句話觸怒了她！她轉身面對著我。「去你的！」她尖叫著說：「我一直是最好的妻子，這樣子過了這麼多年後，你怎麼敢這樣罵我！我替你生了兩個完美的小孩，全心全意服侍你六年！一直對你忠心耿耿，比誰都忠心！連一次都沒有騙過你！看看我得到什麼報應！結婚後你搞過多少女的？你這個到處留情的王八蛋！去你的！」

我深深的吸了一口氣說：「你愛怎麼說就怎麼說，娜婷，反正我就只一句話：如果你真要離開，就空著手離開。」我的口氣平靜，卻帶著威脅。

「啊，真的嗎？你打算怎麼辦，燒掉我的衣服嗎？」

還真是個好主意！我從床上抓起她的皮箱，衝到用石灰石砌成的壁爐旁，把她所有的衣服都倒在壁爐裡一呎高的木柴上，只要按個鈕，就可以點燃火焰。我瞪著女王，她嚇呆了，動也不動。

這樣的反應我可不滿意，所以我跑到她的衣櫥裡，從看起來很貴的架子上拿下幾十件恤衫、襯衫、洋裝、裙子和褲子，跑回壁爐旁，全都丟在衣服堆上。

我再看著她，現在她眼裡含著淚水了，但對我來說仍然不夠好，我希望聽到她道歉，哀求我別再這樣，因此我堅定的咬緊牙關，跳到她放珠寶盒的桌子旁，抓起盒子，走回壁爐邊，打開蓋子，把所有的珠寶倒在衣服堆上，伸手到牆上，右手食指放在小小的不銹鋼按鈕上，瞪著她看。現在，淚水開始從她的臉頰流下來了。

「去你的！」我大叫著……然後按下按鈕。

片刻之後，她的衣服和珠寶就都被火焰吞沒了。但她還是沒有說話，只平靜的走出房間，非常輕柔的關上門。我轉身看著火焰，心想：去她的！她活該，居然敢威脅我，她以為我會讓她輕易的壓倒我嗎？我瞪著火焰許久，最後終於聽到輪胎壓在車道碎石子上的聲音。跑到窗邊時，正好看到她的黑色路寶車車尾衝向前門。

好極了！我心想。只要女王和我關係結束的消息傳出去，門口就會有很多女人排隊——排隊！到時候就知道誰是老大！

既然女王走了，就該是我擺出愉快的表情，讓小孩知道沒有媽咪後生活會多麼美妙的時候了。千樂的很多活動不必再打斷，卡特可以隨心所欲的吃巧克力布丁。我帶他們到後院的秋千架旁，一起遊戲，葛文、日班洛克、艾麗佳、瑪麗亞、伊格納休和另外幾個人在旁邊隨侍照顧。

我們高興的一起遊戲，似乎玩了很久——感覺上好像永恆。我們哈哈大笑，樂不可支的嘻嘻笑著，互相開玩笑，抬頭看著藍天，聞著春天清新的花朵。有小孩最好了！

問題是，我以為的永恆其實只有三分半鐘，我就對兩個完美的小孩失去興趣了。我對葛文說：「你接手，葛文，我有一些文件要看。」

一分鐘後，我回到辦公室，眼前新放了一堆白粉，就像女兒喜歡把所有洋娃娃擺成一排審問那樣，我也開始把我所有的毒品放在桌上檢查。一共有二十二種毒品，大部分都裝在玻璃瓶裡，也有些裝在塑膠袋裡。有多少人能夠吸食這麼多毒品卻不會過量？沒有！只有華爾街之狼！靠著多年小心的混合和平衡，經歷痛苦的嘗試與錯誤過程，華爾街之狼找到正好正確的吸食方式，形成了抵抗力。

隔天早上，一場戰爭爆發了。

才剛早上八點，葛林就坐在我的客廳裡，讓我很生氣。事實上，他應該很明白不應該到我家來向我解釋美國證券法，何況只是粗略、大概又毫無意義的說明。天啊，我可能不是很懂得生活，卻絕對不會不了解美國證券法。事實上，即使經過三個月大致上沒有睡覺後、甚至經過過去七十二小時的徹底瘋狂，吸食了四十二公克的白粉、六十顆白板、三十顆占安諾、十五顆煩寧、十顆科羅諾平、二百七十毫克嗎啡、九十毫克安比恩、還有百希爾、百憂解、百克塞、百美樂、蝴蝶片、以及只有上帝才算得清楚的烈酒後，我仍然比世界上的大部分人更知道怎麼迴避美國證券法。

葛林說：「主要問題是梅登根本沒有簽署股票轉讓委託書，因此我們不能就這樣把股票送到過戶代理人那裡，改到你的名下。」

即便我的頭腦昏昏沉沉，也很不能想像我的朋友怎麼這麼不專業。這個問題簡單到根本不成問題，讓我很想對他的臉孔吐口水。我深深的吸了一口氣說：「我告訴你，你這個王八蛋，我把你當兄弟一樣敬愛，但是下次如果你敢再告訴我這份委託協議不能幹什麼，我會把你的眼珠子挖出來。你都已經到我家裡來，希望跟我借二十五萬美元了，卻還在擔心股票轉讓委託書。老天呀，葛林！我們只有在賣股票的時候才需要轉讓委託書，想買股票時不需要！你懂了嗎？這是消耗戰，是控制權之爭，誰掌握了股票，誰就占了上風。」

我改用比較和緩的口氣說：「你要做的事情，就只是取消跟委託協議有關的票券贖回權。這一來，你就有必須出售股票、清償債務的法律義務。然後你轉個身，把股票以每股四美元的價格賣給我，我會開給你一張四百八十萬美元的支票，當作買這些股票的價款。你再立刻開一張支票，把四百八十萬美元還給我，清償這張票券的價款，就是這樣！你懂了嗎？就是這麼簡單！」

他柔弱無力的點點頭。

「聽著，」我鎮定的說：「法律賦予的權力，十分之九都在控制權上。我現在立刻開支票給你，完成我正式控制這些股票的第一道手續，然後今天下午我們申報十三D表格，公開宣布我打算繼續買更多股票、發動委託書之爭，這樣就會造成非常嚴重的騷動，使梅登綁手綁腳。接下來我每星期都還要繼續買股票，繼續向證管會申報最新的十三D表格，讓這個事兒不斷盤踞《華爾街日報》的版面，把梅登逼瘋！」

十五分鐘後葛林離開我家，實際財富增加了二十五萬美元，口袋裡也多了一張四百八十萬美元的支票。今天下午道瓊通訊社就會發布新聞，說我打算併購梅登鞋業。雖然實際上我並不打算這樣做，卻毫不懷疑這個消息會把梅登逼瘋，使他別無選擇，只能以公平的價格買下我的股票。至於我個人的法律責任，我倒不擔心，因為我已經好好想過，梅登和我是一直到公開承銷一年後，才實際簽署這份祕密協定，史崔頓發布假公開說明書的問題是重點，梅登的法律責任比我還多，因為他是執行長，必須在向證管會申報的文件中簽字。我卻可以主張不知情，說我認為公司都已正確的申報，這當然不是最好的合理否認，卻仍然是合理的否認。

最少，葛林現在不會再麻煩我了。

我回到樓上，進入皇家浴室，又開始吸白粉。化妝台除了一堆白粉，在很多面鏡子和價值百萬美元的灰色大理石地板的反射下，感覺上還有一千盞燈亮著。我很難過、很空虛，非常想念女王，想念得要命，但是現在我不能叫她回來。畢竟向她屈服等於承認失敗，承認我有問題，需要協助。

因此我把鼻子埋在白粉堆裡，同時用兩個鼻孔吸，然後又吞下更多的占安諾和白板。不過重點不在占安諾，占安諾只是為了維持最初期的白板興奮；看起來維持這種興奮似乎很有道理，因為那會讓所有的問題似乎都停在一百萬哩之外。只要不斷吸食，比如每隔四或五分鐘吸兩條粗粗的白粉線條，我心想，維持個大約一星期左右，那麼我就可以勝過女王，看著她向我爬回來，這樣吸食毒品需要很小心的平衡，但是我很願意迎接這種挑戰。

不過，如果在我睡著時，她跑回來把小孩帶走怎麼辦？或許我應該跟小孩一起離開這裡，讓小孩逃脫她的魔掌；但是卡特似乎太小了，不能一起走，他還包著尿布，還很依賴女王。這種情形當然總有一天會改變，尤其是在他準備擁有自己的第一部車時；如果他同意忘掉媽媽，我會給他一部法拉利。

這麼看來，只帶著千樂和葛文離開比較有理。千樂是非常好的同伴，我們可以像別的父女一樣環遊世界，穿最好的衣服，過最無憂無慮的生活，別人會羨慕的看著我們。幾年過後，再回來找卡特。

三十分鐘後，我回到起居室跟戴維森談事情，他抱怨我要他放空，卻碰上股價上漲而虧損。但是我根本不在乎，只希望看到女王，讓她知道我跟千樂環遊世界的計畫。

也就正在這時，我聽到大門打開的聲音，幾秒鐘後就竟然真的看到女王穿過起居室，走進小孩的遊戲間；我還在跟戴維森討論交易策略時，她已經抱著千樂走回來。我的聲音變得像自動播放的錄音帶，耳朵忙著聆聽女王輕輕走向地下室的腳步聲——她要到孕婦裝樣品間去。老天爺！她在嘲笑我、蔑視我、激怒我！我覺得，我的心臟好像要從胸腔跳出來。

「……因此下次交易時，你一定要在場，」我繼續說，腦海裡同時瘋狂的同時想著兩件事。「關鍵是你——對不起，我要離開一下。」我舉起食指說：「我得下樓跟我太太談點事。」

我衝下旋轉梯時，女王正坐在她的桌前拆信。拆信？好大的膽子！千樂躺在她旁邊的地板上，拿著蠟筆在畫圖本上畫畫。我滿懷怨憤的對娜婷說：「我要去佛羅里達。」

她抬起頭。「是嗎？那跟我有什麼關係？」

我深深的吸了一口氣說：「我要帶千樂一起去。」

她擠出笑容說：「我不同意。」

我的血壓升到最高峰。「你不同意？噢，你去死吧！」我彎下腰，抱起千樂就向樓梯跑去。女王立刻從椅子上跳起來追我，一面尖叫：「我要殺了你！把她放下來！把她放下來！」

千樂開始歇斯底里的嚎哭，我對女王大叫著說：「去死吧，娜婷！」我跑到樓梯上，女王飛撲過來，抱住我的大腿，拼命阻止我上樓。

「停下來！」她尖叫著說：「求求你，停下來，她是你女兒，把她放下來！」她抱著我的腳，扭著身體往上爬，想要抱住我的上半身。我看著女王，這一刻我真的希望她去死。結婚這麼多年來，我從來沒有打過她——一直到現在。我把運動鞋的鞋跟穩穩的踩在她肚子上，奮力一踢——就這樣，我看著太太飛下樓梯，身體右側重重的撞上地板。

我呆住了，又驚恐又困惑，好像看到兩個我不認識的瘋子，正在我面前做出極為可怕的行為。幾秒鐘後，娜婷翻了個身，變成仰臥，雙手抱著身體右側，痛苦的縮成一團，有點像是被我踢斷了肋骨。但是，她的臉孔很快就又露出堅定的神色，手腳並用往樓梯上爬，仍然想阻止我帶走她女兒。

我轉身離開她，緊緊把女兒抱在胸前，跑上樓梯，一面說：「寶貝，沒事！爸爸愛你，要帶你去小小的旅行一番！一切都會平安無事。」上到樓梯頂端後，我開始發足狂奔，嚇得女兒又開始嚎哭。我沒有理會她，反正我們兩個很快就會單獨在一起，一切都會平安無事。我向車庫跑去時，知道女兒總有一天會了解這一切，明白我為什麼要修理她媽媽。或許等女兒更大的時候，她媽媽會終於學到教訓，那麼她們就可以團圓，回復到某種關係——或許。

車庫裡有四部車，但白色雙門敞篷賓士車離我最近，因此我打開右側前門，把女兒放在前座後，就用力關上門。我繞過車後跑向駕駛座時，看到女傭瑪麗莎驚恐的看著我們，我跳進車裡，發動車子。

女王就在這時撲到車子的右前方，拍打窗戶，厲聲大叫，我才剛發動車子，就看到車庫門開始關起來，往右邊看去，原來是瑪麗莎按了關門鈕。去她的！我想都不想，就把排檔桿推到前進，猛踩油門，衝向車庫門，把門撞得粉碎。車子繼續全速前進，撞上車道邊緣六呎高的石灰石柱。我看看女兒，雖然她沒有綁安全帶，還在歇斯底里的哭喊，但是謝天謝地，沒有受傷。

突然間，一些讓我很困擾的想法浮上腦海：他媽的，我到底在幹什麼？我要到那裡去？我讓女兒坐在前座，卻沒有幫她綁安全帶，到底在幹什麼？沒道理嘛。我打開車門走到外面，站在那裡，好像才剛了一秒鐘，保鑣就已經跑到車子旁邊，抱起女兒跑進屋裡。然後女王跑過來，告訴我只要我平靜下來，一切就都會平安無事。她不但說她仍然愛我，還用雙手抱著我。

我們就這麼站在那裡，不知道經過了多久，才聽到響亮的警笛聲，看到閃光，接著我就被上了手銬，送進警車後座。我努力轉動脖子，在警察把我送進監獄前看了女王最後一眼。

這一天裡，我一直在不同的牢房裡進進出出。第一個是老布魯克維爾警察局的牢房，兩小時後，警察再度把我銬起來，開車送我到另一個警察局，護送我進入另一間牢房；不過這間牢房比較大，擠滿了人，我沒有跟別人說話，別人也不理我。牢房裡經常有人大喊大叫、亂發脾氣，冷得要死——先前我不斷提醒自己，總有一天柯爾曼探員會拿著逮捕令來敲我家的門，所以我一定要隨時都穿得暖和一點。接著我聽到有人叫我的名字，幾分鐘後，我又坐進了另一部警車的後座，前往明尼歐拉市的州法院。

我站在法庭裡，前面坐著的是個女法官……噢，糟了！我完了！我轉頭對精明能幹的范梅格帝律師說：「我們完了！這個女的會判我死刑！」

范梅格帝對我微微一笑，把手放在我肩膀上說：「放輕鬆點，十分鐘內我就會把你弄出去，你只要記得，在我叫你說話前別說半個字。」

范梅格帝陳述了幾分鐘後，彎下腰在我耳邊說：「說你無罪。」因此我微笑著說：「無罪。」

十分鐘後，我果然恢復了自由身，跟范梅格帝一起走出法院；我的大轎車已經在法院外面的路邊等著，康保坐在駕駛座上，夜班洛克也在。他們兩個下車迎接我時，我才發現洛克帶著我常用的路易威登皮包。康保打開車門讓我上車時，仍然一語不發，洛克從車後繞過來，把皮包交給我，說：「貝先生，你的東西都在裡面，還有五萬美元現金。」

范梅格帝律師很快的補充說：「共和機場有一架李爾噴射機等著你，康保和洛克會載你去那裡。」

我忽然警覺到，這是女王對付我的陰謀！絕對是！「媽的，你們在說什麼？」我生氣的說：「你們要帶我去那裡？」

「到佛羅里達，」范梅格帝說：「戴維森會在共和機場等你，陪你一起南下；你在博卡拉頓降落時，畢爾會等著你。」他停下來嘆了一口氣，才又說：「好朋友，你聽我說，你需要離開個幾天，好讓我們跟你太太解決問題，否則的話，你會再進監牢。」

洛克補充說：「我跟波談過，他要我留在這裡盯著太太，貝爾福先生，現在你不能回家——她已經取得對付你的保護令，如果你回去，馬上就會被逮捕。」

我深深的吸了一口氣，想弄清楚現在我還有誰可以信任——律師可以信任……洛克可以信任，畢爾可以信任，卑鄙的女王……絕對不能信任！因此現在回家還有什麼意義？她恨我，我也恨她，如果現在讓我看到她，我很可能會殺了她，但這樣就會嚴重妨礙我跟女兒和兒子旅行的計畫。因此，或許到陽光下過幾天對我可能有好處。

我瞇起眼睛看著洛克，問他：「每一樣東西都在裡面嗎？所有的藥都在？」

「我把所有的東西都放進去了，」一臉倦容的洛克說：「你抽屜裡，你桌子裡的所有東西，加上貝爾福太太給我們的現金，都放在裡面了。」

好極了，我心想。五萬美元應該可以讓我過好幾天，還有那些禁藥……噢，包包裡的禁藥，應該多到足以讓所有的古巴人在四月剩下的時間裡都昏昏沉沉。

37 雪上加霜

真是瘋狂極了！我們在三萬九千呎高空飛行時，機艙裡飄盪著極多的白粉粒子，因此我起身上廁所時，發現兩位飛行員都帶著防毒面具。很好，他們看起來都像好人，所以我不願意看到他們因為我的關係而通不過毒品測試。

我正在逃亡、是個亡命之徒！我必須不斷移動才能存活，休息就是死亡。只要一讓頭躺下來，讓自己崩潰，讓頭腦一心想著剛才發生的事情，就一定代表死亡！

可是……為什麼會發生這種事？我為什麼要把女王踢下樓？她是我太太，我愛她勝過一切。我為什麼要把女兒放在賓士車前座，開車衝破車庫門，甚至沒有替她綁安全帶？她是我在世界上最寶貴的東西，她這一生裡，會不會記得樓梯上那一幕？會不會總是想到，媽媽往上爬，想要把她從……從……噢……吸食白粉的瘋子手中救出來？

飛到北卡羅來納上空時，我終於不得不承認我是個吸食白粉的瘋子。在那一剎那間，我已經跨越了紅線，但是現在我退回來了，恢復正常了——真的嗎？

我必須不斷的吸食，必須不斷的嗑藥：嗑白板、嗑占安諾和很多煩寧。我必須對抗妄想，無論如何，我都必須維持興奮，停下來就是死亡……停下來就是死亡。

二十分鐘後，繫好安全帶的信號亮起來，清楚的提醒我，現在應該停止吸食白粉，嗑點白板和占安諾，才能保證我在飛機降落時，處在完美的中毒狀態。

就像律師說的一樣，畢爾果然在停機坪上等我，身後有一部黑色的林肯大轎車。我心想，一定是珍妮幫我安排的。

畢爾雙手抱胸筆直站著，看起來比一座山還高大。「你準備好尋歡作樂了沒？」我高興的說：「我得開始找下一任老婆了。」

「我們先回我家休息一下，」像山一樣魁梧的畢爾說：「羅麗飛到紐約去陪娜婷了，整個房子只有我們在，你需要睡一下。」

睡？不、絕不！我心想。「我死了以後就會睡個痛快，你這個大混蛋，你到底站在誰那邊？我這邊還是她那邊？」我全力揮出右勾拳，打在他右手臂上。

他聳聳肩，顯然不覺得我這一拳有什麼力量。「我站在你這邊，」他真誠的說：「我總是站在你這邊，但是我認為你們不應該吵架，一定要復合。給她幾天時間平靜下來吧，女人就是需要這樣。」

我咬緊牙關，狠狠的搖著頭，好像是說：「絕不復合！再過一百萬年也不復合！」

唉，實際情形卻是我希望我太太回頭，而且是迫切渴望她回頭。但是我不能讓畢爾知道這一點，他可能說漏嘴，告訴羅麗，而羅麗會告訴女王。那麼女王就知道我沒有她很難過，讓她占到上風。

「我希望她去死，」我喃喃說著：「我是說，她這樣對待我，難道不應該去死嗎？即使她是世界上最後一個女人，我也不會再要她——啊，我們到真金俱樂部去，找些脫衣舞女郎替我們吹簫！」

「你說了算，」畢爾說：「我得到的命令只有保證你不自殺。」

「噢，真的嗎？」我罵道：「哪個王八蛋對你下這種命令？」

「每一個。」魁梧的畢爾嚴肅的搖著頭。

「噢，那麼就去他媽的的每一個！」我一面罵，一面走向轎車。「每一個人都去他媽的！」

真金真是好地方！一群年輕的脫衣舞女郎——至少二十幾個——只是前菜，向中間的舞台走去時，我有機會多看這些年輕美女幾眼，但是我難過的斷定：她們大都已經是殘花敗柳。所以我轉頭對畢爾和戴維森說：「醜女人多了點，但是如果用心找，我敢說我們一定可以找到還沒有經過琢磨的鑽石。」我轉著頭，東張西望。「先到處看看吧。」

俱樂部最靠裡面的地方是貴賓區，前面有一道短短幾級的階梯，用紅色絨布繩索隔開，前面站著一位極為高大的黑人保鑣，我向他直直的走過去，熱情的說：「你好嗎！」

保鑣低頭看了我一眼，好像我是應該一腳踩死的討厭昆蟲。我心想，他需要一點東西來調整態度，因此我伸手到右腳的襪子裡，抽出一疊一萬美元的百元大鈔，分了一半給他。

在他的態度「正確調整」後，我才開口說：「可不可以替我把這裡最紅的五位女孩找來，然後清理一下貴賓區，讓我朋友和我使用？」

他微微一笑。

五分鐘後，我們獨自享用整個貴賓區，四位長得相當火辣、全身光溜溜、穿著高跟鞋的脫衣舞女郎站在我們前面，她們都相當好看，卻都不是可婚之材。我需要的是真正的美女，可以帶著在長島到處炫耀，讓女王徹底了解誰才是老大。

卻也就在這時，保鑣忽然又拉開絨布繩索，讓一位全身赤裸、穿著白色漆皮怪異便鞋的少女走上台階，坐在我身邊椅子的扶手上；她赤裸的兩腿漫不經心的交疊在一起，然後彎下腰，在我臉頰輕輕的吻了一下，傳來天使牌香水和跳舞後一絲麝香味混合的香氛。她長得漂亮極了，絕對還不到十八歲，一頭淡褐色的頭髮非常漂亮，配合碧綠色的眼睛、小小的瓊鼻和柔順的臉龐，身材棒極了，身高大約五呎五吋，挺著一對經過隆乳的C罩杯豪乳，小腹平坦，兩腿美得足以跟女王比美，橄欖色的皮膚上沒有半點斑痕。

我們對看著笑了一下，她的牙齒平整而潔白，我用大到足以壓過舞蹈音樂的聲音說：「你叫什麼名字？」

她靠近我，嘴唇幾乎壓到我的右耳，說：「火焰。」

我嚇了一跳，側著頭看看她說：「火焰是什麼鬼名字？你出生時，你媽媽就知道你將來會當脫衣舞女郎嗎？」

她向我伸出舌頭，我也向他伸出舌頭回應。「我的真名是珍妮佛，」她說：「火焰是我的藝名。」

「噢，很高興認識你，火焰。」

「啊，」她的臉頰摩擦著我臉，說：「你真是個小可愛！」

小——？為什麼……你這個光溜溜的小妓女，我應該痛扁你一頓！我深深的吸了一口氣說：「你這句話是什麼意思？」

她好像完全聽不懂我的話。「我只是說，你長得很可愛，眼睛很漂亮，又很年輕！」她對我笑著。

她的聲音很甜，葛文會認可她嗎？事實上，這個女孩到底適不適合當小孩的媽媽，現在還言之過早。

「你喜歡白板嗎？」我問。

她聳聳肩說：「我從來沒有試過，白板會讓人有什麼感覺？」

「嗯……」我心想，她是新手，但我現在可沒有沒有耐心教她。「白粉呢？你試過嗎？」

她揚起眉毛說：「試過，我很愛白粉！你有嗎？」

我熱心的點點頭說：「有，一大堆！」

「噢，那麼你跟我來，」說著，她抓起我的手。「不要再叫我火焰了好嗎？叫我珍妮。」

我對著未來的妻子笑著說：「好，珍妮，順便問一下，你喜歡小孩嗎？」我心裡暗自祈禱。

她笑得合不攏嘴。「喜歡，我很喜歡小孩，將來要生一堆小孩，怎麼啦？」

「沒什麼，」我對未來的妻子說：「只是想知道而已。」

啊，珍妮！你是解除女王暗箭傷人痛苦的良藥！現在誰還需要回老布魯克維爾？我可以乾脆讓千樂和卡特搬到佛羅里達來，當然還有葛文和珍妮。女王會有探視權——在法院監督下一年一次，應該相當公平了。

珍妮和我在經理的辦公室裡鬼混了四小時，我們一起吸古柯鹼，她則私下表演豔舞給我看；雖然我根本硬不起來，她還是為我進行世界級的吹簫服務。但因為我現在已經相信她很適合當我小孩的媽媽了，因此我對著她的頭頂說：「停一下，珍妮，暫時不要吸。」

她側著頭，對我笑說：「有什麼問題嗎，甜心？」

我搖搖頭：「沒有問題，事實上，一切都很好。我想把你介紹給我媽媽，停一下。」我拿出手機，撥到灣岸我父母家；那裡的電話號碼，三十五年來都沒有變過。

片刻之後，電話裡傳來我媽媽關心的聲音，我要她別理會女王的說辭：「不對，不對，別聽她的。一切都很好……限制令？那又怎麼樣？我有兩棟房子，她可以要一棟，我也可以留一棟……小孩嗎？他們當然跟我住，我是說，誰能給他們比我更好的照顧？不過我打電話不是為了這件事，媽媽；我打電話給你，是要讓你知道我要跟娜婷離婚……為什麼？因為她是背後傷人的婊子，這就是為什麼！另外我也已經認識別人了，她真的很好。」我看看珍妮，她開心的笑著，我對她眨眨眼，然後對電話說：「媽媽，你聽我說，我希望你跟我未來的太太說話，她真的很甜、很漂亮、很—— 什麼？我現在在那裡？我在邁阿密一家脫衣舞夜總會裡……為什麼？……不，她不是脫衣舞女郎，至少已經不是了，她現在已經拋棄了這一切，我要把她寵到天上去。」我又對珍妮使使眼色。「她叫珍妮，但是你也可以叫她火焰，她不會生氣，她很隨和，你等一等，我要她跟你說話。」

我把手機交給珍妮。「我媽媽人很好，每個人都很喜歡她。」

珍妮聳聳肩，拿起電話。「喂，媽媽？我是珍妮，你好嗎？……噢，我很好，謝謝你……對，他很好……噢，好，等等。」珍妮用手按著話機說：「她說她希望再跟你說話。」

我心想，真是讓人不敢相信！我媽媽竟然這樣三言兩語就打發了我未來的太太，真是無禮！我拿起電話就掛斷了。然後開心的笑著躺回沙發上，指著下腹部。

珍妮熱切的點點頭，彎下身子，開始又吸又抓、又揉又拉，然後又吸一陣子……然而我雖然也很努力，卻似乎怎麼都不能讓那裡充血。但年輕的珍妮是箇中好手、意志堅定的小女孩，沒有全力一試不會放棄。十五分鐘後，她終於找到了特別的地方，接著我發現自己硬得像石頭一樣，在廉價的白布沙發上無情的對她衝刺，也告訴她我愛她，然後她說她也愛我，讓我們兩個都笑得樂不可支。這是我們的歡樂時刻，但我還是覺得奇怪：在這種情況下，兩個失落的靈魂怎麼可能這麼快就這麼深愛著對方？

真是讓人驚異，就在我爆發前的那一刻，珍妮是我的一切，但片刻之後我就希望她完全蒸發。可怕的失落感，像一百呎高的海嘯一樣淹沒了我。我的心臟沉到胃部，十分消沉，我不只是想起女王，我想念她。

我迫切想跟她說話，希望聽到她說她仍然愛我，仍然是我的人。我難過的對珍妮笑笑，告訴她我要跟畢爾談話，但馬上就會回來。我走出去，走進夜總會，找到畢爾，告訴他如果我不立刻離開這裡，我可能會自殺——這樣他就會有大麻煩了，因為他的責任是讓我活著，等到事情平靜一點。因此，我們沒有跟珍妮說再見就離開了。

畢爾和我坐上大轎車，前往他在博卡拉頓布羅肯灣的房子，那裡是設有警衛大門的社區。戴維森喜歡上了一位脫衣舞女郎，留在那裡。我正在考慮要不要割腕，古柯鹼的藥力已經消退了，我感覺自己正在崩潰，從情緒的懸崖快速下墜，我需要跟女王說話，只有她能救我。

現在是凌晨兩點，我拿起畢爾的手機，撥了我家的電話號碼，接電話的是女的，卻不是女王。

「你是誰？」我問。

「我是唐娜。」

噢，糟糕！唐娜就是那種最陰險的婊子，最會抓緊挑撥離間的機會。她是娜婷兒時的朋友，從她大到知道什麼是嫉妒時，就開始嫉妒娜婷。我深深的吸了一口氣說：「讓我跟我太太說話，唐娜。」

「她現在不想跟你說話。」

這句話觸怒了我。「馬上叫她來接電話，唐娜。」

「我已經告訴過你了，」唐娜不高興的說：「她不想跟你說話。」

「唐娜，」我鎮定的說：「我可不是跟你開玩笑，我警告你，如果你不叫她來接電話，我就馬上飛回紐約，用刀子刺進你的心臟。結束了你以後，大概會再去找你老公。」然後我大叫著：「他媽的，叫她來聽電話。」

「等等。」唐娜非常緊張的說。

我轉轉脖子，想讓自己鎮定下來，然後看著畢爾說：「你知道我其實不是這個意思，只是想跟她說明白。」

他點點頭說：「我跟你一樣討厭唐娜，但是我認為你應該稍微退讓一點，放過娜婷幾天。我跟羅麗談過話，她說娜婷被你嚇壞了。」

「羅麗還說了什麼？」

「她說除非你去毒品康復中心，娜婷不願意你回去。」

這時手機傳出聲音：「嗨，喬登，我是歐菲莉亞，你好嗎？」

我只能再深吸一口氣。歐菲莉亞是好朋友，但還是不能太信任她，她是女王認識最久的朋友，盼望我們幸福……但是……女王已經侵入她的心靈……左右她的想法……使她站在反對我的那一邊。不過，雖然歐菲莉亞可能是敵人，然而她跟唐娜不同，不是壞人，因此我覺得她的聲音多少能夠讓我安定下來。「我很好，歐菲莉亞，請你叫娜婷接電話好嗎？」

我聽到她嘆了一口氣。「喬登，她不會來接電話的。除非你到康復中心去，否則她不會跟你說話。」

「我不需要康復中心，」我誠懇的說：「我只是需要放慢腳步。告訴她我會一步一步來。」

「我會告訴她，」歐菲莉亞說：「但是我覺得你這樣說沒有用。你聽我說，我很抱歉，但是我得走了。」她就這樣掛了我的電話。

我的心情沉得更低，深深的吸了一口氣，沮喪的垂下頭。「真是讓人不敢相信。」我無力的說著。

畢爾把手放到我肩膀上。「兄弟，你還好嗎？」

「嗯，」我言不由衷的說：「我很好，但我現在不想再說話了，只需要想一想。」

畢爾點點頭，剩下的車程裡，我們都沒有說話。

十五分鐘後，我坐在畢爾家的起居室裡，覺得已經沒有希望到幾近絕望。我現在離「正常」似乎更遙遠了，心情沉到低得不能再低的水位。畢爾坐在我旁邊，跟我坐在同一張沙發裡，沒有說話，只是看著、等著。我前面是一堆白粉，藥丸類都擺在廚房流理台上。我又打回家十多次，但是洛克已經開了答錄機，顯然連他也跟我作對了——這件事情一解決，我就要開除他。

我對畢爾說：「請你打羅麗的手機，只有這個方法能夠打通電話。」

畢爾無力的點點頭，開始在無線電話上撥羅麗的號碼。三十秒後，我跟羅麗講起電話，她在那邊哭著，抽噎著說：「你聽我說，你知道畢爾和我多麼愛你，喬登，但是求求你，請你去康復中心，你得找人幫忙。難道你還看不出來嗎？你快要死了！你是聰明人，但是你卻在毀滅自己。如果你不願意為自己這樣做，那麼請你為千樂和卡特這樣做，求求你！」

我深深的吸了一口氣，從沙發上站起來，向廚房走去，畢爾跟在我後面幾步。「娜婷還愛我嗎？」我問。

「愛，」羅麗說：「她仍然愛你，但是除非你去康復中心，否則她再也不願意跟你在一起。」

我又深深的吸了一口氣說：「如果她愛我，她就會來接電話。」

「不對，」羅麗說：「如果她愛你，她就不會來接電話。你們兩個都有這個問題，都有這種病，她甚至比你病得更嚴重：居然讓這種事情拖這麼久！你需要去康復中心，喬登，她也需要求助。」

我真不敢相信，連羅麗都跟我作對了！我從來沒有想到會這樣——根本想都想不到。噢，去他媽的！去他媽的女王！去他媽的世界上的每一個人！誰還在乎什麼？我已經攀上了到人生的最高峰不是嗎？我才三十四歲，卻已經過了別人的十輩子。現在還有什麼意義？除了向下沉淪，我還有什麼地方好去？緩慢而痛苦的死亡比較好，還是在光榮的火焰中燃燒比較好？

我一眼就看到嗎啡瓶子，裡面至少還有一百顆，每顆十五毫克。嗎啡的藥丸都很小，只有豌豆的一半大，呈現漂亮的紫色。我今天要吃十顆——足以讓大部分人昏迷，永遠醒不過來，我吃了卻沒有問題。

我用非常傷心的聲音對羅麗說：「告訴娜婷我很抱歉，替我跟小孩吻別。」我掛電話時，最後聽到的聲音是羅麗尖叫說：「喬登，不要！別掛——」

我快速的抓起嗎啡瓶子，轉開蓋子，把所有的藥丸都倒在掌心上，雖然因為藥丸太多了，掉了很多到地上，但是掌心裡至少還有五十顆，形成紫色的小丘，看起來漂亮得很，我把藥往嘴巴一倒，開始咀嚼——然後，場面就亂成一團。

我看到畢爾跑向我，因此趕緊衝到廚房的另外一邊，抓起一瓶傑克丹尼爾威士忌，但是還來不及喝他就抓到我，打掉我手上的瓶子，緊緊抱住我。電話鈴聲響起，但他毫不理會，把我壓在地上，粗大的手指伸進我嘴裡，想把藥丸挖出來，我狂咬他的手指，但是他非常有力，擋住了我的牙齒，尖叫著：「吐出來！吐出來！」

「去你的！」我大叫說：「讓我起來，不然我就殺了你，你這個大混蛋！」

電話一直響，畢爾一直叫：「吐出來！吐出來！」我繼續咀嚼，想吞下更多的藥丸，最後他用右手抓住我的臉頰，使出極大的力量往下壓。

「噢，媽的！」我不得不吐出藥丸。這種藥很苦……苦得出奇……反正我已經吞下非常多顆，一切其實都不要緊了，只是時間問題。

他用一隻手壓制著我，拿起無線電話，撥通九一一緊急電話，焦急地告訴警察他家的地址。一丟下電話就又想從我我嘴裡挖出更多藥丸。

我一邊咬他一邊喊：「拿開你的臭爪子，你這個大笨蛋！我永遠不會原諒你——你跟她們是一國的。」

「別激動。」說著，他把我像一堆柴火一樣提起來，放在沙發上。

我躺在那裡，足足痛罵了他兩分鐘才覺得差不多罵夠了，我覺得很疲倦……很溫暖……很朦朧，但整體來說相當舒服。然後電話又響了，畢爾拿起電話，是羅麗打來的，我很想聽他們說話，卻很快就昏昏沉沉。畢爾把電話壓在我耳朵上，告訴我：「你聽，兄弟，是你太太，她希望跟你說話，說她仍然愛你。」

「娜娜嗎？」我努力對抗睡意，掙扎著說。

可愛的女王說：「嗨，甜心，為我撐下去，因為我仍然愛你。一切都會平安無事的，孩子愛你，我也愛你，一切都會平安，別睡著。」

我開始痛哭。「我很對不起你，娜娜，我今天不是有意那樣對你，我不知道自己做了什麼，我活不下……我……很抱歉。」完全控制不住自己的嗚咽。

「沒事，」我太太說：「我仍然愛你，你要撐下去，一切都會平安無事。」

「娜娜，從我第一天看到你，我就一直愛著你。」

緊接著，我就因為服藥過量昏了過去。

我從最可怕的感覺中醒來，只記得自己一醒來就尖叫：「不要，把那個東西從我嘴巴弄出去，你這個王八蛋！」但是我不清楚到底是為了什麼。

一秒鐘後我就找到了原因：我被人綁在急診室的檢驗檯上，身邊圍著五位醫生和護士。檢驗檯豎直起來，跟地板形成直角，我不但手腳都被綁著，身體也被兩條很粗的尼龍帶子綑住，一條在上半身，一條綁著大腿。一個穿著綠色醫師服的醫生站在我前面，手裡拿著一隻很長、很粗的黑管，有點像汽車散熱器裡的管子。

「喬登，」他堅定的說：「你必須合作，不能再想咬我的手了，我們必須替你洗胃。」

「我沒事，」我喃喃說著：「我根本沒有吞什麼東西，我已經吐出來了，我只是開玩笑。」

「我了解，」他耐心的說：「但是我不能冒這個險，我們已經替你注射嗎啡酮，抵消嗎啡的藥性，因此你已經脫離險境了。但是你聽我說，朋友：你的血壓已經破表，心跳很不正常——除了嗎啡之外，你還吃了什麼藥？」

我看了醫師一下，他看起來像伊朗人、波斯人或那一帶的人。我可以信任他嗎？畢竟我是猶太人，正好是他的死敵。醫師的誓言能夠超越這一切嗎？我努力用眼角掃瞄了一下急診室，看到讓我很困惑的景象：有兩個穿著制服、配著槍的警察靠在牆上觀察，我心想，該是閉嘴的時候了。

「沒有別的東西，」我發牢騷說：「只吃了嗎啡，說不定還有一點占安諾。我背痛，所有的藥都是醫師給的。」

醫生難過的笑著說：「我是來幫你的，喬登，不是要害你。」

我閉上雙眼，準備接受折磨。我知道接下來會發生什麼事情：這個波斯渾球會把那條管子從我的食道一直插到胃裡，把裡面的東西吸個精光，然後再灌進好幾磅的黑炭，把毒品推出我的消化道，讓我不能吸收。這是我一生中，難得一次後悔自己看了太多書的時刻。五位醫師和護士攻擊我，硬是把管子插進我喉嚨時，我想到的是：天啊，我真痛恨自己每一次都猜對了！

一小時後，除了他們灌進去的一卡車黑炭，我的胃完全空了。他們終於把黑色的管子抽出來時，我仍然綁在檢驗檯上，最後一吋管子從我食道滑出來時，我發現自己想著的是：情色片女星怎麼能夠把所有的大鳥都吸進去，表演深喉嚨卻不會哽到？我知道這樣想很奇怪，卻還是沒辦法不這麼想。

「你覺得怎麼樣？」那位好心的醫師問。

「我真的很想上廁所，」我說：「事實上，如果你不趕快替我鬆綁，我會拉在褲子裡。」

醫師點點頭，和護士開始替我鬆綁。醫師說：「廁所在那裡，一會兒後，我會進去替你檢查。」

我不太肯定他說的是真是假，一直到第一批黑色火藥像水槍一樣，從我肛門噴射出來為止。起先我還能忍住不看馬桶、想知道瀉出什麼東西的衝動，但是在轟炸十分鐘後，我終於抗拒不了衝動，瞄了一眼——裡面看來就像維蘇威火山爆發一樣，好多磅黑漆漆的火山灰從我肛門噴發出去。如果我今天早上重一百三十磅，現在大概只剩下一百二十磅了。我的內臟，好像也掉落在佛羅里達州博卡拉頓一個便宜的馬桶裡。

一小時後，我終於能從廁所自己走出來，感覺已經度過危機，正常多了。我心想，說不定他們也從我身上抽走了一些瘋狂。總之，現在該是恢復上流怪胎的生活，跟女王重修舊好、克制毒品分量、過比較低調生活的時候了，畢竟我已經三十四歲了，還是兩個的小孩的父親。

「謝謝，」我對那位好心的醫師說：「真的很抱歉咬了你，我先前只是有點緊張，你可以了解吧？」

他點點頭說：「沒問題，我也真的很高興我們能夠幫助你。」

「你們可以幫忙叫一部計程車嗎？我得回家小睡一下。」

我才剛發現那兩個警察還在急診室裡，他們就已經向我走過來；我很清楚，他們絕不是好心要載我回家。

其中一位警察拿出一副手銬時，醫師立刻退後兩步。我心想，天啊，又要銬我？這是我不到二十四小時內第四次上手銬了！我到底做錯了什麼事？我決定不往這方面去想，反正不管去哪裡都沒有事情好做，只會有把事情好好想一想的很多時間。

替我上手銬的警察說：「根據貝克法，我們要先把你拘禁在心理疾病中心七十二小時後，再把你交給法官，由法官判斷你是否還會危害自己或別人，對不起，先生。」

嗯……他看來似乎是個很好的人，畢竟只是執行佛羅里達州的警察任務；此外，他也只是要帶我去心理疾病單位，不是去監獄——一定是好事，對吧？

「我是蝴蝶！我是蝴蝶！」一位穿著藍色寬鬆夏威夷裝的黑髮胖女人喊著，一面揮舞著手臂，一面在戴瑞醫療中心心理疾病拘禁室四樓懶洋洋地繞圈飛行。

她漂浮過我面前時，我就坐在公用區中間一張很不舒服的長椅上，對著她微笑點頭。這裡大約有四十位病人，大部分都穿著浴袍和拖鞋，做著各種社會上不能接受的行為。前面是護理站，每隔幾小時，所有的瘋子都會到那裡排隊，領取索雷辛、好度或其他抗精神疾病的藥，安定他們受損的神經。

「我得算出來，六・〇二乘以十的二十三次方。」一位高瘦、滿臉粉刺的少年喃喃說著。

我覺得很有意思。我盯著這個可憐的小傢伙已經超過兩小時了，他繞著完美無缺的圓圈走動，唸著計算分子密度的亞佛加德羅常數。起初我有點困惑，不知道他為什麼對這個數字這麼著迷，後來有一位護理員解釋說，這個少年智商很高，卻有很嚴重的藥癮，每次他嗑的藥對他有不好的影響時，他就會沉迷亞佛加德羅常數之中，這是他一年來第三次住進戴瑞醫療中心。

我發現把我放在這種地方相當諷刺——因為我覺得自己相對來說十分正常——不過這就是貝克法之類法律的問題，之所以制定這種法律，只是為了滿足大眾的需要。話說回來，現在的情形已經好多了，我說服了一位醫生，讓他開給我樂命達——出於自己的判斷，他讓我服用一點這種短效鴉片劑，幫我克服驟然停止吸毒的症狀。

讓我困擾的是，我試著用中心的公用電話至少打給十多個人，包括朋友、家人、律師和事業夥伴，甚至嘗試聯絡藥商艾倫，確定他能在我終於從這個瘋人院獲釋時，保留一堆白板給我，但是我連一個人都聯絡不上。不管是女王還是我父母、李普斯基、畢爾、羅麗、葛文，還是珍妮、葛林、范梅格帝、大廚歐康納，全都聯絡不上，連無論何時總可以聯絡得上的波也找不到，好像我被冰凍了，每個人都拋棄了我。

事實上，我才在這個中心的第一天快要結束時，就已經發現自己更痛恨女王了。她已經完全忘了我，利用我在樓梯口犯下的唯一可恥行為博取我的朋友和事業夥伴的同情，讓他們都跟我作對。我敢說她不再愛我了，至於那些在我服藥過量時對我說的話，都只是出於同情，認為我可能真的會死掉，才只好說最後一次虛情假意的「我愛你」，好打發我到地獄去。

到了午夜，古柯鹼和白板大致上已經離開我的身體系統，但我還是睡不著。也就在這時，一九九七年四月十七日淩晨一、兩點時，一位很好心的護士在我右臂部注射了一劑當眠多。十五分鐘後，我終於睡著了，三個月以來，我的身體系統裡第一次沒有古柯鹼。

十八小時後，我因為聽到別人叫我名字而醒了過來，睜開眼睛時，看到前面站著一位高大的黑人護理員。

「貝爾福先生，你有訪客。」

一定是女王！我心想，她來帶我離開這裡了。「真的嗎，是誰？」我說。

他聳聳肩說：「我不知道那位先生的名字。」

先生？我的心一沉。護理員帶我走進牆壁上裝了護墊的房間，裡頭有一張灰色的金屬桌子和三張椅子，讓我想起騷擾空姐後瑞士海關官員找我問話的房間，只是那裡的牆壁沒有護墊。坐在桌子另一邊的，是一位四十多歲、帶著角質鏡框眼鏡的人。才一照面，他就從椅子上站起來跟我打招呼。

「你一定是喬登了，」說著他伸出右手，「我是梅納德。」

我反射性地跟他握了手，卻立刻覺得他有討人厭的地方。他穿得跟我差不多：牛仔褲、運動鞋和白色波羅衫，長相相當好看，只是有一點憔悴，身高大約五呎九吋，一般身材，留著分邊的棕色短髮。

他比比手勢，要我坐在他對面，我點點頭，然後坐下來。片刻之後，另一位護理員走進房間，光從外表來看，我相信這位高大的護理員是醉醺醺的愛爾蘭後裔；兩位護理員站在我身後幾呎遠的地方，如果我打算對這個人行兇，比如在我心跳保持七十二下的時候把他的鼻子咬下來，他們就會同時撲上來。

梅納德說：「我是尊夫人請來的。」

我不敢相信的搖搖頭。「你是他媽的的離婚律師還是什麼？天啊，這個婊子手腳真快！我還以為她至少會保持一點風度，會等到貝克法強制拘禁三天的期限過後才訴請離婚。」

他笑著說：「喬登，我不是離婚律師，而是毒癮防治師，你太太仍然愛你，特別請我來幫你，因此你不應該這麼輕率的就叫她婊子。」

我瞇著眼睛看著這個混蛋，想弄清楚究竟是怎麼回事。我不再胡思亂想，但仍然覺得緊張。「你說我太太仍然愛我，是她請你來的嗎？如果她這麼愛我，她為什麼不來看我？」

「她現在很害怕、也很困惑，過去二十四小時裡我都跟她在一起，她很虛弱，還不能來看你。」

我一肚子火——這個混蛋在追求我的女王。我直接從椅子跳上桌面，大吼著說：「你這個王八蛋！」他身體往後退，兩位醫事助理員向我衝過來。「我要殺死你，你這個臭東西，趁我關在這裡時追求我太太。你他媽的死定了！你的家人也死定了！你不知道我多厲害。」

我深深吸了一口氣，醫事助理員把我推回椅子上。

「你冷靜點，」女王未來的丈夫說：「我沒有追求你太太，她仍然愛你，我也還愛著另一個女性。我想說的是，過去二十四小時裡，我跟你太太談論你和她、以及你們兩個之間發生的每一件事情。」

我一向是善於自制的人，因此，發現自己失控讓我很不舒服。「她有沒有告訴你，我抱著女兒把她從樓梯踢下去？她有沒有告訴你，我割壞了價值二百萬美元的仿古家具？她有沒有告訴你，我燒烤一下東西出了大問題？我可以想像她說的話。」我生氣的搖搖頭，不只氣自己的行為，也氣女王把家醜告訴陌生人。

他點點頭，哈哈一笑，想要打消我的怒火。「有，她把一切都告訴我了；實際上有些事情還相當有趣，尤其是割家具那一部分，我從來沒有聽過這種事。但是大部分的事情都讓人相當困擾，例如樓梯口和車庫發生的事情。不過我知道，這些事情都不是你的錯——或者應該說，這些事情都沒有把你變成壞人。你實際上是病人，喬登，你得了一種病，這種病跟癌症或糖尿病沒有什麼不同。」

他停了片刻，然後聳聳肩說：「但是她也告訴我，你沒有染上毒癮前是個多好的人，說你非常聰明、多麼有成就，說你們初次見面時你就讓她十分傾倒；她也告訴我，她從來沒有像愛你這樣愛過別人。她讓我知道，你對每個人都很慷慨，但也因此每個人都利用你的慷慨占你便宜，她也告訴我你的背部問題，說背痛怎麼讓你每況愈下……」

毒癮防治師哇啦啦說了一大堆，我卻發現，自己只注意到他說她「以前很愛我」，這是不是表示她不再愛我了？我心想，很可能，因為如果她仍然愛我，就應該會來看我。她還很害怕的說法都沒有道理，我被關在精神疾病中心裡，怎麼可能傷害她？我情緒上極為痛苦，只希望她能來看我——天啊，即使是一秒鐘也好！只要一個擁抱、告訴我她仍然愛我，就會減輕我的痛苦。我會為她這樣做，對吧？在我幾乎自殺之後竟還不來看我，不會太殘忍嗎？不管我們的關係是否疏遠了，也不管還有什麼狀況，我都覺得，這樣不是深愛丈夫的妻子應有的舉動。

梅納德會來這裡，顯然就是要說服我到康復中心去。如果女王來這裡親自求我，或許我會去，但不會在這種情況下去，不是在她勒索我、威脅我，不照她的意思去做就要離開我的情況下去。然而，康復中心不就是我希望去、或者至少應該去的地方嗎？我真的希望一輩子都過著癮君子的生活嗎？但是，沒有毒品我怎麼可能活得下去？我的整個生活都以毒品為中心，未來五十年的日子裡都沒有白板、沒有古柯鹼，似乎是難以想像的事情。但是，在這一切事情發生前，我不也曾經過著清醒的生活嗎？我能再回到那種情況中嗎？也就是說，我可能逆轉時鐘嗎？我大腦的化學結構會不會已經永遠改變了——現在是癮君子，直到死亡前也都得是個癮君子？

「我們也談到你爸爸的脾氣，」梅納德繼續說：「談到你媽媽設法保護你，希望你不受爸爸的傷害，卻總是保護不成。她把一切都告訴我了。」

我努力壓制出言嘲諷的衝動，卻很快就發現做不到。「這麼說，可愛的生活女王是不是也告訴你她有多完美？我是說，因為我已經變成壞東西，變成什麼都不是了，她是不是還有時間告訴你她的事情？我是說，因為她很完美，所以她會告訴你——當然不一定什麼都說，但是她一定會告訴你，總之她就是利吉灣的女王。」

最後這些話讓他哈哈大笑了幾聲，才開口說：「你聽著，你太太根本不完美，事實上，她的病情比你嚴重。你好好想想：誰的病情比較重——是染上毒癮的配偶，還是坐視自己心愛的人自我毀滅的配偶？我會說第二種人的病情比較重。你太太是真的有病，也就是『共同依存病』——把所有時間都用來照顧你，我還沒有看過像她這麼嚴重的共同依存病。」

「廢話一堆。」我說：「你以為我沒聽過這些鬼話嗎？如果沒有人對你說過，那我告訴你，我也讀過很多東西。雖然我吃了五萬顆白板，卻仍然記得從念托兒所以來看過的所有東西。」

他點點頭說：「我不只跟你太太見過面，喬登，我也跟你所有的朋友和家人、每一個對你很重要的人見過面，大家一致公認，你是世界上最精明的人。既然大家都這麼說了，我也不打算跟你多說廢話。我的辦法是這樣的：喬治亞有一個郃波特毒品康復中心，裡頭有很多治療師，也有很多很聰明的人，因此你可以在那裡過得很愉快。我有權力簽個字就把你移出這個鬼地方，兩小時內你就可以到郃波特中心——樓下有一部大轎車等著你，你的飛機也已經加滿油在機場等著。郃波特是很好的地方，也很高級，我想你會喜歡那裡。」

「你怎麼有資格這樣做？你是醫生嗎？」

「不是，」他說：「我只是跟你一樣的毒癮患者，不同的只是我正在復原，你還沒有。」

「你清醒幾年了？」

「十年。」

「十年？」我脫口說出：「天啊！怎麼可能？我連一天、一小時都不能不想到毒品！兄弟，我的頭腦運作方式跟你不一樣，簡單說，我不需要去康復中心，但戒毒團體之類的地方倒可以。」

「你已經過了那種階段。事實上，你還能活著就已經是個奇蹟——你早就應該停止呼吸了，朋友。」

他聳聳肩說：「總有一天你的運氣會用完，而那一天你的朋友畢爾可能不在現場，沒人能為你打緊急求助電話，你最後會進棺材，而不是進心理中心。」

他用極為嚴肅的口氣說：「我們在戒毒無名會裡常常說，酒蟲或毒蟲最後會去三個地方：不是監獄、治療中心，就是地獄。過去兩天裡，你進過監獄，眼下在康復中心裡，要到哪裡你才會滿意，進殯儀館嗎？要到你太太叫兩個小孩坐好，跟他們解釋為什麼再也看不到爸爸時，你才會滿意嗎？」

我聳聳肩，知道他說得對，卻不願意投降。因為某種無法解釋的原因，我覺得必須抗拒他、抗拒女王──事實上，是抗拒每一個人。如果我想清醒，就一定要按照我的方式，不是照別人的方式，而且絕對不能有一把槍抵著我的頭。「如果娜婷親自來這裡，我會考慮，否則的話，你可以滾蛋了。」

「她不會來這裡的，」他說：「除非你到康復中心去，否則她不會跟你說話。」

「很公平，」我說：「那麼你們兩個都可以滾蛋了。我兩天內就會離開這裡，然後我會照我的方式處理我的毒癮。如果這樣表示我會失去太太，管她的。」我跟醫事助理員比了個手勢，就從椅子上站起來。

正要走出房間時，梅納德說：「你或許可以再找到另一個漂亮的太太，卻絕對找不到像她這麼愛你的太太。你以為這一切是誰安排的？在過去的二十四小時裡，你太太都處在恐慌的狀態中，卻還想方設法拯救你的生命，如果你讓她離開，你就是傻瓜。」

我深深的吸了一口氣說：「很久以前，有一個女孩像娜婷一樣深愛著我，她的名字叫做丹尼絲。我辜負了她的堅貞，所以或許我現在是罪有應得，誰知道呢？但是不管怎麼說，我都不會在威脅下進入康復中心，因此你在浪費時間，不要再來找我。」

說完我就離開了房間。

那一天剩下的時間裡，就沒有這麼難過了，我爸媽帶著家人和朋友，一個接一個來到心理疾病中心，想說服我到康復中心去。除了女王，每一個人都來了──這個女人的心腸怎麼可能這麼硬，在我試圖……試圖做什麼？

就算只是在心裡思考，我也拒絕用「自殺」這個字眼。或許是因為這件事太痛苦了，也可能是因為太讓人難堪，我居然會為了對一個女人的愛或癡迷──即使這個女人是我太太──就走上自殺之路。真正有權有勢的男人不會這樣做，還有一點自尊心的男人也不會這樣做。

事實上，我根本不是真的想自殺，我的內心很清楚，有人會把我緊急送到醫院洗胃——畢爾一直在注意我。但是女王不知道，她認為我為了可能失去她而煩惱、絕望，又因為白粉引發的妄想而自暴自棄，因此試圖結束自己的生命。但如果真是這樣，怎麼還不能夠打動她？

沒錯，我是像惡魔一樣對待她，而且不只那一天在樓梯口這樣，早在做出這種可怕的事之前好多個月、甚至好多年前，我就已經這樣對待她了。從我們結婚的頭幾年起，我就利用心照不宣的態度，以讓她過富裕的生活換來一些自由，這種作法或許並不過分，但是毫無疑問的，我讓自己踩過了紅線。

然而，即使如此，我還是覺得自己值得同情。

女王沒有同情心嗎？她是否真的有點冷酷，心底裡有一個無法捉摸的地方？事實上，我總是這樣懷疑：女王就像我、像世上的每一個人，都是有缺陷的產品。她是好太太，卻也把自己的包袱帶進我們的婚姻中。從小她爸爸就拋棄了她，她跟我說過很多次：每到星期六和星期天，她都會盛裝打扮——她小時候就美麗非凡，有著一頭柔順的金髮和天使般的臉孔——等著爸爸帶著她去吃大餐，或去康尼島坐雲霄飛車，或是到布魯克林一帶的里斯海濱公園，好讓他可以驕傲的宣稱：「這是我女兒！看看她多麼漂亮！我很驕傲我是她爸爸。」她會在屋外的前廊等爸爸，但他卻從來沒有出現，甚至沒有打電話用不成理由的藉口安慰她，讓她總是失望之至。

她媽媽當然替爸爸掩飾，說她爸爸愛她，只是因為鬼迷心竅，喜歡過著流浪的、沒有根的生活。現在的我，是不是就在承受這種事情的後果？因為她從小為自己築起藩籬，因此而產生的冷酷性格，是否使她失去了同情心？難道我只是抓住稻草的溺水者嗎？或許這是我的報應——到處拈花惹草、買笑宿娼，半夜三點把直昇機降落在家裡，夢中還念念不忘應召女郎范尼絲，還找按摩女、騷擾空姐……的報應。

又或者，難道這是更微妙的報應？是我違反所有法律的結果？炒作股票、偷運鈔票到瑞士的報應？還是我整死對我忠心耿耿的夥伴笨蛋葛林的報應？過去十年裡，我過著複雜之至的生活，過著大家只能在小說上看的那種生活，一切都已經弄得糾葛難解。

但這就是我、我的生活，不管怎麼說，號稱「華爾街之狼」的我都是如假包換的瘋子，總是認為自己刀槍不入，可以逃避死亡和監禁，過著像搖滾巨星一樣的生活，吸食的毒品比一千個人該吸的還多，卻還能活下來說自己的故事。

關在戴瑞醫學中心心理疾病單位的第二天裡，這些想法在我腦海裡洶湧澎湃。毒品繼續離開我的大腦，我的思緒愈來愈清楚，已經開始復原，準備全心全力應付一切：把禿頭的混蛋梅登剁成肉醬，跟我的死敵特別探員柯爾曼搏鬥，準備不計一切代價奪回女王。

隔天早上，服藥的時間一過，就有人把我叫到那個裝了橡膠護墊的房間。兩個醫生在那裡等著我，一個長得胖胖的，另一個相貌普通，但藍色的眼珠子很突出，喉結跟葡萄柚一樣大，我心想，應該是某種腺體的問題。

他們自我介紹，說他們是布瑞醫師和麥克醫師，就立刻叫醫事助理離開房間。我本來有點期待接下來的事，但才談了兩分鐘，我就不覺得那麼有意思，認定這兩個人比較適合當唱雙簧的演員，而不是毒品防治師。不過，唱雙簧會不會就是他們的手法呢？沒錯，他們兩個看來都很不錯，事實上我還有點喜歡他們——梅納德醫師告訴女王我們話不投機後，女王就用私人飛機請他們從加州飛來這裡。

也就是說，這兩個人是增援部隊。

胖胖的布瑞醫師說：「噢，只要我簽個字，你就可以馬上離開這個鬼地方，兩小時內就在邰波特喝原味的椰子鳳梨雞尾酒，欣賞一位年輕的護士——她因為被人抓到透過護士裙替自己注射地美露鎮痛劑，從護士變成了病人。」他聳聳肩說：「你也可以在這裡多留一天，跟蝴蝶小姐和數學少年更深入交往。但是我得說，除非你瘋了，要不你不會想在這個地方多留一秒鐘；我是說，這裡聞起來像……」

「狗屎地方，」有腺體問題的那位醫師說：「你為什麼不讓我們簽字，讓你離開這裡？我毫不懷疑你瘋了，本來就該關個好幾年，卻不是關在這裡，不是關在這個糞坑！你需要高級一點的瘋人院。」

「他說得對，」胖胖的布瑞醫師補充說：「不開玩笑，大轎車等著我們，飛機等著大轎車，還是讓我們替你簽字，帶你離開這座瘋人院，上飛機去玩樂一下吧。」

「我得說，」有腺體問題的醫師補充說：「那架飛機可真漂亮。你太太花了多少錢，才用飛機把我們從加州載來這裡？」

「我不知道，」我說：「但是我敢說她付了最高價，女王什麼都不討厭，就只討厭便宜貨。」

他們兩個都哈哈大笑，胖布瑞醫師笑得尤其開心，似乎覺得什麼事情都很有趣。「女王！我喜歡這個名字！你太太很漂亮，而且真的愛你。」

「你為什麼叫她女王？」有腺體問題的醫師卻問。

「噢，說來話長，」我說：「雖然我希望是我取的名字，但實際上不是，是一個叫做布萊安的傢伙取的，他開了一家證券號子，我跟他有很多生意來往。總之，很多年前的耶誕節時，我們搭私人飛機從聖巴茲群島飛回美國，全都喝醉了。布萊安坐在娜婷對面，放了一個響屁，然後說：『唉，糟了，娜娜，我想我剛剛在內褲上留下了一些屎痕！』娜婷則罵他沒教養，討人厭，因此布萊安說：『噢，對不起，我猜利吉灣的女王從來不在絲內褲裡放屁，留下一些屎痕！』」

「有趣有趣，」胖布瑞醫師說：「利吉灣的女王，我喜歡。」

「不對，真正有趣的在後頭。」我說，「布萊安自以為很幽默，樂不可支，沒有看到女王捲起耶誕節版的《城市與鄉村》雜誌，就在他笑得抬起頭來時，從椅子上跳起來，用最大的力量狠狠敲在他頭上，當場把他打昏，再坐回原來的位置，又看起雜誌，真是酷斃了！幾分鐘後，布萊安的太太在他臉上潑了一杯水，他才醒來。就這樣，從此以後這個外號就跟定她了。」

「真是不可思議！」有腺體問題的醫師說：「你太太看起來像天使一樣，我怎麼也猜不到她會做這種事。」胖布瑞醫師同意的點頭。

我轉著眼珠子說：「噢，你不知道她多厲害；她看起來可能一點都不狠，卻壯得跟牛一樣。你們知道她痛打過我多少次嗎？更別說她最擅長的潑水了。」我呵呵笑著說：「可別誤會我的意思，她痛扁我大都是我罪有應得——我雖然深愛著她，卻沒有好好的當模特兒的丈夫。但是我仍然認為她應該來看我，如果她先前就來過，現在的我就已經進了康復中心。我不是不想去，只是不喜歡像個人質。」

「我覺得她很想來，」胖布瑞醫師說：「但是梅納德建議她別來。」

「有道理，」我脫口說：「那個傢伙是個狗屎，等這件事情一解決，我就會找人小小的去拜訪他一下。」

兩位醫生拒絕接我的話頭。有腺體毛病的醫師問：「我可以跟你提一個建議嗎？」

我點點頭。「當然可以，為什麼不行？我喜歡你們兩個，我討厭的是那傢伙。」

他微微一笑，看來有點想耍陰謀的樣子，然後降低聲音說：「你為什麼不讓我們簽字，讓你離開這裡到亞特蘭大去，然後在你住進去之後，再想辦法逃出康復中心呢？那裡沒有圍牆、鐵欄杆、鐵絲網這些東西，你會跟一堆奇怪的醫生住在豪華公寓裡。」

「對，」胖布瑞醫師說：「我們把你丟在亞特蘭大後，貝克法就失效了，你就可以自由離開，只要告訴你的駕駛員別離開機場。如果你不喜歡那個中心，儘管走人。」

我哈哈大笑。「你們兩個真是讓人不敢相信！你們想要打動我的竊盜心理，對吧？」

「為了請你到康復中心，我什麼手段都會使出來；」胖布瑞醫師說：「你是好人，應該活下去，不應該死在白粉吸管下——不恢復清醒的必然結果。相信我，我說的是經驗之談。」

「你也是康復中的癮君子嗎？」我問。

「我們兩個都是，」有腺體毛病的醫師說：「我清醒十一年了，布瑞久一點，十三年。」

「怎麼可能？我是很想戒掉，但連戒個幾天都很難，更不要說十三年了。」

「你一定做得到，」胖布瑞醫師說：「我不是說十三年，但是我敢說你一定可以戒今天一整天。」

「對，」我說：「我可以戒一整天，但也只做得到這個程度。」

「這樣就夠了，」有腺體毛病的醫師說：「今天最重要，誰知道明天會發生什麼事情？一次只要戒一天，你就不會有問題。我就是這樣戒的，每天早上起床時，我不會告訴自己：『嗯，最重要的是一輩子都能控制酗酒的衝動！』而是：『嗯，只要熬過接下來的二十四小時，其他的日子自己會去應付。』」

胖布瑞點點頭說：「他說得對，喬登，我知道你現在很可能認為，這只是愚蠢的逃避法，就跟自欺欺人沒兩樣。」他聳聳肩說：「也許吧，但是我個人一點也不在乎。我只知道這種方法有效，救回了我的老命，也會把你的老命救回來。」

我深深的吸了一口氣，再慢慢吐出來。我喜歡這兩個傢伙，真的喜歡，而且我真的、非常希望保持清醒，也很願意嘗試。但是我的強迫症太嚴重了，我所有的朋友都吸食毒品，所有的娛樂都包含毒品。還有我太太……噢，女王沒有來看我。在我對她做了那麼多可怕的事情後，我心裡知道，我絕對不會忘記她沒有在我自殺後來看我。

女王當然有她的主張，如果她決定不原諒我，我也不能怪罪她；她一直是好妻子，我卻用讓自己變成癮君子來報答她。我心想，我有很多理由可以做很多事，卻都不能改變事實。如果她希望離婚，也是天經地義的事，我總是會照顧她，總是愛她，總是希望讓她過好日子。她畢竟替我生了兩個非常好的小孩，而且，所有這些事情都是她安排的。

我看著胖布瑞的眼睛，慢慢點頭。「我們離開這個該死的鬼地方吧。」

「沒錯，」他說：「也真的該離開了。」

38 火星怪人

乍看之下，這個地方似乎很正常。

部波特復原園區設在喬治亞州亞特蘭大，坐落五、六畝佈置得非常素靜的土地上，離私人機場只有十分鐘車程，在那六百秒裡，我都在計畫怎麼逃走。事實上，我下飛機前就對駕駛員下了嚴格的命令：無論如何都不能起飛。他必須遵照我的命令行事，因為出錢的畢竟是我，不是女王。而且，停留期間我還會給他們額外的獎賞；所以，他們對我保證說一定會留下來。

因此，大轎車開上園區車道時，我也像計畫逃獄的囚犯一樣打量地形。胖布瑞和有腺體毛病的麥克坐在我對面，他們沒騙我，這裡的確沒有水泥牆、金屬欄杆、瞭望塔，也看不到一圈又一圈的鐵絲網。

整個園區在喬治亞州的陽光下閃閃發亮，處處都是紫色和黃色的花朵，玫瑰花叢修剪得整整齊齊，還有高大的橡樹和榆樹，比戴瑞醫療中心尿騷味十足的走廊好多了。但是其中似乎有一點怪異：好得不像是真的。毒癮康復中心真的那麼有錢嗎？

建築物前面有一個環形的下車區，大轎車開近時，胖布瑞伸手到口袋裡，拿出三張二十美元的鈔票。「拿去，」他說：「我知道你身上沒有半毛錢，因此你把這些錢當成我送你的好了，這是你回機場的計程車資，我不希望你搭便車，誰也不知道你會碰到什麼樣的瘋狂毒蟲。」

「你說什麼？」我茫然的問。

「還在飛機上時，我看到你在跟駕駛員咬耳朵，」胖布瑞說：「很久以前我也這樣做過。要是我學到了什麼東西，就是如果有人不準備恢復清醒，我根本不可能強迫他。我不想用『對牛彈琴』之類的比喻來侮辱你，但是總歸一句話，我覺得你一路上讓我笑得這麼開心，我就欠你六十塊錢。」他搖著頭說：「你真的是個瘋狂的渾球。」

他停了一下，好像要找適當的字眼。「但我還是要說，這次的毒癮防治是世界上最奇怪的一次。昨天我還在加州參加有點無聊的會議，卻接到即將作古的梅納德非常急切的電話，告訴我一位娶了美豔模特兒、有幾十億家產的傢伙自殺了。信不信由你，起初我根本不願意接這個案子，因為距離太遠了；但是緊接著利吉灣的女王接過電話，無論如何都不讓我拒絕。然後我就上了私人飛機，跟你見面，開始了最驚奇的旅程。」他聳聳肩。「我只能說，我希望為你和尊夫人獻上最誠摯的祝福，希望你們能夠長相廝守——那才是美好的結局。」

麥克點點頭表示同意。「你是好人，喬登，別忘了這一點，即使你十分鐘後就從大門逃出去，立刻跑到有白粉可吸的地方，也改變不了你是個好人的事實。這種毛病非常可怕、非常狡猾、非常難搞。我自己就從三家康復中心逃走過，最後才找到正確的路途。我家人最後一次找到我是在橋下，我在那裡像乞丐一樣過日子。真正令人難過的是，那還是他們終於把我送進康復中心後，我第二次逃回到那座橋下，這種病就是這樣。」

我嘆了一口大氣說：「我不想唬弄你們，就在我們飛來這裡的時候，在我忙著告訴你所有歇斯底里的故事，讓我們全都控制不住的大笑時，我心裡還在想著毒品。毒癮就像該死的煉鋼高爐一樣，在我的心底熊熊燃燒；我已經想好，一離開這裡就要打電話給我的白板藥頭。不吸白粉我或許可以活下去，但是沒有白板卻不行，白板，已經成為我生活中最重要的一環。」

「我很清楚你的感受，」胖布瑞點點頭說：「事實上，直到現在我對白粉還是有同樣的感覺，沒有一天沒有吸食白粉的衝動；但是我努力保持清醒超過十三年了，你知道我是怎麼辦到的嗎？」

我笑著說：「知道，你這個胖渾球，一次只管一天，對吧？」

「唉，」胖布瑞說：「你終於學會了！你還有希望。」

「對，」我喃喃的說：「我們開始治療吧。」

我們下了車，走過通往入口的短短水泥道路後，我就發現，裡面跟我想像的完全不同，佈置得很豪華，看來像是男性的吸菸俱樂部。地上鋪了富麗堂皇的地毯，還有很多紅木和帶有樹節的核桃木裝潢，沙發、雙人座椅和扶手椅看來都很舒服。還有一個很大的書架，排滿古意盎然的書籍，書架對面是一張深紅色的牛皮扶手椅，椅背很高，看起來特別舒服，因此我直接走過去，一屁股坐下來。

啊……我有多久沒有坐在這麼舒服的椅子上，同時腦海裡沒有白粉和白板作怪了？我不再背痛、腳痛、髖骨痛，也沒有其他疼痛或病痛讓我煩惱，連一點小病都沒有。我深深的吸了一口氣，再吐出來……感覺真好。清醒的呼吸是美好時刻的一部分，但我多久沒有這樣過了？上次感覺這麼清醒已經是將近九年前的事了，媽的！九個完全瘋狂的年頭！真是糟糕透了，多麼可怕的生活方式。

而且我餓極了！我迫切需要吃一點東西，除了水果脆圈什麼都好。

胖布瑞走過來說：「你還好嗎？」

「我餓死了，」我說：「我現在願意花一百美元買個麥香堡。」

「我來想想辦法，」他說：「麥克和我必須填一些表格，然後我們就帶你進去，替你弄點東西來吃。」他笑著走開了。

我又深深的吸了一口氣，只是這口氣我足足憋了十秒鐘，最後終於吐出來的時候，我凝視著書架的正中心，就這樣，在那一刻，強迫性的衝動離開了我。結束了，我知道我不再需要吸毒了，夠了就是夠了，我不再有那種衝動，衝動完全消失了。我永遠不會知道為什麼，只知道我絕對不會再碰毒品。我的腦海裡似乎有什麼東西在滴答作響，某種開關關了起來，我就是知道。

我從椅子上站起來，走到接待室的另一邊，胖布瑞和麥克正在那裡填表格。我把手伸進口袋，拿出那三張二十元美鈔。「還你，」我對胖布瑞說：「你可以把六十美元拿回去，我決心住下來了。」

他微微一笑，善解人意的點點頭說：「你很行，朋友。」就在他們離開前，我對他們說：「別忘了打電話給利吉灣女王，要她跟駕駛員聯絡，否則他們會在那裡等好幾個星期。」

「好，敬利吉灣女王！」胖布瑞說著，做出假裝敬酒的樣子。

「敬利吉灣女王！」我們三個同時說。

然後我們互相擁抱，保證往後要保持聯絡。但是我知道，我們絕對不會再聯絡了，他們已經完成任務，應該進行下一個案例，我也應該清醒了。

隔天早上，新的瘋狂──清醒後的瘋狂──開始了。我在早上九點左右醒來，覺得精神昂揚，沒有戒斷症狀，沒有宿醉，沒有想吸毒的強迫性衝動。其實我還沒有正式進入康復中心，明天才要進去，現在還在解毒部門；走向餐廳去吃早餐時，我心裡唯一牽掛的是還不能跟女王聯絡上。她似乎飛出了牢籠，我打電話到老布魯克維爾的家，跟葛文談過話，她告訴我娜婷不見了，只打電話回來一次跟小孩說話，甚至沒有提我的名字，因此我認定我們的婚姻已經結束了。

吃過早餐後，我走回房間時，一位看來健壯得就像兇猛的鯖魚、十分偏執的傢伙對我揮手。我們在公用電話旁邊碰在一起。「嗨，」我伸出手來說：「我叫喬登，你好嗎？」

他小心翼翼的跟我握手。「噓！」說著，他眼睛到處亂瞄。「跟我來。」

我點點頭，跟他回到餐廳，坐到一張長型的餐桌上，別人都偷聽不到我們的談話；早上的這個時候，餐廳裡只有幾個人，大部分都是穿著白袍的員工。我認定這位新朋友是十足的鄉巴佬，他的穿著跟我一樣，也是牛仔褲和T恤。

「我叫安東尼，」他說著，伸出手來，跟我再握一次手。「你就是昨天坐私人飛機來的那個人嗎？」

唉，天啊！這次的我很希望默默無聞，不再突出、扎眼。「對，就是我，」我說：「但是如果你保持這個祕密，我會感謝你，我只是希望跟大家融合在一起，好嗎？」

「我會替你保密，」他喃喃的說：「但是，想在這個地方保持什麼祕密需要好運氣。」聽起來不只有點怪異，事實上簡直有歐威爾《一九八四》的味道。「噢，真的嗎？」我說：「為什麼？」

他看看四周後說：「因為這裡像他媽的的奧許維茲集中營。」他輕聲的說，然後對我眨眨眼。這時，我知道這個傢伙要不是完全瘋了，就是有點脫線。「為什麼像奧許維茲？」我笑著問。

他聳聳健壯的肩膀說：「因為這裡像納粹的死亡集中營一樣，會拷問大家，你看到那邊的員工了沒？」他用頭比著說：「他們是黑衫隊，一旦火車停下來，你到了這個地方，就再也出不去了，而且這裡也有奴工。」

「你在說什麼鬼話？我以為來這裡只是進行四星期的計畫而已。」

他把嘴唇緊緊的抿成一條線，搖著頭說：「對你或許是這樣，但我們可不是——你不是醫生吧？」

「不是，我是銀行家，不過我現在大致上已經退休了。」

「真的嗎？」他問道：「你怎麼會退休？你看起來還像個小孩。」

我笑著說：「我不是小孩了，但是你為什麼問我是不是醫生？」

「因為這裡的每個人幾乎不是醫生，就是護士，我自己是整脊醫師，只有幾個人像你一樣。其他的人會來這裡，都是因為失去了醫事執照，因此員工抓住了我們的弱點，除非他們說你治好了，否則你拿不回執照，真是糟糕透頂。有些人已經來這裡一年多了，還在繼續努力，希望拿回執照！」他嚴肅的搖搖頭說：「這讓每個人都變得極其瘋狂，想盡辦法背叛別人以博取員工的歡心，有多噁心你根本沒辦法想像。病人個個都像機器人，嘴巴裡說著無名戒除團體的廢話，假裝自己已經康復。」

我點點頭，表示我完全了解他的意思，在這麼奇怪的地方、員工擁有絕對權力，自然會產生濫權的情形。謝天謝地，我可以超脫這種問題。「女病人怎麼樣？有很辣的嗎？」

「只有一位很辣，」他回答說：「十足的尤物，如果根據一到十分的量表來算，她有十二分。」

這句話讓我精神一振！「噢，真的嗎，她長得怎麼樣？」

「她是個嬌小的金髮美女，身高大約五呎五吋，身材讓人不敢置信，臉孔美極了，留著捲髮，真的很漂亮，真的是魔鬼。」

聽起來像是個麻煩人物。我點點頭，提醒自己要跟她保持距離，「郃波特醫生怎麼樣？員工談到他時，就好像他是神一樣。他是什麼樣的人？」

「什麼樣的人？」這位妄想狂朋友喃喃的說：「他像他媽的希特勒，或者應該說像孟格爾醫師，他是個大笨蛋，卻抓住了我們每一個人的弱點，大概只有你和另外兩個人是例外。但是你還是得小心，因為他們會設法利用你的家人對付你，會打動你太太，告訴她除非你住上半年，否則會舊病復發，燒死小孩。」

那天晚上大約七點時，我打電話回家，希望找到失蹤的女王，但是她仍然不知去向。不過我有機會跟葛文說話，跟她說明我今天已經跟治療師見面，他的次診斷（誰知道是什麼意思）說我是強迫性的花錢癮患者，也是性愛癮患者，兩件事基本上都對，可我覺得也都不關他們的事。總之，治療師說，我在花錢和自慰兩方面都要受到限制，身上只能擺放夠我到販賣機買東西的錢，每隔幾天才能自慰一次。我認為，第二個限制完全是各憑良心。

我請葛文設法在捲起來的襪子裡塞進個幾千美元，用快遞寄給我，希望她小心瞞過蓋世太保，無論如何，這都是她能替我做的最簡單的事情，更何況，九年來她一直都是最能夠幫上我忙的人。我決定不把自慰限制告訴葛文，不過我想這件事會比用錢限制的問題還大。即使我才清醒四天，但只要每次風一吹動，我就會自動勃起。

讓人更難過的是，我跟葛文通話結束前，千樂竟拿起電話說：「你會在亞特蘭大，是不是因為你把媽媽推下樓？」

我回答說：「這是原因之一，小寶貝，爹地病得很嚴重，不知道自己做了什麼事。」

「如果你還生病，我是不是能再把你的痛痛親走？」

「希望如此，」我難過的說：「說不定你可以把媽咪和爹地的痛痛都親掉。」我感覺得到，眼睛裡已湧滿了淚水。

「我會試試看。」她用最認真的態度說。

我咬著嘴唇，儘量不當場哭出來。「我知道你會這樣做，寶貝，我知道你會。」然後我告訴她我愛她，就掛了電話。那天晚上我上床前，不禁跪下來祈禱千樂能夠把我們的痛苦通通親掉，讓一切都完好如初。

隔天早上，我一醒過來就準備去見希特勒的化身——還是孟格爾醫師的化身？總之，康復中心的所有病人和員工今天早上都要在大禮堂集合，開例行的團體會議。禮堂很大，沒有隔間，一百二十張輕便的椅子排成很大的圓形，前面有一個小講台，上面有一張講桌。當天的主講人，就會在講桌前跟大家分享自己沉迷毒品的傷心史。

現在的我只是普普通通的病人，坐在一大圈有毒癮的醫師和護士當中（我倒認為他們是邰波特火星來的火星人）。現在，所有的眼睛都看著今天的客座講員——一個長得很抱歉的女性，四十出頭，屁股大得跟阿拉斯加州一樣，滿臉青春痘。大半輩子靠心理疾病藥物過活的精神病人，臉上都是這樣。

「嗨，」她羞怯的說：「我叫蘇珊，我酗酒，也有毒癮。」

大廳裡所有的火星人，包括我在內，都行禮如儀的回答說：「嗨，蘇珊！」她聽了臉色一紅，然後難過——或是得意洋洋？——的鞠了個躬。反正，我毫不懷疑她是世界級的鬼扯淡大王。

接下來是一陣沉默，蘇珊顯然不太善於在大眾面前演說，也可能是她的腦子因為嗑了太多藥而短路。蘇珊思考時，我轉頭看著邰波特；他坐在演講廳前面，兩邊各有五位員工陪伴，留著雪白的短髮，看起來差不多六十歲，皮膚白得不健康，下巴四四方方，表情嚴肅，就像你在電影裡看到的壞心腸典獄長，那種打開電椅開關前，看著死囚說：「我這樣做完全是為了你好！」的神情。

蘇珊終於繼續說：「我……噢……現在清醒將近十八個月了，要是沒有郃波特醫師的協助和啟發，我不可能做到這一點。」然後她轉頭對著郃波特醫師一鞠躬，除了我，整個禮堂裡的人都站了起來，開始鼓掌。看到一百多個火星人一起拍馬屁，想要拿回執照，讓我很受震驚。

郃波特對火星人們揮揮手，然後不高興的搖搖頭，好像是說：「噢，拜託，你們讓我好尷尬！我這樣做只是出於對人類的愛心！」但是我毫不懷疑，他那些快樂的打擊部隊會仔細記錄哪個人拍手不夠大聲。

蘇珊繼續鬼扯時，我開始東張西望，尋找那個留捲髮、有著天使臉孔和魔鬼身材的金髮美女；我發現她正好坐在我對面，圓圈的另一邊。她真的很漂亮，五官像天使一樣柔和——不是女王那種瘦削的模特兒臉蛋，但還是很漂亮。

突然間，我發現火星人們又都站了起來，蘇珊又尷尬的一鞠躬，慢慢走向郃波特，彎下腰擁抱他，卻一點也不熱情，兩個人的身體隔得很開。這種情形，一定是能夠熬過孟格爾醫師毒手而活下來的少數病人，在充滿恨意的類似團聚場合中必須表現的樣子，是一種極端嚴重的斯德哥爾摩症候群——人質變成綁票犯崇拜者——的翻版。

現在換成一位員工開始鬼扯，但這一回，火星人站起來時我也跟著起來；每一個人都跟旁邊的人手牽手，因此我也跟著牽手。

我們垂著頭，朗誦無名戒癮團體的咒語：「主啊，請賜給我平靜，接受我不能改變的事情；賜給我勇氣，改變我能夠改變的事情；賜給我智慧，讓我知道其中的差別。」

然後每個人都開始拍手，因此我也拍手，只不過這次是真心的拍手。畢竟我雖然是個滿心懷疑的混蛋，但不能否認的是，無名戒癮團體是很好的組織，幾百萬人的救生員。

禮堂後面有一張長方形的桌子，上面擺了幾壺咖啡和一些糕點、餅乾，我走過去時，聽到一個不熟悉的聲音衝著我大叫：「喬登！喬登．貝爾福！」

我轉過身，天啊，是郃波特，他向我走來，蒼白的臉上堆滿笑容。他很高，大約六呎一吋，但是看起來狀況不是特別好。他穿著看來很貴的藍色運動夾克和灰色的毛呢長褲，一面走來，一面對我揮手。

那一刻，我可以感覺到一百零五雙眼睛都假裝不看我——不對，實際上是一百十五雙眼睛，因為員工也假裝沒在看我。

他伸出手來說：「我們終於見面了，」然後心有戚戚焉的點點頭，才又說：「很高興，也很歡迎你來郃波特園區，我覺得跟你一見如故。布瑞已經把你的事情全都告訴我了，讓我等不及想見到你。我自己也有一些故事，但我敢說沒有你的那麼好聽。」

我微微一笑，握著這位新朋友的手回話時，刻意壓制自己用嘲諷語氣回答的衝動：「我也聽了很多你的事情。」

他把手搭上我肩膀，熱情的說：「走吧，我們先到我的辦公室去一下子。今天下午晚一點的時候，我會自己開車載你離開——你要搬到山坡上的一棟公寓去。」

就這樣，我知道這家康復中心有大麻煩了，園區的主人——高不可攀、獨一無二的郃波特——是我新的好朋友，每個病人和員工都已經知道這一點：即使是在康復中心裡，華爾街之狼也準備伸出狼爪了。

郃波特的風度很不錯，我們整整花了一小時交換光榮事蹟。事實上，我很快就發現，幾乎所有康復中的毒癮患者都有一種病態的願望，希望找得到人玩「你有毒癮時會比我瘋狂嗎」的遊戲。郃波特顯然沒有經過多久，就發現他遠遠不如我——談到我用牛排刀把家具割開的部分時，他已經聽夠了。

因此他改變話題，開始說明他打算讓自己的公司公開上市，然後交給我一些文件，說明他爭取到的案子有多好。我遵命研究，卻發現自己很難集中精神。顯然碰到跟華爾街有關的事情時，我腦海裡已經有些部分會自動關閉，看文件時不能像平常一樣心領神會。

然後我們坐進他的黑色賓士車，讓他載我到我的公寓去。公寓就在康復中心往前開一小段路的地方，其實不是邰波特園區的一部分，但是邰波特跟管理公寓大廈的公司談好，五十棟半連棟公寓中，有大約三分之一都住著邰波特的病人。我心想，又是一個利潤中心。

我從他的賓士車下來時，他說：「要是我能夠幫上什麼忙，或是有員工、病人不當的對待你，一定要讓我知道，我會處理。」

我謝謝他，心想四個星期結束前，我應該百分之九十九會跟他談這個問題。然後我就走進獅子窩。

每一棟透天公寓裡都有六個不同的單位，我住的單位在二樓。當我爬上短短的樓梯後，發現我住的單位已經前門大開，我的兩位室友坐在看來很便宜、用漂白木頭做成的圓形餐桌上，拚命在用鋼絲圈裝訂的筆記本上寫字。

「嗨，我叫喬登，」我說：「很高興認識你們。」

他們還沒有自我介紹，四十出頭的那位高大金髮男子就問：「邰波特要什麼東西？」

然後，另一位我認為很英俊的人補充說：「是啊，你怎麼會認識邰波特？」

我對他們笑著說：「是噢，我也很高興認識你們。」然後就從他們身邊走過，沒有再說話，走進臥房，關上房門。裡面有三張床，其中一張還沒有鋪好，我把手提包放在床邊，一屁股坐上床墊。臥房的另一邊有一個便宜的木架子，上面放了一台廉價電視，我打開電視，轉到新聞台。

一分鐘後，兩位室友走了進來，金髮的那位說：「白天看電視，他們會不高興。」

英俊的那位說：「看電視會助長你的病情，大家都認為，這樣不是正確的思考方式。」

正確的思考方式？天啊，要是他們知道我的腦袋有多瘋狂就好了！「噢，感謝你們關心我的病情，」我不高興的說：「但是我將近一星期沒有看電視了，因此，如果你們不介意，為什麼不乾脆離我遠一點，擔心你們自己的病情？如果我希望來點錯誤的思考，那麼時間就是現在。」

「你是哪門子的醫生，啊？」金髮的那一位咄咄逼人的問道。

「我不是醫生。那邊那支電話有什麼限制嗎？」我比著一張木桌上的褐色電話機，上頭有一扇小小的方形窗子，髒得早該擦洗了。「我們能不能打電話？還是大家也都認為，打電話是錯誤的思考？」

「不是，你可以打，」英俊的那一位說：「但是只能打受話者付費的電話。」

我點點頭說：「你們是什麼醫生？」

「我以前是眼科醫師，但是現在沒執照了。」

「你呢？」我問長著一頭金髮、一定是希特勒少年隊隊員的那位：「你也丟掉執照了嗎？」

他點點頭說：「我是牙醫，丟掉執照完全是罪有應得。」口氣根本就是個機器人：「我得了可怕的疾病，需要治療；感謝部波特中心的員工，我才能夠神速康復，等到他們說我病好了，我就會想辦法拿回執照。」

我搖搖頭，好像聽到了什麼不合邏輯的事情，然後就拿起電話，開始撥回老布魯克維爾的家。

牙醫說：「談話超過五分鐘，他們會不高興，因為這樣對你的復原不好。」

眼科醫師補充說：「他們不高興，就會處罰你。」

「噢，真的嗎？」我說：「他們怎麼知道這種事？」

兩個人都揚揚眉毛，茫然的聳聳肩。

我勉強擠出一點笑容，說：「噢，對不起，因為我要打幾通電話，大約要一小時後才會跟你們湊在一起。」

金髮男子點點頭，看看自己的手表，然後兩個人一起回到餐廳，重新投入自己的康復過程。

片刻之後，葛文接了電話，我們熱情的打招呼，然後她低聲說：「我已經在寄給你的襪子裡塞了一千美元，你收到了沒？」

「還沒有收到，」我說：「或許明天才會到吧。更重要的是，葛文，我不希望你因為這件事被娜婷責罵。我知道她在家，也知道她不願意來接電話，這樣也好，你甚至不必告訴她我打了電話，只要以後每天早上接電話，也替我把小孩找來接電話——我大約八點鐘打電話，好嗎？」

「好，」葛文說：「我希望你能跟太太復合，這裡現在很安靜，氣氛也很悲傷。」

「我也希望，葛文，我真的希望。」又談了幾分鐘，我才跟她說再見。

那天晚上將近九點時，我第一次親身體驗郃波特園區的瘋狂。整個公寓的所有居民都在客廳開會，分享整天累積的怨恨。這種會議跟戒酒無名會的第十階段有關，因此叫做「第十階段會議」。但是當我拿起戒酒無名會的冊子，看跟第十階段有關的資料時，卻發現重點是「繼續進行自我檢討，發現自己錯誤時要立刻承認」，我想像不出這種會議要怎麼應用這種方法。

真實的情況是，我們八個人圍成一圈坐下來，一位四十出頭、看來愚蠢又禿頭的醫生說：「我叫史帝夫，我酗酒、有毒癮和性愛癮，我已經保持清醒四十二天。」

另六位醫師說：「嗨，史帝夫！」他們的招呼非常熱烈，如果我事先不知道，一定會以為他們是第一次見到史帝夫。

史帝夫說：「我今天只有一點怨恨，我怨恨喬登。」

這句話讓我醒了過來！「怨恨我？」我叫著說：「朋友，我跟你還說不到兩句話，你怎麼會怨恨我？」

我喜歡的牙醫說：「不准替自己辯護，喬登，這不是這種會議的目的。」

「噢，對不起，」我喃喃說著：「那麼，這種瘋狂的會議目的到底是什麼？因為我根本想不通。」

他們一致搖頭，好像我是傻瓜還是什麼。牙醫解釋說：「因為心懷怨恨可能妨礙你復原，因此我們每天晚上都要開會，說出一天裡可能累積的怨恨。」

我看看大家，每一個人都撇著嘴角，明智的點頭。

我厭惡的搖搖頭說：「那麼，我至少可以聽聽史帝夫老兄為什麼怨恨我吧？」

他們全都點點頭。史帝夫說：「我怨恨你，是因為你跟郃波特的關係很好，我們都已經來這裡好幾個月，有些人甚至來了將近一年，沒有一個人能跟郃波特說上話，但是他卻開著賓士車載你過來。」

我當著史帝夫的面哈哈大笑。「這就是你怨恨我的原因？他開自己的賓士車送我來這裡？」

他點點頭，然後難過的低下頭。幾秒種後，圈子裡的第二個人用同樣愚蠢的方式自我介紹，然後說：「喬登，我也怨恨你，因為你搭著私人飛機飛來這裡；我連吃東西的錢都沒有，你卻搭著私人飛機飛來飛去。」

我看看大家，每個人都點頭表示同意。我說：「你怨恨我，還有其他原因嗎？」

「有，」他說：「我也因為你跟郃波特的關係怨恨你。」大家又猛點頭。

然後下一位醫師自我介紹，說他是酒徒、毒癮和暴食症患者，他說：「我只有一件事要抱怨，也是喬登。」

「噢，真怪，」我喃喃說著：「真是令人驚訝，你可不可以告訴我為什麼？」

他抿著嘴唇說：「跟他們的原因一樣，也是因為你和郃波特的關係好，就不必遵守這裡的規則。」

我看看大家，每個人還是都點頭表示同意。

一個接一個，我的七個病友陸續分享他們對我的怨恨。輪到我說話時，我說：「嗨，我的名字叫喬登，我酗酒，吃白板上癮，也是古柯鹼的癮君子，我也吃占安諾、煩寧、嗎啡、克羅諾平、蝴蝶片、大麻、百克賽、梅斯卡靈，以及其他的幾乎所有毒品，我不只對高價妓女、中價妓女上癮，想要懲罰自己時，偶爾也會去跟低價的應召女郎鬼混。有時候，我下午會到韓國人開的店裡去按摩，找年輕的韓國女孩用嬰兒油替我打手槍，如果她願意把舌頭伸進我屁眼裡，我還會多給她幾百美元，但是因為語言障礙的關係，倒不一定都能談成。重點是，一般情況下我從來不戴套子。我現在已經清醒五整天了，隨時都在勃起，非常想念太太，如果你們想更怨恨我，我會讓你們看她的照片。」我聳聳肩說：「簡單說，我怨你們每一個人，因為你們全都是膽小鬼，想把自己生活中的不滿發洩在我身上。如果你們真的希望找到讓自己復原的途徑，就不要再往外看，要開始反省自己，因為你們全都十足羞辱了人性。另外，有一件事你們說對了，我是郃波特的朋友，因此明天你們想對員工出賣我的時候，希望你們都有好運道。」說完後，我就站起來離開圈子。「對不起，我得去打幾通電話了。」

我喜歡的牙醫說：「但我們還得討論你的工作細節。這個單位裡的每個人都必須清掃一個地方，這星期我們要你清掃浴室。」

「我可不要，」我立刻回答說：「從明天開始，這裡會有女傭來清掃，這件事你們可以跟她談。」我走進臥房，用力的關上門，撥電話給李普斯基，告訴他郃波特園區這些火星人的瘋狂事蹟，我們大笑了足足十五分鐘，才又聊起往日時光。

掛電話前，我問他有沒有聽到女王的什麼消息，他說沒有，因此我掛電話後變得更難過。事情幾乎已經過了一星期，我和她之間的情形看來卻還是很糟糕。我打開電視，想閉上眼睛，卻像平常一樣很難睡著。最後大約到了午夜吧，終於還是睡著了，又多增加了一天的清醒記錄，同時內褲裡也還是硬得要命。

隔天早上八點整，我打電話回家，鈴聲一響，就有人接電話。

「哈囉？」女王輕聲的說。

「娜娜？是你嗎？」

她的聲音裡帶著同情：「是，是我。」

「你好嗎？」

「我很好，我想我撐過去了。」

我深深的吸了一口氣，再慢慢吐出來。「我……我打電話是想跟小孩問聲好，他們在嗎？」

「有什麼問題嗎？」她難過的說：「你不想跟我講話？」

「不是，我當然想跟你說話！我最想做的事情就是跟你說話，我只是以為你不想跟我說話。」

她親切的說：「不對，不是這樣，我也很想跟你說話，無論如何你都還是我丈夫，我想這是最糟糕的地方，對吧？」

眼淚湧上我的眼睛，但是我忍著不讓淚水掉下來。「我不知道該怎麼說，娜娜，我……先前發生的事情，我很抱歉……我……我——」

「不必道歉，」她說：「不必道歉，我了解怎麼回事，而且我原諒你了。原諒很容易，要忘記卻不同。」她頓了一下又說：「但是我真的原諒你了，希望日子繼續過下去，希望努力維持我們的婚姻，無論如何，我仍然愛你。」

「我也愛你，」我嗚咽著說：「比你知道的還愛你，娜娜。我——我不知道該說什麼，不知道怎麼會發生這種事，我……我好幾個月沒有睡了，而且，」——我重重喘了一口氣——「我不知道自己在做什麼，一切都很模糊。」

「我的錯跟你一樣嚴重，」她親切的說：「我看著你害死自己，卻只是在旁邊看著，什麼事情都沒有做，我以為我在幫忙你，其實我做的事情正好相反，我錯了。」

「你沒有錯，娜娜，是我的錯，只是事情的演變太慢了，整整經過了這麼多年，所以我看不出會到這種地步。我都還沒有搞清楚是怎麼回事，生活就失控了，我總是認為自己很堅強，但是毒品的力量比我大多了。」

「小孩很想念你，我也想念你，我想跟你說話很多天了，但是梅納德告訴我，我應該等到你完全解毒後才跟你說話。」

那個渾球！我要找他算帳！我深呼吸想讓自己平靜下來，因為我最不希望的事情就是在電話上對女王發脾氣，最希望的則是向她證明我還是很理性，毒品並沒有永遠改變我。「噢，」我終於平靜的說：「你找那兩位醫生到醫院來真的很對。」——我拒絕說心理疾病中心——「因為我討厭梅納德的程度超過你的想像，我幾乎是因為他才不願意到康復中心。他幾乎什麼事情都跟我不對盤，我認為他對你有意思。」我等著她罵我瘋子。

她哈哈一笑說：「你這樣說很有意思，因為羅麗也這樣想。」

「真的嗎？」說著，我心裡一縮，痛得要死。「我以為只有我才這樣妄想！」

「我不知道，」性感的女王說：「起初我太震驚了，沒想到有這個可能，但是後來他想請我去看電影，我認為有點不像話。」

「你去了嗎？」我心想，最好的死亡方法是讓人去勢、失血到死。

「沒有！我當然沒有去！他在這種時刻邀約我很不妥當。總之他隔天就離開，我再也沒有聽到他的消息。」

「你怎麼會不到醫院來看我，娜娜？我非常想念你，隨時都想著你。」

她好一陣子沒有說話，但是我耐心的等著，我必須知道答案。我仍然還在胡思亂想，不知道為什麼這個女人、這個顯然還愛著我的太太，在我試圖自殺後還不肯來看我，這沒有道理。

經過足足十秒鐘後，她說：「起初我因為樓梯上發生的事情很害怕，這一點很難解釋，但是那天你像是變成了另外一個人，著魔還是怎麼了，我不知道。然後梅納德告訴我，除非你進康復中心，否則我不應該去看你。我不知道他說得對或錯，但我既沒有什麼地圖可以跟著走，而且他理當是專家。無論如何，最重要的是你到康復中心了，對不對？」

我想說不對，但現在不是爭吵的時候，我還有一輩子的時間跟她爭論。「對，噢，我到康復中心了，而且這是最重要的事情。」

女王改變話題，問道：「你戒斷的徵兆很嚴重嗎？」

「我其實沒有任何戒斷的問題，至少我沒有什麼感覺。信不信由你，我一到這裡就失去了吸毒的衝動，這種事很難解釋，但是我才剛坐到接待室裡，突然間那種衝動就離開了。總而言之，這個地方至少有點怪異，但真的讓我保持清醒的不是郃波特園區，是我自己。」

她的聲音變得很緊張：「但是，你仍然要在那裡停留二十八天，對吧？」

我哈哈笑著說：「對，你放心，甜心，我會留在這裡跟所有的瘋狂行為切斷關係。簡單說，無名戒除團體的部分真的很好，我看了書，真的是好極了，我回家後還會去參加聚會，確保自己不舊病復發。」

我們在電話上談了半個多小時，結束時，我可以從心底裡確實感受得到，我已經把女王贏回來了。我告訴她我一直勃起，她則承諾，我一回到家她就會幫忙我解決這個問題。我希望她跟我進行電話性交，但是她婉拒了，不過我會一直要求她，我想她最後會讓步。

然後我們說了好多聲我愛你，承諾每天要寫信給對方。我掛斷電話前，還告訴她我一天會打三次電話給她。

接下來的幾天裡平安無事，不知不覺間，我已經整整一星期沒有吸毒了。

我們每天都有幾小時自由時間，讓我們到體育館之類的地方。我很快就融入了一個小小的火星人馬屁精團體，其中一位是麻醉科醫師，他習慣趁著病人躺在手術檯上接受他麻醉時，也同時麻醉自己，他來郃波特園區已經超過一年，而且把自己的車子運來這裡；那是一部便宜的灰色豐田五門車，但是已經很夠用了。

開車到體育館大約要十分鐘，我坐在右後座，穿著灰色的愛迪達短褲和背心，突然之間勃起得非常厲害，我想是引擎震動造成的，但也可能是因為路面顛簸，反正就是有好幾公升的熱血衝到我小腹，使我堅挺得非常厲害，緊緊的逼著內褲，必須一再調整姿勢，不然就會發瘋。

「你們瞧。」說著我拉下短褲頭，讓這些火星人看我的陽具。

他們全都轉頭看著。我心想，不錯，看起來很好，雖然我不算很高，上帝在那個地方卻對我很仁慈。「不算太軟！」我對這些醫生朋友說，然後抓著那裡，拉了幾下，再往肚子拍拍，發出令人相當愉快的撞擊聲。

拍到第四下時，每個人都哈哈大笑起來；這是郃波特園區少見的輕鬆時刻，是男人之間的時刻、是火星人之間的時刻，可以不理會正常的社交禮儀，也可以完全不理會同性戀恐懼症。男人之間就是可以這樣！那天下午我盡力運動，接下來的時光裡也都平安無事。

隔天吃完中飯後，我坐在超無聊的集體治療團體中，我的指導老師走進來，說要見我。

我很高興能離開，但兩分鐘後我就不再這麼想。我們坐在她小小的辦公室裡，她側著頭，顯得非常精明，然後用大法官的語氣說：「噢，你好嗎，喬登？」

我垂著嘴角，聳聳肩說：「我想我很好。」

她微笑著，小心翼翼的問：「你最近有什麼衝動嗎？」

「沒有，完全沒有，」我說：「根據一到十分的量表，我會說我嗑藥的衝動等於零，甚至低於零。」

「噢，非常好，喬登，非常、非常好。」

怎麼回事？我知道其中一定有什麼問題。「嗯，我有一點困惑，是不是有人告訴你我想嗑藥？」

「不是，不是，」她搖著頭說：「跟那件事沒有關係，我只是想知道，你最近是不是有別的衝動——嗑藥以外的衝動。」

我想了一下有過什麼衝動，卻沒有想到，除了我顯然想離開這裡，回家跟女王在一起，跟她連續瘋狂做愛一個月。「沒有，我沒有什麼衝動，我是說，我想念我太太，想念一切，想要回家跟她在一起，就是這樣而已。」

她抿著嘴唇，慢慢的點頭，然後說：「你有沒有想在大眾之前暴露的衝動？」

「什麼？」我叫了起來。「你說什麼？你以為我是暴露狂啊？」我輕蔑的搖著頭。

「噢，」她嚴肅的說：「我今天收到三位病人的書面投訴，全都說你對他們暴露，說你拉下短褲，在他們前面自慰。」

「全都是鬼話，」我生氣的說：「我沒有自慰，老天爺，我只是拉了幾下，再對著肚子拍拍，讓大家聽聽聲音，就是這樣而已。這樣有什麼大不了？在我住的地方，男人之間偶爾小露一下根本不值得一提。」我搖搖頭說：「我只是開開玩笑，從我來到這裡開始，我就經常勃起，我猜想，那是因為我那裡終於從所有的毒品中醒來了。如果這樣做會讓大家太困擾，今後幾個星期裡，我會把它關在籠子裡。沒有什麼大不了。」

她點點頭。「好，但是你必須了解，你造成了一些病人的創傷。他們目前都還很脆弱，任何突然的震驚都可能促使他們舊病復發，再度嗑藥。」

「你剛才是說『創傷』嗎？饒了我吧！你不會以為這種事情有這麼極端吧？我是說……天啊……我們說的都是成年人耶！怎麼可能看到我的小鳥就受到『創傷』，當然，除非有人想要吸我，那就是另一回事了，你覺得是這樣嗎？」

她聳聳肩說：「我不能說。」

「噢，我可以告訴你，車裡沒有一個人受到創傷，這是男人的時刻，就是這樣而已。他們之所以舉報我，唯一的原因是希望藉此向你們證明自己已經治好，或是已經康復什麼的，只要他們能夠拿回執照，他們什麼事都會做，對吧？」

她點點頭說：「顯然如此。」

「噢，這麼說，你也知道咯？」

「對，我當然知道，他們全都舉發你這件事，使我認真質疑他們本身的康復狀況。」她的微笑中沒有什麼惡意。「只不過，這樣還是不能改變你行為不妥當的事實。」

「只不過，」我喃喃地用她的口氣說：「這種事情不會再發生。」

「很好，」說著，她交給我一張打了一些字的紙。「接下來我只需要你簽署這張行為規約——上面說的，只是你同意不再在大眾面前暴露。」然後交給我一支筆。

「你在開我玩笑！」

她搖搖頭說不是，我一面看著規約，一面哈哈大笑。就像她說的一樣，規約只是幾行而已，我聳聳肩，在上面簽了字，就站起來向門口走去。「沒問題了吧？」我生氣的說：「問題解決了吧？」

「對，解決了。」

我走回去重新加入治療程序時，心裡有一種說奇怪卻不奇怪的感覺：郃波特園區的這些火星人，真是一堆怪胎。

隔天是進行另一場圓桌討論的時間，一百零五個火星人和十幾位員工又再坐進禮堂，圍成一個很大的圓圈。但這一次我注意到一件奇怪的事情：郃波特不在場。

因此我閉上眼睛，準備隨他們鬼扯去。十到十五分鐘後，我正有點昏昏沉沉、半睡半醒，忽然聽到：「喬登．貝爾福，他是你們大部分人都認識的人。」

我抬起頭，才發現不知道什麼時候，我的治療師已經站上去主持會議了；但是，她為什麼現在談到我？

「因此，我們今天不找來賓講話，」我的治療師說：「我認為，如果喬登願意跟大家分享他碰到的事情，應該更有幫助。」她停下來看向我這邊，「你願意跟大家分享嗎？喬登？」

我看看大家，所有的火星人都瞪著我，包括有著一頭漂亮金色捲髮的湯雪麗也看著我。我仍然有一點困惑，不知道我的治療師到底要我說什麼，不過我私下猜想，應該是跟我在性方面有點脫線的事情有關。

我身體向前傾，看著治療師，聳聳肩說：「要我跟大家說話沒有問題，但是你要我說什麼？我有很多故事，你為什麼不幫我選一個？」

我一說完，一百零五個火星人都把頭轉向治療師那邊，好像我們兩個正在打網球。「噢，」她實事求是的說：「你可以隨意談論你想說的事情，這裡很安全——你為什麼不先說前幾天去體育館途中，在車子裡發生的事情？」

所有的火星人又把頭轉回來看著我，我哈哈大笑的說：「你在開玩笑吧？」

所有的火星人轉頭看治療師……她噘起嘴，搖著頭，好像是說：「不是，我很認真！」

治療師把舞台讓給我。多麼諷刺，多麼光榮！華爾街之狼又恢復活力了！我喜歡這樣，更別說，大禮堂裡有一半是女性了。證管會剝奪了我站在群眾前面演說的機會，現在我的治療師很好心，讓我恢復這種力量；沒問題，我會演出一場讓所有火星人都永遠忘不了的好戲！

我點點頭，對治療師笑著說：「可以站在禮堂中間說話嗎？我走路時，思路比較清楚。」

一百零五位火星人轉頭看治療師，她說：「請，請隨意。」

我走到禮堂中間，看著湯雪麗藍色的大眼睛說：「嗨，大家好！我叫喬登，我有酒癮、藥癮，性方面有點脫線。」

「嗨，喬登！」大家熱烈的回答，還有幾個人發出笑聲，雪麗卻滿臉通紅。

我說：「我其實不太喜歡在大眾面前說話，但是我會儘量努力。呃，我應該從什麼地方說起呢？啊，我的勃起——對了，我想從這裡開始說最適當，因為這是所有問題的根源。過去十年裡，我因為吸食太多毒品的關係，小鳥一直處在半麻痺狀態中。別誤會了，我沒有陽痿或類似的情況，不過我得承認，因為白粉和白板的關係，我大約有一千次不舉。」

笑聲此起彼落，啊，華爾街之狼的風光再度出現！開始這種遊戲吧！我舉起一隻手，請大家安靜。

「別笑，說真的，這不是好笑的事情，因為我不能勃起的大部分時間裡，都是跟應召女郎在一起，也就是說，一星期大約三次。因此基本上，我等於是把錢丟到窗外——付給每一位應召女郎一千美元，卻不能跟她們睡覺，這種事很讓人難過，也非常昂貴。」

「不過，她們最後通常都能夠達成任務，至少是好的應召女郎，只是可能要用玩具之類的東西，多花一點功夫。」我撇著嘴角，聳聳肩，好像是說：「性玩具一點也沒有好丟臉的！」

笑聲更大了，我雖然沒有看，卻聽得出來是女火星人的笑聲。環視禮堂之後，更證實了我的猜測；所有的女火星人都看著我，臉上帶著迷死人的笑容，肩膀不斷起伏。同時，男火星人的眼睛卻對我射出飛刀。

我揮揮手，要大家安靜下來，然後繼續說：「這不打緊，不是重點，因為諷刺的是，我跟太太在一起時其實從來沒有這種問題。跟她在一起時我總是可以勃起，至少經常可以——如果你們看到她，就會知道為什麼。但是，在我開始一天吸四分之一英兩白粉後，噢，我連跟她在一起都會有問題。

「現在的我，已經超過一星期沒有碰毒品了，我想我的小鳥也歷經了某種奇怪的變化，像是再度清醒；一天有二十三小時，甚至可能更多，我都處在勃起狀態。」女火星人一聽都哈哈大笑，我看一下禮堂，沒錯，我掌握住她們了！她們現在是我的聽眾了！華爾街之狼又為女士們編故事了！終於站回舞台中央了！

「話說回來，我想這裡一定有些男士可以了解我的痛苦，我是說，除了我應該還有別人會碰到這種痛苦的折磨吧？」

我看看大家，所有的女火星人都點頭表示同意，男火星人卻紛紛搖頭，輕蔑的看著我。我聳聳肩說：「總而言之，言而總之，問題就這樣開始了，我跟另外三位男病人坐在一部車裡——現在我倒覺得，我是跟沒有小鳥的病人在一起——前往體育館，我想是引擎的震動或是路上的顛簸，但是不管是什麼原因，我突然之間勃起得非常厲害！」

我環視了一下禮堂，小心避開男火星人憤怒的眼光，享受所有女火星人愛慕的眼光。雪麗舔著嘴唇，露出期望我往下說的樣子，我對她眨眨眼，然後說：「我會說，那只是男性之間無傷大雅的時刻，如此而已。噢，我不否認我玩了那條蛇幾下。」女火星人立刻哄堂大笑——「我也不否認我拉著蛇，打了自己的肚子一、兩下，」——更多的笑聲響起——「不過我這樣做只是開玩笑，不是拚命玩，想在車子後座噴發。我們不會批判這樣做的人，我是說，我們不會批判自己玩自己的人，對吧？」一個女火星人的聲音尖叫起來：「對，自己玩自己！」其他女火星人聽了開始鼓掌。

我舉起手，請求大家安靜。我不知道員工會讓我說多久，但我猜他們會讓我一直說下去，反正我說話的每一秒鐘裡，都會有哪家保險公司收到他們為這一百零五個火星人中的每一個人請款的單據。「因此，總的來說，我告訴你們，這件事情真正讓我困擾的是，有三位男士舉發我。我不在這裡提他們的名字——

不過如果你們事後來找我，我會很高興告訴你們到底是誰，讓你們可以避開——他們在車裡時全都哈哈大笑，而且拿這件事情開玩笑；沒有一個人當面質疑我，甚至沒有一個人暗示過我，說他認為我這樣做不雅。」

我搖搖頭，表示厭惡。「噢，事實上，我過去所處的世界很不正常；在我自己建構的那個世界裡，大家認為裸體、妓女、淫亂和各式各樣的下流行為全都很正常。」

「事後回想，我知道這樣很不對，很瘋狂。不過，眼下我說的是現在……是今天……是我清醒的站在這裡才知道那樣是不對的。沒錯，今天我知道把侏儒丟來丟去很不對，知道同時跟四個妓女胡搞很不對，知道炒作股票很不對，也知道欺騙我太太、在晚餐桌上，或開車時睡著而撞上別人的車子很不對，全部都很不對。」

「我不但是第一個承認我離完美還很遠的人，也是個沒有安全感和卑微的人，而且我很容易覺得難堪。」我停了一下，改用十分嚴肅的口氣說：「但是我拒絕表現出來，如果要我在難堪和死亡中選擇，我會選擇死亡。因此，我是脆弱而不完美的人，但是你們也會發現，我絕對不會批判別人。」

我聳聳肩，用力嘆了一口氣。「或許我在車裡的行為不對，或許這樣做不雅，會讓別人尷尬，但是我要對這裡的每一個人聲明，我這樣做是並非出於惡意，或是想破壞別人的康復。我這樣做，只是想減少我不停勃起的難堪。我染上毒癮快十年了，雖然表面上看來相當正常，我卻知道自己不正常；幾星期內我就會離開這裡，而且我嚇得要死，很怕回到獅子窩裡，回到那些助長我吸毒習慣的人身邊，再一次接觸那些事情。我有一個我深愛的太太，有兩個我寵愛的小孩，如果我離開這裡後又舊病復發，我會永遠毀了他們，尤其是我的小孩。」

「但是在郃波特園區這裡，我身邊應該都是了解我經歷過什麼問題的人，但我卻碰到三個渾球，想要破壞我的康復，讓我被趕出去。這件事真的令人難過，我跟你們每一個人都一樣，不管是男是女。沒錯，或許我比你們多了幾塊錢，但是我很害怕、很擔心，對未來沒有安全感，每天的大部分時間裡，都在祈禱一切最後都沒有問題，祈禱總有一天我能夠叫小孩坐下來，告訴他們說：『不錯，很久以前我吸很多古柯鹼時，曾經把媽媽推下樓，不過那是二十年前的事情了，從那時起我就保持清醒到現在。』」

我再度搖搖頭說：「因此，下次你們有人想舉發我時，我請你們三思——你們只是在傷害自己，我不會這麼快就被人趕出去，而且這裡的工作人員也比你們想像的聰明多了。請你們原諒，我的話只能說到這裡，因為我又勃起了，所以必須趕快坐下來，以免難堪，謝謝大家。」我揮揮手，好像是參加競選的候選人。整個禮堂立刻爆發如雷掌聲，每一位女火星人、每一位員工，大約一半的男火星人都站了起來，對我起立歡呼。

我坐下來後，看著我的治療師，她對我微笑，點點頭，舉起拳頭向天打了一下，好像是說：「好樣的，喬登。」

接下來的三十分鐘是公開討論，女火星人為我的行為辯護，說我可愛，但還是有一些男火星人繼續攻擊我，說我威脅了火星人的社會。

那天晚上，我跟室友坐在一起時，我說：「聽著，我討厭、也煩透了這裡的一切事情，我不想聽你們再說我忘了放下馬桶座，說我講太多電話，或是我打呼太大聲。我全都不管了，因此我想提出一個方法——你們大家都很缺錢，對吧？」

他們全都點頭。

「很好，」我說：「那我們就這樣做，明天早上，你們打電話給我朋友李普斯基，他會在他的號子裡替你們開戶，到明天下午，你們每個人就會賺進五千美元，也可以把錢匯到你們要的任何地方。但是我希望，在我離開前不要再聽到你們的怨言。我不到三個星期就要離開了，因此這樣對你們來說應該不會太難過。」

隔天他們當然都打了電話，我們的關係也當然都大大的改善，然而，我在郜波特園區的問題卻還沒有結束。讓情勢變得複雜的不是性感的雪麗，而起源於我太想見女王一面——我聽到火星人的耳語說，在罕見的情況下，工作人員會准許病人放假。我打電話給女王，問她如果我獲准放假，她願不願意飛來跟我共度長週末。

「只要告訴我地點和時間，」她回答說：「我就會讓你過一個永遠難忘的週末。」

因此我現在坐在治療師辦公室裡，想要請假。我到邰波特火星已經第三週了，沒有惹出新的麻煩，火星人都知道我只參加四分之一的團體治療聚會，但現在看來似乎沒有人在乎，他們都知道邰波特不會把我趕出去，而且，我的脫線行為具有良好的影響。

我笑著對治療師說：「我認為，如果我星期五離開、星期天回來，不會是什麼大不了的事情。我所有的時間都會跟我太太在一起，你跟她說過話，所以你一定知道，如果她配合這個計畫，就有助於我的康復。」

「我不能讓你請假，」治療師搖著頭說：「這樣會傷害其他病人。大家都會指責說，你在這裡得到特殊待遇，人人都會起來抗爭。」她熱情的笑著說：「喬登，你聽我說，規矩是病人至少要在康復中心待過九十天，而且行為良好，沒有做暴露或是其他的事情，才有資格放假。」

我對治療師微笑，這個女的是好人，過去幾星期以來，我跟她的關係愈來愈親密。那天她很精明，要我站在大家面前，給我機會為自己辯護——很久以後我才知道她跟女王談過話，而且女王告訴她我很會煽動群眾。

「我知道你們有規則，」我說：「但是規則不是為我這種情況的人設計的，我在這裡停留的時間全部加起來才只有二十八天，怎麼可能要我支持九十天平靜期的規定？」我聳聳肩，不怎麼看好我的理由，但突然間，我清醒的腦子突發奇想。「我有個主意！」我說：「你為什麼不讓我站在團體前面，再說一次話？我會設法向他們說明，雖然放我假違反這裡的規則，但還是應該放我假。」

她的反應，是伸手去摩擦鼻樑，然後才輕笑著說：「噢，光是為了想聽你會對病人說什麼鬼話，我幾乎就想答應你了。事實上，我也一點都不懷疑你能說服他們。」她又發出幾聲輕笑，然後說：「你兩星期前的演說真的相當高明，是截至目前為止郃波特園區所聽過最好的演講。喬登，你有驚人的，我從來沒有看過的天分——純粹出於好奇，如果我給你機會，你要對這些病人說什麼？」

我聳聳肩說：「我其實不太確定，呃，我從來沒有事先計畫要說什麼的習慣。以前我每一天都要對站滿整個美式足球場那麼多的人說兩次話，而且這樣說了將近五年，從沒有哪一次在實際說話前曾經考慮過要說什麼。我通常會有一、兩個主題需要強調，但只是談話的範圍，其他的一切都是當場的靈感。」

「簡單說，我一站在群眾面前時，就會出現一些變化，這種事很難說明，但是就像雲開見月，突然間一切都會變得很明朗，想都不用想，念頭就開始從舌尖溜出去，一個帶來另一個，讓我趁勢發揮。」

「但是，為了回答你的問題，我要說，我很可能會對他們採用反心理，說明讓我放假對他們自己的康復有好處，也解釋人生大致上就不公平，而他們現在正處在受到控制的環境裡，應該已經習慣這一點。然後我會讓他們替我覺得難過，我會告訴他們我在樓梯上對太太做了什麼事情，我的家庭因為我的藥癮瀕臨毀滅邊緣，所以呢，我太太這次來看我，很可能對她和我能否繼續在一起有很重大的影響。」

治療師笑著說：「我認為你應該設法善用你的能力，除了這次之外，還應該找出一些方法傳播你的想法，創造更大的好處，而不是腐化人心。」

「啊，」我笑著回答說：「這幾星期以來，你也常聽我說話。我不知道，但將來我或許會努力幫更多人，但現在我只想回到家人身邊。我已經打算完全退出證券經紀業，結束一些投資，然後永遠收山。我對毒品、妓女、欺騙太太、所有跟股票有關的屁事、還有其他的一切都已經厭煩透了，我的餘生要平平靜靜的度過，不再出風頭。」

她哈哈大笑。「噢，我不覺得你的餘生會變成那樣，你永遠不可能平平靜靜的過日子，至少過不了很久，我這樣說沒有惡意，只是想說你擁有很好的天分，覺得你應該學會把這種天分用在正途。這對你的康復很重要，只要持續注意自己的康復和保持清醒，你的餘生就會自己照顧自己。」

我低下頭，看著地板，點點頭。我知道她說得對，而且這種事也把我嚇得要死；我渴望保持清醒，但是我知道沒有那麼容易。我當然知道，更了解無名戒癮活動後，保持清醒不再完全不可能，只是機會仍然很小。成敗的關鍵，似乎跟離開康復中心後就立刻加強無名戒癮團體的活動——也就是找到認同的支持者——有很大的關係。在事情不順利時，這些人能夠帶給我希望和鼓勵。

「那我的休假問題怎麼樣？」我揚起眉頭問。

「我會在明天的員工會議上提出這件事，但做最後決定的不是我，而是郃波特醫師。」她聳聳肩說：「身為你的主要治療師，我可以否決這件事，但是我不會這樣做，我會棄權。」

我向她點點頭表示我能理解，也決定在他們開會前先跟郃波特談一談。「感謝你做的一切，」我說：「你只需要再管我一星期左右，我會設法不變成你的麻煩。」

「你不是我的麻煩，」她回答說：「事實上，你是我最喜歡的病人，但是我從來沒有對別人承認這一點。」

「那我也不會告訴別人。」我彎下腰，輕輕的擁抱她。

五天後的星期五下午，還不到六點，我已經在亞特蘭大國際機場私人航空站的跑道上等著。我靠在黑色加長型林肯大轎車的後保險槓上，用清醒的眼睛凝望北邊的天空。我雙手抱胸，但褲子底下隆起得很厲害，我在等女王。

我比來時重了十磅，皮膚再度發出年輕、健康的光澤。我三十四歲了，熬過了最惡劣的毛病，包括超驚人、超瘋狂的毒癮；理論上我早就應該因為吸毒過量而死亡，或是因為車禍、直昇機事故、潛水出錯或一千種其他原因而死亡。

但是，我卻全身上下完好無缺的站在這裡。今天晚上天氣很晴朗，還有一絲暖風。在這麼接近夏天的這個時候，夕陽仍然掛在天邊，因此灣流噴射機降落在跑道前很久，我就看到了飛機的影子。我漂亮的太太太在機艙裡，那個被我打進毒癮地獄、煎熬七年的太太就在機艙裡，想來幾乎是不可能的事情。我不知道她穿什麼衣服，心裡在想什麼，她跟我一樣緊張嗎？還像我記憶中的那麼漂亮嗎？聞起來還是讓人那麼愉快嗎？真的還愛我嗎？一切的一切，是否還跟從前一樣？

機艙門一打開，我就知道了所有的答案。性感的女王披著美麗之至、閃閃發光的金髮出現，看來美到了極點，先往前踏了一步，然後擺出她典型的姿勢：頭斜向一邊，雙手抱胸，一隻修長、光滑的腿轉向一邊，直直的看著我，一副面對挑戰的樣子。她穿著短短的粉紅色無袖背心裙，裙擺足足比膝蓋高出六吋。她就這麼維持那個姿勢，抿著性感的雙唇，搖動一頭金髮，好像是說：「我不敢相信這個人是我愛的人！」我向前踏進一步，雙手伸在空中，然後聳聳肩。

我們就這樣各自站著，互相凝視了足足十秒鐘，突然間，她改變姿勢，向我發出兩次動人心魄的飛吻，然後伸出雙手，墊起腳尖轉了半個身，好像是向群眾宣布她蒞臨亞特蘭大市，這才帶著極為愉快的笑容，從樓梯上跑下來。我也向她跑去，兩個人在停機坪中間相遇，她雙手環抱著我的脖子，輕輕一跳，兩腳夾住我的腰部，然後親我。

我們就這樣相擁親吻了好像永恆那麼久，呼吸著彼此的氣息，親吻之中，我抱著她旋轉三百六十度，讓兩個人都開始呵呵傻笑。我一移開嘴唇，就埋頭在她的乳溝裡，像哈巴狗一樣聞她；她笑得開心，我也愈來愈控制不了自己——她簡直好聞到讓人難以想像。

很久很久以後，我才抬起頭來，凝視她清澈的藍眼珠，用我最嚴肅的語氣說：「如果這一刻不能跟你做愛，我會在停機坪上噴發出來。」

女王用像嬰兒般的聲音回答說：「噢，我可憐的小男孩！（又說我小？真是讓人不敢相信！）你好急色，好像就要爆發了，對不對？」

我急切的點點頭。

女王又說：「你增重了幾磅，皮膚也不再發綠了，現在看起來好年輕、好英俊；只是這個週末我得讓你學到一個教訓，真是太可惜了。」她聳聳肩膀，接著說：「七月四日以前不能做愛。」

啊？「你說什麼？」

她用很能理解我感受的語氣說：「你聽到了，愛蟲。你一直是很壞的小孩，因此現在要付出代價。你必須先向我證明你已經變好了，我才會讓你再進來，現在你只能親我。」

我呵呵笑著說：「離開這裡吧，你這個瘋子！」我抓起她的手，拉著她向轎車走去。「我不能等到七月四號！我現在就要你，這一刻就要你！我要在車後座跟你做愛。」

「不行、不行、不行，」她誇張的搖著頭說：「這個週末只能親親，我要看你今後兩天的表現如何，到星期天再考慮要不要更進一步。」

轎車司機叫做鮑勃，長得矮矮的，大概已經有六十歲了，是個南方白鬼。他戴著正式的司機帽，站在後門旁邊等著我們。我說：「鮑勃，這是我太太，她是女王，因此要客氣的對待她，我敢說，你在這裡還沒有碰過那麼多貴族吧，對不對？」

「噢，沒有，」鮑勃很嚴肅的說：「一個也沒有碰過。」

我抿著嘴唇，嚴肅的點點頭說：「我想也是。但也別被她嚇壞了，她其實非常隨和，對吧，親愛的？」

「對，非常隨和。現在你閉上狗嘴，上他媽的轎車去，」女王罵道。

鮑勃愣住了，利吉灣女王這種有貴族血統的人居然說這種粗話，顯然讓他很吃驚。

我對鮑勃說：「別理她，她只是不想讓自己看起來太高傲；她回到英國，跟其他貴族在一起時，才會表現嚴謹的一面。」我眨眨眼說：「總之，不開玩笑，鮑勃，我跟她結婚後也變成了貴族，因此我在想，因為你整個週末都要當我們的司機，要不你乾脆就叫我們女王夫婦，免得犯錯。」

鮑勃正式的鞠躬說：「當然。」

我一面回答，一面推著女王的皇家美臀，讓她坐上後座，跟在她後面上車。鮑勃關上門後，才到飛機前拿女王的皇家行李。

我立刻掀開她的裙子，發現她沒穿內褲，當然馬上就撲了上去。「我太愛你了，娜娜，太、太愛了！」我把她推倒在後座上，躺了下來，身體緊壓著她的身體；她發出美妙的呻吟聲，扭動下半身，我緊抱著她親了又親。

幾分鐘後，她忽然伸出雙手把我推開：「停下來，你這個蠢男孩！鮑勃要回來了，我們得先到旅館。」然後她往下看，發現我牛仔褲上隆起一塊，「噢，我可憐的小寶貝……」——小？為什麼總是叫我「小」什麼？——「快要爆炸了！」她噘著嘴又說：「來，我幫你按摩一下。」伸出手來撫摸我隆起的地方。

我的反應是伸手到上面的控制盤，按下分隔鈕，關起車子前後的隔板，喃喃地說：「我等不到上旅館了！不管鮑勃在不在，我都要在這裡跟你做愛！」

「很好！」女王開玩笑的說：「但是這只是同情的做愛，因此不能算數，我還是要等你證明你已經變成好男孩後，才會跟你做愛，懂嗎？」

我點點頭，像哈巴狗一樣望著她。我們開始替對方脫衣服，等到鮑勃回到轎車旁時，我已經深入女王的體內，兩個人都忍不住拚命呻吟，然後，我把食指放在嘴唇邊說：「噓！」

她點點頭，我把手伸到上面，按下對講機按鈕。「鮑勃，我的好司機，你在嗎？」

「在。」

「太好了，女王和我有一些緊急的事情要討論，因此到凱悅大飯店前不要打擾我們。」

我對女王眨眨眼，用眉毛比著對講機按鈕，低聲說：「關還是開？」

女王抬頭看看，咬著臉頰內側，然後聳聳肩說：「或許最好開著。」真是深得我心的女孩！我提高聲音說：「享受皇家好戲吧，鮑勃！」說完就開始跟性感的太太做愛，瘋狂得好像沒有明天。

39 恢復正常

我的狗需要動手術……我的汽車壞了……我的老闆是渾球……我太太是大渾球……塞車讓我氣瘋了……人生太不公平了……

沒錯，長島南安普頓戒酒無名會的幾個房間裡，總是有人喃喃念著一些可怕的話。我回家已經一星期了，承諾在康復過程中要做到「九十乘九十」，也就是說，我定下目標，要在九十天裡參加九十次戒酒無名會的聚會——女王像老鷹一樣緊張的盯著我，我別無選擇，只好去參加。

我很快的就了解，這九十天會很漫長。

參加第一次會議時，就有人問我是不是願意當課座講席，我回答說：「在大家前面說話嗎？當然咯，為什麼不呢！」我心想，還有什麼事情比這樣還好？

很快我就發現，事情沒有那麼好。他們要我坐在房間前面一張長桌後面的椅子上，會議主席就坐我旁邊，看起來很親切，年紀五十出頭，短短宣布了幾件事後，就比著手勢要我開始。

我點點頭，大聲而直率的說：「嗨，我叫喬登，我有酒癮和毒癮。」

房間裡大約三十個過去的酒鬼一起回答：「嗨，喬登，歡迎。」

我笑著點點頭，信心十足的說：「我已經保持清醒三十七天，而且——」

馬上就有人打斷我的話。「對不起，」一位滿頭白髮、鼻子上青筋密布的前酒鬼說：「你必須保持清醒九十天，才能在這個會議上說話。」

唉，這個老混蛋竟這樣侮辱我！我受到最嚴重的挫折，覺得自己好像是個忘記穿衣服就上了校車的小男孩。我就這麼坐在讓人十分不舒服的木椅上，看著這位老酒鬼，等人用鐵鉤把我拉出去。

「不、不，今天我們不要太認真，」主席說：「既然他已經上來了，為什麼不讓他說話？聽新來的人說話，就像呼吸新鮮空氣一樣。」

群眾發出粗魯的抱怨聲，很多人無禮的聳聳肩，輕蔑的搖著頭。他們看起來很生氣，也充滿惡意。主席把手放在我肩膀上，凝視著我，好像是說：「沒事，你可以繼續說。」

我緊張的點點頭。「好，」我對那位生氣的前酒鬼說：「我已經保持清醒三十七天，而且——」

又有人打斷我，但這次是如雷的掌聲。好，真好！我甚至還沒有開始說，就得到他們的第一次喝采！等到他們聽了我的故事，一定會掀翻屋頂！

掌聲慢慢平息下來後，我也恢復信心了，繼續說：「謝謝大家，我真的很感謝你們對我投信任票。我以前愛嗑的毒品是白板，但是我也吸很多白粉。事實上——」

又有人打斷我的話。「對不起，」我的死對頭，滿鼻子青筋的人說：「這是戒酒無名會的集會，不是戒毒無名會，你不能在這裡談毒品，只能談烈酒。」

我看看大家，所有的人都點頭表示他說得對。噢，真是狗屎！這個規定似乎是很久以前的事情了，現在是九〇年代，怎麼可能還有人只酗酒不嗑藥？沒有道理嘛。

我正要從椅子上跳起來，準備逃之夭夭時，卻聽到一位中氣十足的女性大叫說：「你好大的膽子，比爾，你怎麼敢把這位為生命奮鬥的年輕男孩趕走！你真可恥！我們全都是有癮的人，你為什麼不閉上嘴巴，少管閒事，讓這位男孩說他的話？」

男孩？剛才她叫我男孩嗎？我已經快三十五歲了，天啊！但我望向說話的人時，才發現原來是個戴著老花眼鏡的老奶奶。她對我眨眨眼睛，因此我也對她眨眼。

那位老酒鬼對老奶奶不滿的說：「規矩就是規矩，你這個老母夜叉！」

我不敢相信的搖搖頭——為什麼我到哪裡都會出現瘋狂的狀況？我又沒有做錯什麼事情，只是想保持清醒，卻成了風暴的中心。我對主席說：「你說吧，你說什麼，我就怎麼做。」

最後他們決定讓我繼續說話，不過，我離開聚會時還是很想扭斷那個老王八蛋的脖子。後來我去參加戒毒無名會的聚會，狀況卻只有更糟。整間屋子裡加上我只有五個人，其中三個顯然都昏昏沉沉，第四個人保持清醒的時間甚至比我還短。

我想跟女王談談，告訴她這種無名會的東西不適合我，但是我知道她一定會很傷心。我們的關係一天比一天好，不再打架、吵架，也沒有明槍暗箭互相傷害，或是打耳光、潑冷水——什麼都沒有。我們只是兩個正常的人，在二十二個傭人的幫忙下，跟千樂和卡特過著正常生活。我們決定留在南安普頓避暑，因為我們認為，在我還無法確實保持清醒前，最好讓我遠離瘋狂。女王對我所有的老朋友發出警告：說除非他們也跟著我戒掉毒癮，否則不再歡迎他們來我們家。波親自警告賣藥的艾倫，後來我再也沒有聽到他的消息。

我的事業呢？噢，沒有白板和白粉後，我也不再有興趣經營事業了，至少暫時還沒有。我一恢復清醒，梅登鞋業之類的問題就似乎很容易解決了；我還在康復中心時，就委託律師提出控告，公開了委託交付合約。到現在為止，我還沒有為這件事入獄，而且我猜我也絕對不會為了這件事情被逮捕，畢竟從表面上來看，這份合約並非不合法，反而比較像是梅登沒有向大眾揭露的過失，讓他的責任比我還重。此外，柯爾曼探員也早就消失得無影無蹤，我希望以後永遠也不要再聽到他的消息。最後，我一定會跟梅登和解，我已經認清、也不再重視這種事了。即使在我最瘋狂的精神狀態下，也就是我進康復中心前，讓我生氣的就不是錢，而是梅登搶走我的股票、據為己有的想法。現在他不可能這樣做了，因此在和解的條件中，他會被迫賣掉我的股票，把錢還給我，如此而已。我甚至不必跟他見面，就讓雙方律師談妥搞定。

回家一個多星期後，有一天晚上，我參加完戒酒無名會的聚會後回到家裡，看到女王坐在電視間，也就是六星期前我丟掉二十公克白粉的那個房間——女王已經承認，當時是她把白粉沖到馬桶裡去了。

我愉快的笑著說：「嗨，甜心！怎麼——」

女王抬起頭來時，嚇了我一大跳。她顯然是被什麼事嚇到了，不但滿臉淚水，連鼻涕也跟著流出來，我心裡一沉，說：「天啊，寶貝！怎麼回事？出了什麼事？」趕緊溫柔的抱著她。

她在我懷裡發抖，手指著電視機，哭著說：「是許奈德曼，幾小時前他殺死了一位警官，為了搶爸爸的錢去買白粉，他射殺了一位警察。」然後她從泣不成聲哭到歇斯底里。

我也感覺到，眼淚已從我臉頰上流了下來，我說：「天啊，娜娜，他一個月前還在這裡。我……我不……」我想說些什麼話，卻很快就知道，沒有什麼話能夠形容這場悲劇的嚴重性。

因此我什麼話都沒有說。

一星期後的星期五晚上七點半，波蘭聖母堂教會的聚會才剛剛開始。這一天是陣亡將士紀念日的週末，我像平常一樣，準備接受六十分鐘的折磨；但是讓我驚訝的是，會議主席用命令的口吻開場，說在他的主持下，不准談論跟毒品有關的話題。他說他要創造一個沒人胡扯的空間，因為戒酒無名會的目的是創造希望和信心，不是抱怨聯邦大賣場的結帳隊伍有多長。然後他高高舉起煮蛋計時器，讓大家都看得清楚，再說：「你們想說、我又有興趣聽的話，全都可以在兩分半內說完，因此請大家記得言簡意賅。」

我坐在比較後面的一位中年婦女旁邊，就過去酗酒的人來說，她保養得相當好，留著偏紅色的頭髮，臉色紅潤，我靠向她，低聲的問：「那個傢伙是誰？」

「是傅林斯頓，有點像是這裡的非正式領袖。」

「真的？」我說：「這次會議的領袖？」

「不是，不是，」她低聲的說，語氣暗示我嚴重脫離狀況，「不只是這次或這裡，他是整個漢普頓地區的領袖。」她帶著神祕的表情，東張西望一下，好像是準備說出最高機密的消息，才又柔聲說：「他擁有西菲爾德毒品康復中心，你從來沒有在電視上看過他嗎？」

我搖頭說沒有。「我不太看電視，不過他看起來有點面熟。「他——噢，天啊！」然後我就說不出話來了。因為他就是「那個」傅林斯頓，半夜三點在我的電視機上冒出大大的頭、害我用雷明頓雕刻作品砸破電視的哪個人！

會議結束後，我一直等到群眾的吵鬧聲平息下來，才走到傅林斯頓前面說：「嗨，我叫喬登，我只是想讓你知道，我真的很喜歡這種聚會，這種聚會太好了。」

他伸出像捕手手套一樣大的手，我行禮如儀的跟他握手，一面祈禱他不要把我的手拉得脫臼。

「謝謝，」他說：「你是新來的人嗎？」

我點點頭。「對，我現在保持清醒四十三天了。」

「恭喜，真是不小的成就，你應該引以為榮。」他停了一下，把頭側向一邊，好好的看著我。「噢，你看來很面熟，你說你叫什麼名字來著？」

來了！新聞界的那些混蛋，你怎麼也別想避開他們！傅林斯頓一定是在報紙上看過我的相片，現在他要批判我了，所以我應該策略性的改變話題。「我叫喬登，傅林斯頓，我要告訴你一個有趣的故事：有一天我在島那頭，老布魯克維爾的家裡，半夜三點……」我告訴他我怎麼拿起雷明頓的雕刻作品砸他的臉，他笑著回答說：「新力公司每賣一台電視給有毒癮的人時，都應該付給我一美元，因為你——和另外一千個人——看了我的廣告後，都會把電視砸壞。」他哈哈笑著，然後帶點懷疑的口氣說：「你住在老布魯克維爾嗎？那裡可是非常高級的住宅區，你跟父母住在一起？」

「不是，」我笑著說：「我跟太太、小孩住在一起，但是那個廣告太——」

他打斷我的話：「你來這裡過陣亡將士紀念日？」

什麼？這個話題不符合我的計畫，他在迫使我採取守勢。「不是，我在這裡有一棟房子。」

他驚訝的說：「噢，真的嗎，在那裡？」

我深深的吸了一口氣說：「在牧場巷。」

他把頭往後仰，瞇著眼睛說：「你住在牧場巷？真的？」

我慢慢的點頭。

他嘻嘻笑著，情況顯然愈來愈清楚了，他笑著說：「你剛才說你姓什麼？」

「我沒有說，不過我姓貝爾福，想起什麼了嗎？」

「對，」他哈哈笑著說：「而且是如雷貫耳。你就是那位創立……呃……叫什麼來著……史崔曼還是什麼公司的那個小夥子。」

「史崔頓。」我平平淡淡的說。

「對！沒錯，就是史崔頓！天啊！你看起來真像是青少年！怎麼可能會引發這麼大的騷動？」

我聳聳肩說：「是毒品的力量，對吧？」

他點點頭說：「對，噢，你們這些渾球用一檔奇怪之至的股票，騙了我十萬美元，我甚至連股票的名字都記不起來。」

唉，糟糕！真不幸，傅林斯頓可能用他的巨靈掌，狠狠的給了我一拳！我應該立刻說要補償他，馬上就跑回家從保險箱裡拿錢出來。「我好久沒有管史崔頓的事情了，但是我仍然極為樂意——」

他又打斷我的話。「你聽我說，我真的很喜歡跟你說話，但是我得回家了，我在等一個電話。」

「噢，對不起，我無意拖住你，我下星期會再來，或許到時候我們可以再談。」

「噢，你現在要去什麼地方嗎？」

「沒，為什麼？」

他笑著說：「我想請你喝杯咖啡，我住的地方離你只有一個街口。」

我揚著眉毛說：「你不氣我讓你虧損十萬美元？」

「不，兩個酒鬼之間的十萬美元算什麼，對不對？何況我也需要租稅扣抵。」他笑著把手搭在我肩膀上，向門口走去。他說：「我最近一直希望能在什麼地方碰到你，我聽過一些跟你有關、相當瘋狂的故事，真的很高興你還來得及到這裡來。」

我點頭表示同意，然後傅林斯頓補充說：「總之，我要你去我家，只有一個條件。」

「什麼條件？」我問。

「我想知道真相——你是不是為了保險金把遊艇弄沉。」他瞇著眼睛，露出懷疑的表情。

我笑著說：「哪有這回事？路上我會告訴你！」

就這樣，我離開星期五晚上的戒酒無名會聚會時，找到了一位新支持者。

傅林斯頓住的南大街，是南安普頓精華區街道之一，以房價來說，只比牧場巷低一級，但即使只是在南大街上買一棟最便宜的房子，也會使你的現金減少三百萬美元。我們在他的法國式鄉村廚房裡，隔著一張很貴的漂白橡木桌子坐著。

我正在對傅林斯頓解釋，說我九十乘九十的程序結束後，計畫怎麼殺死我的毒癮防治師梅納德。我認定傅林斯頓是適於談這種事情的人，因為他先前就跟我說了一個跟法院文書送件員的故事。他說，那個送件員來到他家準備發給他傳票時，他故意不應門，讓那人只好設法把傳票釘在他親手拋光的紅木門上，而他就在門後等著，當送件員舉起鐵錘時，他忽然用力打開門，當場撞昏了送件員，然後立刻又若無其事的關上門。因為事情發生得太快了，送件員無法向警察描述傅林斯頓的樣子，因此不能提出告訴。

我說：「這個渾球自稱專家，真是可恥極了。先不提他趁我在瘋人院裡腐爛時叫我太太不要看我這回事，我是說，光是這件事，就足以讓我打斷他的腿。只說邀她去看電影、想要誘惑她上床，噢，就足以讓我殺了他！」我生氣的搖搖頭，用力呼出一口氣，很高興自己終於把這件事情說出來。

而且，傅林斯頓還同意我的看法！沒錯，他認為我的毒癮防治師該死。因此在接下來的幾分鐘裡，我們都忙著爭辯殺他最好的方法——我先說我要用油壓大鐵剪夾掉他的小鳥。但是傅林斯頓認為這樣不夠痛苦，因為這位防治師在小鳥掉上地毯前就會休克，而且在幾十秒內大出血而死亡，後來我們考慮改用火攻——放火把他燒死；傅林斯頓很喜歡，因為這樣很痛苦，但是因為計畫中包括放火燒他的房子，可能造成意外傷害，所以我們也談到一氧化碳中毒，但都同意這種做法太不痛苦了，沒多久就又開始辯論在他食物裡下毒的優缺點，最後卻都覺得，這種殺人法太十九世紀。然後我們想到簡單的從闖空門變成臨時起意殺人，很快又想出只要給個五塊錢，找白粉癮君子拿生鏽的刀子向他衝去，刺進他的膽；傅林斯頓解釋說，這樣他會慢慢的流血，尤其刀傷正好在他的肝部上方，他會痛苦多了。

然後我聽到開門聲，一位女性喊著說：「傅林斯頓，那是誰的賓士車？」聲音很慈祥、很甜美，又有很重的布魯克林腔。

片刻之後，世界上最可愛的女性走進了廚房。傅林斯頓很高大，她卻很嬌小，身高大約五呎五吋，體重大約一百磅，一頭紅髮有如草莓那樣漂亮，眼睛是像蜂蜜一樣的褐色，五官細緻，皮膚柔順得像愛爾蘭幸運草，臉上長了相當多的雀斑，看來已經四十多歲或甚至五十出頭，但是保養得很好。

傅林斯頓說：「安妮特，這位是喬登，跟他說聲嗨吧？喬登，她是安妮特。」

我走上去要跟她握手，但是她比我更放得開，不但張開雙手熱情擁抱我，還在我臉頰上親了一下。她用的香水聞起來很清新，是一種很高貴的味道，只是我不太能夠確定是什麼品牌。她站在我前面，滿臉笑容，扶著我的雙肩，離我有一、兩呎遠，好像要好好的看看我。「噢，我要送你一樣東西，」她的語氣很認真，「你和傅林斯頓平常帶回家的迷途羔羊不同。」

聽到這句話，我們全都哈哈大笑，然後安妮特就說她要暫時離開一下，去做點讓傅林斯頓的生活儘量舒服的「家事」；片刻之後，桌上就有了一壺剛煮好的咖啡，還有糕點、甜甜圈，和一碗現切的新鮮水果。然後她說要替我煮一頓大餐，因為她認為我看起來太瘦了，我說：「你應該看看我四十三天前的樣子！」

喝咖啡時，我繼續談怎麼殺掉我的毒癮防治師最好。安妮特很快就進入狀況。「如果你問我，我會說他聽起來真的像個渾球，」這位嬌小的布魯克林火爆女性說：「我認為把他的卵蛋剁下來是天經地義的事情，老公，你覺得呢？」

傅林斯頓點著頭說：「我認為這個傢伙應該緩慢而痛苦的死亡，因此我希望明天好好想一想，一定可以有個詳盡的計畫。」

我看看傅林斯頓，點頭表示同意。「當然！」我說：「這個傢伙應該橫死。」

安妮特對傅林斯頓說：「明天你真的會給他一個計畫？」

傅林斯頓說：「我明天會告訴他，我得再好好考慮一晚上，然後隔天就會有很棒的計畫。」他苦笑著說。

我搖著頭，笑著說：「你們真是太過分了！我就知道，你們是在開我玩笑！」

安妮特用很能理解我心情的語氣說：「不是開玩笑！我真的認為應該把他的卵蛋剁下來！傅林斯頓經常從事毒癮防治的工作，但我從來沒有聽說把太太撇開是一種方法，對吧，傅林斯頓？」

傅林斯頓聳聳寬厚的肩膀，對我說：「我不喜歡批評別人的方法，但是你的防治過程中聽來好像少了一點溫情。我從事過幾百次戒癮協助，總是會要求一件事情：讓接受協助的人知道大家多麼愛他，如果他做得對，恢復清醒，每個人都會支持他。我絕對不會讓太太跟先生分開。但是最後一切都很順利，對吧？你活了下來，也清醒了過來，這真是驚人的奇蹟。不過，我仍然懷疑你是不是真正的清醒了。」

「你這句話是什麼意思？我當然是真的清醒！到今天為止，我已經保持清醒四十三天了，再過幾小時就是四十四天，我發誓我沒有碰過任何東西。」

「啊，」傅林斯頓說：「你已經四十三天沒有喝酒和嗑藥了！但這並不就表示你真正的清醒了，兩者之間有所不同，對吧，安妮特？」

安妮特點點頭說：「告訴他羅茲的事情，傅林斯頓。」

「開百貨公司的那個傢伙嗎？」我問。

他們都點點頭，傅林斯頓說：「但我們說的是他的白痴兒子，那個要繼承王位的太子，他在南安普頓有一棟房子，離你住的地方不遠。」

說著，安妮特講起了故事。「我曾經在前面不遠的風車巷上，開了一家史丹利布拉克精品店。簡單說，我們賣一切非常好的西部服飾、東尼拉馬靴子——」

傅林斯頓顯然連對妻子的扯淡都不耐煩，立刻打斷她的話。「老天爺，安妮特，你開店跟這個故事有什麼關係？誰會想知道你的店裡賣什麼東西，或是十九年前我的房客是什麼人？」他看看我，轉著眼珠子。

他深深的吸了一口氣，把像工業用冰箱一樣大的胸部撐到很高，再慢慢的吐出來。「安妮特還在風車巷開店時，一向把她開的小賓士停在店門口，有一天，她正在店裡招呼一位客人，從窗戶裡看到另一部賓士車停在她的車子後面，撞到了她的後保險槓，幾秒鐘後就有一個男的和他的女朋友一起下車，卻連一張紙條都沒有留，就往市區走去。」

這時安妮特看著我，揚著眉毛，輕聲的說：「撞了我車子的，就是羅茲。」

傅林斯頓看看她，然後說：「對，就是羅茲。總之，安妮特從店裡跑出來，看到他不但撞了她的車子，也違規停在消防栓旁邊，因此她打電話叫警察來，開了罰單。一小時後，他從一家餐廳走出來，醉得像隻臭老鼠；他回到車子旁邊，看看罰單，大笑幾聲後，就把罰單撕破，丟在街上。」

安妮特忍不住又插嘴說：「對，這個混蛋臉上還得意洋洋，因此我衝了出去說：『年輕人，你不但把我的車子撞凹了，還敢停在消防栓旁邊，剛剛又把罰單撕破，丟在地上，亂丟垃圾。』」

傅林斯頓嚴肅的點點頭說：「這時我正好路過，看到安妮特指著這個得意洋洋的渾球開罵，然後我聽到他罵她婊子之類的話。因此我走到安妮特旁邊說：『到店裡去，安妮特，立刻進去！』安妮特很快就跑進店裡，因為她知道接下來會發生什麼事。羅茲則一面鑽進賓士車裡，一面辱罵我，砰的一聲關上門，發動車子，按下電動窗按鈕，升起厚厚的強化玻璃，戴上超大的保時捷太陽眼鏡——就是那種讓你看來像昆蟲一樣的眼鏡——對著我笑，還比了中指。」

我哈哈大笑，搖著頭問：「你怎麼辦？」

「我使出全身的力量，非常用力的打駕駛座旁邊的窗戶，玻璃馬上碎成一千片，而我的拳頭直接打在羅茲的左太陽穴上，把他打昏，他的頭倒在女朋友的大腿上，討厭的保時捷太陽眼鏡還掛在臉上，只是已經變得歪七扭八了。」

我又哈哈大笑，問：「你有沒有被捕？」

他搖搖頭。「差一點。她的女朋友拚命尖叫：『天啊！天啊！你打死他了！你是瘋子！』就跳下車跑到警察局。幾分鐘後羅茲醒來時，他的女朋友也剛好跟一個警察跑回來；那個警察，正好是我的好朋友歐蘭多。她跑到駕駛座旁，把羅茲從車裡扶出來，拍掉他身上的玻璃，然後兩個人開始對歐蘭多大吼大叫，要他逮捕我。」

「安妮特跑出來，叫著說：『他撕掉了罰單，歐蘭多，還把罰單當垃圾地丟在地上！可惡得很，還把車子停在消防栓旁邊！』歐蘭多走到車子後面，嚴肅的搖著頭，然後對羅茲說：『你把車子停在消防栓旁邊了；立刻移車，否則我就叫人把車拖走。』因此羅茲開始喃喃的低聲咒罵歐蘭多，一面鑽進車裡，砰的一聲關上門，發動引擎，排檔，往後退了幾呎；這時歐蘭多舉起手大叫，『停！下車，先生！』羅茲一下車就問：『又怎麼啦？』歐蘭多說：『我聞到你的呼吸裡有酒味，你得接受酒測。』羅茲立刻發火，對歐蘭多說：『你他媽的不知道我是誰！』還說了其他鬼話。一分鐘後，歐蘭多就以酒醉駕駛的嫌疑逮捕他，還替他上了手銬，他還在喃喃的罵著。」

我們三個哈哈大笑，至少笑了一分鐘；這是我將近十年來第一次在清醒狀態下開懷大笑，事實上，我已經不記得上次是什麼時候笑得這麼開懷了。這個故事當然有意義——傅林斯頓當時剛剛戒除酒癮，但這個故事卻表明了，他其實一點也沒有清醒，可能不再酗酒，但是他的行為還是像個酒鬼。

傅林斯頓的表情不再激動，平靜的說：「你是個聰明人，一點就透，因此我認為你了解其中的意義。」

我點點頭。「對，清醒的人不應該想殺死自己的防治師。」

「對極了，」他說：「這件事你可以想、可以說，甚至可以拿來開玩笑。但是實際去做的話——是否清醒的問題就出來了。」他深深的吸一口氣，再慢慢的吐出來，「我已經保持清醒二十多年了，但還是每天去參加聚會；不是因為我不想喝酒，而是因為對我來說，保持清醒的意義比不再酗酒重要多了。每次我看到像你這樣新來的人時，都會想起我多麼接近邊緣，多麼容易再犯，聚會每天提醒我，不能再拿起酒杯。我在聚會上看到前輩、看到保持清醒三十多年、甚至比我還清醒的人時，都會想到這個計畫多麼好，救了多少人的命。」

我了解的點點頭說：「總之，我不是真的想殺掉防治師，只是需要聽到自己談這種事，發洩一下。」然後我聳聳肩，又搖了搖頭：「我猜你現在回顧時，對於你那樣修理羅茲一定深感震驚，你現在保持清醒二十年了，應該根本不會在乎他那樣的渾球，對吧？」

傅林斯頓不敢置信地看著我說：「開什麼玩笑？就算我保持清醒一百年，事情也不會不一樣——我還是會把那個渾球打昏！」我們又爆出歇斯底里的大笑，一直笑個不停。整個一九九七年美好的夏季、也就是我保持清醒的第一個夏季裡，我們都在大笑聲中度過。

事實上，我經常哈哈大笑，女王也一樣，我們跟傅林斯頓和安妮特的關係愈來愈親密，老朋友則一個接一個消失。事實上，到我慶祝保持清醒一周年時，我幾乎跟那些人全都失去聯絡了。畢爾夫婦還跟我們來往，娜婷的一些老朋友也一樣，但是像雷文、波路西、羅盧梭、賈瑞特夫婦這樣的人，已經從我的生活中消失。

當然了，假髮佬、邦妮和柏諾義夫婦、還有我小時候的一些朋友，偶爾還會和我在晚餐聚會或其他類似場合中碰頭，但是情形已經完全不一樣了。肥水列車正式停開，原本凝聚我們的毒品不再有吸引力。那天晚上在佛羅里達州的博卡拉頓、在畢爾夫婦家的廚房吸毒過量的華爾街之狼已經死亡，殘存的一點威風，也在我碰到傅林斯頓、碰到他替我打開真正清醒的道路時，消失得無影無蹤。

李普斯基當然是例外，他是我最古老、最親密的朋友，所有的事情發生前很久，他就跟我在一起了，在我想到把心目中的華爾街模樣帶到長島，造成長島一整個世代的人狂亂之前很久，他就已經是我的好朋友了。他大概在一九九七年秋天跑來找我，說他再也受不了，煩透了老是讓客戶虧錢，說他寧可什麼事情都不做，也不願意繼續經營門羅公園公司。我非常同意他的看法，不久之後門羅公園就正式收攤，幾個月後畢爾摩公司也跟著關門大吉，史崔頓人的時代終於結束了。

大約就在那個時間點，我跟梅登的官司終於和解，最後我拿到五百萬美元多一點的和解金，遠比股票的實際價值低多了。不過和解條件中的一條是梅登被迫把我的股票賣給一檔共同基金，因此我們兩個都沒有撈到多少好處。我總是把梅登鞋業看成失控的案子，不過整體來說，我還是靠著這個案子賺了兩千多萬美元，即使以我超高的水準來看，也不是一筆小錢。

同時，女王和我過起比較平靜、簡樸的生活，慢慢把傭人數目降到比較合理的水準，也就是說，降到剩下十二個傭人。最先離開的是瑪麗亞和伊格納休，接著是兩位洛克，我一直都很喜歡他們，但是現在的我不再需要他們了，畢竟，沒有了白粉和白板來助長我的妄想後，在毫無犯罪事件的社區裡，養兩個私人保全似乎有點荒謬。波很樂意不必再為我做事，也告訴我說，他很高興我能熬過這一切而存活下來。雖然他從來沒有講白，但我相當確定他對這些事情有罪惡感；不過，我認為他根本不知道我的毒癮後來變得有多可怕。女王和我畢竟都相當善於掩飾這一點。也許每個人都知道是怎麼回事，卻也都認為：只要金鵝還會繼續下金蛋，誰在乎金鵝會不會自殺？

葛文和珍妮當然留了下來。她們兩個，是女王之外最能夠鼓勵我的人，有時候，不惹是生非的日子還是比較好過。珍妮善於埋葬過去，葛文是南方人——呃，埋葬過去一向是南方人的處事之道。不管怎麼樣，我都很喜歡她們，也知道她們都喜歡我。事實很簡單，藥癮是可怕的疾病，掉進深淵時，好事壞事的界線變得很模糊，過著上流怪胎生活時更是如此。

說到最能鼓勵我的人，女王當然當之無愧。我能不能說，她是最後那個把一切都變好的人？她是唯一敢挺身而出、跟我對抗的人，也是唯一真正愛我，願意下定決心說「夠了！」的人。

但是，在度過我保持清醒一周年的紀念日以後，我終於注意到她受到的影響。偶爾我會在她不知道我在看她的時候，瞄一下她豔麗的臉龐，然後從她眼中看出些許恍惚——殘存未消的歇斯底里，以及一絲傷心難過。我經常在想，她會不會還在想著那些日子、還有多少沒有對我說出口的怨恨——不只是樓梯口可恥的那一刻，也包括我染上毒癮期間的所有欺騙、拈花惹草、在餐桌上睡著和情緒的激烈起伏。我就這件事請教傅林斯頓，問他認為她可能在想什麼事情，我能不能補救。

他用難過的口氣告訴我，雖然娜婷和我已經熬過最難熬的時刻，也看似把一切都拋在腦後，但整個事情還沒有完結。事實上，他保持清醒的全部歲月裡，從來沒有聽過像我們這樣的情形：就失常的關係來說，女王和我創造了新紀錄。他把娜婷比喻成正在休眠的維蘇威火山，有一天一定會爆發，只是他沒辦法確定會在什麼時候爆發、爆發的力量又會有多大。他建議我們兩個都去接受治療，但我們沒有去，反而把過去埋葬起來。繼續過日子。

有時候，我會發現女王孤獨一個坐在她的孕婦裝樣品間裡哭，眼淚從兩頰滴下來。如果我問她有什麼問題，她會告訴我，說她不能了解為什麼會發生這一切：為什麼我會放棄她、淪落在毒品的世界裡？為什麼那些年裡我對她那麼壞？為什麼我現在變成這麼好的丈夫？她會說，從某方面來看，我對她好只是讓情況變得更糟，因為我對她好的每一種行為，都會讓她想到「那麼多年裡為什麼不是這樣」，反而讓她更是痛恨。但是接下來我們會做愛，直到下一次我發現她掉眼淚前，一切又變得沒有問題。

還好，我們都能從千樂和卡特身上找到安慰。卡特剛剛三足歲，比以前更漂亮了，白金黃色的頭髮和超長的睫毛更是迷人。他是神賜的小孩，從那天醫生在北濱醫院告訴我，他長大後可能會智障的可怕時刻開始，神就一直照顧著他。諷刺的是，從那天起，他甚至連流鼻水的小毛病都沒有，心臟裡的洞幾乎已經封閉了，從來沒有出過問題。

我的小寶貝千樂呢？那個嬰兒時就是天才、曾經把老爸的痛痛親走的小寶貝現在如何？噢，她總是爸爸的好女兒，不知道從什麼時候開始，她得到了「中央情報局」的綽號，因為她會花很多時間聽大家談話，搜集情報。她剛剛滿五歲，聰明程度卻超過她的年齡，相當擅長推銷，會用建議的微妙力量，把她的意願加在我身上，可想而之，她要我做什麼事情都不會像別人那麼難。

有時候，我會在她睡覺時看著她，心想她會不會記得，在她性格發展最重要的四歲前發生的這些混亂和瘋狂。女王和我總是設法不讓她想起這些事情，但是小孩非常善於觀察。事實上，經常會有一些事情激發千樂的回憶，讓她提起那天在樓梯口發生的事情，然後告訴我她很高興我到亞特蘭大去，讓她能夠跟媽媽恢復幸福快樂的生活。每次碰到這種時刻，我內心都在滴血，但是她會立刻改變話題，馬上轉向完全沒有問題的事，好像記憶沒有留在她內心一樣。將來有一天我會好好跟她解釋，而且不只解釋那天在樓梯口發生的事情，也會解釋所有的事情。不過現在時間還沒有到，也許還要很久很久。現在，讓她享受——至少讓她儘量享受——小孩天真的快樂時光，似乎比較妥當一些。

話說回頭，這時千樂就和我站在老布魯克維爾的廚房裡，拉著我的牛仔褲說：「我想去百視達借新的《原野小奇兵》錄影帶！你答應過的！」

事實上，我什麼都沒有答應過，但是她就是能說得滿像一回事，讓我更佩服她。總之我五歲的女兒又開始向我遊說，而且頭頭是道，時間是晚上七點半，所以我說：「好，我們現在就去，趁著媽媽回家前去，走吧，小寶貝！」我向她伸出雙手，她跳到我身上，兩隻小手抱著我的脖子，發出迷人的笑容。

「走吧，爸爸！快點！」

我對完美的女兒微微笑著，清醒的深深吸了一口氣，享受她十分迷人的芳香；千樂內在、外在都很漂亮，我毫不懷疑她長大後會很堅強，而且總有一天，她會在這個世界上留下影響。她就是有那種樣子，眼神中有某種光芒，剛出生我就注意到了。

我們決定開我的小賓士去，因為她最喜歡這部車，我放下車篷，打算好享受夏季美好的夜晚。今天離勞動節假期還有幾天，天氣非常宜人，是清爽而沒有風的夜晚，空氣中可以聞到一絲秋意。跟十六個月前致命的一刻不同，現在我雖然還是讓寶貝女兒坐前座，卻替她綁好安全帶才開出去，也沒有撞壞什麼東西。

開過院子邊緣的石柱時，我馬上發現有一部車停在我家外面，灰色四門，可能是奧茲摩比的車子；我開過去時，一位頭有點尖、留著灰色短髮的白人中年男人從駕駛座的窗戶探出頭來，說：「對不起，這裡是克萊德巷嗎？」

我踩下煞車，心想：克萊德巷？他說什麼？別說老布魯克維爾沒有什麼克萊德巷，事實上，整個蝗蟲谷也都沒有克萊德巷。我看看千樂，心裡升起一絲恐慌，那一刻，我希望我還留著洛克兄弟當警衛，因為這件事有點奇怪，讓人擔心。

我搖搖頭說：「不是，這裡是針橡路，我沒聽過克萊德巷。」然後我才又發現，車裡另外坐了三個人！我的心立刻飛快的跳起來……媽的，他們來這裡綁架千樂！……我伸手出去護著千樂，凝視著她說：「坐好，甜心！」

我正要踩下油門時，奧茲摩比的後門忽然打開，跳出來一位女性，微笑著對我揮手說：「沒事，喬登，我們來這裡不是要害你，請不要開走。」說完又笑了笑。

我踩下煞車，簡潔的問：「你們要幹什麼？」

「我們是聯邦調查局的人，」她說，從口袋裡拿出一個黑皮夾，打開來，我看了一下，果然不錯，上面有ＦＢＩ三個淺藍色的難看字母，上面和下面還有一些看來正式的文字。片刻之後，頭有點尖的男人也亮出證件。

我微微一笑，諷刺的說：「我猜你們不是來這裡借一點糖吧？」

他們兩個都搖搖頭，這時，另兩位探員都從奧茲摩比的另一邊下來，亮出證件。看來好心的女探員對我有點抱歉的笑著說：「我想你應該回頭，把女兒送進屋裡，我們需要跟你談。」

「沒問題，」我說：「謝謝你，我很感激。」

女探員點點頭，接受我感謝她讓我不在女兒面前出醜的好意。我問：「柯爾曼探員呢？經過這麼多年以後，我好想見見這個傢伙。」

女探員又笑了起來。「我敢說他也有這麼感覺，他很快就會來。」

我順從的點點頭，該是向千樂說出壞消息——今天晚上不能去租《原野小奇兵》——的時候了。事實上，我私底下懷疑家裡還會有一些其他變化，而且都是她不會太喜歡的變化。第一個變化，就是爸爸暫時不會在家裡了。

我看看千樂，說：「甜心，我們不能去百視達了，我得跟這些人談談。」

她瞇著眼睛，磨著牙齒，然後開始尖叫：「不行！你答應過我了！你說話不算話！我要去百視達！你答應過我的！」

我把車子開回屋裡，她一直尖叫到我們走進廚房。我把她交給葛文，對她說：「打手機給娜婷，告訴她聯邦調查局的人來了，我要被捕了。」

葛文點點頭，沒有說話，把千樂帶上樓。千樂一離開，那位好心的女探員就說：「你因為證券詐欺、洗錢……被捕。」

我心想，全都是廢話，她替我上手銬，朗誦我對人類、對神、對每一個人犯下的罪，每一句話都像耳邊風一樣吹過去，對我完全沒有意義，至少不值得我仔細聽。我畢竟知道自己做了什麼，也知道自己罪有應得。此外，我還會有很多時間跟律師一起研究逮捕令。

幾分鐘後，我家裡就塞滿了不下二十個聯邦調查局的探員，個個全副武裝，佩槍穿防彈背心，還有額外的彈匣之類的東西。我心想，真是有點諷刺，這樣大張旗鼓，就好像要抓江洋大盜。

幾分鐘後，柯爾曼探員終於出現了。我很驚訝，因為他看起來就像個青少年，年紀不會比我大，身高跟我相仿，留著棕色的短髮、眼睛很黑、面貌普普通通，身材也是。

他看到我時笑了一笑，然後伸出右手。我們握著手，卻覺得有點尷尬，因為我上了手銬，也因為周遭的一切。他用敬佩的口吻說：「我得告訴你，你是厲害的對手，我一定敲了一百戶人家的門，卻沒有一個人願意合作舉發你。」他搖搖頭，對史崔頓人的忠心耿耿仍然很驚嘆，然後又說：「我想，你知道這一點應該會很高興。」

我聳聳肩說：「是噢，你總應該知道，肥水列車一向能夠讓人忠心吧？」

他撇撇嘴角，點頭說：「確實如此。」

下一個衝進來的是女王，眼裡含著淚水，但是仍然豔麗非凡。即使在我被捕的時候，我都忍不住要看看她的腿——尤其是不知道什麼時候能夠再看到的當下。

他們銬走我時，女王在我臉頰上輕輕一吻，要我不必擔心；我點點頭，告訴她我愛她、永遠愛著她。我就這樣離開了，一點也不知道要到那裡去，但是我想，我最後會到曼哈頓的什麼地方去，而且明天早上就會站在聯邦法官前面，接受訊問。

事後回想，我記得自己當時甚至有點高興——終於有機會真的把混亂和瘋狂拋在腦後。我會服刑，但出獄後還是清醒的年輕人，兩個小孩的爸爸，一位好心女士的先生，她會一直跟我同甘共苦。

一切都會變得很好。

尾聲　背叛

要是女王和我從此過著幸福快樂的生活，那就太好了——要是我服完刑出獄時，就能回到她充滿愛心和好心的懷抱裡，那就太好了。但是結果不是這樣，我的故事尾聲跟童話故事不同，沒有幸福快樂的結局。

法官裁定我以一千萬美元交保，也就是在這個時候，在法院外的台階上，女王對我投下超級炸彈。她語氣十分冰冷的說：「我不再愛你了，我們的整個婚姻是一場謊言。」然後就轉身打手機給離婚律師。

我試著跟她理論，結果當然沒有用，她用有點虛假的少許鼻音說：「愛像雕像一樣，你一次戳一點下來，不久之後，雕像就不見了。」

不錯，我心想，或許真理是這樣，但要是你可以不在我遭到起訴後才得到這個結論，你才能說自己不是個落井下石的拜金女。

總之，幾星期後我們就分居了，我到南安普頓漂亮的海濱別墅過我的流放生活，那裡相當適宜看著我周遭的一切土崩瓦解——聽著大西洋浪濤的聲音，看著辛內科克灣壯麗的夕陽，想著我的一生完了。

司法方面的情形更糟，保釋出獄四天後，聯邦檢察官打電話給我的律師，告訴他除非我認罪、充當政府的證人，否則他也要起訴女王。他雖然沒有提出明確的罪名，我最好的判斷是：起訴她共謀花用巨額不當財產，要不然，她到底能有什麼罪？

他們想顛覆我的世界，但身為食物鏈最頂端的人，我怎麼可能背棄我下面的人？放棄很多比較小的魚，能夠抵消我是最大一條魚的事實嗎？難道這是簡單的算術——五十隻古比魚加起來等於一條大鯨魚？合作表示我必須帶著竊聽器去找老朋友，必須在審判時作證，說出對我朋友不利的證言。我必須掏心挖肺，揭露過去十年我不當財務操作的每一個細節。想到這裡，就讓人害怕到了極點。但是我有什麼選擇呢？如果我不合作，他們會起訴女王，用手銬把她銬走。

女王遭到起訴，銬上手銬，這種想法起初讓我覺得相當高興。如果我們兩個都遭到起訴，她很可能會重新考慮離婚的事，難道不是嗎？（我們就像物以類聚了。）而且，如果她每個月要得到保釋處報到，別的男人追求她的意願就會大大的降低。這點毫無疑問。

但是，不行，我不能讓這種事發生，她是我小孩的媽媽，這點最重要。

律師化解了我承受的打擊，他解釋說，每一個扯上我這種案子的人都跟政府合作，因為如果我打官司輸了，我會判刑三十年；如果我坦白認罪，我可能判個六、七年，但女王不會暴露在我完全不能接受的司法威脅中。

因此我決定跟政府合作。

波路西也遭到起訴，也決定跟政府合作，畢爾摩和門羅公園兩家公司的人更都如此。接著壞老中維特遭到起訴，他也決定合作，判了八年徒刑，然後是鞋匠梅登和超級墮落的雷文，兩個人都認罪，雷文判了三年，梅登判了三年半。最後是作帳大師蓋托，他決定打官司，最後被判有罪不說，真糟糕，法官判了他十年徒刑。

假髮佬葛林逃過了官司，笨蛋葛林也逃過了，不過他似乎本性不改，很多年後又遭到起訴，罪名是跟史崔頓公司無關的證券詐欺，他像其他人一樣也決定合作，只服了一年的刑。

這段期間裡，女王和我又墜入愛河，唯一的問題是各跟別人相愛。我訂了婚，不過在最後一刻取消婚約；她卻結了婚，一直到今天都住在加州，離我住的地方只有幾哩遠。經過幾年的爭執後，女王和我終於言歸於好，我們現在相處非常愉快，原因之一是她正好是個寬宏大量的人，另一個原因則是她的新丈夫也很寬宏大量。我們分享小孩的監護權，所以我幾乎每天都能看到他們。

諷刺的是，我遭到起訴五年多後才進監牢，卻只在聯邦監獄裡蹲了二十二個月。

People 377

華爾街之狼（電影書封版）

作　者—喬登・貝爾福
譯　者—王柏鴻
美術設計—劉基吉
執行企劃—楊齡媛
董事長—趙政岷
出版者—時報文化出版企業股份有限公司
108019台北市和平西路三段二四〇號一至七樓
發行專線—（〇二）二三〇六—六八四二
讀者服務專線—〇八〇〇—二三一—七〇五・（〇二）二三〇四—七一〇三
讀者服務傳真—（〇二）二三〇四—六八五八
郵撥—一九三四四七二四時報文化出版公司
信箱—10899台北華江橋郵局第九十九信箱
時報悅讀網—http://www.readingtimes.com.tw
綠活線臉書—https://www.facebook.com/readingtimesgreenlife
法律顧問—理律法律事務所　陳長文律師、李念祖律師
印　刷—家佑實業股份有限公司
初版一刷—二〇〇九年七月二十日
二版一刷—二〇一四年一月十七日
二版八刷—二〇二三年四月二十四日
定　價—新台幣四五〇元

⊙行時報文化出版公司成立於一九七五年，
並於一九九九年股票上櫃公開發行，於二〇〇八年脫離中時集團非屬旺中，
以「尊重智慧與創意的文化事業」為信念。

華爾街之狼 / 喬登.貝爾福（Jordan Belfort）作；王柏鴻譯. -- 二版.
-- 臺北市：時報文化, 2014.01
面；　公分. --（PEOPLE叢書；377）
電影書封版
譯自：The Wolf of Wall Street
ISBN 978-957-13-5891-8（平裝）

1.貝爾福（Belfort, Jordan.）2.證券經紀商 3.傳記 4.美國

563.558　　102028061

ISBN 978-957-13-5891-8
Printed in Taiwan